白沢

京極夏彦

文庫版

妖怪の理 妖怪の檻

京極夏彦

角川文庫
16926

文庫版

妖怪の理　妖怪の檻

目次

妖怪の形について　357

講演録　通俗的妖怪と近代的怪異　455

妖怪のことを考えているうちに　511

口絵造形製作／荒井　良

文庫版刊行にあたって

本書が単行本『妖怪の理《ことわり》　妖怪の檻《おり》』として刊行されたのは、平成十九年（二〇〇七）の九月のことですから、およそ四年で文庫に入れて戴《いただ》いたということになります。

文庫化にあたっては、脱字や誤字の修正、文章の調整などはしましたが、本文中の情報の更新はしていません。

従って、冒頭、「六年前」とあるのは、実際には「十年前」のことになります。

そうした点に関しては、敢《あ》えて修正を加えませんでした。この文庫が果たしていつ読まれるのかはわかりませんし、この文を書いている時点から「四年前」の〝妖怪〟事情を記したものとして、そのまま文庫化したほうが良いと判断したためです。

〝妖怪〟を巡る状況はこの四年の間にも目まぐるしく変化しています。水木しげる人気にはさらに拍車がかかり、「世界妖怪会議」は「お化け大学校」に様変わりしました。〝妖怪〟文化はブームを超えて、既に不動のポピュラリティを獲得したといってもいいでしょう。

しかし〝妖怪〟の「理」は不変です。そして、私たちは〝妖怪〟の「檻」からも、いまだに出ることができていないようです。私たちを惹《ひ》き付けて止まない〝妖怪〟をもっと愉《たの》しむためで、本書を活用して戴けたなら幸いです。

平成二十三年（二〇一一）記

妖怪のことを考える前に

妖怪ブームなのだそうです——。

この書き出しを記したのは、本書が上梓《じょうし》されるずいぶん前のことです。

本書は、世界で唯一の妖怪マガジン『怪《かい》』（世界妖怪協会公認機関誌）という雑誌に連載している拙文「妖怪の理《ことわり》 妖怪の檻《おり》」の第一回から第十一回までを一冊に纏《まと》め、加筆したものです。第一回が掲載された『怪』0011号が発行されたのは二〇〇一年の八月。一方、本書の奥付に記された発行年月は二〇〇七年八月。

丁度六年前に、この書き出しは書かれています。

ところが、六年後のいまも——妖怪ブームなのだそうです。
・では、この六年間、妖怪ブームはずっと続いていた——のでしょうか。それとも一度去ったブームが再びぶり返したということなのでしょうか。そもそも、流行などというものはそう長く続くものではありません。ならば、妖怪ブームというのは、何度も小刻みに訪れているものなのでしょうか。

本書の連載媒体である『怪』は、そのキャッチフレーズどおり「妖怪マガジン」、つまり〝妖怪〟の専門誌です。この『怪』第零号（創刊当時は『季刊怪』）が世に出されたのは、一九九七年十月のことでした。『怪』創刊の契機となった「世界妖怪協会」が、水木しげる会長を中心にして旗揚げされたのはさらにその二年前、一九九五年のことになります。

その頃も、実は妖怪ブームと謂《い》われていました。

実に、十二年の歳月が流れています。

いくら何でも、十年以上続くブームなどあり得ません。

それだけ継続して流行しているのだとすれば、それはすでに「ブーム」と呼べるものではなくなっているはずです。かといって十年の内に二度も三度も同じブームが盛り返すというのも考えにくいように思えます。

遡《さかのぼ》ってみるに、過去にも妖怪ブームと呼ばれた時期が幾度かあったことは事実です。実際、（狭義の）〝サブカルチャー〟シーンにおいては、「怪獣ブームの後には妖怪ブームが来るものだ」などという言説がもっともらしく罷《まか》り通っていたりもします。首肯《うなず》けるところもないわけではないのですが、それはどうも正鵠《せいこく》を得た認識とはいえないようです。

怪獣ブームは、確かにありました。そしてその怪獣ブームを呼び水にするようにして、〝妖怪〟がエンタテインメントのシーンに担ぎ出されたこともありました。否、〝妖怪〟は、この怪獣ブームなくして世の中に認知されていたかどうか怪しいといえるでしょう。しかし、だからといってそれは「法則性を以《もっ》て繰り返される社会現象」のたぐいではなかったようです。

最初の妖怪ブームというのは、どうやら水木しげる先生の代表作『ゲゲゲの鬼太郎《きたろう》』の最初のアニメ（フジテレビ／東映動画〈現・東映アニメーション〉）が放映されていた前後の時期、一九六〇年代の終盤を指すようです。

実は――『怪』が創刊された一九九七年にも、『ゲゲゲの鬼太郎』のアニメ（第四期）は放映されていました。そして現在（二〇〇七年）は第五期の放映が開始され、人気を博しています。

だからといって、「なるほど妖怪ブームというのは鬼太郎ブームのことなのか」と、早合点してしまってはいけません。

たしかに、六〇年代終盤に巻き起こった最初の鬼太郎ブームは、イコール妖怪ブームといってしまっても良いものだったでしょう。鬼太郎開始に先駆けて、同じ水木しげる原作の特撮ドラマ『悪魔《あくま》くん』（NET〈現・テレビ朝日〉／東映）が放映されていますし、それは『河童《かっぱ》の三平《さんぺい》妖怪大作戦《ようかいだいさくせん》』（NET〈現・テレビ朝日〉／東映）へと引き継がれることになります。

また、水木の後に続けとばかり、『どろろ』（手塚治虫《てづかおさむ》）や『怪物《かいぶつ》くん』（藤子不二雄《ふじこふじお》〈現・藤子不二雄Ⓐ〉）、『猫目小僧《ねこめこぞう》』（楳図《うめず》かずお）などが誌面を賑《にぎ》わせ、それらは次々とアニメ化され、ブラウン管にも進出しました（『猫目小僧』のテレビ化だけは後年に譲ることになります）。アニメでは『妖《よう》怪人間《かいにんげん》ベム』（フジテレビ／第一動画）も一連の流れの中に位置づけることができるでしょう。

それらのすべてを〝妖怪〟モノとして位置づけることが正しいかどうかは別として、それらのすべてが〝妖怪〟をキーワードとして世の中に送り出された作品だったことは間違いありません。

最初の鬼太郎ブームが訪れた時、日本は確かに〝妖怪〟ブームでもあったのです。

しかし、七〇年代以降についていうならば、どうもそうとばかりはいい切れないようです。と――いうよりも、それ以降今日までの間に、いったい何度妖怪ブーム（と呼ばれる時期）があったのか、実はよく判らないのです。したがって九〇年代後半から現在に至るまでの妖怪ブームが（それがブームなのだとしても）いったい何度目のブームなのかということさえ確定することはできません。過去の妖怪ブームがいつ、どのくらいの期間、幾度訪れたのか、実はまったく判らない――というのが正直なところです。

『鬼太郎』のアニメは七〇年代初頭に第二期、八〇年代中盤に第三期が放映され、共に高視聴率を得ています。特に第三期放映時には関連グッズの発売、ゲームなど他メディアへの進出というそれまでになかった大展開を見せ、それらはすべて成功したといって良いでしょう。

それをして第二次、第三次妖怪ブームとするむきもあります。

そうした見解に異論を差し挟むつもりはありません。

鬼太郎ブーム＝妖怪ブームというのは、ある側面から見る限りは正しいのです。

しかし。

冒頭の一文を書き記した二〇〇一年、鬼太郎のテレビ放映はなされていませんでしたし、雑誌連載もありませんでした。鬼太郎ブーム＝妖怪ブーム説を採るならば、その時期は第四次ブームと第五次ブームの間――妖怪ブームではない時期、ということになってしまいます。

それでも、妖怪ブームだという声はそこここから聞こえていたのです。

逆に、第三期『鬼太郎』放映時には、とりわけ「妖怪ブームだから」という声が聞こえてくることはなかったようです。むしろ、頂点を極めたオカルトブームの熱がやや冷めかかっていた時期――という程度のものだったように記憶しています。

さらに付け加えるならば、第四期『鬼太郎』放映時――『怪』創刊時――は、妖怪ブームに先んじて〝学校の怪談ブーム〟が巻き起こっていた時期でもあります。妖怪ブームといわれてはいたものの、「学校の怪談が流行するくらいだから妖怪も流行しているんだろう」程度の認識だったと考えるべきなのかもしれません。

〝妖怪〟ブームはあったのか

鬼太郎の第一期アニメの放映が開始されたのは昭和四十三年（一九六八）一月、『ウルトラセブン』（TBS／円谷プロダクション）が人気を集めていた、いわゆる〝第一次怪獣ブーム〟の真っただ中のことでした。『ウルトラQ』（同）から始まる「空想特撮シリーズ」は、第四作にあたる、この『ウルトラセブン』（第三作は東映制作の『キャプテンウルトラ』）で一旦《いったん》終了し、これをして〝第一次怪獣ブーム〟は幕を閉じた――とされています。

第一期鬼太郎の放映が終わったのは『セブン』終了後およそ半年経った昭和四十四年（一九六九）三月です。「怪獣の後は妖怪」という言説はこのあたりに由来するものと思われるわけですが、実際はほとんど重なっています。

正確にいうなら、「最初の怪獣ブームの終盤近くに、〝妖怪〟という怪獣とは似て非なるモノが台頭し始め、一時的に流行した――」ということになるでしょうか。

その後、一時期鎮静化していた〝怪獣〟熱が高まり、『帰ってきたウルトラマン』（TBS／円谷プロダクション）の放映が開始されたのが一九七一年四月。これを皮切りにして、いわゆる特撮ドラマが世を席巻《せっけん》します。これを、〝第二次怪獣ブーム〟と呼ぶようです（二次とはいうものの、間はたった二年しか開いていません。それでも、一次と二次の怪獣ブームの間には明確な差異が認められます。これについては後述します）。

鬼太郎の第二期アニメが始まったのは『帰ってきたウルトラマン』放映開始の半年後のことです。第二期鬼太郎アニメの放映はおよそ一年で終了しますが、〝第二次怪獣ブーム〟はそれ以降もしばらく続きます。たしかに、その当時も鬼太郎はヒットしたわけですが、この経緯を見る限り、それをして〝第二次妖怪ブーム〟と呼ぶことはできないように思われます（同時に怪獣→妖怪というムーブメントの移行も認められません）。

加えて、〝第二次怪獣ブーム〟は、正確には〝怪獣〟ブームとして総括しきれないものでもありました。『仮面ライダー』（NET〈現・テレビ朝日〉／東映）を始めとする等身大ヒーローの台頭を呑《の》み込んで、いわゆる〝変身ブーム〟へと展開・移行してしまうからです。同時に、当時はテレビアニメ自体が〝子供番組〟として完全に市民権を得た時期でもあります。二度目の鬼太郎アニメは、まさにそうした潮流の中における、「ヒット作のひとつ」に過ぎなかったのです。

やがて一九七五年あたりを境にして〝第二次怪獣ブーム〟は下火になっていきます。

それ以降の〝怪獣／変身ブーム〟は、定義によって様々なバラつきをみせます。『仮面ライダー』や『ウルトラマン』シリーズの再開、八〇年代のゴジラ映画（東宝）復活など、それらしき盛り上がりは幾度もあり、それをして第〇次怪獣ブーム、第〇次変身ブームとする見解もあるようですが、それらはいずれも六〇年代から七〇年代にかけての〝ブーム〟とは明確に異なったものだったといわざるを得ません。

それらは、〝戦隊ヒーロー〟〝巨大ロボットアニメ〟〝魔女っ子アニメ〟などと同じく、定番のプログラムとして認識されるようになった――あって当然のものとしてジャンル化されてしまったということができるでしょう。

例えば、ゴジラ映画の（いまのところの）最終作である、『ゴジラ・ファイナルウォーズ』（二〇〇四年公開／東宝）公開前後にも〝怪獣〟は注目されましたが、それは「定番であるゴジラ映画がもう作られない」という注目のされ方だったわけですし、盛り上がっていたのは主に〝ゴジラ〟ファンでした。

それは、社会現象として認識されるようなものではありませんでしたし、ゴジラブームではあっても、〝怪獣ブーム〟と呼ばれることはありませんでした。

ところが、〝妖怪〟の場合は少し事情が違います。

『鬼太郎』のような強い求心力を持った〝妖怪〟作品が表面に出ていない時期でも、〝妖怪ブーム〟という声はそこここで囁《ささや》かれていたのです。

もっとも〝妖怪〟を題材にしたと思《おぼ》しきエンタテインメント作品は断続的とはいえ、ずっと提供され続けていましたし、鬼太郎に限らずそれらの中にはヒットしたものも数多くあったわけですが、いずれも「それが火付け役となって〝妖怪ブーム〟が巻き起こった」といえるほどのボリュームを持っていたとは思えません。

例えば、鬼太郎終了後の〝第二次怪獣ブーム〟真っただ中である一九七三年十月、石ノ森《いしのもり》章太郎《しょうたろう》（当時は石森章太郎）原作の特撮ヒーロードラマ『ロボット刑事』（フジテレビ／東映）の後を受けて、永井豪《ながいごう》原作の〝妖怪〟アニメ『ドロロンえん魔《ま》くん』（フジテレビ／東映動画）がスタートしています。永井版鬼太郎ともいえるこの作品はもちろんヒット作となりましたが、後継番組として用意されたのはやはり永井豪（石川賢《いしかわけん》との連名）原作のスーパーロボットアニメ『ゲッターロボ』でした。『ドロロンえん魔くん』はヒットしましたが、えん魔くんブームは起きなかったのです。

〝第二次怪獣ブーム〟が終焉《しゅうえん》を迎えた後——一九七六年には、楳図かずおの『猫目小僧』が復活し、『妖怪伝・猫目小僧』（東京12チャンネル〈現・テレビ東京〉／和光プロダクション〈現・ワコープロ〉）としてテレビ化されます。アニメーションならぬゲキメーション（型抜きしたイラストを実写撮影する方式）という斬新《ざんしん》な手法は話題になりましたが、全国ネットではなかったこともあり（東京を含むローカル四局）、残念ながら大当たりというまでには至りませんでした。むしろ、早々にカルト的作品として伝説化されてしまった感があります。

これが現実です。

〝第二次怪獣ブーム〟の後に妖怪ブームが訪れたという事実はないようです。

〝第二次怪獣ブーム〟の始まりから半年遅れて第二期『鬼太郎』が始まり、その終了後一年の空白を開けて『えん魔くん』が始まり、その終了後、二年ものインターバルを置いて『猫目小僧』が（ひっそりと）放映された——これらを一つの連続したムーブメントとして捉《とら》えることは難しいでしょう。ところが、こうした作品が「怪獣ブームの後には妖怪ブーム」という〝印象〟を作り上げていることは事実です（付け加えるなら、〝第二次怪獣ブーム〟後半から終盤にかけて制作された特撮ヒーローものの中には〝妖怪〟をガジェットとして採用した作品が散見します。それらの作品がそうした〝印象〟を補強しているものと思われます）。

どうも、〝妖怪ブーム〟というのは（六〇年代のそれを除けば）「何となくそんな気がする」というだけのもの——しかも後講釈でそう思えるだけ——であったように思えます。

それは、〝妖怪〟も〝怪獣〟や〝ヒーロー〟のように、ブームと呼ばれる時期を越えてエンタテインメントの定番プログラムとしてジャンル化されてしまった結果——ということなのでしょうか。

答えは「否」というよりありません。

ブームではなく定番として〝妖怪〟というジャンルがあり、その定番のバリエーションとして『鬼太郎』ブームが巻き起こった、『えん魔くん』が流行した——という認識はあまりないようです。

それもそのはずです。

これまでに挙げたいくつかの〝妖怪〟作品は、どれも「何となく」近いものではあるのだけれど、ジャンルとしてカテゴライズできるだけの類似性を持っていないのです。共通項はただ一点、作中〝妖怪〟という言葉が使われている、というだけです。その〝妖怪〟も、作中そう呼ばれているだけで、それぞれまったく違うものを指し示しているようなのです。

それぞれの〝妖怪〟作品は、個別に発生し、発信される際にも独自のプレゼンテーションがなされています。

しかし、それぞれが独自に人気を獲得しているにもかかわらず、いずれ〝妖怪〟を扱った作品の評判は、なぜか実際には起きていないはずの〝妖怪ブーム〟に（結果的に）回収されてしまうようなのです。

解《わか》り易《やす》い例を挙げましょう。二〇〇五年に『怪』プロデュースによる映画『妖怪大戦争《ようかいだいせんそう》』（角川映画）が劇場公開されました。

映画『妖怪大戦争』が、ブームに便乗して制作されたという経緯はありません。企画された当時も妖怪ブームと謂われてはいましたが、多額の予算が必要とされる劇場用映画を制作して何の目算もなく回収できるだけのムーブメントが起きているという認識を、制作者側が持っていたわけではありません（『ハリー・ポッター』シリーズや『ロード・オブ・ザ・リング』などのヒットはやや意識されていたようですが）。少なくとも、「〝当たる〟潮流が既にあって、その流れに乗せれば必ず〝当たる〟」という状況でなかったことだけは間違いありません。『妖怪大戦争』という映画は一般の映画同様、単独で「売る工夫」をせざるを得ない映画だったのです。

結果的にメディアへの露出も多くなり、『妖怪大戦争』は少なからず話題になりました。また興行成績も悪いものではありませんでした。しかし、それを契機にブームが再燃したということもありませんでしたし、またそれを頂点としてブームが終焉を迎えたという様子も見受けられませんでした。〝妖怪ブーム〟は映画と無関係に幻のようにあり、映画の評判はその幻のブームに回収されてしまったのです。

これは〝怪獣〟とは正反対の反応といえます。〝怪獣〟の場合、「別に怪獣ブームってことはないけど、最近〇〇って流行《はや》ってるよね」と謂《い》われます。〝妖怪〟の場合は「〇〇が流行るって、妖怪ブームだからだろうね」と謂われてしまうのです。

これは、どうしたことなのでしょう。

どうやら〝妖怪〟は、エンタテインメントのシーンにおいては定番化＝ジャンル化されるだけの確固とした特殊性は持っていないようです。しかし、近似ジャンル・類似ジャンルのある部分を取り込む形で（実際には起きていない）仮想ブームを緩やかに構成してしまうという性質を持ち合わせていると思われます。

例えば、九〇年代に流行した〝学校の怪談〟や、今世紀初頭に世を席巻した〝陰陽師〟ブームも、ブームが過ぎた後には「長く続いている妖怪ブーム」の「ある相」という文脈で捉《とら》えられているように思われます。

実体はなくとも、「相」はあるのです。

いや――その「相」こそが、〝妖怪ブーム〟の正体なのです。

様々な流行、様々なジャンルの〝妖怪〟的な部分を繋《つな》ぎ合わせることで〝妖怪ブーム〟は成立しているのです。〝妖怪〟がブームなのではなく、色々なブームの中に〝妖怪〟的なモノゴトが見えてしまうというべきでしょうか。

果物に喩《たと》えるなら、〝妖怪〟は林檎《りんご》でも蜜柑《みかん》でもなく、〝皮〟です。

林檎がブームになったとします。その際、林檎の皮だけが注目されるなどということは、ほとんどないといっていいでしょう。蜜柑の場合も同様です。でも、林檎にも蜜柑にも皮はあります。林檎や蜜柑の後に梨《なし》ブームが来ようと、葡萄《ぶどう》ブームが来ようと、すべての果物に皮はあるわけですから、〝果物の皮ブーム〟という切り口で見るならば、そのブームはずっと続いているということになります。

しかし、どう考えても果物の皮だけが単独で流行するなどということはあり得ません。

ただ、〝果物の皮〟に注目が集まる状況というのは考えられるでしょう。例えば健康にいいなり何かに利用できるなり、理由は何でも構わないのですが、「皮は剝《む》いて捨ててしまうだけのものではない」という言説が、ある程度の信憑性《しんぴょうせい》を以て社会に浸透したならば、その時皮は皮として脚光を浴びることとなるはずです。

〝妖怪〟も同じです。

社会を構成しているほとんどのモノゴトは〝妖怪的な要素〟や〝妖怪的な側面〟を潜在的に内包しています。それは通常、あまり意識されることがありません。ただ、それが「顕在化し易い状況」は折に触れ発生するようです。

そうした状況が訪れると、「あれも妖怪っぽい」「これは妖怪みたいだ」ということになるのでしょう。そして、まるで点と点とを結ぶようにして、実体のない〝妖怪ブーム〟が、時間を遡って浮かび上がることになるわけです。

そういう意味で本当の〝妖怪ブーム〟は起きていませんし、起きようもありません。

そして、だからこそ〝妖怪ブーム〟はいつまでも終わらないのです。

〝妖怪〟的なモノゴトとは何か

改めて述べることにしましょう。

妖怪ブーム——なのだそうです。

たしかに現在、〝妖怪〟は世に氾濫《はんらん》しています。注意して見るまでもなく、私たちは色々なところで「妖怪」の二文字を目にすることができるはずです。

テレビ、映画、小説、コミック、ゲーム、その他もろもろ——。

エンタテインメントのシーンに限らず、例えば〝妖怪〟画の画集や学術書・研究書などの出版点数も、かなり増加しています。博物館や美術館でも、毎年恒例のように〝妖怪〟を冠した催しや展示会が行われています。

また、日常会話はもとより、一般の言説においても、時に公共の文書や報道関係の記事においてさえ〝妖怪〟は比喩《ひゆ》として当たり前のように使用されています。

しかし、〝妖怪〟を扱ったエンタテインメント作品がみなそうであったように、それら世に氾濫する〝妖怪〟は、どれもこれも微妙に違うものを指し示しているように思えます。

例えば、「あの政治家、妖怪っぽいよね」といった時、発言者の頭の中にある〝妖怪〟とは具体的にどんなモノなのでしょう。妖怪っぽい人とは、いったいどのような人のことを指すのでしょうか。たぶん、「よく解らないけどなんとなく」という人が大多数を占めるのではないでしょうか。

どうも「妖怪」という言葉に拘泥し、自覚的に、あるいは確信的に使用している人はあまり多くないようです。要するに現状、作家や学者、マスコミなどの情報の送り手も含めたほとんどの人が「妖怪」という言葉を使う際に深く考えることをしていない——ようなのです。

それなのに、誰もが何の疑問も抱かずにそれを受け入れています。いや、受け流しているというのが現状でしょう。

例えば「妖怪って何？」と尋《き》かれた時、答えられる人は何人いるでしょう。

少なくとも筆者は簡潔に答えることができません。「いや、私は答えられるぞ」という人も中にはいらっしゃるのでしょうが、残念ながらその答えは間違っているはずなのです。

いや——どんな答えも、全部が全部間違っているわけではありません。

どのような答え方をしたとしても、それは〝妖怪〟に対する幾許《いくばく》かの真実をいい当てていることでしょう。どんな拙《つたな》い答え方であっても、まったくハズレということはあり得ません。そういう観点から見るならば、どれも正解ということになってしまいます。

但《ただ》し、どれも正解ということは、全く正反対の見解が並立し得る状況にある——ということでもあるのです。ならば、どれも間違いという見方も成り立つでしょう。

実にもっともな説であっても、時に難しい学術論文でさえも、読み比べてみると（〝妖怪〟について記された記述だけを取り出して比較するなら——）喰《く》い違っていたり、正反対の結論が書かれていたりすることがままあります。

これに関しては仕方がないというよりありません。例えば立場が違うとか分野が違うとか、いい訳はいくらでもできます。

たしかに、同じ〝妖怪〟でも「古典文学における妖怪的なもの」と「民俗芸能に見られる妖怪的なもの」はまるで違うものでしょう。いや、違ってしまうはずなのです。

国文学と民俗学、あるいは芸能史では、見るべきところも対象の位置づけも大きく違うわけですから、これは違っていて当然、むしろ違っているべきなのです。

これを統合しようというのは無理な相談です。

事実、〝妖怪〟の専門誌であるはずの『怪』執筆陣も、厳密にいえば〝妖怪〟に対する統一見解を持ち得ていないというのが現状です。『怪』をお読み戴けばお判り戴《いただ》けるとも思いますが、執筆者一人ひとりが少しずつ異なった、時にはまったく違う見解を持っている——というのが真実です。

「それはおかしい」という意見もあることでしょう。同時に、「違っていても構わないじゃないか」という意見があることも承知しています。

筆者は「違っていても仕方がない」、と考えています。複数の見解を無理やり統合することには何の意味も見出《みいだ》せませんし、こう考えるべきだと強制することも有益とは思えません。世の中には様々な学問がありますが、そもそも〝妖怪〟をテーマとして研究する学問などは、ないのです。様々な事物の中に〝妖怪〟的なモノゴトが幾許《いくばく》か含まれている、というだけのことです。

先程の果物の喩えに倣《なら》うならば――「林檎学」で言及される皮と「蜜柑学」で言及される皮は、同じ皮でもまるで違うもののはずです。林檎の皮と蜜柑の皮は本来まったく違うものなのですから、これは仕方がありません。

そうした状況下で〝妖怪学〟や〝妖怪研究〟という言葉を（無自覚なまま）平気で使うことに筆者は躊躇《ためら》いを覚えます。〝妖怪〟を学問として取り扱うことは、現状では大変困難な作業といわざるを得ないからです（誤解のないように予《あらかじ》めお断りしておきますが、ここで述べている〝妖怪学〟は国際日本文化研究センター教授であった小松和彦《こまつかずひこ》先生が提唱された「妖怪学」とは、まったく別なものを指しています。後述しますが、小松「妖怪学」は、民俗学をベースにした「人間研究のための学問」の新しいフレームです。小松先生はそうした困難な状況を充分承知された上で、自覚的に「妖怪学」と名づけられたのです）。

さらにいうなら、現状〝妖怪学〟や〝妖怪研究〟という言葉は、アカデミズムのシーンではなく、むしろ在野において耳にすることが多いようです。

かくいう筆者も〝妖怪研究家〟として紹介されるケースが稀《まれ》にあるわけですが、少なくとも筆者は〝研究家〟ではありませんし、〝学問〟をやっているつもりもありません。

もちろん、エンタテインメント作品などの作中で自覚的に使用される分には問題ないものと考えますが（例えばマンガの中に「妖怪研究家」が登場するようなケースです）、好事家《こうずか》が趣味で資料を集め、二〜三回フィールドワークをしただけで研究家だとか学問だとか名乗ってしまったのでは、その他の学問分野に申し訳が立たないように思います。

アカデミックだから良い、在野だから駄目——などといっているわけではありません。野においても優れた論考を物する人はいるでしょうし、アカデミズムの外で構築された有益な着想も少なからずあることでしょう。

ただ、それがどれ程優れた論考であろうとも、また有益な着想であろうとも、〝学〟や〝研究〟はそれだけで成り立つものではありません。学問とはもっと綿密に、そして慎重に積み重ねられていくべきものでしょう。その積み重ねこそが〝学〟であり積み重ねる行為こそが〝研究〟だと、筆者は考えます。

そもそも、アカデミズムであろうとなかろうと、見解が変わってしまえば結論も変わってしまうというのであれば、現状〝妖怪〟を定義することは不可能だ——あるいは無意味だ——ということになってしまいます。

実際、学問の中においても〝妖怪〟の、きちんとした定義はありません。

追々詳しく述べることになりますが、例えば現時点で一番人口に膾炙《かいしゃ》しているものと思われる柳《やなぎ》田《た》國男《くにお》の「定義めいた」説明も、よくよく考えてみるとそれ程有効ではないものと思われるのです。

柳田以降も様々な人間が〝妖怪〟を定義しようと試みていますが、いずれも提案者の特殊な立場や限定的な見解にかなり規定される内容になっており、普遍的且《か》つ総括的に〝妖怪〟を定義するものとはなり得ていない、というのが現状です。

定義できないものは研究できません。

もちろん「定義するために研究するんじゃないか」という意見もあるでしょう。それは正論です。しかし、「定義できないことを前提」にした研究は、やはり成立しません。

どうしても〝学問〟や〝研究〟に拘泥するというのであれば、少なくとも「いろんな意見があってもいいじゃないか」という立場を捨てるしかありません。

さもなければ「特定ジャンルの中でのみ〝妖怪的なもの〟を取り扱う」という、限定条件付きの立場を選択しなければいけないでしょう。しかし、国文学の中の〝妖怪的なもの〟だけを取り扱って研究している人は、やはり国文学者なのであって、妖怪研究家ではありません。

つまり。

今後〝妖怪学〟なる学問がもし成立するとするならば——そこに到るための道は二つしかないことになります。

まず、どんな立場の人間でも、どんな見解を持った人間でも納得のできる〝妖怪〟の普遍的且つ総括的定義——概念を提示するという道です。

これに就《つ》いては前述のとおりです。不可能、あるいは無意味という、大変に高いハードルが目の前に聳《そび》えているのですから、簡単なことではありません。

もうひとつの道は、様々なジャンルでそれぞれに研究されている〝妖怪的なもの〟研究の成果を抽出し、すり合わせる恰好《かっこう》で〝妖怪〟を多角的に捉えて行くような場を作る道です。

後者については、国際日本文化研究センターにおいて「日本における怪異・怪談文化の成立と変遷《へんせん》に関する学際的研究」という先駆的な試みが既に行われています。

この研究会は、同センター教授の小松和彦先生の呼びかけによって平成九年（一九九七）十月からスタートしたもので、平成十四年（二〇〇二）三月には五年にわたるひと通りのプロセスを終え、それなりの貴重な成果も出されています（その成果こそが先に述べた小松「妖怪学」であることは、いうまでもありません）。このプロジェクトは後に「怪異・怪談及び妖怪文化研究」と名称を変え、現在も後継の研究会が定期的に開かれています。

また、平成十三年（二〇〇一）には〝妖怪〟的なモノゴトと密接に関わりを持つと思われる「怪異」という言葉に焦点を当てた、東《ひがし》アジア恠異学会《かいいがっかい》（関西学院大学《かんせいがくいんだいがく》教授・西山克《にしやままさる》先生を代表とする有志の会）も発足しました。それ以外にも、各方面で〝妖怪〟の周辺研究を学際的に行う試みが盛んになってきているように思われます。

但し、こうした試みは（学問としては）まだ始まったばかりです。

共通の言語が持てない以上は有効な議論もできないわけですから、学際的に〝妖怪〟を取り上げていくことは、かなり難儀な作業になると予測されます。学問として体系立てるにはあまりにも未知数の部分が多い、ハードルの高い試みだということもできるでしょう。〝妖怪〟が学問として成立するまでの道程はいまだに遠い——というわけです。

でも。

一方で、先にも述べたとおり、〝妖怪〟という言葉は通俗的なレヴェルにおいて、日常的に何の違和感もなく使われています。

それはそれで事実なのです。

現状〝妖怪〟という言葉が「何かを表して」いて、不特定多数の人間が、それを「何らかの形で諒解《りょうかい》している」「享受《きょうじゅ》している」ことは確実です。

説明はできないけれど誰もが知っている——ひと目でそれと判るけれども、なぜそうと判るのかは解らない——〝妖怪〟とは、どうやらそうしたモノのようです。つまり——〝妖怪〟自体は定義できなくとも、「妖怪」という言葉が定義するモノゴト、またはそれによって定義されるモノゴトは、厳然としてある、ということなのです。

この『妖怪の理　妖怪の檻』は、その辺のことを、学問の言葉ではなく、できるだけ普通の言葉で考えてみようという趣旨で書かれるものです。

〝妖怪〟に就いて真面目に、あるいは娯《たの》しく考える、ヒントのようなものになれば、と思います。

妖怪という言葉について

前章で述べたとおり、〝妖怪〟を学問として研究する試みは近年始まったばかりです。

しかし、世間では「妖怪は民俗学が扱うものだ」と考えるのがどうも一般的な捉《とら》え方のようです。翻《ひるがえ》って、「民俗学は妖怪を研究する学問だ」と考えている人までいるようです。

これは、明らかな誤解というよりありません。

たしかに、民俗学は「妖怪」を〝術語〟（その学問の中で使用する学術用語）として採用している唯一の学問ジャンルです。ただ、これも先に述べたとおり〝妖怪的なモノゴト〟は様々なジャンルに跨《また》がって表出するものでもあります。

古典文学にも民俗芸能にも〝妖怪的なモノゴト〟は登場しますし、人類学や宗教学、または歴史学にも〝妖怪〟に通ずるモチーフは頻繁に登場します。現象として捉えるなら、社会学や心理学、物理学や生物学といった分野にも抵触して来ることでしょう。表現の問題として考えるならもっと範囲は広くなります。絵画や意匠、果ては考古学まで〝妖怪的なモノゴト〟を抱え込まざるを得なくなります。〝妖怪的なモノゴト〟を怪しいこと全般としてしまうなら、それはほとんどすべての学問ジャンルに関わるものとなってしまいます。

当然、どのジャンルでもそうした〝妖怪的なモノゴト〟に関する研究は行われています。

それではなぜ、「妖怪＝民俗学」という誤解が生まれたのでしょうか。実際〝妖怪的なモノゴト〟の研究は多ジャンルにわたって行われているのです。だからこそ学際的研究という発想も生まれたわけですから、これは間違いのないことです。

但《ただ》し。

民俗学を除いて、ほとんどの分野でそれは〝妖怪〟とは呼ばれないのです。〝妖怪〟というラベリングをした途端、それは専門外のものになってしまうようです。

怪異、あるいは怪現象と呼ぶなら研究対象だが〝妖怪〟というのは対象外だと――そういうことです。また、この文献に出て来るのは鬼であって〝妖怪〟ではない――というような見解を示される場合もあります。

この場合、「鬼は妖怪じゃないか」という指摘をしても無駄です。

妖怪の普遍的定義は現状ないわけですし、鬼を〝妖怪〟にカテゴライズすることで文献の研究が飛躍的に進むような展開は（絶対ないとも言い切れないのですが）やはり考えにくいことだからです。

各分野の〝妖怪的なモノゴト〟を研究対象として扱っているその分野の専門家が〝妖怪〟という言葉を使用する場合は、「本来は違うのだけれど、解り易く言えば妖怪のようなもの」だとか、「この分野では本来こう呼んでいるのだけれど、簡単に言えば妖怪でしょうか」という言い方をします。

どうやら「妖怪」という言葉は定義できない程にややこしいものであるにもかかわらず、「簡単」で「判り易い」ものでもあるようです。

つまり、現状〝妖怪的なモノゴト〟イコール〝妖怪〟ではない、ということになるのでしょうか。

私たちが使っている「妖怪」という言葉は、怪異や怪現象や、その他のあらゆる〝妖怪的なモノゴト〟とは、少しずれたモノを指し示しているのかもしれません。

学問の言葉を巡って

それでは、どうして学者や専門家は「妖怪」という言葉を使わないのでしょうか。

理由は幾つか考えられます。

ひとつめ。

「妖怪」という言葉は卑俗で、低級で、幼稚な、取るに足らないものであり、学問的な考察を加える意味がある程高尚なものではない――という先入観があるということ。

そんなことはないと、いくら反発してもこれは始まりません。そうした見識が正しいかどうかは別として、現状そうした見識が根強くあることは事実なのです。それに、「妖怪」という言葉は、半ば通俗的な言葉、娯楽用語としても機能しているわけですから、これはある意味やむを得ないということもできるでしょう。

いずれにしろ、正規の研究対象として選び取る際に、〝妖怪〟というラベリングは不適当であるという見識は〝妖怪〟を考えるための大きな妨げとなっています。

ふたつめ。

〝妖怪〟というのは古いもの、昔の人が信じたもの、現代的ではないもの、つまり、前近代的な概念であるという——誤解があるということ。

これは明確な誤解というべきでしょう。もちろん〝妖怪的なモノゴト〟は様々な形で太古からあるわけですが、それらが取捨選択される形で〝妖怪〟というカテゴリが形成されたのは、そう古いことではありません。近代以降、いや、もっとはっきりいうならば、つい最近のことなのです。この誤解も、〝妖怪〟理解の大変な障害となっているでしょう。

みっつめ。

「妖怪」というのは民俗学で使う言葉であり、いわゆる〝術語〟〝専門用語〟である、故に門外漢には軽々しく扱えない難しいものである——という勘違いがあるということ。

これはひとつめの「幼稚で卑俗」という捉え方とは対極をなす矛盾したイメージです。しかし民俗学という学問を媒介にして、ふたつめの「前近代的」というイメージとはどうも連動しているようです。

民俗学は決して「前近代的」学問ではありませんが、民俗学が研究対象とするモノゴトの多くは「前近代的」イメージに粉飾されているからです。そして、その「前近代的」というイメージは、無価値という点でひとつめの「取るに足らないもの」と連続しています。

このあたりの複雑さが後に問題になって来るのですが、いずれにしても〝妖怪〟は民俗学が扱うものだという思い込みは、一般にも広く浸透しているようです。

先にも述べたとおり、民俗学は〝妖怪的なモノゴト〟を〝妖怪〟と呼んで取り扱う、ほとんど唯一の学問分野ではあるのですが、それでも民俗学は、〝妖怪〟を専門に研究する学問などでは決してありません。〝妖怪的なモノゴト〟は自然科学から哲学に至るまで、他分野に跨がって表出するものなのですから、〝妖怪〟に対する民俗学的なアプローチというのも、実はその多くの道筋の中のたったひとつに過ぎないのです。

例えば――。

不知火《しらぬい》は自然現象であると看破することと、小豆洗《あずきあら》いの背後に日本的な祝祭に関する伝統を透視することは、こと〝妖怪〟を知るための努力という観点から見るならば、同義と捉《とら》えるべきことです。

しかし、前者と後者の受け取られ方には大きな隔たりがあります。前者は近代的思考に基づく〝妖怪〟的現象の解体であり、後者は〝妖怪〟的言説が形成される文化的・歴史的背景を明らかにする作業です。これは違っていて当然ですが、これらは本来補完し合うべきものであって、対立項ではありません。

しかし――前者は科学であり、〝妖怪否定〟〝迷信撲滅〟と捉えられることはあっても〝妖怪研究〟とは決して呼ばれません。そうした環境の中で、〝妖怪〟は民俗学が取り扱うものだという、おかしな勘違いが、民俗学者以外の人々の中に培《つちか》われているわけです。

繰り返しますが、民俗学は妖怪を研究する学問ではありません。

民俗学はその名のとおり〝民俗〟を研究する学問です。〝民俗〟とは「人民の風俗、民間の習俗、民間のならわし」（『日本国語大辞典』第二版／小学館）のことなのだそうです。つまりこの国で暮らす私たちの暮らしそのもののことと考えればいいでしょう。民俗学は私たちの暮らしそのものを研究対象とし、その古層を探る（より古い事例を調査し、なぜそうなったか、なぜそうするのかを推理する）ことで、私たちの暮らしを理解しようとするための学問です。

暮らしの中には〝怪しいモノゴト〟が少なからず紛れ込んでいるものです。

そうした〝怪しいモノゴト〟（最近では〝怪異〟と呼ぶことが多いようです）は、習俗、信仰、祭礼などと深く関わっています。暮らし全般を研究対象とする民俗学は当然そうした〝怪異〟も取り扱わざるを得なくなるわけで、その〝怪異〟の中に、便宜上〝妖怪〟というカテゴリを設けているというに過ぎないのです（詳しくは後述します）。

しかし、便宜上設けたこの項目が、どういうわけか「通俗的な民俗学観」として波及してしまったわけです。

これも前章で述べたことですが、その民俗学をしてなお、普遍的な〝妖怪〟の定義はなされていないのです。いや、民俗学の内部において術語としての「妖怪」を定義するということさえ、明確にはなし得ていないというのが現状です。

そうした現状を無視するかのように、〝妖怪〟を研究するのは民俗学だ、という刷り込み《インプリンティング》を多くの人々が持っている――ということになります。

科学という言葉がいつの間にか自然科学の一部を指し示すようになったのと同じように、現状民俗学という語感が〝妖怪的なモノゴト〟を喚起させるものであることは間違いないようです。

さて。

卑俗なもの――。

古臭いもの――。

民俗学が扱うもの――。

この三つのイメージは、学問以外のシーン――本来自由であるべき「通俗の場における妖怪観」をも、どうやら規定してしまっているように思われます。日常会話の中で使われている「妖怪」という言葉も、アニメやマンガなどに登場する〝妖怪〟キャラも、この「学問が妖怪を嫌う理由」と思われる三つのイメージにある程度左右されてしまっているのではないか――と考えられるのです。

それでは、まずこの三つをキーワードとして、「妖怪」という言葉が領域化してしまうモノゴトを探ってみることにしましょう。何の考えもなしに「妖怪」という言葉を連呼してしまう送り手と、それを見聞きして何の違和感もなく受け流してしまう受け手との間にある「共通の諒解事項《りょうかいじこう》」とはいったい何なのかを、色々な事例を検証しながら、ゆっくりと考えて行きたいと思います。

黄表紙を巡って

小松和彦先生は、武蔵《むさし》大学教授で豆腐小僧愛好家でもあるアダム・カバット先生（近世・近代日本文学、比較文学専攻）の校注・編になる『江戸化物草紙《えどばけものそうし》』（一九九九／小学館）に寄稿された「よみがえる草双紙《くさぞうし》の化物たち」というエッセイの中で、同書に収録された黄表紙《きびょうし》について、次のような指摘をされています。

私がもっとも興味深く思ったのは、われわれが「妖怪《ようかい》」と表現するモノたちを、「化物」「天怪」「妖怪」などといった多様な表記をしつつも、いずれも「ばけもの」と読ませていることである。江戸時代の人々のあいだでは「化物」という呼び方が一般的であったということを物語っている。

草双紙とは、江戸時代の中頃に登場した、絵を見せることに重点を置いた読み物——絵本に近い娯楽小説のことです。イラストに簡単な説明文がつき、登場人物の台詞《せりふ》などが書かれている体裁で、今でいう漫画と考えてもいいかもしれません。

初期の草双紙は、漫画がそうだったように、やはり子供向けでした。題材は御伽噺《おとぎばなし》などから採ったものが多く、当然〝お化け〟も登場します。〝お化け〟は、ちょいこわキャラとして子供たちに人気だったようです。

黄表紙というのは、安永《あんえい》四年（一七七五）頃から文化《ぶんか》三年（一八〇六）あたりにかけての、およそ三十年間にわたって流行した草双紙のジャンルの名称です。特徴としては、それまでの草双紙と比較して文章の量が増えたこと、物語が複雑化したこと、パロディや言葉遊びなどの高等な表現手法が使われていること、諧謔《かいぎゃく》や風刺などが織り込まれていること――などが挙げられるようです。要するに大人でも楽しめる内容にリニュウアルされているわけです。

現代でいうなら、劇画、あるいは青年漫画といったところでしょうか。

この黄表紙にも、〝化け物〟を扱ったものが数多くあります。

ただ、扱いはそれまでの草双紙とはずいぶん違っています。

黄表紙はそれまでの草双紙よりも創作性の高いものです。〝お化け〟も、ただ出て来るだけではないのです。彼らは御伽噺や教訓話から離れて、新しい物語の中で自在に活躍しているのです。

つまりキャラクターとして扱われているわけです。

この点についてはまた稿を改めて述べる予定なので、この段階では一旦《いったん》おいておきます。ただ、キャラクターとして動き回る黄表紙の異形どもは、語り継がれてきた〝お化け〟たちの一種のパロディとして捉えることも可能だ、ということだけは指摘しておきます。パロディというのは、オリジナルがあってこそ成り立つものです。誰でも知っている物事を素材にしたものでないと面白みは半減してしまいます。黄表紙で好んで取り扱われる異形どもは当時において非常に高いポピュラリティを持ったものどもだったということが推測できます。

見越《みこ》し入道《にゅうどう》、ろくろ首《くび》、一《ひと》つ目小僧《めこぞう》、河童《かっぱ》、鬼《おに》、天狗《てんぐ》、幽霊《ゆうれい》、化《ば》け猫《ねこ》、狸《たぬき》に狐《きつね》――現在私たちが〝妖怪〟として認知するものの多くがそこに登場しています。しかし小松先生が指摘されているとおり、黄表紙に登場するのは〝妖怪〟ではなく、全て〝化け物〟なのです。

江戸時代において、私たちが現在〝妖怪〟と呼んでいるものの一部が〝化け物〟と呼ばれていたことは、黄表紙以外の文献を見てもまず間違いないことのようです。私たちが使う「お化け」という言葉も、この〝化け物〟を簡便に、かつ柔らかく呼び習わしたもの――幼児語と考えられます（この〝化け物〟〝お化け〟に就いての詳しい考察は、煩雑になる可能性があるので別の機会に譲ることにします。混乱を避けるため、この章ではまず「妖怪」という言葉に絞って考えてみたいと思います）。

しかし、小松先生が指摘されているとおり、黄表紙の場合〝化け物〟を素直に「化け物」と書き表していないものがかなり見受けられるのです。振り仮名は「ばけもの」とふってあるにもかかわらず、表記の方は「妖怪」「天怪」「奇怪」「妖物」とバラバラです。

なんだ、妖怪もあるじゃないかとお思いの方も多いでしょう。しかしこれは、「妖怪」という言葉が、その当時〝化け物〟と同じような対象を表す名詞として機能していた証拠とはなり得ません。

むしろその逆と考えた方がいいかもしれないのです。

先に述べたとおり、黄表紙における〝化け物〟は、それまでの草双紙における〝化け物〟とは些《いささ》か趣の異なった「扱われ方」がなされています。〝化け物〟を「化け物」と表記しない背景には、そうした意思表示があると考えた方が良いように思えるのです。

それは、喩《たと》えるなら、企画書に外来語を交えてそれらしく見せるテクニックに近いでしょうか——いや、そんな軽薄なテクニックではないかもしれません。それは、すっかり「お子様のもの」になってしまった〝お化け〟を、まったく違ったステージ——創作文芸の場——に引き上げるために、意図的に選択された言葉たちであったと思われるからです。

物語に登場するのは皆様お馴染《なじ》みの〝化け物〟なんだけれども、これは今までの子供だけが喜ぶ（怖がる）ような〝お化け〟じゃない——そうした意図の下に「妖怪」「夭怪」「奇怪」といった、やや教養ある階層にもウケるだろう硬《かた》めの漢語——やや小難しい〝お化け〟の類義語が選ばれたわけです。

一方で、黄表紙は娯楽作品なのですから、あまり堅苦しくなるのも考えものです。読者層も庶民中心なのですから、読むのに高い教養を要するかのような印象は禁物です。だからこそ硬い言葉に、庶民の間にすっかり定着していた「ばけもの」という卑俗な読みを与えて、バランスを取ったのでしょう。

アダム・カバット先生に依《よ》れば、とてもお子様に向けて書かれたとも思えない内容の黄表紙にも、これはお子様の読み物でございますといった、まるで自作を謙遜《けんそん》するかのような作者の言葉が付されていることが多いようです。

〝化け物〟より少しだけ高等な語感の、〝化け物〟を言い表すに相応《ふさわ》しい新しい言葉——。「妖怪」は、そうした観点から選択された数々の言葉の中の、たったひとつに過ぎませんでした。

当然、それらはどれも庶民の間で日常的に使われている言葉ではなかったはずです。

また、本来は別の意味合いで使われていた言葉であろうということも、察しがつきます。なぜなら、〝化け物〟という言葉が一般化する以前は、それら多様な異形どもを総括的に呼ぶ言葉は、どうやらなかったらしいからです。鬼、天狗、河童、見越し入道——といった固有名詞はあっても、それをひと括《くく》りにする便利な言葉は存在しなかったのです。

例えば、「物怪／物気（もののけ／もっけ）」という言葉があります。

大ヒットしたアニメ映画『もののけ姫』（一九九七／宮崎駿《みやざきはやお》／スタジオジブリ）などの例をとっても判るように、〝物怪《もののけ》〟は現在ではすっかり〝妖怪〟の別称のような使われ方をしているのですが、これは本来、生霊《いきりょう》・死霊《しりょう》などがもたらす災厄——障《さわ》りを表す言葉でした。

災厄をもたらすという意味において、〝物怪〟と似たものと考えられるのが〝怨霊《おんりょう》〟です。

〝怨霊〟は、現在では単に「激しい怨《うら》みを抱く死者の霊」として理解されることが多いようですが、元々は「国家規模の大きな災厄をもたらす神霊」、「祟《たた》り神」のようなもの（天災を自然災害とせず、個人の意志／遺志の現れとして理解する世界認識の方法）と考えられていました。

〝怨霊〟が国家規模の災厄をもたらすものであるのに対し〝物怪〟は個人的な規模の災厄をもたらすもの（またはその災厄自体）として捉えられていたようです。

いずれ怪しいコト、怪しいモノには違いないのですが、大入道や河童は〝物怪〟ではありません。また、〝怨霊〟から天狗など一部の〝化け物〟へと系譜を繋《つな》げることは容易なことですが、それとて〝化け物〟全般に結び付けることは不可能です。

強《し》いていうなら「あやかし／あやかり」が怪しいもの全般を括る言葉として機能していたようなのですが、これは主に海上の怪異——水怪を表すという、限定的な用いられ方をする方が一般的だったようです。『俚言集覧《りげんしゅうらん》』（一七九七〜／太田全斎《おおたぜんさい》）や『和漢音釋書言字考節用集《わかんおんしゃくしょげんじこうせつようしゅう》』（一七一七／槇島昭武《まきしまてるたけ》）を引いてみても〝あやかし〟は「海船の妖物」「海の神、水之怪」とされています。つまり船舶の航行を妨げる怪事、船幽霊《ふなゆうれい》や海坊主《うみぼうず》などを示す言葉と考えられていたようなのです。

その当時、「物怪」という言葉は生霊や死霊（のもたらす禍《わざわい》）しか表さない言葉であり、「あやかし」の方は（本義はともかく巷間《こうかん》では）船幽霊や海坊主のようなものしか指し示さない言葉だったのです。つまり、〝化け物〟のスターである大入道や化け猫や河童などは、まるで範疇外《はんちゅうがい》だったということになります。のみならず生霊や死霊——今でいう〝幽霊〟などは、黄表紙を見るかぎり〝化け物〟の一品目として捉えられているようです（幽霊と妖怪の関係については後述します）。また、船幽霊や海坊主は、今でも〝化け物〟の品目のひとつとして考えられているものです。

要するに〝物怪〟も〝あやかし〟も〝化け物〟に含まれてしまうわけです。「化け物」は、それらすべてを表す便利な言葉として採用され、庶民の間に定着していったわけです。

そうすると、「化け物」は、通俗的な言葉でありながら、「物怪」（の一部）や「あやかし」などという言葉が領域化する概念よりも、上位の概念であったということが解ります。

その〝化け物〟をさらに高等に言い換えようとするならば、またその上に位置する概念を指し示す言葉を選択しなくてはなりません。

そうして選ばれた言葉が「妖怪」であり「奇怪」「夭怪」「妖物」だったわけです。

もちろん、それらの言葉はどれも黄表紙作者が創作したもの――造語ではありません。

「妖怪」も「奇怪」も、庶民の間で日常的には使われていなかったとはいうものの、それ以前にまったくなかった言葉というわけではないのです。

ちなみに、宝亀八年（七七七）に編まれた『續日本紀《しょくにほんぎ》』に、

━大祓。爲㆔宮中頻有㆓妖恠㆒也。


という記述があります。

この「妖恠」の二文字が、国内の文書における「妖怪」という単語の初出であろうと謂《い》われています（「恠」は「怪」の異体字です。旁《つくり》である「圣」を「在」と書き違えたものと考えられており、字義に違いはありません。但し、読み方は「ようけ」であったと考えられます）。もちろん、この記事の中の「妖恠」は、私たちが思い描く〝妖怪〟とはまったく違う対象を指し示しているものと考えるべきでしょう。同様に、黄表紙が流通した時期――江戸の後期においても、少なくとも「妖怪」という言葉は〝化け物〟だけを指し示す言葉ではなかったようです。「妖怪」は〝化け物〟的なものを含む、もっと広い意味合いを持つ言葉であったと考えられるのです。

それではその当時、あるいはそれ以前——「妖怪」という言葉はどのような意味で用いられていたのでしょうか。

辞書を巡って

手始めに言葉を構成する文字から考えてみたいと思います。

黄表紙の中で「化け物」に当てられた言葉群は、共通の意味を持ついくつかの漢字の組み合わせで構成されているようです。

例に挙げた「夭」「妖」「奇」「怪」の字義を見てみましょう。

まず、「夭怪」の「夭」の字は、くねらせる、若い、若くして亡くなること、禍という意味を持ちます。この場合は禍の意でしょう。つまりあまり宜《よろ》しくないこと、という意味を持ちます。「奇怪」の「奇」はくすし、めずらし、あやしという意味です。「妖怪」の「妖」の字は、あでやか、あやしいという意。「怪」もまた、あやしむ、あやしいもの、あやしいことという字義を持ちます。

微妙なニュアンスの差は感じられるものの、どれも大意においては大きな差があるとは思えません。いずれ稀《まれ》にしかないこと、またあまり宜しくないことも含む、不可解な、不思議な「状況」や「状態」を示す文字であることは間違いないでしょう。それは変なモノ、妙なモノをも表すのでしょうし、ならば〝化け物〟もその範疇に入るということになるのでしょうか。

また、「天」を除く全ての文字が、あやしい、という読みを持つ漢字だということも見逃せません。「奇怪」も「妖怪」も、漢字の組み合わせで見る限りは「あやし」の繰り返しに過ぎないのです。どちらも、普通に考えるなら単にあやしい――二重にあやしい――という意味しか持っていないことになります。

それでは「あやしい」とはどういう意味の言葉なのでしょうか。

普段、何気なく使っている言葉でも、いざ事細かに説明しようとするとなかなか難しいものです。言葉をたぐる手懸かりにするため、巷間で代表的辞書としてよく名前が挙がる岩波書店発行の新村出《しんむらいずる》編『広辞苑（第二版）』（一九六九／補訂版一九七六）を引いてみましょう。

あや・し【奇し・異し・怪し】〔形シク〕不思議なものに対して、興味を感じること。①奇怪である。霊妙である。万一七「巌の神さび……幾世経にけむ立ちて居て見れども――・し」②常と異なる。めずらしい。伊勢「陸奥に行きたりけるに――・しくおもしろき処多かり」③いぶかしい。疑わしい。万七「久方の雨には着ぬを――・しくも我が衣手は干る時無きか」。日葡「アヤシュウオモウ」④あるべくもない。けしからぬ。源桐壷「ここかしこの道に――・しきわざをしつつ」⑤（貴人・都人から見て、不思議な、あるべくもない姿をしている意）卑しい。身分が低い。粗末である。源明石「――・しき海人ども」。枕九九「――・しき法師」。大鏡道長「ことさらに――・しき姿を作りて下臈の中に遠く居させ」⑥（男女間に）関係があるらしい。「あの二人は近頃あやしい」［口語］あやしい

長い引用になりましたが、引用ついでにもうひとつ、今度は別の辞書を引いてみることにしましょう。三省堂の『ハイブリッド新辞林』（一九九八）です。

> あやし・い【怪しい】（形）①普通と違っていて変だ。異様だ。不審だ。「挙動の――・い男」②（妖しいとも書く）神秘的で人を引きつけるような力がある。「――・魔力」③疑わしい。「――・とにらんだ男」④悪くなりそうな状況だ。「雲行きが――・い」⑤（男女間に）秘密の関係がありそうだ。「二人はどうも――・い」

次はうんと時代を遡《さかのぼ》って、昭和十一年（一九三六）発行の『大辭典』（平凡社）を見てみることにしましょう。重複する部分もあるので用例などは省きます。

> アヤシ　怪し［形シク活］倭訓栞に「あやは嘆ずる詞なるべし」とあれど不明。あやにのあやと同源。㊀不思議だ。霊異なり。くすし。㊁いぶかし。疑はし。不審だ。㊂常と異る。めづらし。㊃けしからぬ。㊄賤し。見苦し。

こうして並べてみると、言葉の輪郭が概《おおむ》ね見えてくるのではないかと思います。「あやしい」とはそうした意味の言葉です。

そして「妖怪」とは、その「あやしい」という字義の漢字を二つ重ねた言葉なのです。

さて。

江戸時代の「妖怪」の語義を辿《たど》る前に、再び『広辞苑（第二版）』を引いてみましょう。

――ようかい《エウクワイ》【妖怪】人知で不思議と考えられるような現象または異様な物体。ばけもの。へんげ。

同じ『広辞苑』でも第四版（一九九一）だと、次のように変わっています。

――ようかい《エウクワイ》【妖怪】人知では解明できない奇怪な現象または異様な物体。ばけもの。太平記五「相模入道かかる――にも驚かず」――・へんげ【妖怪変化】妖怪が姿を見せたようなあやしいもの。あやしいばけもの。「――のしわざ」

ほぼ同じ説明ですが、どうしたことか時代が下った方が詳しくなっています。

これは「妖怪」という言葉の意味が時代と共に複雑になった、多様化したということではないようです。むしろ曖昧《あいまい》なものから、より明確なものになってきたということでしょう。なぜなら、語義が増えたというわけではないからです。詳しくなったといっても、用例と、「妖怪変化」という成語が加わっただけです。

いずれの説明にも「ばけもの」という言葉が使われています。しかし「現象」「物体」という説明が先になされているところから、「ばけもの」だけを指し示す言葉ではないというニュアンスも感じられます。

この説明を見る限り、私たちが普段口にしている「妖怪」という言葉は、どうやら「妖怪変化」という成語の方に意味が近いようです。

もう一度「妖怪」の説明部分を見てみましょう。


━人知では解明できない奇怪な現象または異様な物体。ばけもの。


わかるような、わからないような、今ひとつしっくりこない説明ではあります。「現象」または「物体」という語句に違和感を持つ方も多いのではないでしょうか。

なぜなら、私たちは現在、「妖怪がいた」「妖怪が現れた」「妖怪に悪さをされた」「妖怪を退治した」――という使い方をしているからです。それが現象や物体であるならば、この使い方は少々おかしくなってしまいます。

――「現象がいた」「現象が現れた」「現象に悪さをされた」「現象を退治した」

――「物体がいた」「物体が現れた」「物体に悪さをされた」「物体を退治した」

どんな現象であってもどんな物体であっても、これは変な言い方でしょう。

現象は「起こる」ものですし、物体は「ある」もので、「いる」ものではありません。

また、現象は現れた段階で現象たり得るものですから「現象が現れた」というのはいただけません。「現象が見られた」が正しいでしょう。「悪さをされた」だの「退治した」となると、もう意味が通じません。

やはり、新旧『広辞苑』の説明の中で、私たちが普段使っている「妖怪」という言葉の解説として一番しっくりくるのは、前述のとおり「妖怪変化」の説明ということになるでしょう。

妖怪が姿を見せたようなあやしいもの。あやしいばけもの。

——「あやしいものがいた」「あやしいものが現れた」「あやしいものに悪さをされた」「あやしいものを退治した」

——「あやしいばけものがいた」「あやしいばけものが現れた」「あやしいばけものに悪さをされた」「あやしいばけものを退治した」

これは全然おかしくありません。「現象」や「物体」ではいけないようですが「もの」ならば問題ないようです。要するに——「化け物」に置き換える限りは違和感がないということです。

それでは、黄表紙の作者たちが無理矢理に「ばけもの」と読ませた「妖怪」以外の言葉を当てはめてみましょう。「夭怪」というのは現在ではあまり馴染みのない言葉なので、「奇怪」を当てはめてみることにします。

——「奇怪がいた」「奇怪が現れた」「奇怪に悪さをされた」「奇怪を退治した」

これもどうやらいけないようです。

改めていうまでもなく、これは当然のことといえるでしょう。ご承知のとおり、「奇怪」という言葉は、モノやコトの状態を表す言葉です。奇怪なモノ、奇怪なコトとしない限り、主体は生まれません。主たり得るのはあくまで「奇怪」とされるモノやコトの方なのです。それを抜きにして、現れたり悪さをしたり退治されたりするわけがないのです。

当たり前じゃないか——という声が聞こえてきそうですが、「奇怪」も「妖怪」も、本来はそう違う言葉ではなかったはずです。

その証拠となるのが先程の『広辞苑』の説明です。『広辞苑』において、「妖怪」は「現象」または「物体」と説明されていました。「現象」は観察される事実のことですが、それは本質の外面的な表出として捉えられるものですから、それ自体主体ではあり得ません。「物体」という言葉も同様です。「物体」は簡単にいえば物（モノ）ですが、それはモノの有り様を示す言葉であって、主体たるモノそのものではないのです。

そうしてみると——私たちは現在、（通俗的なレヴェルで、という条件付きですが）「妖怪」という言葉を〝化け物〟という意味でのみ使っている可能性があるようです。

再度、「妖怪変化」の説明を見てみましょう。

—妖怪が姿を見せたようなあやしいもの。あやしいばけもの。（傍線は引用者に依る）

この二つの文から次のようなことがわかります。

まず、モノ、だということです。

現代人である私たちにとって、この「妖怪変化」についての説明の方が〝妖怪〟の説明としてしっくりとくるその理由は、〝ばけもの〟以外の意味合いもあるということを示唆するような「妖怪」についての説明と違って、それが「あやしいもの」「あやしいばけもの」と、モノに限定された説明になっているからに他なりません。

ただ――困ったことに、この「妖怪変化」の説明は、肝心の〝妖怪〟について何の説明もしていないのです。

なにしろ「妖怪変化」は、「妖怪が姿を見せたようなあやしいもの、あやしいばけもの」だというのですから、これでは堂々巡りです。

先の「妖怪」の説明と組み合わせると、

人知では解明できない奇怪な現象または異様な物体、あるいはばけものが姿を見せたようなあやしいもの。あやしいばけもの。


となってしまいます。

本当に堂々巡りです。

ただ、ここから次のような事柄を推測することは可能です。

現象、または物体のことを指し示す言葉――つまりモノだけを表す言葉ではないと説明されている「妖怪」という言葉が、「変化」という言葉と組み合わせることでモノを表すだけの言葉になってしまうのであれば、そのモノ性を補強しているのは、「変化」という言葉の方なのではないか――という推測です。

ちなみに「へんげ」は、古い方の『広辞苑』の「妖怪」の説明にも、類義語として（「ばけもの」と一緒に）付録のように記されています。

そこで「変化」という言葉について少し考えてみることにしましょう。

「変化」の方も『広辞苑』で引いてみることにします。

第二版の方にはこう書かれています。

――へんげ【変化】①神仏がかりに人の姿になってあらわれること。ごんげ。（略）②動物などが姿をかえてあらわれること。ばけもの。妖怪。（略）

第四版では、やや説明に変化がみられます。

――へんげ【変化】①形が変って違ったものが現れること。②神や仏が仮に人の姿となって現れること。権化《ごんげ》。（略）③動物などが姿をかえて現れること。ばけもの。妖怪。（略）

①が新たに加わり、以下旧版の①が②に、②が③に繰り下げられています。微妙な差ではありますが、変更されてはいるようです。この語義の順位変更は「変化」を「へんか」と読むようになったことに関係しているようです（「へんけ」「へげ」と読んだ時期もあったようです）。

これは、神仏や妖怪などを持ち出すまでもなく、物質は〝変化〟するのだということが一般的に浸透した結果、と考えることができるでしょう。モノやコトが変化《へんか》するということ自体がいまや〝不可思議〟な意味合いを持ちにくくなっているという背景も影響していると思われます。語意が神仏・妖怪などから乖離《かいり》したため、形が変形するという即物的な説明の方により重点が置かれたということなのでしょう。

ここでひとつの疑問が発生します。

怪しいモノゴトを総括する言葉として「化け物」が選択された際、この「変化」という言葉はどういう位置にあったのか――ということです。

そもそも〝化け物〟のことを「へんくゑ」と記した書物も、過去には多くあるのです。黄表紙の作者たちが「変化」を優先的に採用しなかったのはどうしてなのでしょう。そもそも、なぜ「変化」は「化け物」の表記として定着しなかったのでしょうか。

その秘密は、どうやら旧版『広辞苑』の①にあるようです。

—①神仏がかりに人の姿になってあらわれること。ごんげ。

昭和に入ってから作られた辞書にまでそう書いてあるのですから「変化」という言葉は、どうやら本来「神仏の霊験の発露」的な意味合いを強く持っていたらしいということが予想できます。同義とされる「権化」は、いまでこそ「悪の権化」のような使い方をされる言葉ではあるのですが、元々は仏教用語で、悪い意味で使われていたわけではありません。『広辞苑』によれば、

——ごんげ【権化】①〔仏〕神仏が衆生済度（さいど）のため、権（かり）に姿をかえてこの世に現
——れること。また、その化身。権現（ごんげん）。（略）

と説明されています。

「変化」はそれと同義だと、『広辞苑』には記してあるのです。

もちろん「変化」の二文字は「変わり化ける」という字義なのですから、狐狸《こり》妖怪が変わり化けることも難《かた》くありません。近世以降、そうした用例が数多く見られることも"変化"と呼ばれたことは想像に難くありません。

しかし、また同時に狐狸妖怪がまったく関係しない"変化"もあったということです。

というよりも——実は"化け物"という意味で使われる"変化"は、「変化」という言葉の語義としてはマイナーなものだったと思われるのです。

第一義として採択される語義は、現在では「合理的説明が可能な変化」であり、過去においては、「神仏などの霊験を背景とした変化」となっています。「禽獣《きんじゅう》妖物が変わり化ける」という語義は、辞書の上では常に下位におかれています。

どうも「変化」という言葉は、単独で〝化け物〟を表すにはあまり適切な言葉ではなかったようです。

だからこそ、わざわざ「妖怪変化」という成語ができ上がったのでしょう。〝妖怪変化〟とはそれすなわち「怪しい変化」、つまり「理に適っていない変化」「神仏とは無関係な変化」という意味だと受け取るべきでしょう。

しかし、「変化」という言葉が「妖怪」という言葉と組み合わせられることで初めて「神仏の変化」でも「理に適った変化」でもない〝化け物〟の意になるのだとするなら、「妖怪」という言葉は〝変化〟を説明する、あるいは修飾する言葉だ、ということになってしまいます。

前述のとおり、「妖怪」は「奇怪」同様、主体たるモノを欠いた言葉であった可能性が高い言葉です。

〝変化〟が化けるコト――化けたモノだとすると、「妖怪＋変化」という言葉がモノ性を帯びた理由も説明できるでしょう。

三度、「妖怪変化」の説明を見てみましょう。

━妖怪が姿を見せたようなあやしいもの。あやしいばけもの。

あやしいばけもの、という表現が気になります。怪しくない化け物がいるのか、という意味ではありません。

前述のとおり、『広辞苑』第二版の「妖怪」の項には、

――人知で不思議と考えられるような現象または異様な物体。ばけもの。へんげ。

と記してあります。また『広辞苑』第四版「変化」の項には、下位の語義として、

――③動物などが姿をかえて現れること。ばけもの。妖怪。

が挙げられています。

しかし「妖怪変化」が単に「妖怪」「化け物」という同じ意味の言葉を二つ重ねただけの熟語なのであれば、このような書き方はしないのではないでしょうか。

微妙なニュアンスの差があるからこそ、ループする無意味な言説になることを承知で回りくどい説明を施した――と考えた方がいいようです。そうでないのなら、「妖怪変化＝化け物のこと」――で済んでしまうはずだからです。しかし『広辞苑』は「妖怪」が「ばけもの」で「妖怪変化」が「あやしいばけもの」だと併記するのです。

「妖怪」＝「ばけもの」で、「妖怪変化」＝「あやしいばけもの」であるのなら（その項を見る限りは）「変化」が「妖怪」に「あやしい」という意を添えているように窺《うかが》えます。しかし、残念ながら「変化」という言葉にあやしいという語義はありません。

後者の場合の「ばけもの」は、「変化」のことと考えた方がいいでしょう。

前述のとおり、「変化」は「妖怪」と接続することで〝化け物〟の意を明確にするという特性をもっていると考えられます。「妖怪変化」の「変化」は〝化け物〟の意に他なりません。

一方で「妖怪」は、それ自体〝化け物〟の意を含みはするものの、基本的には〝現象〟や〝物体〟であり、つまりは主体を持たない――モノ性に乏しい言葉と考えられるのです。

この場合は、モノ性を担うだろうと思われる「変化」こそを「ばけもの」と取るべきでしょう。するとモノ性に乏しい「妖怪」の方が「あやしい」という形容詞に相当する言葉ということになります。

そしてこれも前述のとおり、「妖怪」という熟語は「あやし」を意味する文字を二つ重ねでき上がっているのです。

そうすると、「妖怪が姿を見せたようなあやしいもの」＝「怪しい何か」が「実体をもって可視化」した「理に適わない存在」というような意味になるでしょう。

どうやら――「妖怪」という言葉は、そのまま「あやしい」という意味と考えてもいいように思われます。

実に当たり前の結論です。

しかし、私たちは普段、「妖怪」を単に「あやし」を指し示す言葉として使用してはいないのです。私たちはもっと特殊な性格の言葉として「妖怪」を使用しています。「妖怪」という言葉は現在、江戸期の後半にでき上がった〝化け物〟という概念にかなり近い意味で、限定的に使われているのです。

単に「あやしいモノ」「あやしいコト」「あやしい存在」「あやしい状況」を示す言葉として私たちが現在使っている言葉としては、例えば「怪異」が挙げられます。しかし、考えるまでもなく〝妖怪〟と〝怪異〟は、ずいぶんニュアンスが違っています。先程挙げた例に当てはめてみると、よくわかるでしょう。

――「怪異がいた」「怪異が現れた」「怪異に悪さをされた」「怪異を退治した」

これも、「奇怪」同様いただけません。

ただ、「怪異」もまた「あやしい」を表す文字を二つ重ねた熟語なのです。「妖怪」「奇怪」「怪異」――これらは本来、そう差異のある言葉ではなかったと思われます。

しかし様々な理由の下に――「妖怪」だけが違ってしまったのです。

私たちは過去の文献に「妖怪」の二文字を見つけた時、現代的な文脈でそれを読み解いてしまいがちです。

例えば、

「都のはずれに妖怪あり」

という文章を読んだ時、私たちは得てして、

「都の外れに化け物が出た」

と理解してしまうことがあるようです。

でも、それは、

「都の外れに怪異があった」

というだけの意味である可能性が、非常に大きいと思われるのです（もちろん、その〝怪異〟の正体が〝化け物〟に近い存在である場合もあるわけですが――）。

言葉は時代とともに意味も、使い方も変化します。同じ言葉だからといって同じ意味合いであるとは限らないのです。意味が通じるからといって、そうしたことに配慮をせずに読み取ると、最終的に文意が汲《く》めなくなるということになります。もしかしたらそうした些細《ささい》な誤解や誤読が、大きな読み違いに繋がっているようなケースも、ないとはいいきれないのです。

それでなくとも、〝お化け〟〝妖怪〟などというモノは明治以降、きわめてないがしろにされがちだったわけですから、たとえ少々解釈に不都合があったり、前後の脈絡に不整合があったところで、誰も問題にしなかったという可能性もあります。

実際、黄表紙などのわかり易い例を除けば「妖怪」及びそれに類する言葉が、わかりにくい使われ方をしていることは確かです。

それでも「奇怪」や「怪異」といった言葉は、現在の用法とそれ程開きがないということもあってか、まだ混乱なく読み取ることができるようです。ただ「妖怪」という言葉だけは別です。

先程の例からもわかるように「化け物が出た」のか「怪異が起きた」のか判然としないような例が非常に多いのです。

ただ、手懸かりがないわけではありません。

「妖怪変化」という言葉の成り立ちを思い出してみてください。「妖怪」という言葉は、そもそも「神仏が姿を変えて現れる」という語義を第一義として持っていたと思われる「変化」という言葉から、〝神仏〟という背景を抜き取るという役割を果たしたと考えられます。

どうも、「妖怪」という言葉は、ただの〝怪異〟ではなく、「神仏と無関係な〝怪異〟」を指すことが多かったようなのです。

そのあたりの事情こそが、「妖怪」という言葉と〝化け物〟というカテゴリを、深く、有機的に結びつけることになった理由のひとつではあるようです。

そして、それがさらには現在私たちが使っている通俗語としての〝妖怪〟という概念の形成に結びついていく遠因となっているようです。

京の地誌を巡って

国際日本文化研究センターで行われた「日本における怪異・怪談文化の成立と変遷に関する学際的研究」の第二十回研究討議会で、土居《どい》浩《ひろし》先生（現在・ものつくり大学講師）が、「怪異の分節――『京《きょう》羽《は》二重《ぶたえ》織留《おりどめ》』の『妖怪』をめぐって」と題する研究報告をされました。

題名にある『京羽二重織留』というのは、書物の名称です。

この本は京都にまつわる人物や場所、事跡、故事などを項目別に紹介した『京羽二重《きょうはぶたえ》』という本の続編に当たるもので、元禄《げんろく》二年（一六八九）に刊行された京都の案内記、今でいうガイドブックのようなものです。

目録――インデックスには、様々な項目が掲げられていますが、分類は一見アバウトで、掲載記事も理路整然と配置されているわけではないように思えます。

それでも、編者はそれなりにこだわりを持っていたようで、一定の（しかも細かい）セオリーに則《のっと》った分類がなされています。

例えば「巷《ちまた》ではこう伝えられているけれどそれは間違いだ」というようなものは〝誤伝《ごでん》〟、「一般にはそういわれているけれども本当かどうかは判らない」ことは〝擬似《ぎじ》〟などと、結構微妙なニュアンスの差異にこだわった分類法が用いられています。

土居先生は、その分類項目の中に〝奇瑞《きずい》〟と〝妖怪〟という項目が並べて置かれていることに着目します。

「奇瑞」とは、辞書の類を引くと「めでたいことの不思議な験《しるし》」というような意味合いの言葉として載っています（本来は吉凶ともに示す言葉のようです）。現代の感覚で判断するなら、めでたいと感じられる不思議なできごとが〝奇瑞〟に、特にめでたいわけではない（主に〝化け物〟に関する）怪しいものごとが〝妖怪〟に振り分けられることになるのでしょう。

しかし、『京羽二重織留』の場合はかなり違っています。

この『京羽二重織留』の場合、〝奇瑞〟〝妖怪〟の他に、〝霊仏〟〝霊池〟〝霊水〟〝奇石〟〝名樹〟など、分類項目がかなり細かく設けられています。

たとえ怪しげな事例、不思議な事例であっても、それぞれに該当するだろう事物はそれぞれの項目に振り分けられているのです。そうした分類に該当しない幾つかの事例が、どうやら〝奇瑞〟と〝妖怪〟に振り分けられているようです。

〝奇瑞〟に収録されているモノゴトは次のようなものです。

洪水、風難、火災、風災、疱瘡《ほうそう》、霊夢、瑞夢——。

現代人の感覚から計ると取り分け不思議なことばかりとはいい切れないのですが、天変地異や災害なども含めた様々な事件や伝説が収められています。

では、〝妖怪〟にはどのようなモノゴトが収録されているのでしょうか。それ程の量はないので列記してみましょう。

狐尾《こび》、乗《じょうず》二白駒《はつくに》一
仏像祟《ぶつぞうたたり》
老翁現《ろうおうげんず》
飛火《ひか》、移《うつす》レ堂《どうを》

こちらは、まあ怪しいモノゴトばかりではあります。

ここでの〝妖怪〟は、私たちが現在使っている〝妖怪〟とは、やはり少し違ったもののようです。

目録には「河童」だとか「見越し入道」などの、いわゆる〝化け物〟、つまり怪しいモノたちが並んでいるわけではありません。取り上げられているのは、怪しいモノというより、むしろ怪しいコトのようです（モノとコトを巡るお話は、また項を改めたいと思います）。そうはいっても怪しいコト全般ではありません。

前述のとおり、たとえ怪しいコトであったとしても、木に関することは木、池に関することは池、石に関することは石に分類されてしまいます。それら細目のいずれにも分類できない不思議なコトで、しかも〝奇瑞〟とは分けられる怪しいコト——それが〝妖怪〟とされているわけです。

では。

その〝奇瑞〟と〝妖怪〟はどう違うのでしょう。

こうした想像は成り立ちます。

作者は、分類不能の不思議なできごとのうち、「良いコト」は〝奇瑞〟に、「悪いコト」は〝妖怪〟に振り分けたのではないか——という想像です。

〝奇瑞〟の方は（それが辞書どおりの意味であるならば）不思議は不思議でも〝めでたい〟不思議であるはずです。

一方、〝妖怪〟に〝めでたい〟イメージはあまりありません。

実際、「妖怪は〝負〟の心的表現だ」というような言説は、実によく耳にします。

確かに現在、妖怪は怪しいというだけでなく、怖い、気味が悪い、危害を加えるといったマイナスのイメージを持たされてもいます。

しかしよく考えてみると、これは〝妖怪〟（と現在私たちが呼んでいるモノやコト）の、ある一面でしかありません。

例えば「富をもたらすのは神」で、「災厄をもたらすのは妖怪」だ、というような単純な構図は、まったく成り立たないのです。一神教の文化圏とは異なり、私たちの暮らしている文化の中には〝絶対神〟的な存在は認められません。災厄をもたらす祟り神もいるし、封じられる疫神《えきじん》もいます。絶対神がいないということは、絶対悪――悪魔のようなものもまた、成立しないということです。

富をもたらすモノの多くは、憑《つ》き物として忌み嫌われているわけですし、祟りの激しい神様ほど、念入りに祀《まつ》られていたりするわけです。

プラス、マイナスで種分けするというのは、どうも無効のようです。

どうやら『京羽二重織留』の場合も、良いコト、悪いコトという振り分けにはなっていないようです。

そもそも『京羽二重織留』の〝奇瑞〟の項には、どうみても災厄としか思えない事例がたくさん採用されているのです。洪水も火災も風難も（災や難という字を当てているのですから当然なのですが）、とても〝さいわい〟とは思えません。

それらは紛《まご》う方なき〝わざわい〟――負のできごととされるものでしょう。少なくとも『京羽二重織留』の編者は、〝奇瑞〟と〝妖怪〟を正負で分けてはいないのです。

土居先生は次のような予測を立てていらっしゃいます。

『京羽二重織留』の編者は、神仏の霊験として解釈し得る説明不能のできごとを〝奇瑞〟の項に、神仏を以《もっ》てしても説明不能のできごとを〝妖怪〟の項に、それぞれ振り分けたのではないか――と。

筆者は、これが正解なのだろうと考えています。

〝奇瑞〟の項に組み入れられた事例は、必ず神仏との関わりの中で語られています。

火災が起きると神社が鳴動する、神のお告げで疱瘡が収まる、云々《うんぬん》。要するに、神仏を蔑《ないがし》ろにしたから悪いコトが起きたとか、神仏のお蔭《かげ》で悪いコトが収まったとか、何か良くないコトが起きると神仏が報《しら》せてくれるとか――そうした事例が集められているのです。

一方、〝妖怪〟の項目に神仏がまったく登場しないのかといえば、実はそんなこともありません。仏像の祟りだの、堂を移すだのといった項目には、当然神仏寺社が登場しています。

しかし、〝妖怪〟の項目に採用されている神仏が登場する話は、「ありがたい仏像であるはずなのに置き場所が悪いと祟った」だとか、「ありがたいお堂を建てたのに妖怪があるのでお堂を移した」というような内容なのです。

ありがたい神仏の姿を写したはずの仏像が、功徳ならぬ妖怪をなす――これは、神仏の霊験とはいえません、むしろその逆で、神仏の霊験がないことの不思議を述べているわけです。

いかに人知を超えた不可思議なできごとであっても、例えば何々神の障りだとか何々仏の怒りだとか、そうした解釈が成り立つのなら、それはもう「説明できるできごと」になってしまいます。

逆に、神仏の加護やら慈悲やらの及ばないできごとが起きてしまった場合は、これは不思議としかいいようがありません。

これは、そもそも「妖怪」という言葉は「神仏と無関係な怪異」を指し示していたのではないか、という前節での推論を、ある程度裏付けてくれる希有《けう》な一例なのです。

何故希有なのかというと――。

答えは単純です。

他にほとんど例がない――「妖怪」という言葉が使われていない――からです。

その昔、「妖怪」という言葉はそれ程ポピュラリティを持った言葉ではなかったのです。もちろん、言葉自体がなかったわけではありません。「狐狸妖怪」「妖怪変化」などという熟語はあったわけですし、文献上全く見られないというわけではありません。

しかし、「妖怪」のような漢語が、口語として庶民レヴェルで日常的に使われていたとは到底思えません。「妖怪」という言葉が現在のように確固としたイメージを普遍的に供給してくれる言葉ではなかったことは想像に難《かた》くないでしょう。

そのせいか、『京羽二重織留』のように目録上に項目として立っているようなケースは皆無に近いといっていいようです。

記録上「妖怪」の二文字が目立つようになるのは、やはり黄表紙ブームの到来を待たなければなりません。しかし、庶民の間に広く読まれた黄表紙の表記に採用されたからといって、「妖怪」という言葉が一般に定着したかというと――。

どうも定着はしなかったようなのです。例えば――。

鳥山石燕と様々な百鬼夜行を巡って

鳥山石燕《とりやませきえん》は現在において最も有名な江戸の〝妖怪〟絵師ということができるでしょう。石燕の仕事なくして〝妖怪〟はなかった、といっても過言ではありません。

その石燕の代表作であり、江戸期〝妖怪〟画の筆頭として挙げられるのが、『画図《がず》百鬼夜行《ひやっきやこう》』シリーズ四種十二冊（『画図百鬼夜行・陰／陽／風』一七七六、『今昔画図續百鬼・雨／晦／明』一七七九、『今昔百鬼拾遺・雲／霧／雨』一七八一、『百器徒然袋・上／中／下』〈書名表記に異同あり〉一七八四）です。

安永から天明にかけて刊行されているので、時期的には黄表紙ブームと概ね重なっているといえるでしょう（「画図」の読み方は「がず」「えず」「がと」など様々で定説はありません。国文学者の高田衛《たかだまもる》先生にご意見をお伺いしたところ、素直に「がず」と読むべきでしょうという示唆をいただきましたので、ここでは「がず」と振り仮名をふっております）。この『画図百鬼夜行』シリーズは、土佐《とさ》派や狩野《かのう》派に代々受け継がれてきた、伝統的な〝化け物〟の絵を集大成し、〝妖怪〟キャラクターのお手本として、後世の〝妖怪〟デザインに多大な影響を与えた作品です。

と――いうより、現在の〝妖怪〟概念を語る上では欠かすことのできない一種バイブル的なものとして、至る所で取り上げられているので、ご存じの方も多いでしょう（同書については多《た》田《だ》克己《かつみ》さんが詳細な絵解きを試みておられます。興味がおありの方は『怪』バックナンバーをご覧ください）。

ところが――意外なことに、この〝妖怪〟のバイブル『画図百鬼夜行』の中に「妖怪」の二文字を探すことは、難しいことなのです。

石燕が『百鬼夜行』シリーズで描いた異形のものどもは二百余種に上ります。

しかし、その説明文中に「妖怪」の二文字を見ることができる種目は、次に掲げる五種しかありません。

①長壁《おさかべ》（『今昔畫圖續百鬼』雨）

長壁《おさかべ》は古《こ》城《ぜう》にすむ妖怪《ようくはい》なり
姫路《ひめぢ》におさかべ赤手《あかて》拭《ぬぐひ》とは、
童《わらんべ》もよくしる所なり

（傍線筆者）

②加牟波理入道《がんばりにうどう》（『今昔畫圖續百鬼』晦）

大晦日の夜厠《かはや》にゆきてがんばり入道郭公《ほとゝぎす》と
唱ふれば妖怪《ようくはい》見ざるよし世《せ》俗《ぞく》のしる所也
もろこしにては厠神《かはやのかみ》名を郭登《くはくとう》といへり
これ遊天飛騎《ゆうてんひき》大殺《だいさつ》将軍とて
人に禍福《くわふく》をあたふと云
郭登郭公同日《くはくとうくはくこうどうじつ》の談《だん》なるべし

（傍線筆者）

③青女房《あおにょうぼう》（『今昔畫圖續百鬼』晦）

荒《あれ》たる古御所《ふるごしよ》には青女房とて
女官《にようくはん》のかたちせし妖怪《ようくはい》
ぼう〳〵まゆに鉄漿《かね》くろ〴〵とつけて
立まふ人をうかゞふとかや

（傍線筆者）

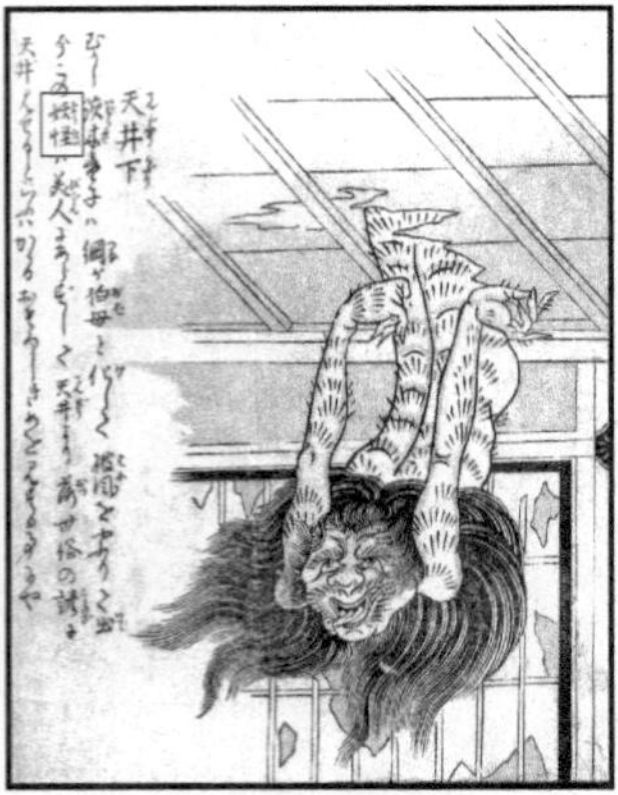

④天井下《てんじようくだり》（『今昔畫圖續百鬼』明）

むかし茨木《いばらき》童子は綱《つな》が伯母《おば》と化《け》して
破風《はふ》をやぶりて出《いで》
今この妖怪《ようくはい》は美人《びじん》にあらずして天井《てんぜう》より落《おつ》
世俗の諺《ことはざ》に天井見せるといふは
かゝるおそろしきめを見する事にや
（傍線筆者）

⑤雲外鏡《うんがいきやう》（『百器徒然袋』下）

照魔鏡《しやうまきやう》と言へるは
もろ〳〵の怪《あや》しき物の形うつすよしなれば
その影《かげ》のうつれるにやとおもひしに
動《うごき》出るまゝに
此かゞみの妖怪《ようくはい》なりと
夢の中におもひぬ
（傍線筆者）

第二シリーズである『今昔畫圖續百鬼』に四種、第四シリーズである『百器徒然袋』に一種の、計五種です。名前以外ほとんど文章が付されていない第一シリーズ『画図百鬼夜行』はともかく、第三シリーズである『今昔百鬼拾遺』に「妖怪」の文字は皆無です。

①の長壁に関していえば、「古城にすむ」という言葉がある以上、〝化け物〟的なものを表していると解釈しても差し支えないでしょう。しかし、残りの②〜⑤に関しては微妙なところです。例えば、②や⑤などは〝怪異〟に置き換えた方が意味が通るようですし、③と④は〝化け物〟でも〝怪異〟でも通じるように思われます。

いずれにしても二百数種中の五種のみというのは、少な過ぎるように思われます。

黄表紙が流行したのは一七七五年から一八〇六年、『百鬼夜行』シリーズは一七七六年から刊行が開始され、一七八四年で終わっています（石燕はシリーズ終了四年後の一七八八年に亡くなっています）。

黄表紙の作者たちが〝化け物〟表記の新機軸――「妖怪」などの漢語に「ばけもの」とルビをふる方式――を打ち出し始めた丁度その時期に、『百鬼夜行』シリーズは描かれています。

しかし、この比率を見る限り、〝化け物〟＝「妖怪《ばけもの》」という方程式が大衆に受け入れられていたとは思えません。たしかに一七七九年に開版された第二シリーズ『今昔畫圖續百鬼』における「妖怪」率は上がっているのですが、それ以降「妖怪」という言葉は使用されていないに等しいわけですから、少なくとも石燕は〝化け物〟＝「妖怪《ばけもの》」という表記にポピュラリティを認めていなかったものと思われます。

どうやら石燕が「〝妖怪〟をたくさん描いた〝妖怪〟絵師だ」という認識は、現代人のラベリングにすぎないようです。正確には、「石燕が描いた多くの異形たちの絵は、現在では一様に〝妖怪〟と呼ばれている」というべきでしょう。

さて、それでは鳥山石燕はいったい何を描いたのでしょうか。

『画図百鬼夜行』シリーズを俯瞰《ふかん》すると、「化物」「鬼」「怪」「怪異」「魅」など、総称的な言葉もいくつか見出《みいだ》すことができます。しかし突出して使用頻度の高いものはありません。強いて挙げるなら、タイトルにもなっている「百鬼」が特別扱いされていた――ということはいえるでしょう。

石燕が活躍した時期に限らず、異形の群れや〝化け物〟を大量に羅列した絵は〝百鬼〟または〝百鬼夜行〟と呼び習わすことが慣例になっていたようです。

石燕が範としたと思われる土佐派の化け物絵巻群も『百鬼夜行絵巻』と呼ばれることが多いようですし、狩野派に代々伝わる化け物絵も、同じく『百鬼夜行絵巻』と呼ばれています（こちらの方は『化物づくし』『百怪図巻』『化物絵巻』などと呼ばれているものもあります）。

現在でも〝百鬼夜行〟といえば〝妖怪〟の大パレードを思い浮かべる方が多いものと思います。これは、件《くだん》の土佐派の化け物絵巻――中でも最も有名な伝・土佐光信筆の絵巻（一般に『真珠庵本』と呼ばれることが多いようです）の影響であろうと考えられます（成立したのは室町《むろまち》期――十六世紀とされています）。石燕の絵以上に露出が多い図柄ですから、大抵の方はどこかしらで目にされているものと思われます。

生き物の如く手足を生やした器物たち、異相・異装のモノたち、擬人化された獣たち、そして鬼――そうした異形のモノどもが行進するさまが記されたその絵巻は、画力の確かさとモチーフやフォルムのユニークさが群を抜いているせいもあり、「百鬼夜行絵巻」類の基本中の基本――決定版的なものとして一種特別扱いを受けているといってもいいでしょう。中でも鍋釜《なべかま》や琴《こと》、琵琶《びわ》、仏具などが人や獣の形をとって練り歩く――いわゆる付喪神《つくもがみ》の図像は人気があるようです。また、正確な制作年代こそ特定できないものの、この絵巻は（実に明治期になるまで延々と複製され続けてきた）無数の土佐派系統の「百鬼夜行絵巻」群の、オリジナルと思《おぼ》しきものでもあるのです。

現在、これら異形どもは〝妖怪〟と呼ばれ、この絵巻も〝妖怪〟絵巻として紹介されます。しかし、この絵巻にはもちろん「妖怪」という文字は記されていません。いや、それだけではなく、この伝・土佐光信筆の絵巻には何ひとつ詞《ことば》が記されていないのです。

そう――当然「百鬼夜行」とも記されていないのです。

甲南《こうなん》大学教授の田中貴子《たなかたかこ》先生は、著書『百鬼夜行の見える都市』（一九九四／新曜社）の中でこの絵巻について詳細な検証および考察を加えられています。

田中先生は同書において、この名前のない絵巻とその異本を比較検討し、先行する絵巻物語である『付喪神記《つくもがみき》』（岩瀬文庫本系統）との関連性を検証されました。その上で、この名前のない絵巻は、その『付喪神記』の一部を抜粋する形で成立しているのではないか、という仮説を立てられています。

そして、『今昔物語集』など中世文学を専門とされている田中先生は、次のような指摘をされています。

一付喪神は本来百鬼夜行とは無関係な土壌で生まれたのである。

慧眼《けいがん》というよりありません。伝・土佐光信筆の絵巻は、『付喪神絵巻』と呼んだ方がよほどしっくりくる図柄だといえるでしょう。一方で、『今昔物語集』などに見える〝百鬼夜行〟の方は〝付喪神〟とはなんら関係のないモノ——不可視な亡者——鬼《き》の巡行のことなのです。

この元々無関係な二つを結び付けたのが、他ならぬ伝・土佐光信筆の名前のない絵巻であったことは、まず間違いのないことでしょう。

この名前のない絵巻がいつから『百鬼夜行絵巻』と呼ばれるようになったのかは定かではないのですが——その不自然な呼称について誰も疑問に思うことをしなかったのには理由があります。江戸期に複製された伝本・異本の多く（特に時代が新しいもの）に『百鬼夜行絵巻』というタイトルが記されていたからです。

私たちが現在、そこに描かれた異形のものどもを何の疑問も持たずに〝妖怪〟と呼んでしまうように、江戸期においてそれは〝百鬼夜行〟と名づけられてしまったものと思われます。

現在、私たちが思い描く〝百鬼夜行〟＝〝付喪神〟の行進＝〝妖怪〟の大パレードというイメージは、この江戸期の名づけに端を発しているわけです。

さて、多くの〝化け物〟＝〝百鬼〟であると仮定した時、当然次のような推論も成り立つことでしょう。

「百鬼」の「百」は具体的な数量ではなく、「多くの」「無数の」という意味であろうから、ならば即ち「化け物」に相当する言葉は「鬼」となるのではないか——。

たしかに〝化け物〟はまま「鬼」と書き表されます。しかし〝鬼〟が〝化け物〟全般を指し示す言葉としてポピュラーなものだったかどうか、という点では疑問が残ります。石燕が活躍した時代、〝鬼〟はすでにキャラクター化され、〝化け物〟の一品目に加えられてしまっていたからです。

『画図百鬼夜行』にも〝鬼〟は「鬼」として描かれています。また、黄表紙のキャラクターにも様々な〝鬼〟が登場します（「鬼娘」などは人気キャラだったようです）。

そうした状況下で、〝鬼〟を〝化け物〟の総称に据えることは難しいといえるでしょう。やはり「百鬼」は〝百〟の〝鬼〟の意ではなく、成語として流通していたと考えるべきではないでしょうか。

いずれにしても——。

僅《わず》かな例外を除いて、「妖怪」と題された〝化け物〟絵巻は見当たらないようです（まったくないわけではありません。元・川崎市民《かわさきしみん》ミュージアム美術館担当室長で〝妖怪〟コレクターとしても知られる湯《ゆ》本豪一《もとこういち》先生所蔵の、芝蘭斎洞秀《しらんさいどうしゅう》筆『妖怪退治絵巻《ようかいたいじえまき》』など、例がないわけではありません。しかし、比率的には例外とする程度の分量しか確認できていないようです）。

こうしてみると、やはり当時、「妖怪」という言葉は、ある固定したイメージを一般に遍《あまね》く与えるようなポピュラリティを持った言葉ではなかったようです。

加えて、石燕は——結果的に——近代に至って通俗的な〝妖怪〟概念を作り上げることに大いに貢献することになったわけですが、決して私たちが思い描くような〝妖怪〟を描いていたわけではなかったようです。

鳥山石燕という才人は『画図百鬼夜行』シリーズにおいて、その当時ある程度できあがっていた〝化け物〟のデザインや伝承、イメージなどを隠れ蓑《みの》にして、様々な〝知的遊戯〟を試みた人でした。絵と文に巧妙に織り込まれた隠喩《いんゆ》暗喩、それによって表される風刺や諧謔《かいぎゃく》は、後の狂歌絵本などにも通じる先駆的なものです。

石燕を含む当時の知的表現者たちは、〝化け物〟という、通りも良くキャッチーな通俗概念をより効果的な〝表現手段〟として利用するために、巧妙な言い換えを試みたのでしょう。

その時に選ばれた幾つかの言葉の中のひとつに「妖怪」があった、というだけのことです。

それは、文人墨客《ぶんじんぼつかく》など娯楽を提供する表現者／送り手たちによって、知的で文化的な遊戯ツールとして一般にプレゼンテーションされ、エンタテインメントシーンの一場面においてそれなりにもて囃《はや》されはしたものの、言葉として定着する——固定的にある特定の事物を領域化する言葉となる——には到らなかった、ということになるでしょう。

「妖怪」という言葉は、〝化け物〟を指し示す新しい言葉の候補のひとつとして用意されたものの、それほど使われることなく宙《ちゆう》吊《づ》りにされていた言葉だったようです。

その結果、本義である〝あやしい〟というニュアンスもまた、温存される結果となったのでしょう。〝あやしいばけもの〟＝「妖怪変化」という成語がそれを物語っています。

もちろん、江戸期の社会は階層によって使われる言葉も大いに違っていたわけですから、温度差は大いにあったのでしょうが、「妖怪」という言葉がメジャーでなかったことだけは間違いないようです。

しかし、明治時代に到って、状況は一変します。

但し、次に「妖怪」という言葉を持ち出してきたのは小説家でも絵描きでもなく、哲学者でした。その哲学者こそ――東洋《とうよう》大学の創始者にして、かの『妖怪學講義《ようかいがくこうぎ》』の著者でもある、不思議庵《ふしぎあん》主人こと井上圓了《いのうええんりょう》その人だったのです。

井上圓了の妖怪学を巡って

本書読者の多くは、井上圓了の名を聞いたことがあるはずです。詳しく知らなくても、耳にしたことくらいはあるでしょう。

井上圓了博士は後の東洋大学を創立した哲学者です。明治という動乱の時代に、仏教哲学を基礎とした近代的な人間の在り方を模索し、押し寄せる近代化の波の中で迷える大衆を啓蒙《けいもう》しつづけた、筋金入りの知識人でした。

しかし、圓了博士は後々、少し変わった認識で捉《とら》えられるようになります。

これが井上圓了博士に付けられた渾名《あだな》です。

確かに圓了博士は自ら「不思議庵主人」と名乗り、日本全国を駆け巡って〝妖怪〟の話を取材し、膨大な文献を渉猟《しょうりょう》して〝妖怪〟の記録を蒐集《しゅうしゅう》した人でした。

でも、妖怪博士井上圓了に対する評価は、他の妖怪博士たちとは少々違っています。

明治の妖怪〝否定〟博士——。

どうやら圓了の場合、こうした評価をされる方が一般的なようです。

この認識や評価が正当なものなのかどうかは後に譲るとして、まず、その明治の妖怪博士は何を考え、何をしたのかを辿ってみることにしましょう。

圓了がどのような立場であったのかということとは無関係に、圓了が「妖怪」という言葉をいち早く衆人の前に引き出し、広く知らしめた人であることは間違いありません。

圓了は「妖怪学」なる学問を提唱しました。

そして自らが蒐集した多くの事例を事細かに分類・整理し、それらに独自の解釈を加えて次次と発表したのです。圓了は精力的に論文を書き、講演をし、本を出版しました。

時代は明治です。

柳田國男に先駆けて、圓了は学問の世界に「妖怪」の二文字を持ち込み、また世間一般にもそれを広めた人物です。難しい論文だけでなく、圓了は大衆向けに「通俗絵入」の読み物などもたくさん出版しています。

それらの言説がどのような層にどのように受け入れられたのかを知る術《すべ》はありませんが、黄表紙ブームの次に「妖怪」という言葉を世間に配信したのが井上圓了だったことは疑いようのないことのようです。

しかし、近代人であった圓了は、ただお化けの話を面白おかしく一般に紹介したというわけではありません。圓了は、紹介した事例を疑い、科学的、合理的に検証し、そして多くを〝否定〟しました。

後に妖怪〝否定〟博士と呼ばれるようになった所以《ゆえん》です。

結局圓了は、一般に「妖怪」という言葉を広めた人物というよりも、迷信否定・妖怪撲滅を志した人物として知られるようになってしまったのです。

現在でも、圓了はゴーストバスター的な「妖怪退治人」として紹介されることが多いようです。でも、その一般的な理解にはやや誤解があると言わざるを得ません。

井上圓了は、たしかに科学・合理の名の下に、非科学的な世界認識を退けるべく啓蒙活動を繰り広げた人物ではありました。しかし圓了は、決して〝妖怪〟を撲滅しようと活動していたわけではありませんでした。

判りにくいので別の言い方をしましょう。

圓了の撲滅したかった〝妖怪〟は、現在私たちの知るところの〝妖怪〟とはまったく違うものです。井上圓了が掲げる〝妖怪〟という概念は、現在における通俗的な〝妖怪〟観とは大きく隔《へだ》たったものなのです。

圓了の考える〝妖怪〟のあらましは、圓了が挙げる〝妖怪〟の区分によってある程度明確に知ることができます。大正三年（一九一四）発行の一般向け書籍『おばけの正體《しょうたい》』（丙午《へいご》出版社）の最終項、「妖怪研究の結果」から一文を引用してみましょう。

（前略）偖《さ》て妖怪《ようくわい》の種類《しゆるゐ》を擧《あげ》て申《まう》さは、四百五百乃至《ないし》千以上もありて夥《おびただ》しきことでありますが、余《よ》は之《これ》を實怪《じつくわい》と虚怪《きよくわい》との二《に》大類《だいるゐ》に分《わ》けました。更《さら》に之《これ》を細別《さいべつ》すれば、實怪《じつくわい》の方《はう》には眞怪《しんくわい》と假怪《かくわい》との二種《しゆ》あり、虚怪《きよくわい》の方《はう》には僞怪《ぎくわい》と誤怪《ごくわい》との二種《しゆ》ありて、僞怪《ぎくわい》は一名《めい》人爲《じんゐ》的妖怪《てきようくわい》と云《い》ひ、誤怪《ごくわい》は一名《めい》偶然的妖怪《ぐうぜんてきようくわい》と云《い》ひ、假怪《かくわい》は一名《めい》自然的妖怪《しぜんてきようくわい》と云《い》ひ、眞怪《しんくわい》は一名《めい》超理的妖怪《てうりてきようくわい》と云ひます。（後略）

補足的に、概略を繰り返します。

圓了は、〝妖怪〟をまず〝虚怪〟と〝実怪〟の二つに大きく区分します。

〝虚怪〟は、本物ではない妖怪という意味のようです。

この〝虚怪〟はさらに〝偽怪〟（人為的妖怪）と〝誤怪〟（偶然的妖怪）に分けられるのだ、と圓了はいいます。〝偽怪〟は偽物《にせもの》の妖怪――つまり第三者が意図的に作り出したまがいものの妖怪のこと、〝誤怪〟は妖怪と見誤ること――いろいろな条件がたまたま重なって起きる、偶然の妖怪のことです。〝虚怪〟というのは、要するに悪戯《いたずら》や騙《だま》し、または見間違いや偶然そうなっただけのモノゴトを指すようです。

一方、〝実怪〟は本物のことのようです。

圓了はこの〝実怪〟を〝仮怪〟（自然的妖怪）と〝真怪〟（超理的妖怪）に分けます。

〝仮怪〟は説明ができる妖怪のことです。この〝仮怪〟は、さらに〝物怪〟（物理的妖怪）と〝心怪〟（心理的妖怪）に仕分けされます。

〝物怪〟は、物理的・科学的に説明し得る妖怪（合理的解釈ができるものなのに、どうしてそうなるか知らない者には怪異に思えてしまうモノゴト）、〝心怪〟は心理的・生理学的・社会学的に説明し得る妖怪（錯覚や誤解など）のことです。

残る〝真怪〟とは、説明がまったくできない妖怪、理《ことわり》を超えた妖怪のことです。

つまり〝真怪〟とは、スーパーナチュラルな、真実の妖怪の意、ということです。

いかがでしょうか。

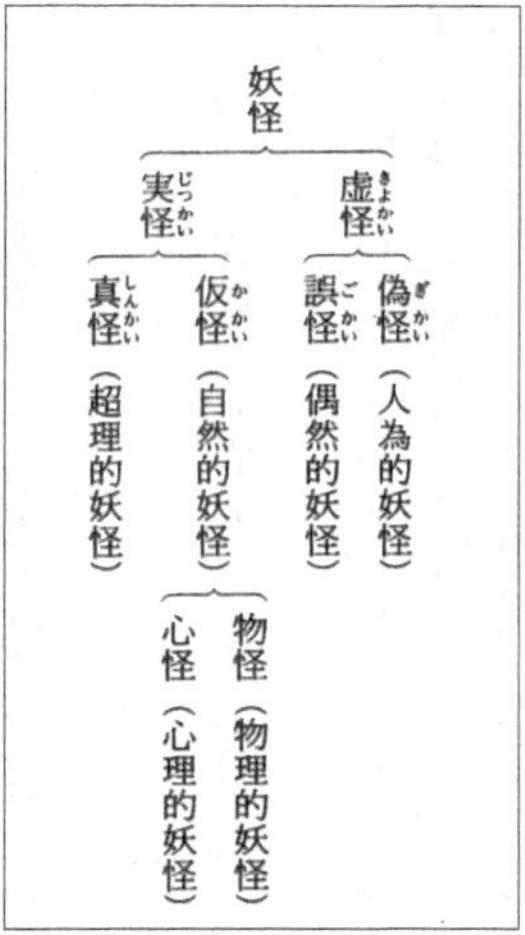

圓了の妖怪分類

実に合理的で、しかもまっとうな世界認識だといえるでしょう。

〝真怪〟などという分類を用意しているところも、いかにも哲学者的だといえるのではないでしょうか。もしどうやっても説明できないモノゴトがあった（起きた）なら、それこそが〝真実の妖怪〟だと圓了はいうのです。

科学万能を唱えがちな現代の合理主義者――超常現象否定派の人たちと、圓了は明らかに立場を異にしているようです。

でも。

この圓了が整理・分類した〝妖怪〟種目の中に、例えば「見越し入道」を組み入れることは可能でしょうか。

不可能ではありません。道を歩いていると突如目の前に現れ、どんどん大きくなる坊主頭の怪――は、まあ錯覚なのでしょう。

しかしそれが錯覚だとするなら、お坊さんの姿形で現れる（ように思われている、あるいは伝えられている）のは何故か――だとか、それが心理的・生理学的に説明し得る錯覚ならば全国（あるいは世界中）で確認されないのは（逆にいうなら地域が限定されるのは）何故か――だとか、切り捨ててしまわなければならない属性が、実にたくさん出て来てしまうのです。

では、河童はどうでしょう。

鬼や、天狗はどうでしょう。

どうも上手《うま》く当て嵌《は》まりません。

井上圓了の〝妖怪〟分類――世界認識は、非常に合理的で、非の打ち所のないもののように思えます。ただ、そこには文化的装置としての、あるいは表現としての〝妖怪〟という認識がそっくり抜け落ちているのです。昔話の中に出て来るお化けや、黄表紙や絵巻物に描かれた化け物たちは入り込む隙間がないのです。

もうひとつ、気になるところがあります。

わかり易くするため圓了の〝妖怪〟分類の中の、「妖怪」という言葉を、すべて「怪異」に置き換えてみましょう。

――本物ではない「怪異」は、第三者が意図的に作り出したまがいものの「怪異」と、いろいろな条件がたまたま重なって起きる、偶然の「怪異」に分類されます。

――本物の「怪異」であっても、物理的・科学的に説明し得る「怪異」や、心理的・生理学的・社会学的に説明し得る「怪異」は、「怪異」ではありません。

――本物の「怪異」には、説明がまったくできない理《ことわり》を超えた「怪異」があり、それこそがスーパーナチュラルな、真実の「怪異」です。

どうも、この方がしっくり来るようです。

本物か偽物か、偽物なら悪戯なのか勘違いなのか、科学で説明できるのかできないのか、理に適っているのかいないのか――そうした物言いは私たちの知る〝妖怪〟にはあまり似つかわしくないものです。しかし〝怪異〟に置き換えてしまえば、それほど違和感なく受け取れるようです。

と――いうよりも、こうした議論は最近でもよく耳にするものではないでしょうか。

オカルト論争です。

実は――圓了が〝妖怪〟と呼んでいるモノゴトは、現在の通俗語に置き換えるなら、ほとんどが〝オカルト〟の範疇に入ってしまうものばかりなのです。

それでは、明治二十四年（一八九一）より『哲學館講義録《てつがくかんこうぎろく》』（私立哲学館は東洋大学の前身）上に二十四回にわたって発表され、後に単行本として纏《まと》められた『妖怪學講義』（一八九三／増補改定版一八九六／哲学館）を頼りに、圓了博士の〝妖怪〟品目を詳しく見て行くことにしましょう。

圓了は、〝妖怪〟の品目を理学部門、医学部門、純正哲学部門、心理学部門、宗教学部門、教育学部門、雑部門の七つに分類しています。このそれぞれに〝虚怪〟と〝実怪〟の区分が生じるわけです。

圓了は膨大な品目を（少々節操なく）並べて行くのですが、この分類で取り上げられている品目をつぶさに見てみると、現在〝妖怪〟として認識されるだろうものは驚く程少ないということが判ります（一応、天狗も河童も挙げられてはいるのですが、どうにも居心地の悪い分類になっているように思えます）。まず、その品目一覧を引用します。

第一類　総論
　第二類　理学部門
第一種（天変篇）天変、日月蝕《にちげつしょく》、異星、流星、日暈《にちうん》、虹蜺《こうげい》、風雨、霜雪、雷電、天鼓、天火、蜃気《しんき》楼《ろう》、竜巻。
第二種（地妖篇）地妖、地震、地陥、山崩、自倒、地雷、地鳴、潮汐《ちょうせき》、津波、須弥《しゅみ》山《せん》、竜宮、仙境。

第三種（草木篇）奇草、異穀、異木。

第四種（鳥獣篇）妖鳥、怪獣、魚虫、火鳥、雷獣、老狐、九尾狐《きゅうびのきつね》、白狐、古狸、腹鼓《はらつづみ》、妖獺《ようだつ》、猫又、天狗。

第五種（異人篇）異人、山男、山女、山姥《やまうば》、雪女、仙人、天人。

第六種（怪火篇）怪火、鬼火、竜火、狐火、蓑虫《みのむし》、火車、火柱、竜燈、聖燈、天燈。

第七種（異物篇）異物、化石、雷斧《らいふ》、天降異物、月桂《げつけい》、舎利《しやり》。

第八種（変事篇）変化、恙虫《つつがむし》、カマイタチ、河童、釜鳴《かまなり》、七不思議。

第三類　医学部門

第一種（人体篇）人体の奇形変態、屍体の衄血《じくけつ》、屍体強直、木乃伊《ミイラ》。

第二種（疾病篇）疫、痘、瘧《おこり》、卒中、失神、癲癇《てんかん》、諸狂（躁性狂《そうせいきょう》、鬱性狂《うつせいきょう》、妄想狂、時発狂、ヒステリー狂等）、髪切病。

第三種（療法篇）仙術、不死薬、錬金術、御水、諸毒、妙薬、秘方、食合《くいあわせ》、マジナイ療法、信仰療法。

第四類　純正哲学部門

第一種（偶合篇）前兆、前知、予言、察知、暗号、偶中。

第二種（陰陽篇）河図《かと》、洛書《らくしょ》、陰陽、八卦《はつけ》、五行、生尅《せいこく》、十干、十二支、二十八宿。

第三種（占考篇）天気予知報、運気考、占星術、祥瑞、鴉鳴《からすなき》、犬鳴。

第四種（卜筮《ぼくぜい》篇）易筮《えきぜい》、亀卜《きぼく》、銭卜、歌卜、太占《ふとまに》、口占《くちうら》、辻占《つじうら》、兆占《ちょうせん》、夢占、御鬮《みくじ》、神籤《みくじ》。

第五種（鑒術篇《かんじゅつ》）九星、天元、淘宮《とうきゅう》、幹枝術、方位、本命《ほんみょう》的殺《てきさつ》、八門遁甲《はちもんとんこう》。

第六種（相法篇）人相、骨相、手相、音相、墨色《すみいろ》、相字法、家相、地相、風水。

第七種（暦日篇）歳徳、金神、八将神、鬼門、月建《つきたて》、土公、天一天上、七曜、九曜、六曜、十二運。

第八種（吉凶篇）厄年、厄日、吉日、凶日、願成就《じょうじゅ》日、不成就日、有卦、無卦、知死期、縁起、御幣かつぎ。

第五類　心理学部門

第一種（心象篇）幻覚、妄想、迷見、謬論《びゅうろん》、精神作用。

第二種（夢想篇）夢、奇夢、夢告、夢合、眠行、魘《うなし》。

第三種（憑附篇《ひょうふ》）狐憑、人狐《にんこ》、式神《しきがみ》、狐遣《つかい》、飯綱《いいづな》、オサキ、犬神《いぬがみ》、狸憑、蛇持《へびもち》、人憑、神憑《かみがかり》、魔憑、天狗憑。

第四種（心術篇）動物電気、コックリ、棒寄せ、自眠術、催眠術、察心術、降神術、巫《みこ》覡《かんなぎ》、神女。

第六類　宗教学部門

第一種（幽霊篇）幽霊、生霊、死霊、人魂、魂魄、遊魂。

第二種（鬼神篇）鬼神、魑魅《ちみ》、罔両《もうりょう》、妖神、悪魔、七福神、貧乏神。

第三種（冥界篇）前世、死後、六道、再生、天堂、地獄。

第四種（触穢篇《しょくえ》）祟《たたり》、障《さわり》、悩《なやみ》、忌諱《きい》、触穢、厄落、厄払、駆儺《おにやらい》、祓除《はらいよけ》。

第五種（呪願《じゅがん》篇）祭祀、鎮魂、淫祠、祈禱、御守、御札、加持、ノリキ、禁厭《まじない》、呪言《じゅごん》、呪詛《じゅそ》、修法。

第六種（霊験篇）霊験、感応、冥罰《みょうばつ》、業感、応報、託宣、神告、神通、感通、天啓。

　第七類　教育学部門
第一種（智徳篇）遺伝、白痴、神童、偉人、盲唖《もうあ》、盗心、自殺、悪徒。

第二種（教養篇）胎教、育児法、暗記法、記憶術。

　第八類　雑部門
第一種（怪事篇）妖怪宅地、枕返《まくらがえし》、怪事。

第二種（怪物篇）化物、舟幽霊《ふなゆうれい》、通り悪魔、轆轤首《ろくろくび》。

第三種（妖術篇）火渡、不動金縛、魔法、幻術、糸引。

（ルビは引用者による。また、旧字は新字に、明らかな誤字は修正した）


このセレクトに対しては、圓了自身が「不規律、不整頓の感なきにあらざるも」と述べています。また続けて、各種目は「年来収集せる事実にもとづきて」採用したものだと断ってもいます。

第一類が「総論」になっているのは、この種目分類が圓了博士の講義カリキュラムも兼ねているからです。

まず、第二類の理学部門をご覧ください。

理学部門は天変篇、地妖篇、草木篇、鳥獣篇、異人篇、怪火篇、異物篇、変事篇の八種に類別されています。

第一種・天変篇には日月蝕や流星、風雨、雷電、蜃気楼、竜巻など、第二種・地妖篇には地震や地陥、潮汐、津波などが挙げられています。挙げられているすべてが、天体現象や気象などの自然現象です。

第三種・草木篇には奇草、異穀、異木の三つが挙げられていますが、これは、要するに植物の変種・珍種のことです。

第四種・鳥獣篇、第五種・異人篇、第六種・怪火篇あたりには〝妖怪〟らしき品目が多く見られます。妖鳥、怪獣、魚虫、仙人、天人あたりは微妙な線ですが、動物の怪として天狗や猫又などが挙げられていますし、山男や山女、雪女などお馴染みの名前も見られます（しかし天狗などは、要するに〝変わった動物〟として取り上げられているわけです）。

第七種・異物篇には化石、天降異物、月桂、舎利と、少々首を傾げたくなるような品目が列記されています。「化石が妖怪？」と思われる方は多いでしょう。しかし今でこそ常識的な事柄ではありますが、死骸《しがい》が石化することは〝怪しい〟ことともいえるでしょう。

よく解らないのは次の変事篇も一緒で、恙虫《つつがむし》、カマイタチ、河童、釜鳴、七不思議と、共通項を見つけるのが難しいような品目が並んでいます。

河童は〝変わった動物〟でも〝異人〟でもなく、変事に分類されているのです（つまり問題にされているのは河童そのものではなく「河童が引き起こすといわれているコト」の方――であるようです）。

それでも理学部門は、挙げられている品目の約半数が現在でも〝妖怪〟に該当する品目であるように思われます。

ところが――それ以外の部門に〝妖怪〟らしい品目はほとんど見当たりません。

第三類の医学部門は人体篇（主に奇形などの障碍《しょうがい》）、疾病篇（伝染病や神経障碍など）、療法篇（民間療法や錬金術など）といったラインナップです。病気や障碍を〝妖怪〟に分類することに、現代人である私たちは当然抵抗感を持つことでしょう。加えて、治療法まで〝妖怪〟の品目に挙がっているのです。

やはり、かなり〝妖怪〟の基準が違っているようです。

第四類の純正哲学部門は、挙げられている品目こそ第二類同様多いのですが、そのほとんどすべてが占いと迷信で占められています。

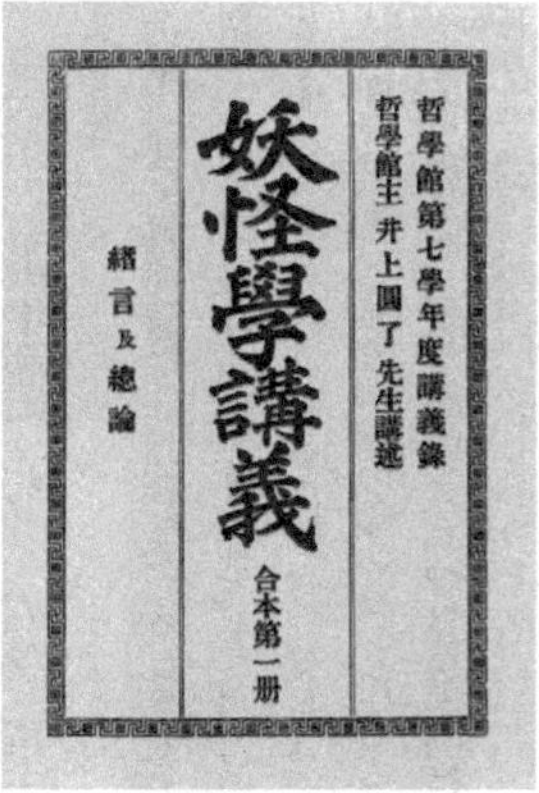

妖怪學講義 合本第一冊（1896）

それらはたしかに、現在でも〝怪しいモノゴト〟の範疇に収まるものではあるでしょう。

しかし占星術、犬鳴、人相、厄年と並べられた時、今の私たちの感覚でそれらを〝妖怪〟と判断することはまずありません。

続く第五類は心理学部門ですが、挙げられているのは幻覚、妄想、夢、催眠術といったもので、これはいわゆる心理学ではないようです。

第六類の宗教学部門は前世、死後、再生、祟りなど死生観や信仰に関わるものが大半を占めています。

第二種・鬼神篇には〝妖怪〟らしきものの名前がいくつか連ねられているようです（魑魅・罔両・妖神・悪魔・七福神・貧乏神）。ただ、これも（宗教学部門なのだから当然ですが）信仰の対象として取り上げられているだけなのでしょう。仏教哲学者である圓了にとって、他宗派の（または民間信仰上の）悪鬼邪神の類いは、ことごとく迷信にすぎなかったようです。

一番〝妖怪〟度が高いと思われる部門は、分類不能として最後に十把《じっぱ》一絡《ひとから》げで纏められたらしき第八類の雑部門でしょう。

第一種・怪事篇（妖怪宅地・枕返・怪事）、第二種・怪物篇（化物・舟幽霊・通り悪魔・轆轤首）などはそのまま現在の感覚でも〝妖怪〟と捉えることができるでしょう。

ただ第三種・妖術篇には魔法や幻術、不動金縛りの術だの火渡りの術などが挙げられています。こうなると現在の〝妖怪〟観からは大分離れてしまうようです。

無理にでも拾おうとするならば、第五類の心理学部門第三種・憑附篇（狐憑・人狐・式神・犬神・オサキ・蛇持など）や、第六類の宗教学部門第一種・幽霊篇（幽霊・生霊・死霊・人魂など）あたりから、辛うじて〝妖怪〟と類縁関係にある品目が拾える程度でしょうか。

但し、〝憑き物〟や〝幽霊〟も、圓了のニュアンスで計る限り障碍・疾病や（今で言う）心霊科学的な現象として取り上げられていると見るべきでしょう。モノではなく、あくまで現象として扱われているようです。

気象現象や疾病に関する誤解や偏見、占いや儀礼、まじない、宗教的な世界認識法などを全部〝妖怪〟と呼んでしまうことには抵抗があるといわざるを得ません。

しかし、井上圓了という哲学者にとっては、それらすべてが〝妖怪〟だったのです。烏が鳴くと不吉だというのは妖怪である——これが、圓了の「妖怪」という言葉の使い方なのです。

これは、井上圓了個人の見解／主張なのでしょうか。それとも明治時代における一般的な受け取り方なのでしょうか。

たしかに、明治時代と現代とでは「妖怪」という言葉が指し示す対象は大きく異なっているようです。ただ——圓了の見解が明治時代の一般的〝妖怪〟観であると言い切ってしまうことには語弊があります。圓了の〝妖怪〟観をスタンダードとすることはできないでしょう。

明治という時代において、「妖怪」という言葉は、それほど明確な対象を指し示す言葉ではなかったのだ、と考えるのが正しいものと思われます。

それは丁度、現在の「オカルト」という言葉の使われ方と似ています。

「オカルト」は現在、怪しげなものなら何でも放り込める、まるでブラックボックスのような便利な言葉として使用されています。本来の意味（隠秘学《いんぴがく》と訳されます）など、誰も知らないに等しいでしょう。

同じく圓了は、明治時代にあまり浸透していなかった（指し示す対象が明確でなかった）「妖怪」という言葉を選び、ブラックボックスとして使用したのです。

さて、圓了がブラックボックスとしての〝妖怪〟の中に放り込んだ品目は、一瞥《いちべつ》する限り学問のジャンルも品目自体の質も問わない自由なラインナップであるように思えます。それもそのはずで、先に記したとおりこのラインナップは、行動力に長《た》けた圓了が東奔西走して集めた、「井上圓了妖怪コレクション」でもあるわけです。それらの品目は圓了自身、「規律がない」「整頓できていない」といっています。

しかし、そうはいっても「圓了コレクション」の選択には明確な基準を見て取ることができます。

反近代的、あるいは前近代的――という基準です。

圓了は近代化の真《ま》っ只中《ただなか》という時代において（当時の教養人の多くがそうしたように）前近代的思考――迷信を否定し、近代的思考――合理を肯定しました。そうした意味で、圓了という人は特別な仕事をしたわけではありません。数多《あまた》いる明治の啓蒙家の中で井上圓了が異彩を放っている理由は、前近代的思考を体系的に整理し、〝妖怪〟という総称を与えた、という点に尽きるでしょう。

圓了が他の教養人たちと一線を画するのは、「妖怪学」という看板を掲げたからに他ならないのです。

そうした観点から少し考えてみましょう。

圓了の仕事は（当時の）現実と直結した事象としての前近代的事象を採集し、近代的解釈を以《もっ》て捉え直すこと――だったと思われます。

つまり、「今（圓了の生きた時代）でも信じられている迷信」を打破することこそが、井上「妖怪学」の目的だったのです。

だからこそ、圓了が取り上げる〝妖怪〟品目は、〝怪異〟全般――〝オカルト〟ではあるものの、「その当時機能している前近代的できごと」に限定されているのです。そもそも「信じられていない」ものは打破するまでもないからです。

そしてみると、圓了の「妖怪学」は「肯定されるべき近代」と「否定されるべき前近代」という、対立する構図の中で有効に機能するように設計されている――ということがわかるでしょう。

近代と前近代という構図は教養と無教養という構図に置き換えることもできます。

そうしてみると圓了の線引きがより明確に見えてきます。

それまで無批判に不思議とされていた事柄も、近代的教養を以て批判的に理解するならば、何ら不思議ではない――というのが圓了のスタンスです。近代智を以てしても説明不能な真の不思議――〝真怪〟の設定がそれを裏付けています。

どうやら圓了は、圓了のいう〝妖怪〟の数々を、前近代かつ無教養に「振り分け」、「切り捨てた」わけではなかったようです。圓了は、むしろそれら様々な〝怪しいモノゴト〟を近代に組み込もうと粉骨砕身、努力した人だったのです。

圓了にとっての〝妖怪〟は「近代的教養を以て捉え直されるべき事柄」ということになるからです。

前述のとおり、圓了はエネルギッシュに〝妖怪〟に就いてのフィールドワークを行い、かつ莫大《ばくだい》な古今の文献を渉猟しています。しかしそうした事例と向き合う時、圓了のまなざしからは歴史的・時代的なベクトルを持った視点は欠落しているように思えます。

それもそのはずなのです。

圓了が取り扱う〝怪しいモノゴト〟は、その当時における「現在」、そこで「起きている」事柄でなければ、意味がなかったからです。

その場合——いわゆる〝化け物〟〝お化け〟などが対象外となるのは当然のことだったでしょう。私たちが〝妖怪〟とするところの見越し入道や河童や天狗（江戸の〝化け物〟キャラクターたち）が、圓了の分類表にどうも上手く当てはまらないのは、そのせいだったのです。

井上圓了にとって、私たちが現在〝妖怪〟と呼び習わす類のモノ——（〝化け物〟キャラクターである）見越し入道や（〝怪しいモノゴト〟を起こす主体としての）河童や天狗——は、別に近代的に捉え直す必要のないモノ、切り捨ててしまってもいいモノでしかなかったわけです。

キャラクター化してしまった〝化け物〟や作り物の〝お化け〟などは、いうまでもなく「改めて否定する必要のないモノ」だからです。

ただ、切り捨てるといっても、圓了はそうしたモノを無視していたというわけではありません。

嫌っていたのかというと、どうやらそれも違うようです。井上「妖怪学」において、それらのモノは〝妖怪〟の象徴として理解されていたようなのです。

妖怪玄談（1887）

通俗繪入妖怪談（1906）

その証拠に、井上圓了はそうした〝お化け〟の図像を、好んで自著に掲載しています。大衆に向けてアピールする際、圓了は戦略的にそうした絵柄を使ったのです。例えば、明治三十九年（一九〇六）発行の『通俗繪入妖怪談』（瀬《せ》山順成堂《やまじゅんせいどう》→『通俗繪入續妖怪百談』〈一九〇〇／哲学書院〉を改題のうえ再版したもの）の表紙を飾るのは古式床しき〝幽霊〟の絵姿ですし、圓了最初の単行本である『妖怪玄《げん》談《だん》』（一八八七／哲学書院・書影は再版本）の表紙は踊る〝狐〟と〝狸〟の図柄です。

また、圓了が造った哲学堂公園（東京都中野区）を訪ねれば、門の左右に金剛力士像のように鎮座する〝天狗〟と〝幽霊〟の像を見ることもできます。

井上圓了博士は、どうも〝お化け〟キャラクターが好きだったように思えてなりません。

圓了が、「妖怪退治人」として認識されているにもかかわらず、今なお「妖怪博士」と呼び習わされてしまうのは、〝妖怪〟的粉飾を好んだからではないでしょうか。

もちろんその手の〝お化け〟キャラクターは圓了にとって〝妖怪〟そのものではなかったわけですが――およそ百年後の世において、圓了が〝妖怪〟から除外した（見逃したというべきでしょうか）〝お化け〟キャラクターこそが、〝妖怪〟と呼ばれるようになってしまったということです。

どうも明治の〝妖怪〟否定博士・井上圓了が否定し、撲滅しようとしたモノゴトは、実は私たちが思い描くところの〝妖怪〟ではなかったようです。

井上「妖怪学」でいう〝妖怪〟とは、近代に起きている〝コト〟を前近代的〝モノ〟で理解しようという態度や、無批判に盲信する行為――迷信のことなのです。

〝コト〟から〝モノ〟を切り離し、〝コト〟を近代的に捉え直すのが圓了のスタイルなのです。ならばそのフィールドに〝モノ〟としての〝妖怪〟が立ち現れる余地はありません。近代人の範たるべく邁進《まいしん》した井上圓了博士は、〝事象＝コト〟を起こす〝モノ＝主体〟の存在を、前近代として最初から切り捨ててしまっていたのです。

整理してみましょう。

井上圓了の「妖怪学」における〝妖怪〟は、単に〝怪しい〟という〝意味〟でしかありません。井上圓了が取り扱う〝妖怪現象〟は、普《あまね》くあやしい〝コト＝事象〟なのです。〝妖怪〟という〝モノ＝主体〟は想定されていなかったのです。

さて——圓了が不思議研究会を組織したのは明治十九年（一八八六）、前述の『妖怪玄談《げんだん》』を刊行したのは、明治二十年（一八八七）のことです。

それ以降、圓了は大正八年（一九一九）に亡くなるまで、様々な形で「妖怪学」を世に問い続けました。その間、圓了の〝妖怪〟に対するスタンスは一貫して変わっていないようです。

そうした圓了の精力的な活動が「妖怪」の二文字を世に広めたということは疑いようのないことでしょう。ただ、圓了が広めた〝妖怪〟は、現在私たちが想い描く〝妖怪〟とはかなりずれたものでもあったのです。しかし、それでもそうした圓了の一連の仕事が、「妖怪」なる言葉は〝怪しい〟言葉であり、「前近代的な」モノと関わる言葉であり、なお「学術的な」言葉でもあるという印象づけをしたことに変わりはありません。

圓了の提唱した「妖怪学」が、圓了の思惑どおりに世に伝わり定着したとは思えません。しかし、圓了の〝不思議〟や〝怪異〟に対するスタンスは、「妖怪」の二文字から離れはしましたが、別な形で、確実に後の世に継承されたということは付け加えておく必要があります。

事実、圓了が取り扱った事象——圓了が彼の基準で選択した怪異——の多くは、後に自然科学の範疇で説明し直されているわけですし、そうでないものはやがて擬似科学としての〝オカルト〟の範疇に収まっていったのです。

現在ではすっかり非科学無教養の代名詞のように扱われている〝オカルト〟の核・心霊科学でさえも、その黎明《れいめい》期においては——圓了博士と同じく——近代的たらんという強い意志の下に構築されていったものだということを忘れてはいけないでしょう。

たとえ擬似科学に過ぎない妄説であったとしても、それまで神仏・狐狸妖怪の仕業《しわざ》とされてきたモノゴトを「近代的合理的知識を以て解釈し直す作業」の一環として出て来たものであったことに違いはないからです。

※井上圓了の「妖怪学」関連の著作は、現在『井上円了・妖怪学全集』全六巻（一九九九―二〇〇一／柏書房《かしわしょぼう》）として復刻されています。

江馬務の妖怪変化史を巡って

さて――。

明治という大転換の時代において、近代の叡智《えいち》を誇らしげに掲げて大衆の啓蒙に努めた井上圓了たちとはまったく逆のアプローチで、本邦の近代化に貢献した学問分野があります。

それは、「風俗学」（後に史学の分科「風俗史学」に発展）と呼ばれる学問です。

風俗学は圓了ら明治の教養人がある時は切り捨て、あるいは否定した〝前近代〟こそを取り上げる学問です。

『日本風俗史事典』（一九七九／弘文堂《こうぶんどう》）によれば、風俗（史）学とは「時間的・空間的な範囲で経験的に把握できる生活現象を中心に習俗の歴史的流動の姿を捉えようとする生活史学の一部」とされるようです。特定の時代や地域の生活習慣を研究する学問――該当するモノゴトを事細かに調査し、体系立てて紹介する学問ということになるでしょうか。

しかし、こうした学問的視座は初めから確立していたというわけではありません。黎明期の風俗学は、調査し、紹介しはしましたが、研究したり体系立てたりする姿勢に欠けていたようです。

そういう点で、蒐集し陳列する学問――博物学に近いものだったといえるでしょう。

そして博物学が植民地的思想の呪縛《じゅばく》を強く受けていたのと同じように、風俗学もある種の差別的なまなざしを有していたようです。

では、その風俗学は、どのように近代化に貢献したのでしょうか。

明治から大正にかけて、風俗学が好んで扱った特定の時代は近代以前――過去でした。そして特定の地域とは遠隔地――中心に対する周辺、地方でした。

例えば。

江戸の生活の中に現代との違いを発見した場合、それは「近代的でない」ということになります。また、現代の中に江戸の名残を見出した場合もやはり「近代的でない」ということになるでしょう。

前近代の様相を知る――近代との差異を再確認するという作業が、近代人としてのアイデンティティを確立するために大いに役立ったというわけです。〝特異な時代〟として位置づけられた江戸は、大衆が近代人としての自覚を持つための、とても便利なツールとなったのです。

明治期に好んで江戸風俗が語られた背後には、そうした事情もあったことでしょう。

一方で、それは差別的なまなざしともなり得るものでした。

やがて時代が進むにつれ、風俗学の対象は、江戸風俗から地方風俗の紹介へと、徐々に移行して行きます。〝優れた近代〟に対する〝劣った前近代〟に重ね合わされる次なる対象は、中央に対する周辺――つまり地方だったわけです。〝特異な時代〟の次は〝特異な地域〟が選び取られたということになるでしょうか。

そうして周辺は特殊化されます。「農村部に今も残る奇習」や「地方の珍奇なる事件」は、風俗研究の名の下に、好んで語られました。

その差別的なまなざしは、昭和に近づく頃には個人の内部に求められるようになり、それは犯罪研究や猟奇趣味、変態的な都市の風俗や流行の研究へと、徐々にシフトしていくことになります。

そうした風俗研究の名を借りた通俗的で俗悪な言説は根強く生き残り、やがて学問としての風俗史学と乖離して、独り歩きを始めることになるのです。

さて、長々と黎明期の風俗学に就いて語ったのには理由があります。

圓了の次に「妖怪」という言葉を掬《すく》い上げたのは、この風俗学だったからです。

そして、「妖怪」を完全な通俗語として定着させたのが、他ならぬ（学問としての風俗史学と乖離した後の）通俗的な風俗研究でもあったからです。

まず――。

大正十二年（一九二三）、風俗研究会主幹であり、文学士でもある江馬務《えまつとむ》が、『日本妖怪變化史《にほんようかいへんげし》』（中外《ちゆうがい》出版）という一冊の本を上梓《じようし》します。

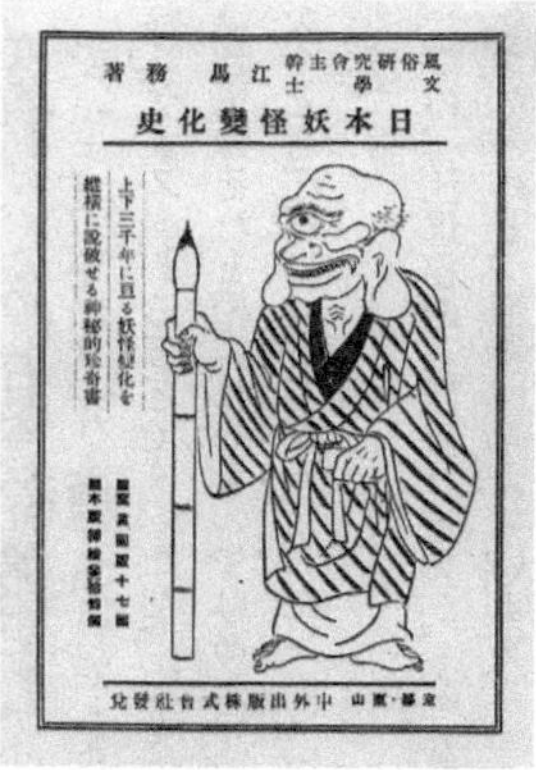

日本妖怪變化史（1923）

この『日本妖怪變化史』は、かなり長い間、妖怪研究の定番本として親しまれてきた書物のひとつです。筆者の手元にも判型・題名・発行元の違う異本が数種類あります。

同書はまず、出版から二十八年経った昭和二十六年（一九五一）、書名を『おばけの歴史』（學風書《がくふうしょ》院《いん》）と改めて再版されています。

この學風書院版は体裁も新書風ですし、今でいう廉価《れんか》版《ばん》・軽装版的扱いと考えれば良いのでしょうか。内容はまったく同様ですが、タイトルに合わせて小見出しの「妖怪変化」が「おばけ」という言葉に変えられています。

元々、研究書、専門書という体裁だったものが、内容を変えずに一気に大衆向けの装いに路線を変更して出版されたわけです。

さらに昭和五十一年（一九七六）には中公文庫（中央公論社〈現・中央公論新社〉）に収録されています。この文庫版は中外出版版を底本としているため、書名・小見出しとも「妖怪変化」が採用されています（但し、この中公文庫版には序文など未収録部分があります）。中公文庫版は手に入り易かったのでお読みになられた方も多いのではないでしょうか。

また、平成十六年（二〇〇四）には、未収録部分を補い、再校訂のうえ中公文庫ＢＩＢＬＩＯ「異」の世界シリーズとして復刊されています。

優に八十年以上読まれ続けている本――ロングセラーということになります。軽装版、文庫という大衆路線が功を奏した結果かもしれません。もっとも、井上圓了も『通俗繪入』などと冠された大衆向けの書物を数多く出しているわけですが、そちらは残念ながら『日本妖怪變化史』ほどのロングセラーにはならなかったようです。明治期にはよく読まれていたものと思われますが、時代の移り変わりとともに読まれなくなっていったようです。大衆向けとはいうものの井上「妖怪学」の啓蒙的な内容に変わりはないわけで、時代が下るにつれ「読む必要がなくなった」と考えることもできるでしょう。

圓了は、古くなってしまったのです。しかし『日本妖怪變化史』の方は、どうやらそうではなかったようです。なぜなら、江馬務のアプローチは井上圓了の「妖怪学」とはまるで異なったものだったからです。

江馬務は、この『日本妖怪變化史』で、井上圓了とはまったく違った〝妖怪〟の定義を提唱しています。時に、「井上圓了が否定した〝妖怪〟を江馬務が再評価した」という形で紹介されるケースもあるほどです。ただ、筆者はその見解には賛成できません。たしかに江馬の定義は圓了のそれと相容《あいい》れぬものではあるのですが、それは立場が違うというだけのことです。少なくとも江馬は「圓了が否定した」モノゴトを「再評価」したりしてはいない――と思われるからです。

この、江馬務の〝妖怪〟定義が、直截《ちょくせつ》的に柳田國男の〝妖怪〟定義に影響を与えることとなったのだと、筆者は考えています。

江馬はまず、その書名どおりに神代から現代に至るまでの〝妖怪変化〟の沿革を示します。

これは「迷信だから」「間違っているから」「嘘だから」――だから捉え直せ、考え直せ、見直せという圓了の姿勢からは決して出てこない考え方です。圓了がフィールドワークを基調とした〝現代〟しか扱わなかったのと好対照に、江馬は江戸期の随筆や説話集などの古典籍から題材を採り、〝過去〟に拠《よ》って論を立てているのです。

江馬は劈頭《へきとう》の自序（『おばけの歴史』では簡略化、中公文庫版では割愛）に風俗史学から見た妖怪変化研究のありようを述べていますが、その中に次のようなくだりがあります。

> 妖怪變化を目にして一に主觀的幻覺錯覺《しゆかんてきげんかくさつかく》の心的現象より生ずるものであると斷《だん》ずるは、近世の學者比々皆同ぜざるはないといふ傾向である。妖は人によりて起るといふ金言や幽靈の正體見たり枯れ尾花といふ俳諧《はいかい》は蓋《けだ》し這般《しやはん》の消息を喝破《かつぱ》し盡《つく》して居ると思ふ。而《しか》しながら吾人の專攷《せんこう》せる風俗史の見地から、この妖怪變化の現象《げんしよう》を觀《み》る時は、これが實《じつ》在《ざい》せうがせまいが、かくの如き枝葉の穿鑿《せんさく》は無用のことで、過去に於《おい》て吾人の祖先が之《これ》を如何に見たか、之れを實見《じつけん》して如何《いか》なる態度を取り之に對《たい》したかを有りの儘《まま》、毫《ごう》も其の間に假作《かさく》の攙入《ざんにゆう》なく材料を蒐集して組織的に編纂すれば、風俗史家の能事を終れりとすべきである。（後略）　（ルビは引用者による）

実在しようがしまいが関係ないと、江馬務はいいきっているのです。

この点は注目に値するでしょう。井上圓了とはまるで立場が違うのだという、何やら表明のようにも受け取れます。

どうであれそうした話や図像は現にたくさん残っているのだから、「過去に於て吾人の祖先が之を如何に見たか」こそを（風俗史学は）研究すべきなのであると、江馬務は主張しているのです。

ですから、その時点の社会の中でそれらがどう扱われているかということに江馬務はまったくといっていいほど触れません。

前節で述べたように、井上圓了の視線は常に〝近代以降〟に向いていました。一方、風俗史学の研究対象は〝近代以前〟だったわけですから、これは当然のことといえるでしょう。

そうしてみると――。

井上圓了が否定した〝妖怪〟を江馬務が再評価したという位置づけは、やはり正確な理解とはいえないように思えます。

井上圓了が否定した事象を江馬務が肯定したわけではありませんし、井上圓了の仕事を江馬務が批判したという事実もないのです。

そもそも圓了のいう〝妖怪〟と江馬のいう〝妖怪〟はまったく別のものなのです。

江馬務の仕事は、井上圓了が顧《かえり》みなかったモノを〝妖怪変化〟として「規定し直す」「名づけ直す」作業として捉えられるべきものだといえるでしょう（江馬自身「得手勝手な名稱」であると述べています）。

江馬務はまず、「化ける」というコトに注目します。

「化ける」とは（改めて説明するまでもないことでしょうが）、「形態が変化《へんか》すること」です。Aの形を持ったものがBの形に変わること――これ即ちAがBに「化ける」と表現されるでしょう。

ですから江馬務は、〝妖怪変化〟を形態によって分類します。『日本妖怪變化史』にはその詳細な分類が載っています。これは一見理路整然と分類されているように思えるのですが――よく見てみると、気になる点が出てきます。

詳しく見ていくことにしましょう。

まず、〝変化〟する前の形態（江馬曰《いわ》く、「彼らの本体」）は、次の五つに分類されるのだ、と江馬は説明します。

一　人
二　動物
三　植物
四　器物
五　自然物

この五つが「本来の形以外の形に変わったもの」が〝変化〟だ――というのが江馬の主張です。

そして、〝変化〟の化け方を「静かに考察」したところ、

一　現世的 ─┬─ 精神的
二　輪廻的 ─┴─ 実体的

という四種類（現世的変化、輪廻的変化の二種に、それぞれ精神的変化、実体的変化がある）になるのだと江馬はいいます。

次頁に掲げた図が、江馬による〝変化〟の分類表です。

複雑なので、とりあえず「人間」を例に挙げることにしましょう。

人間が化ける〝変化〟も、まず〝現世的変化〟と〝来世的変化〟に分けられ、それぞれに〝精神的変化〟と〝具象的（実体的）変化〟の四種に分類されています。

現世的で精神的な〝変化〟とは生霊のことです。

現世的で具象的な〝変化〟とは、ひとつは病的変化であり、それから人間的容姿・動物的容姿・植物的容姿・器物的容姿、という形態分類がなされています。人間が「実際にそうした形に変形した」モノを指すようです。

来世的で精神的な〝変化〟は、死霊とされています。

来世的で具象的（実体的）な〝変化〟は幽霊とされ、幽霊はさらに単独的容姿と複合的容姿に分けられています。

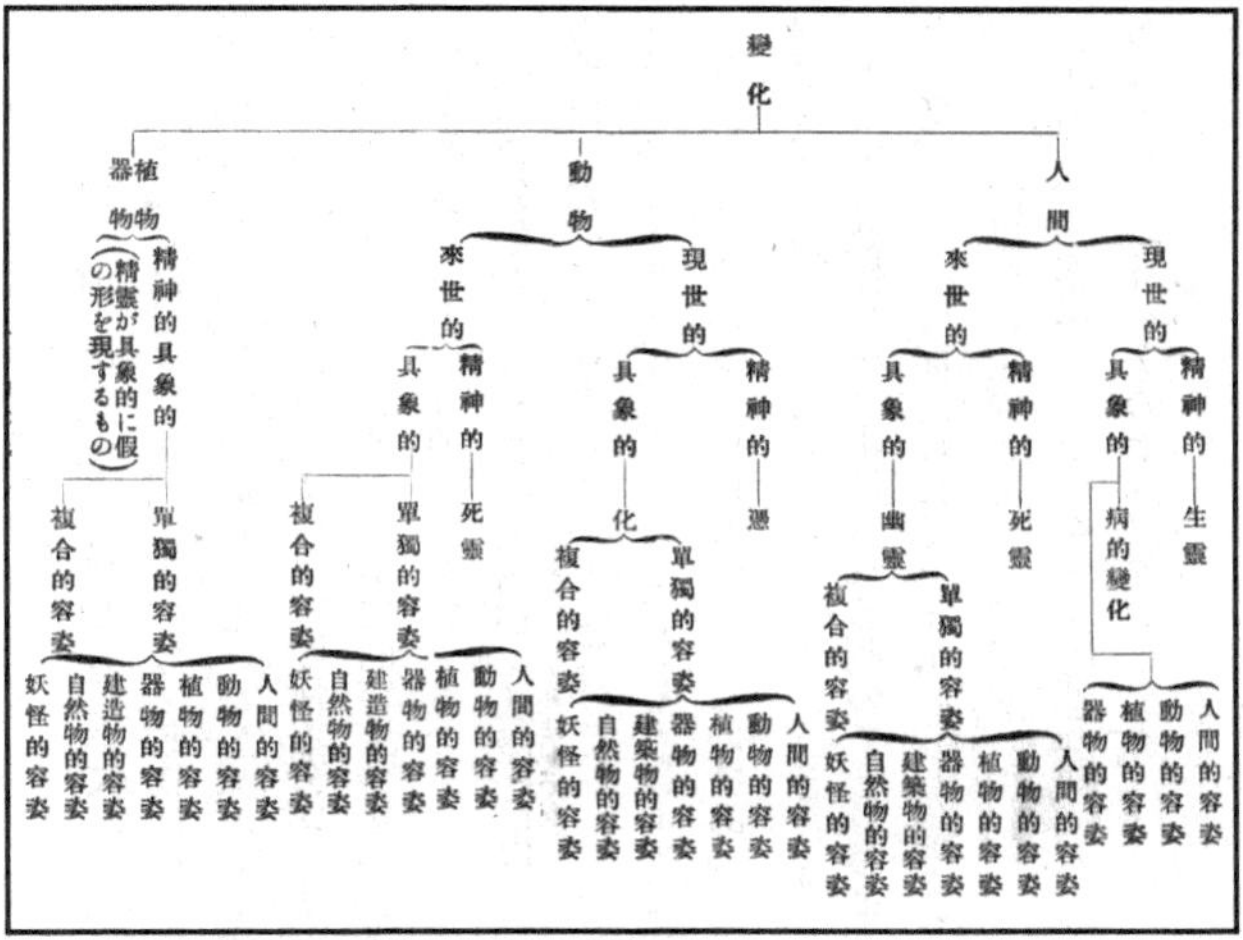

江馬務による〝変化〟の分類（日本妖怪變化史より）

単独的容姿は人間的容姿／動物的容姿／植物的容姿／器物的容姿／建築物的容姿／自然物的容姿／妖怪的容姿に分類されます。複合的というのはこれらが複合した姿、ということです。

「動物」も、「植物・器物」も、同じセオリーに則って微細な分類が為されて行くわけですが、これは要するに「どんな形に化けるか」という分類なのです。

その江馬の分類は最終的にいくつかのパターンに収斂《しゅうれん》してしまうことがわかります。「人間」の精神的な〝変化〟である「生霊」や「死霊」、「動物」の精神的〝変化〟である「憑」を除く残りすべてが、人間的容姿／動物的容姿／植物的容姿／器物的容姿／建造物的容姿／自然物的容姿／妖怪的容姿の七つのパターンに分けられてしまうのです。

これは——形態分類です。

すべては「形」の問題として捉えられているのです。人間が、動物が、植物や器物が別の形に〝変化〟したモノ、人間に化けた、動物に化けた、植物に化けた、器物や建造物や自然物に化けたモノが〝変化〟である、という意味なのです。〝化ける〟を変形する（変身する）と言い換えてもいいでしょう。実に単純明快な分類です。

ただ——そうしてみると、単独的容姿分類の最後の項目が多少気になってきます。

妖怪的容姿、という項目です。

江馬の分類表では人間や動物が「妖怪に化ける」「妖怪に変形する」という項目が、すべての種目において用意されているのです。

うっかりすると見過ごしてしまいそうになりますが、これはとても大事なポイントです。〝変化〟というのは「化けるモノ」なのであって〝妖怪〟ではない——ということになってしまうからです。

そして〝妖怪〟は「化けられる側のモノ」つまり動物や人間と同じく「形の定まったもの」として、ここでは捉えられています。「形の定まったもの」、つまり「化けないモノ」が妖怪なのだと、江馬務は定義しているのです。

江馬は、〝変化〟の基本となる原型五種（人・動物・植物・器物・自然物）には類似したものがあるとし、それを次のように説明します。

（前略）この五種に類似したものとは即《すなわ》ちこの五種に的確に入らないものであるから、即ち妖怪と名づけるより外仕方がない。例へば川の中に住んでゐる河太郎、海の中の海坊主といふようなのはその例である。單《たん》に動物に類似してゐるといつても、猿に似てゐるといふやうな單純なのでなく、或《あ》る部分は猿に似、或る部分は虎に似、或る部分は蛇に似ているといふような極めて複雑なのもある。（後略）　（ルビ・傍線引用者）

原型五種にぴったり当て嵌まらないモノは「妖怪と名づけるより」ない、というわけです。では、江馬務の考える「妖怪と名づけるより」ないモノとは、いったいどのような「形」のモノなのでしょうか。

『日本妖怪變化史』は〝変化〟の分類の次に〝妖怪〟の分類を載せます。それは、左図のとおりとても単純なものです。

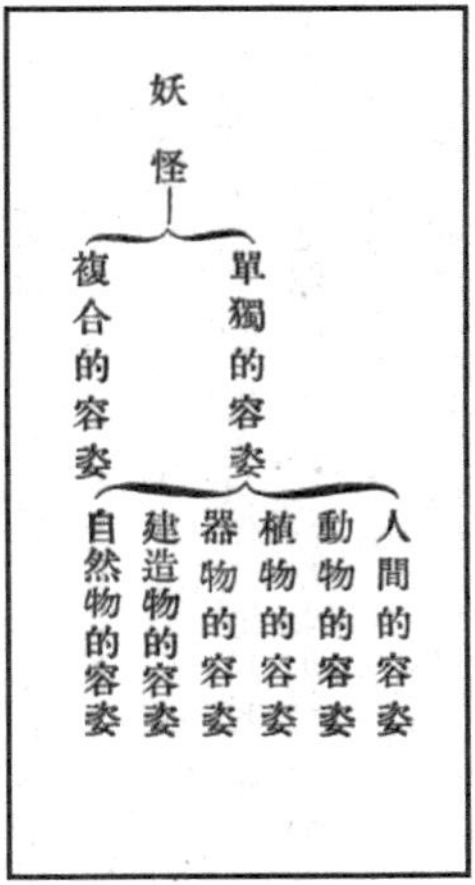

江馬務による〝妖怪〟の分類
（日本妖怪變化史より）

江馬は〝妖怪〟もやはり形態で分類します。

それは単独的容姿と、複合的容姿に分けられるだけです。

単独的容姿は、人間／動物／植物／器物／建造物／自然の六つの容姿に分類されています。

ただ、これは〝変化〟と違い、そうした形に「化ける」わけではありません。元々そうした形のモノだ、ということのようです。人間の形に似た妖怪、動物の形に似た妖怪と、そうした意味なのです。

見越し入道やろくろ首は「人間に似た形」ではあるけれども、人間ではありません。河童や天狗は動物に似たところもありますが、何かの動物そのものではありません。江馬の定義に従うなら、そうしたモノこそが〝妖怪〟だということになるでしょうか。

確かに、狸は見越し入道に「化け」ますが、その逆はありません。

江馬務の分類表に拠るならば、〝妖怪〟とは単に「化けない」モノになってしまうのです（一方〝生霊〟や〝幽霊〟は人が「化ける」モノなので〝変化〟に分類されてしまいます）。

ここで――思い出してください。

「変化」とは本来、「神仏に関わる」言葉でした。そして「妖怪」は本来「神仏と関わりのない怪しさ」を指す言葉である可能性があったはずです。「妖怪変化」という言葉は、単に同義語を反復した言葉なのではなく、「神仏と関わりない怪しげな変化」を指し示した言葉なのではないか――と、先に筆者は予想しました。

その予想が正しいならば「妖怪」は「変化」を形容する語句となります。〝妖怪変化〟は「妖怪＝神仏と関わりない怪しげな／変化＝形が変化するモノ」ということになるでしょう。そして江馬務の『日本妖怪變化史』は、まさに「妖怪」に形容される〝変化〟史の体裁になっているのです。

江馬は、自らの分類に則って「神代」から「明治以降」に至るまでの各時代における〝妖怪変化〟の記録を江戸期の絵画などをふんだんに配しながら紹介していきます。〝妖怪変化〟の沿革を語ることで、その「捉えられ方の変容」を浮かび上がらせようという趣向です。題名どおり日本の〝妖怪変化〟通史になっているのです。

しかし。

そうした「形が変化するモノ」の通史を編む際に、「形が変化しないモノ」をどう扱うのかということは、江馬にとって大きな問題になったはずです。江馬の定義に添う限り、「形が変わらない」のであればそれは〝変化〟ではありません。しかし、見越し入道やろくろ首は「化けられる」ことはあっても「化けない」のです。

それでも見越し入道もろくろ首も〝妖怪変化〟ではある——少なくとも江馬はそう捉えていたようです。

井上圓了はそうした〝化け物〟たちを、自らが囲った〝妖怪〟というカテゴリの外側に〝象徴〟として配置しました。しかし江馬の視線はその追い出された〝化け物〟たちにこそ注がれていたのです。

それらに〝妖怪変化〟という名づけをすることで、それらを囲い直すことこそが江馬のした仕事でした。〝化け物〟＝〝妖怪変化〟という図式が江馬の発想の根幹にあったことは確かでしょう（それは、改題後のタイトルが『おばけの歴史』だったことからも窺い知ることができます）。

ただ、江馬は、こうも述べています。

唯爰《ただここ》に一寸《ちよつと》断って置くことは、妖怪と變化とはその區別が劃然《かくぜん》としてゐないことで、例へば鬼の如き、人が死して鬼になることもあり、又妖怪として鬼といふものもあり、かく兩者共通のものもあることで、これはその都度考へねばならぬ。

〝妖怪変化〟の〝妖怪〟と〝変化〟が分離していることにお気づきでしょうか。

江馬は、やむを得ず〝妖怪変化〟から〝変化〟を引き算したのではないでしょうか。『日本妖怪變化史』を編む過程で——「化ける」モノを分類・整理していく過程で——江馬務が規定した〝妖怪〟は、〝妖怪変化〟から〝変化〟をさっ引いたモノであるようです。

これは、言葉の本義からいうならば、少々強引な行為であるといえるかもしれません。

なぜなら、「妖怪」という言葉と切り離してしまった場合、「変化」という言葉は「形が変化する」というだけの意味しか持たない言葉になってしまう——からです。

「変化」という言葉は、単独では〝怪しくない〟うえに、その背後にまず想定されるのは〝神仏〟であったはずです。

しかし『日本妖怪變化史』というフィルターを通してしまうと、「変化」という言葉は単独で〝怪しいモノ〟を指し示しているように思えてしまいます。

事実、（それが『日本妖怪變化史』の影響であるとは思えませんが）「変化」という言葉は（へんげ、と読んだ場合）現在、それだけで〝妖怪的〟なモノを指し示すようになってしまいました。

そして、分離された「妖怪」という言葉も、本来〝怪しい〟というだけの意味しか持ち合わせていなかったにもかかわらず、〝怪しいモノ〟を指し示しているように（『日本妖怪變化史』の中では）思えてしまいます。こちらも、現在ではそのままモノを指し示すようになってしまいました。

江馬務はあらゆる意味で井上圓了に対して逆説的だったということができるでしょう。形態分類という江馬の手法は「化ける」主体＝モノなくしてはなし得ないものなのです。

〝コト〟から〝モノ〟を切り離し、〝コト〟を近代的に捉え直すのが圓了のスタイルだと筆者は前節で述べました。一方江馬は〝モノ＝主体〟から〝コト＝現象〟を切り離し、〝モノ〟にのみ着目したというわけです。

そして――江馬務が〝妖怪〟と規定した（〝変化〟から分離した）のは、図らずも井上圓了が切り捨てた、江戸期に成立した〝化け物〟キャラクターだけだった、ということになります。つけ加えるなら、江馬務はそれまで〝化け物〟と呼ばれていたモノから、その名を剝奪《はくだつ》してしまったことにもなります。それまで〝化け物〟と呼ばれていたモノは「化けない」というのが江馬務の主張なのです。

それは、〝変化〟でも〝化け物〟〝お化け〟でもない、単に怪しいだけのモノでしかない――すなわち〝妖怪〟であると、江馬務は提示したことになるからです。

ここに至ってようやく黄表紙時代に「妖怪」の二文字に振られていた「ばけもの」というルビが払拭《ふっしょく》されることになったのです。

藤澤衛彦の風俗研究を巡って

さて、江馬務と同時期に活躍した人物に、藤澤衛彦《ふじさわもりひこ》という人がいます。

藤澤衛彦の最終的な肩書きは民俗学者です。

しかしその軌跡を眺める限り、その活動はとても民俗学の枠に収まるものではありません。

その仕事を駆け足で述べるならば、風俗学（風俗史学）から出発し、児童文学・童謡・歌謡研究、伝説・巷説《こうせつ》の蒐集、風俗絵画・玩具などの蒐集、猟奇・犯罪・変態研究という分化を経て、それらを統合する形で民俗学的な帰結を見せた——ということになるでしょう。この藤澤衛彦もまた、後年〝妖怪〟に拘泥した人物なのです。

藤澤衛彦は大正三年（一九一四）、柳田國男が雑誌『郷土研究《きょうどけんきゅう》』（一九一三創刊／郷土研究社）を発刊するのと前後するようにして、日本伝説学会を創立しています。

しかし、伝説に対する藤澤の姿勢は、柳田以下民俗学者のそれとは大きく異なったものでした。乱暴にいうなら、藤澤にとって伝説は怪談であり、奇談であり、巷説珍説だったといえるでしょう。

もちろんそこには様々な考察も発見もあったわけですが、いずれも「民俗の古層を探る」という民俗学的視座を欠いたものであったという感は拭《ぬぐ》えません。藤澤の手つきは民俗学のそれではなく、風俗研究のそれに近かったのです。

藤澤衛彦によって蒐集された〝地方〟の〝過去〟の物語の蓄積は、やがて見世物や猟奇犯罪と融合し、〝変態〟風俗史として結実します。

藤澤は喜田貞吉《きださだきち》などを編集顧問に迎えて刊行した『日本傳説《でんせつ》叢書』全十三巻（一九一七—一九二〇／日本傳説叢書刊行會）や『日本伝承民俗童話全集』全六巻（一九五三／河出《かわで》書房）『日本民族伝承全集』全十巻（一九五五—一九五六／河出書房）『図説日本民俗学全集』全八巻（一九五九—一九六一／あかね書房）などの著作を次々と世に送り出しますが、その傍《かたわ》らで雑誌『獵奇《りょうき》畫《が》報《ほう》』（一九二九—一九三〇／日本風俗研究會）の編集に携わったり、『變態《へんたい》傳説史』（一九二六／文藝資料研究會）『變態見世物史』（一九二七／文藝資料研究會）などの〝大衆変態風俗史研究〟に力を注いだりもしているのです。

藤澤はまた、宮武外骨《みやたけがいこつ》に始まる見世物や大衆芸能などの下世話なモノゴトに対する研究を引き継ぐ形で、大量の資料を蒐集した人でもありました。

さらに藤澤は、江戸から明治にかけての玩具や絵画、草双紙、絵本などの熱心なコレクターでもあったのです。

そうした雑多な蒐集物も、後に〝妖怪〟に結びついていきます。

児童文学、化け物の絵や玩具、猟奇・変態風俗——一見脈絡がないようにも思えるそれらのモノゴトは、井上圓了の仕事と対比することで、ひとつの纏まりを見せるように思えます。それらは押し並《な》べて井上圓了が「近代的に捉え直す必要のないモノ」として切り捨ててしまったモノやコトばかりなのです。

作りゴト、作りモノ、幼稚なモノ、下世話なコトは、教養や啓蒙とはそぐわぬモノゴトなのです。

結果的に藤澤衛彦は、江馬務とは別な角度から井上圓了の捨てたものを拾う仕事をしたということができるでしょう。

江馬務は「化ける」というコンセプトを徹底するが故にモノに拘泥し、結果的に主にコトを扱った圓了とは異なった展開をせざるを得なくなったわけですが、藤澤衛彦は圓了が見向きもしなかったモノゴトを（こちらも結果的に）拾い集める作業をしてしまったということになるでしょうか。

そんな藤澤衛彦にとって〝妖怪〟とは、風俗の「グロテスクな部分の一断面」に過ぎなかったということができるでしょう。

それでは、『獵奇畫報』創刊号予告のチラシに並べられた記事一覧を列記してみましょう。

〈グラフ〉飛んだ發明藥／春畫の包裝／支那刑罰圖譜／意氣人魚開發人
好色佛蘭西漫畫集
日本妖怪畫四幅對
魔法と呪符
世界奇習畫譜
三ツ子の胎兒と三ツ子

〈読み物〉女の匂ひと麝香の匂ひ／處女の血の話／怪異草双紙考／香料漫畸／新釈川柳語彙／性的食物研究／文藝に現れた「夜鷹」／吉原イカモノ考
吸血鬼考
黄表紙狐の嫁入
獵奇辭典
江戸破禮《あぶな》繪百選

謳《うた》い文句は「出ない先から問題を惹起《じやつき》した繪入り月刊雑誌」となっています。創刊の言葉の中には「珍奇と妖異と絢爛《けんらん》と濃艶《のうえん》」「エロとグロとの一大ギヤラリイ」などの煽情《せんじよう》的な文章が躍っています。まさに煽り文句どおりの内容といえるでしょう。

そしてエログロの中に、きっちり〝妖怪〟が配置されています。

藤澤の興味の対象は、創作物や絵画、巷説、風習など、ジャンルを問わぬ雑多な要素の中から抽出され、一様に並べられました。藤澤衛彦にとって〝妖怪〟は、見世物、巷説・奇談、歌謡、こども文化、犯罪・変態心理、刑罰拷問、大衆美術などと同列に語られる、文化の変態的表出であったのです。

藤澤衛彦の仕事を貶《おとし》める意図はまったくありません。

しかしそうしたモノゴトと同列に扱われることで「妖怪」という言葉が〝卑俗〟なイメージを纏ってしまったことは疑いようがない事実であるようです。

もうひとつ、ここで着目しなければならないことがあります。

藤澤衛彦は、自らがコレクションした江戸期の化け物画を、様々な媒体を通じて積極的に紹介し続けました。その結果、地方に伝わる伝説――怪談奇談などと、それはしばしばセットで紹介されることになったのです。

例えば昭和四年（一九二九）、藤澤が雑誌『獵奇畫報』を始めたその年に、『妖怪畫談全集・日本篇上』（中央美術社）なる本が出版されています（『妖怪畫談全集』はその翌年までに『支那《しな》篇』と『ロシア・ドイツ篇』『日本篇下』の計四冊が刊行されています）。

同書においては、鳥山石燕などが描いた江戸期の化け物の絵が、地方から蒐集した伝説（正確にはそうした体裁をとった怪異談）の挿絵《さしえ》として扱われています。江戸の〝化け物〟と口碑伝承の中の〝怪異〟は藤澤衛彦の媒酌で、無理矢理結び付けられることになったのです。

さらに、それらの挿絵には（藤澤本人が付したものかどうかは不明なのですが）簡単な創作的キャプションが付けられています。

実はこの『妖怪畫談全集』は、後に多数出版されることになる「子供向け〝妖怪〟図鑑」の直接的なルーツとして位置づけられるのです。石燕の描いた化け物の絵などは、本来的に民俗学が扱う対象ではあり得ません。それなのに私たちは、それらの絵になぜか民俗学的なイメージを抱いてしまいます。現代における通俗的な〝妖怪〟観を以て眺める時、それらは明らかに民俗学的な印象を帯びてしまうのです。

それも、この藤澤の仕事に拠るところが大きいのだろうと筆者は考えています。

妖怪畫談全集　日本篇 上　291 ページより
「まだ宵の口の燈影にぬらりひよんと訪問する怪物の親玉」

余談ではありますが、例えば現在、ぬらりひょんが妖怪の総大将として紹介されるのも、おとろしが鳥居の上から落っこちて来ると説明されるのも、どうやらこの『妖怪畫談全集』の一行キャプションが大本になっているようなのです（藤澤衛彦がいなければ『ぬらりひょんの孫』〈椎橋寛《しいばしひろし》　二〇〇八／集英社〉も描かれなかったということになります）。

そのキャプションが藤澤衛彦（あるいはそのスタッフ）の創作なのかどうか断定することはできないのですが、今のところ先行する資料にそうした文言が見当たらないことは事実です。

それが創作であってもそうでなくても、これらの説明は藤澤が紹介し、後続の者がその記事の真偽を問わず子引き孫引きを続けた結果定着した俗説だということは、まず間違いのないことです。

しかしそれは別に糾弾されるべきことではないでしょう。

藤澤の文を引き写し、一般に広く紹介したのは、ほとんどが娯楽作品です。例えば、水木しげるも藤澤衛彦の影響を受けています。佐藤有文《さとうありふみ》を始めとする子供向け妖怪図鑑の書き手たちは、ことごとく藤澤衛彦の子供たちだということができるでしょう。通俗娯楽を提供するために有効な表現方法のひとつとして選択された「妖怪」なる言葉は、彼らの手で生命を与えられたといっても過言ではないからです。

藤澤衛彦は学者で、研究者です。しかし同時に好事家で、コレクターでもありました。加えて藤澤は娯楽の提供者でもあったのです。

それだけ藤澤衛彦の仕事の影響力は大きかったのだと考えても差し支えないでしょう。

藤澤衛彦やそれに連なる大衆的な風俗研究が、現在私たちが持っている通俗的〝妖怪〟概念の形成に多大な影響を与えたことは確実です。「妖怪」という言葉の使い方に関していうならば、藤澤衛彦の仕事は柳田國男の民俗学を遥《はる》かにリードしていたと考えられるからです。

なぜなら、藤澤衛彦が『妖怪畫談全集』を出版した当時、民俗学は「妖怪」という言葉を術語・専門用語として活用しきれてはいなかった——からです。

柳田國男の妖怪談義を巡って

現在、〝妖怪〟を語る時には必ずといっていい程引き合いに出されてしまう柳田國男も、最初から「妖怪」という言葉を使用していたわけではありません。

例えば、有名な『妖怪談義』（一九五六／修道社）に収録されている論文の中で一番古い「天狗の話」が書かれたのは明治四十二年（一九〇九）のことなのですが（それは井上圓了が活躍していた時代です）、その文中に「妖怪」の二文字を見出すことはできません。のみならず初期、中期の論文において柳田は、天狗は天狗と記し、大太法師《だいたほうし》は大太法師と記すだけです。柳田國男がそうしたモノの総称として「妖怪」という言葉を頻繁に使い始めるのは、大正も半ばを過ぎてからのことなのです。

ただ、柳田國男はその学問の創成期から民俗の諸層に立ち現れる〝怪しいモノゴト〟に深い興味を示してはいました。

柳田はまた、それを怪しいと感じる人間の心の在りようを研究することに学問的意義を見出してもいたようです。加えて、柳田が比較的早い時期に「妖怪」という言葉を〝術語〟として採用しようとしていたこともまた、事実ではあります。

柳田は、前出の雑誌『郷土研究』の社告において「妖恠などゝ言ひて神佛以外に人の怖るゝ物の種類」を募集しています。ところが、その呼びかけに応じて寄稿された記事の方には、一向に〝妖怪〟の文字は登場しなかったようです。『郷土研究』の目次の中に「妖怪変化」の文字が登場するのは、十数年の休刊時期を挟んで後――昭和六年（一九三一）に復刊されて後のことです（詳しくは後述します）。

その間に江馬務の『日本妖怪變化史』や藤澤衞彦の『妖怪畫談全集』が刊行されていることはいうまでもありません。

柳田がそうした、モノやコトを一括してカテゴライズしようという発想を持ったのは、むしろ民間傳承の會・会誌としてスタートした『民間傳承』（一九三五―一九五二／民間傳承の會〈後に日本民俗学会〉）を通じて、民俗語彙《ごい》としての〝妖怪〟の名称が各地から集まり始めて以降のことのようです。

そして柳田以外の民俗学者たちが「妖怪」という言葉を術語として頻繁に使い出すのは柳田が昭和十一年（一九三六）雑誌『日本評論』（日本評論社）に論文「妖怪談義」を発表して後のことと思われるのです。

その時点で、柳田國男が江馬務や藤澤衛彦の仕事を意識していないわけはありません。

また当時流行し始めていた心霊研究、さらには海外のスピリチュアリズムなども、柳田の視野には収まっていたはずです。ならば、日本民俗学を学問として確固たるものにするために、そうしたある意味いかがわしさを含んだ学問と一線を画する必要が、柳田には確実にあったはずなのです。

民俗の中の〝怪しいモノゴト〟を扱うにあたって、さらにはそれを〝妖怪〟と名づけるにあたって――「妖怪」という言葉を術語として使うために、柳田國男は、井上、江馬、藤澤、そして心霊科学、そのどれとも異なった道を模索せざるを得なかったのでしょう。

前述の「妖怪談義」を読むと、そうした葛藤《かっとう》の片鱗《へんりん》が窺えます。

柳田は論文の劈頭《へきとう》で「化け物の話を一つ、出來るだけまじめに又存分にして見たい」と宣言します。

続いて柳田は、それ（化け物の話）は日本の文化・社会を顧みることをする際、「近年最も閑《かん》却《きやく》せられたる部面」であり、それだけに「自己反省を企つる場合に、時に意外なる多くの暗示を供與《きようよ》する資源」だといいます。そして柳田がそれ（化け物の話）に着目するのは、「通常人の人生観、分けても信仰の推移」を知るためであり、その作業の先には次のような展望があるのだと述べています。

（前略）眼前の世相に歴史性を認めて、徐々にその因由《いんゆ》を究めんとする風習をも馴致《じゆんち》し、迷ひも悟りもせぬ若干のフィリステルを、改宗せしむるの端緒を得るかも知れぬ。もしさういふ事が出來たら、それは願つてもない副産物だと思つて居る。（ルビは引用者による）

目の前にある「世相」に「歴史性」を認める――つまり「現代は過去の集積の結果なのであると知る」ことで、だんだんに「モノゴトがなぜこうなったのか」ということを考える姿勢が一般に浸透するのではないか――と柳田は述べます。「民俗の古層を探る」という民俗学の基本姿勢と、その有効性が語られているといっていいでしょう。続く「フィリステルを改宗」とは、俗物を啓蒙する、というような意味です。〝化け物〟研究は、「迷いも悟りもせぬ」俗物の目を開かせることもできるかもしれないと、柳田はいうのです。

この文は、もちろんそのまま素直に受け取ることもできます。しかし、後半部分のもの言いからは井上圓了の仕事――大衆啓蒙――との関連性を見て取ることができるでしょう。

それを前提に眺めてみると、やや様相が変わってしまいます。

圓了が世相に見られる〝怪しいコト〟を哲理によって解明し「近代的に捉え直す」ことで大衆を啓蒙しようとした人だった――ということを思い出してください。井上「妖怪学」には「眼前の世相に歴史性を認めて、徐々にその因由《いんゆ》を究めんとする」という民俗学的な姿勢は、すっぽり欠落しています。そして、井上「妖怪学」は、「近代的に捉え直す必要がない」ということで、「妖怪学」から江戸の〝化け物〟キャラクターを追い出してしまいました。

柳田はその、圓了が否定したコト、あるいは切り捨てたモノが「意外なる多くの暗示」を導き出す有効な素材であると述べているのです。

柳田はこう続けます。

私は生來オバケの話をすることが好きで、又至つて謙虚なる態度を以て、この方面の知識を求め續けて居た。それが近頃はふつとその試みを斷念してしまつたわけは、一言で言ふならば相手が惡くなつたからである。先《ま》づ最も通例の受返事は、一應にやりと笑つてから、全體オバケといふものは有るもので御座りませうかと來る。そんな事はもう疾《とつ》くに決して居る筈であり、又私がこれに確答し得る適任者でないことは判つて居る筈である。（中略）何の事は無い自分の懐中にあるものを、出して示すことも出來ないやうな、不自由な教育を受けて居るのである。まだしも腹の底から不思議の無いことを信じて、やつきとなつて論辯した妖怪學時代がなつかしい位なものである。（後略）

この「至つて謙虚なる態度」というのは、「前近代だ非科学だと高圧的に否定してかからない態度」ということでしょう。

そして「そんな事はもう疾くに決して」いる云々に至るくだりは、噛《か》み砕いていうならこうなるでしょう。

〝お化け〟など実在するはずがないということは、誰もが知っている（尋くまでもない）ことであるのに（柳田が〝お化け〟に関する質問をすると）、「〝お化け〟は実在するものですか？」と（小馬鹿にした感じで）尋き返されてしまう——そうした好ましくない風潮があるので、自分は〝お化け〟研究を中断していたのだ——。

つまり柳田はここで、民俗文化研究に大変有効なはずの〝お化け〟研究の障害になっているのは、「肯定／否定」の二元論的（あるとかないとかいう、いまでいうオカルト論争的な）認識が罷《まか》り通っていることなのだ——といっているわけです。そして「やつきとなつて論辯した妖怪學時代がなつかしい」くらいだと柳田は繋ぎます。

この「妖怪學」とは、間違いなく井上「妖怪学」のことを指し示しています。ただし「やつきとなつて論辯」していたのは柳田ではありません。論争していたのは、柳田の研究材料である「通常人」、「腹の底から不思議の無いことを信じて」いた一般の人々です。圓了が躍起になつて否定していた時代は（躍起になって否定していたくらいですから）まだ〝怪しいモノゴト〟を信じていた人々が多かったので、フィールドワークもし易かった、という意味でしょう。

しかし、時代が下ってくると「そんなもの（〝お化け〟）はない」という認識が常識となってしまったので、フィールドワークがしにくくなってしまった、ということです。

井上圓了が否定し打破しようとしたのは非（自然）科学的な迷信であり虚妄、今でいう〝オカルト〟的言説だったわけですし、高い学歴を持った知識人である柳田國男が、迷信やオカルト的事象を盲信する愚かしさを百も承知していただろうことは明らかです。

そういう意味で柳田は圓了の仕事を否定しているわけではなく、むしろ評価しているといってもいいでしょう。

柳田にとって問題なのは、圓了の仕事によって、過去には「そう信じられていた」「そう伝えられていた」という事実まで否定するのが当たり前という風潮が蔓延している、という現実だったのです。〝お化け〟について質問する柳田は、「今どきそんな非科学的なモノゴトを信じている前時代的人間」ではないか——と疑われ、嘲笑《ちようしよう》を以て「全體オバケといふものは有るもので御座りませうか」と問い返されてしまうのです。

だから「やってられない」とぼやき、「そうじゃないんだ」と柳田はいいます。

そして柳田國男は、その節を次のように結びます。

（承前）無いにも有るにもそんな事は實《じつ》はもう問題で無い。我々はオバケはどうでも居るものと思つた人が、昔は大いに有り、今でも少しはある理由が、判らないので困つて居るだけである。

正直な真情吐露《とろ》のように思えます。

柳田は困っていたのでしょう。好きな〝オバケ〟を自らが提唱した学問の中に位置づけるにはどうしたらいいのか――を。そして、その場合、それを何と呼称するべきなのか――を。

続く二節目で、柳田はさらに〝厄介〟な現状を指摘します。

〝オバケ〟は前近代として退けられてしまったというのに、〝幽霊〟が現役で「語り継がれて」いるという現状です。圓了を始めとする、多くの啓蒙家たちの近代化運動は（その運動のせいなのかどうかは別として）ある程度実を結び、その結果柳田が「やりにくい」状況が顕現することになったわけですが、どういうわけか圓了が大いに否定した〝幽霊〟だけは（柳田曰く「都市の居住者の中に」）いまだ語られていると、柳田は指摘します。

これは、海外で興《おこ》ったスピリチュアリズムや、（圓了たちと同じ動機でスタートしたと思われる）後の心霊科学などが与えた影響も大きいものと思われます。それらの後ろ盾を得ることで、〝幽霊〟は圓了の鉄槌《てっつい》を躱《かわ》すことが叶《かな》ったのでしょう。〝オバケ〟は、そのとばっちりを受けるような恰好で〝前近代的で劣った〟モノの汚名を一身に着せられることとなったのです（柳田のいう〝オバケ〟が具体的に何を指し示すのかは追々明確にしていくこととします）。

前述のとおり、圓了はキャラクターである江戸の〝化け物〟については（否定するまでもないということで）俎上《そじょう》に供することすらしませんでした。しかし〝幽霊〟に関しては積極的に否定しています。

それなのに〝幽霊〟は生き残ってしまったわけです。

どうやら心霊科学的な言説は、わりと早い段階で〝幽霊〟を圓了の規定した〝真怪〟に当て嵌めるような作業を、圓了の意志とは無関係に、また面倒な（学問的な）手続きをとることもなく、極めて俗な部分で成し遂げてしまった感があります。

成し遂げたといっても、もちろん全面的に受け入れられたという意味ではありません。圓了に指摘されるまでもなく、「そんなものはない」という極めて正常な判断力を持った層はいつの時代にも存在したわけで、当時と雖《いえど》もその例に漏れるものではありません。問題になるのは、心霊科学的言説の流布は、往々にしてそうしたモノゴトを〝ある／ない〟という浅薄な議論に回収してしまう結果を引き入れてしまう、という部分です。

こうした風潮が柳田にとってさらに面倒な状況だっただろうことは想像に難《かた》くありません。民俗的事象としての〝オバケ〟を取材する局面で、心霊恐怖譚《たん》めいた〝幽霊〟話を聞かされるような状況に対し、柳田は「がつかりする場合ばかり多い」と嘆いています。

心霊科学的言説の流布は、柳田民俗学にとって決して有益なものではなかったのです。その後ろ盾を得て生き残った（というよりリニュウアルした）〝幽霊〟は、柳田にとって目の上の瘤《こぶ》に近いものだったと思われます。

そのせいか、文中柳田は、〝幽霊〟は〝幽霊〟で「討究されてしかり」なのだろうが、と断ったうえで〝幽霊〟と〝お化け〟は別のモノなのだと――執拗《しつよう》に主張します。

(前略)又最初の聯絡《れんらく》と一致點《てん》はあつたかも知らぬが、近世は少なくとも丸で物がちがつて居て、此方は言はゞ御寺の管轄であつた。それをオバケとは謂ふ人はあつても、化け物と謂ふとまた何だか變《へん》に聞える。お岩も累《かさね》も見覚えが有るからこそこはいので、これを化けて出るといふのは言葉の間違ひである。へんぐえといふからには正體が一應は不明で、しまひに勇士に遭つて見顕《あら》はされるものときまつて居る。(後略)
(傍点原文ママ、ルビは一部引用者による)

柳田は「お岩も累も(中略)化けて出るといふのは言葉の間違ひ」と主張し、「へんぐえといふからには正體が一應は不明で」なくてはならぬと言い切ってもいます。
さらに柳田は、本書でも冒頭から何度か触れている〝妖怪〟の定義——〝妖怪〟と〝幽霊〟の違い——を述べた後に(但し、当該する文中で「妖怪」という言葉は使っていません)、次のように節を結びます。

(前略)大よそこれほどにも左右別々のものを、一つに見ようとしたのはよく〳〵の物忘れだと思ふ。だから我々は怪談と稱して、二つの手をぶら下げた白装束のものを喋々するやうな連中を、よほど前からもうこちらの仲間には入れて居ないのである。

これは、残念ですが間違った見解と言わざるを得ません。

まず、「一致點はあつた」どころか、江戸期において〝幽霊〟は間違いなく〝化け物〟の一種だったのです。「近世は少なくとも丸で物がちがつて」いる事実などないのです。

またそれは、確実に「お化け」と呼ばれてもいました。柳田はどうも「オバケ」という言葉と「化け物」という言葉を（たぶん無意識に）区別して使っているようですが、「お化け」は「化け物」の幼児語なのですから、語義にそこまで明確な差異があるとは思えません。文中の使い分けの基準も甚《はなは》だ不明確です。

さらに柳田は「へんぐえ」＝〝変化〟は「正體が一應は不明」であり、「勇士に遭つて見顯《あら》はされる」と相場が決まっているものと述べます。たしかに正体が判らなければ変化していることも判らないわけですからこれは正論なのですが――そうすると、柳田が念頭に置いているのは「正体が判る前から変化と呼ばれているモノ」であるようです。

どうも柳田は「変化」という言葉を〝変化すること〟ではなく、〝怪しいモノの総称〟として捉えているようです。

そうであるならば、これは江馬務の『日本妖怪變化史』の影響下にある（あるいは『日本妖怪變化史』を強く意識した）発言である可能性が高いといえるでしょう。

もちろん江馬以前にも「妖怪変化」という言葉はあり、それはまた〝怪しいモノ〟を指し示していたと思われるのですが――「妖怪変化」から「妖怪」という修飾を差し引いてなお同じような意味――〝怪しいモノ〟を指し示す意味を「変化」という言葉に付与したのは、やはり江馬務である可能性が高いと筆者は考えています。

柳田は民俗学者であると同時に国語学者でもあったわけですから、「変化」という言葉が本来何を指し示すどんな言葉なのかくらいのことは、当然知っていたものと思われます。ならば「変化」は（柳田のいう）「オバケ」を指し示す言葉ではないぞ——という意味なのでしょう。

ならばこの「妖怪談義」は、やはり江馬務の施した定義を否定するために書かれた言説だったのではないでしょうか。

『日本妖怪變化史』の出版は大正十二年（一九二三）、「妖怪談義」が発表されたのが昭和十一年（一九三六）。『日本妖怪變化史』が『おばけの歴史』と名を改めて再版されたのが昭和二十六年（一九五一）、「妖怪談義」を収録し、表題とした単行本『妖怪談義』が出版されたのが昭和三十一年（一九五六）のことです。

妖怪談義（1956）

十分なインターバルがあるので取り分け速《すみ》やかな反応と呼ぶことはできないでしょうが、何やら「鼬《いたち》ごっこ」めいた競い合いが透けて見えるような気さえします。意図的な反論だったのか否か今となっては知ることも叶わないのですが、柳田の「妖怪談義」が江馬の提示した〝妖怪変化〟の枠組みを崩すところからスタートしていることは間違いないように思えます。

いずれにしろ、「妖怪談義」の冒頭部分が、慎重な柳田國男にしてはいささか飛躍気味ともとれる言説であることに違いはないでしょう。冷静に眺める限り、井上圓了や江馬務の分類のほうが整合性を保っているようにも思えます。

しかし、井上、江馬、藤澤、そして心霊科学などの主張を念頭に置いて読み解くことで、「妖怪談義」における柳田のモチベーションを計ることはできるかもしれません。

柳田は、前出の単行本『妖怪談義』(一九五六)自序において、次のように述べています。

どうして今頃この様な本を出すのかと、不審に思つて下さる人の爲に、言つて置きたいことが幾つかあります。第一にはこれが私の最初の疑問、問へば必ず誰かゞ説明してくれるものと、あてにして居たことの最初の失望でもあつた事であります。私の二親は幸ひに、あの時代の田舎者の常として、頭から抑え付けようともせず、又笑ひに紛らしてしまはうともしませんでした。ちやうど後年の井上圓了さんなどゝは反對に、「私たちにもまだ本たうはわからぬのだ。氣を付けて居たら今に少しづゝ、わかつて來るかも知れぬ」と答へて、その代りに幾つかの似よつた話を聴かせられました。平田先生の古今妖魅考を讀んだのは、まだ少年の時代のことでしたが、あれではお寺の人たちが承知せぬだらうと思つて、更に幾つもの天狗・狗賓に關する實話といふものを、聽き集めて置かうと心がけました。(後略)

「今頃この様な本を」、というのはもちろん昭和三十年代にもなって〝妖怪〟の本を、という意味でしょう。

文中では何の補足説明もされていませんが、「平田先生」というのは、江戸末期の国学者・平田篤胤《ひらたあつたね》のことです。『古今妖魅考《ここんようみこう》』は篤胤が記した書物で、天狗に関する多くの記述があります。柳田はこの『古今妖魅考』を少年時代に読んだのだと、わざわざ述懐しています。少年時代に『古今妖魅考』のようなものを好んで読んでいたぐらいですから、当然江戸期に書かれた随筆や紀行なども読みこなしていたものと想像されます。根岸鎮衛《ねぎしやすもり》の『耳嚢《みみぶくろ》』などに言及した文も残っていますから、柳田が江戸の文芸類にも精通していたことはどうやら明らかなようです。

しかし、柳田はそれら江戸期の文献資料を（たぶん有効な資料となり得る可能性を熟知しながら）極力民俗学に持ち込もうとはしませんでした。少年時代の彼が『古今妖魅考』の内容に納得できず、「實話といふものを、聴き集めて置かう」と思ったのと同様に、柳田は常にフィールドワークに重きを置くというスタイルに固執したのです。

それは、なぜなのでしょう。

柳田は〝過去〟の文献に典拠を置く江馬務のスタイル——風俗史学の手法と、民俗学を差別化したかったのではないか、と筆者は想像しています。

また、柳田はわざわざ（これもまた何の説明もなく）井上圓了の名を挙げ、自らの両親の逸話を引き合いに出して、それぞれのスタンスの差異を示す記述をしています。

こちらは、井上「妖怪学」との立場の違いを仄《ほの》めかすために書かれたものではないかと筆者は捉えています。

フィールドワークによる情報収集を基本として展開するという姿勢が大前提となっている以上、民俗学は〝現在〟を扱う学問といって良いでしょう。

井上圓了もまた〝現在〟に足場を持って活動していた人です。ただ前述のとおり、圓了の場合は蒐集した情報を処理する姿勢が、柳田とはまるで違っていたのです。

民俗学の研究対象である民俗社会の〝現在〟は、長い歴史の上に成立しています。蒐集される〝現在〟の裏には確実に〝過去〟が堆積《たいせき》しているのです。〝現在〟の事象から〝過去〟を引き出し、その〝過去〟を吟味することで〝現在〟を理解する――それこそが井上圓了に欠落していた民俗学の視点です。

但し、〝過去〟の事象から構造を類推するという手法のみを剔出《てきしゅつ》するなら、江馬務のそれも同様ということになってしまいます。だからこそ民俗学は風俗史学との差異を強く打ち出す必要があったのでしょう。

柳田國男が〝妖怪〟と〝幽霊〟を明確に区別したがったのは、過去（文献）だけを研究対象とした江馬のスタイルと決別するという主張の現れだったのではないでしょうか。

それはまた、民俗学を近代的な学問――科学とするための一種の方便として捉えることも可能です。民俗学は卑俗なものでも前近代的なものでもないのだという、強い想いがその根底にあったのだと、筆者は考えています。

後世において最もスタンダードな〝妖怪〟定義として、広く一般に定着する言説のベースとなった「オバケと幽霊を明確に区別する」という見識は、民俗学を近代的な学問にするために提起されたものだったのではないのでしょうか。そして井上「妖怪学」や風俗史学、心霊科学との差別化という難題を解決していく過程で、柳田は「妖怪」という言葉を選び取るのです。

その点に絞って、少し詳しく追ってみましょう。

黎明期の民俗学を巡って

柳田國男は、いうまでもなく日本民俗学の父として知られる人物です。

もっとも、柳田本人は「民俗学」という呼称を必ずしも妥当なものと考えていたわけではなかったようですし、柳田以降の民俗学が柳田の理想とした学問の発展型足り得るものなのかどうかも、筆者には判らないことです。

しかし、どうであれ柳田國男が日本民俗学の出発点であることは否定しようがない事実でしょうし、呼称や展開はさておいて、柳田が、自らが提唱した新しい学問を科学（この場合は狭義の自然科学ではなく、人文・社会・形式科学を含む広義の科学を指します）として確立させるために躍起になっていたらしいことは、様々な研究者が指摘していることでもあり、まず間違いのないことでしょう。

例えば――。

柳田は全国各地の習俗や言語など〝民俗〟に関わる事象をくまなく調査し（必ずしも自らが全国を巡ったわけではないのですが）、蒐集《しゅうしゅう》・蓄積した膨大なデータを様々な形で纏《まと》め、世に問うています。

しかし、纏められた資料や論考を俯瞰《ふかん》した時、〝性〟と〝差別〟に関わる記述が驚く程に少ないということに気づくはずです。まったく触れられていないというわけではないものの、それにしても扱われている情報は僅《わず》かで、扱い方も常に淡泊です。

これは、それらの情報が蒐集の網から漏れた故に生じた〝不備〟ではありません。

それはむしろ、意図的に〝取捨選択〟がなされた結果であるものと思われます。

〝性〟や〝差別〟に関わる情報は、なにがしかの基準によって選《え》り分けられ、隠蔽《いんぺい》されてしまったようなのです。

但し、その選別作業がどの段階で行われたのかは定かではありません。

柳田の許《もと》に届く前、例えば蒐集の段階で捨てられてしまったという可能性も、もちろんあるでしょう。しかし、たとえそうであったのだとしても、何らかの基準なり指針を示したのが柳田であったことは想像に難《かた》くありません。

柳田は〝夜這《よば》い〟などの性に関する習俗や、取り上げること自体があからさまな差別の誘因となり得る事象などに対しては極力言及しない——という方針を持っていたようです。これは柳田個人の（そうしたものを好まない）性質・信条に因るものだという見方もあるようですが、それを踏まえた上での、一種の〝戦略〟であったと捉えられることも多いようです。

立ち上げ間もない民俗学を守るための――学問の一分野として成立させるための――それは学問的〝戦略〟だというのです。

つまり民俗学が卑俗なものとして受け取られることを虞《おそ》れたあまり、誤解を受けそうなテーマを緊急避難的に遠ざけた――ということになるのでしょうか（また、政治的な運動などに利用されることを回避するため、イデオロギーに関わるような言説を極力避けた――ともいわれます）。

そうしたあり方については賛否両論があります。

ただ、この稿は柳田の姿勢を批判するために書かれるものでも、また柳田の学者としての位置づけを探ることを目的として書かれるものでもありません。本稿の本来の目的は、現在通俗語として一般にほぼ定着している「妖怪」なる言葉が領域化するモノゴト＝対象を明確に把握することにあります。柳田の政治的戦略や学問的姿勢の可否・是非は、この場合問題にはなり得ません。ここで問題にすべきことは、「柳田は正しかったのか」を検討することでも「柳田の功罪」を解明することでもないのです。

ただ、柳田國男が意図的に「妖怪」なる言葉を民俗学用語として採用し、ある程度積極的に使用したことは明らかな事実ですし、その結果として現在私たちが知る〝妖怪〟という概念が形成されたことも事実でしょう。

ならばここで探るべき事柄は、柳田が「妖怪」という言葉を「なぜ使ったのか」「どのように使ったのか」であり、延《ひ》いては「どのような使い方ができたのか」――ということになるでしょう。

性的習俗・差別的文化の取り扱い方が、柳田の学問的〝戦略〟であったのだとしても、また単に柳田の個人的な嗜好《しこう》の発露であったのだとしても、柳田がなにがしかの基準を以て蒐集した情報を取捨選択していた(あるいはさせていた)という事実に変わりはありません。

そうした事実がある以上、ここでまず問題にしなければいけないのは、その〝基準〟そのものでしょう。

それでは、その基準とは果たしてどのようなものだったのかを考えてみましょう。

筆者はその基準を、取り敢《あ》えず〝通俗性の有無〟と要約することができるだろうと考えています。

通俗とは、〝下品〟であり〝幼稚〟であり〝下劣〟である――学問的でない――と言い換えることもできるでしょう。

一方柳田國男は高名な学者であり、官僚でもあり、インテリゲンチャのホワイトカラーであり、現在でも、およそ通俗とはかけ離れた印象を以て受け入れられている人物です。柳田が通俗を厭《いと》うたというもの言いは、いかにももっともらしく聞こえることでしょう。しかし、それはあくまで〝印象〟に過ぎません。柳田本人が「自分はこれが厭《いや》だあれが嫌いだ」と書き残しているわけでもありません。単に〝通俗性〟というだけでは、基準としていささか曖昧《あいまい》ではあります。

それなのに筆者が敢えて〝通俗性〟という言葉を使ったのは、柳田にとって〝通俗〟が、ある程度具体的なものだったと考えるからです。

柳田にとっての〝通俗〟とは——即《すなわ》ち、当時の「風俗研究（後の風俗史学）」であった、と筆者は考えます。

風俗史学が〝下品〟で〝幼稚〟だなどと述べているわけではありません。前述のとおり、風俗史学は（民俗学とは似て非なるものではありますが）きちんとした理念や体系を持つ、れっきとした学問です。

ただ、明治期から昭和初期にかけて、風俗研究の名を借りた通俗的な言説が一種のブームとなっていたこともまた、紛れもない事実なのです。風俗史学の学問的意義とは別の次元で（それでいてそれらは融合してもいたわけですが）、通俗的言説としての風俗研究が世を席巻《せっけん》していた時期があったのです。

当時の風俗研究を貶《おとし》めるつもりもまったくありません。

ただ、この場合も、日本の風俗研究＝風俗史学が博物学的手法を模倣——踏襲するところからスタートしたものだったということを失念してはならないでしょう。

過去の事象＝江戸期のモノゴトや、遠隔地の事象＝田舎のモノゴトを〝異文化の文物〟として捉え、蒐集し、羅列し、開陳するという風俗研究の手法は、そのまま博物学の手法のトレースに他なりません。オリジナルである博物学は、大航海時代に探検家たちが行き着いた〝未開の地〟で〝採集〟した〝珍奇〟なモノゴトを持ち帰り、並べて見せるところから始まった学問です。

つまり、博物学なる学問は植民地主義の副産物でもあったのです。

採集者／採集物という構図は、侵略者／被侵略者という構図と同様のものです。

まず〝未開の地〟という発想そのものが差別的であることはいうまでもありません。未《いま》だ開かれざる地――とは、つまり〝開いた〟のは探検家（即ち侵略者）だという意味になるのでしょう。人跡未踏の地というのならともかく、蒐集する文物があるというのなら、そこには人が生活している（またはしていた）ということになるでしょう。その場合、探検家が訪れる以前からそこに暮らしていた人々は（またはその文化は）人として（文化として）カウントされていない――ということになってしまいます。

また、〝採集〟し〝陳列〟するという手つきも、差別以外の何ものでもないでしょう。実際は異なっているだけのモノゴトを、〝珍奇〟として捉えてしまう背景には、採集する側の半ば絶対的な〝優位性〟と〝正統性〟が必要不可欠となるのです。主体を採集対象の方に移した時、〝珍奇〟なのは採集したほうになってしまうことでしょう。

博物学は本来、多分に差別的なまなざしを含み得るスタンスの学問なのです。またその手法は、容易に通俗的な展開に陥り兼ねないという厄介な欠点を持ったものでもありました。

風俗研究はそうした博物学の問題点をそっくり抱え込む形でスタートしたのです。付け加えるなら、風俗研究は性的なモノゴトをタブー視することもしませんでした。いや、タブー視するどころか、むしろ積極的に取り組んだという感があります。性的サービスを伴う飲食・遊興産業などを〝風俗産業〟と呼び習わすようになったのも、そうした経緯と無関係ではありません。

ちなみに、昭和三十三年（一九五八）より雄山閣《ゆうざんかく》から順次刊行された『講座日本風俗史』（藤澤衛彦・阿部《あべ》主計《かずえ》ほか）は、時代別に編集された十二冊の本編の他に、別巻として『性風俗・全三集』、『旅風俗・全三集』、『妖異風俗・一集』を設けています。

もちろん、性であれ差別であれ、研究者は決して下世話な興味本位でそれらを俎上に並べたわけではありません。風俗史学の内部では、それらはいずれも学問的研究対象として、真面目に取り扱われています。しかし、研究者がどれだけ真摯《しんし》な姿勢でそれらと向き合っていようとも、そうした対象を扱うという行為自体が、好奇＝通俗の視線に晒《さら》される要因となるのだとしたら――通俗化を回避することは難しいといわざるを得ません。

戦後のカストリ誌などで好んで扱われたネタの多く（猟奇趣味、犯罪心理、性愛記事、秘境探検記事など――）は、そうした〝風俗研究ネタ〟の直接的な焼き直しです。

明治から昭和初期にかけての風俗研究は博物学的あり方を踏み越えるだけの方法論を持っておらず、風俗史学としての定まった視座を築き上げる以前に、〝通俗〟の洗礼を受けてしまったのです。

柳田國男は情報蒐集力に長けた人物です。同時に、社会情勢や通俗文化にまで目配りの利く人物でもありました。もちろんそうした状況を正しく認識していたはずです。

そもそも風俗史学と民俗学（正確には柳田國男が提唱した新しい学問）は扱う対象が似ています。いや、似ているというより同じなのです。極端なことをいうならば――民俗学と風俗史学の差異はただ一点、「目的の違い」に収斂《しゅうれん》させることができるでしょう。

風俗史学が「過去のモノゴトを現代に紹介する」学問だとするなら、民俗学は「過去を知ることで現代を知る」学問です。風俗史学が「特定の場所や時代を研究する」ことに終始するのに対し、民俗学は「古層を探ることで現在を理解する」ためになされる学問なのです。

実際、柳田以降もその二つは時に混同され、集合離散を繰り返すこととなります。

柳田國男が、自らが提唱した学問を近代的な科学たらしめんと考えていたのなら、また卑俗な巷説と混同されたり、前近代的な妄言として受け取られたりすることを不本意に感じていたのなら（繰り返しますが、こうした言説は遍《あまね》く推測の域を出るものではありません。残された記録の文脈から類推する限りそうであったのだろう、という程度のものであることをご諒解ください）、風俗研究の通俗的な展開やその流行は、とても厄介な問題として認識されていたはずです。

柳田が風俗研究の通俗的な展開を快く思っていなかったのかどうか、本当のところはわかりませんし、知る術《すべ》もありません。ただ、柳田が忌避した（ある基準を以て切り捨てた）〝材料〟の多くが、好んで（通俗的）風俗研究の題材とされたモノゴトであったことだけは確かなことですし、また、それは偶然ではないでしょう。

さて——江馬務に続いて日本風俗史学会の第二代理事長を務めることとなった人物は、かの藤澤衛彦その人でした。

どちらかというと文献偏重主義的だった江馬と比べると、藤澤の研究対象は実に奔放で、研究態度も縦横無尽という印象があります。民話伝説、口碑、童謡、迷信、祭などの宗教行事や信仰に関わる習俗——と、柳田民俗学とかぶる素材も多く扱っています。

　しかし、同じ素材を使っていても、柳田の仕事と藤澤の仕事は、最終的におよそかけ離れた様相を呈してしまいます。

　いずれかが優れていていずれかが劣っている——あるいはどちらかが正しくてどちらかが間違っている——そうした議論は不毛でしょう。両者のアプローチが違っていたという、それだけのことだからです。ただ、柳田のそれが結果的に〝学問〟として一般に受け入れられた（ように見える）のに対し、藤澤のそれは（もちろん学問ではあったのですが）より〝通俗〟寄りに受け入れられたということは認めなくてはなりません。

　柳田が〝性〟や〝差別〟を禁じ手としたのは、そうした手本があったからなのでしょう。それが柳田の個人的な嗜好であったのだとしても、学問の卑俗化を防ぐための戦略であったのだとしても——柳田の視野に風俗研究が収められていたことは疑いのないことのように思えます。

　旗揚げされた日本民俗学の命題は、通俗的風俗研究との差別化だったと考えるのは、あながち間違った見解ではないのではないでしょうか（柳田がフォークロアの訳語に「民俗学」を当てることに難色を示したらしいことも、「俗」の一文字が厭だったからではないかと思える程です）。

　民俗学の研究対象から（一時的に）切り捨てられた様々な事象に共通性を求める時、「風俗研究との差別化」という線引きは大変に有効なようです。例えば藤澤衛彦が〝変態〟（現在巷間で謂われている〝変態〟とはかなりニュアンスが違っています）や〝猟奇〟というキーワードで剔出《てきしゅつ》したモノゴトのほとんどは、見事に対象から外されています。

筆者が先に挙げた柳田の基準――〝通俗性の有無〟とは、具体的には風俗研究「的」であるか否か、ということに置き換えられる、ということです。

ところが。

柳田國男は、どういうわけか「妖怪」という言葉だけは捨て去ることをしませんでした。

それどころか、柳田は晩年に至って「妖怪」という言葉に拘泥し始めるのです。先に挙げた基準が正しいものであるならば、「妖怪」は真っ先に捨てられていて然《しか》るべき言葉であったでしょう。藤澤衛彦にとっての〝妖怪〟は「文化の変態的な表出」に過ぎなかったのです。藤澤の学問において、「妖怪」という言葉は「猟奇」や「変態」と同列の言葉でしかありませんでした。ならばそれは、柳田にとって――黎明期の民俗学にとって、到底歓迎し得る言葉ではなかったはずです。

しかし柳田は（たぶんあえて）それを採択しました。

通俗を嫌う――風俗研究とは一線を画する柳田の学風において、「妖怪」という言葉を使用することに、いったいどのような意味があったのでしょうか。「妖怪」という言葉は、果たして日本民俗学の学問的な展開に貢献し得る有効なツールとなり得るような言葉だったのでしょうか。柳田が何を以て「妖怪」という言葉を民俗学用語（といって良いでしょう）として採択したのか、それもまたわからないことです。役に立つと考えたのか、あるいは役に立てるべきと考えたのか――それとも役に立たぬと承知でやむなく採用したのか、それについては想像することしかできません。

しかし「妖怪」を民俗学用語として最初に採択したのが柳田本人であることは、まず間違いのないことです。

前述のとおり、柳田が『郷土研究』誌上で「妖怪」なる言葉を使用したのは大正三年のことです。しかしその提案は（民俗学内部にも、世間一般にも）全く受け入れられなかったといっていいでしょう。

それは柳田が、いったい何を指し示そうとして「妖怪」という言葉を使っているのか、はっきり理解できる者がいなかったから——だと思われます。では、その時点で「妖怪」という言葉は、いったい何を指し示す言葉だったのでしょうか。

柳田國男が「妖怪」という言葉に固執し、リスクがあることを承知で採用したその理由を考える前に、整理する意味からも少し時代を遡《さかのぼ》り、柳田が「妖怪」を採用するに至るまでの経緯を今まで述べてきたことを踏まえた上で眺めてみることにしましょう。

明治の雑誌などを巡って

さて。

井上圓了が不思議研究会を発足させたのは明治十九年（一八八六）、タイトルに〝妖怪〟の二文字を冠した最初の著書『妖怪玄談』を上梓したのが明治二十年（一八八七）のことです。

それ以降、圓了は「妖怪」という言葉に固執し続けます。

哲学館（現在の東洋大学）を設立した圓了は、明治二十四年（一八九一）『哲學館講義録』に「妖怪學」の連載を開始し、二年の時を経て『妖怪學講義』二十四冊として纏めます。翌々年文学博士の学位を得て後も圓了は次々と妖怪関係の書物を書き続けます（『妖怪學講義』が六冊の単行本として増補再版されたのは一八九六年）。この段階で「妖怪」という言葉は一種の学術用語として使用されていた、と考えていいでしょう。

ただ、圓了のいう〝妖怪〟は、今風に言い換えるなら〝オカルト全般〟であり、〝否定すべき前近代〟そのものでした。これは、「妖怪」という言葉の本義からいうなら、ある意味で正しく、ある意味で拡大解釈でもあった——といえるでしょう。

圓了の旺盛《おうせい》な仕事振りは瞠目《どうもく》に値しますし、それだけに社会的な影響力も少なからずあったと想像されます。しかし、井上「妖怪学」が社会や文化に与えた影響をひと口に語ることは難しいでしょう。圓了が説いた迷信否定や合理主義といった近代的な題目は文明開化以降の社会にみるみる浸透して行くわけですが、それは一種の風潮だったのであって、それをして井上圓了博士の功績大なりと単純に評価してしまうことは、もちろんできないことです。

そうしたイデオロギーの社会的な変化の要因を、圓了の個人的な啓蒙活動（または圓了門下の啓蒙運動）に求めることはできないでしょう。当然ながら個人の力で社会や文化ががらりと変わるなどということはあり得ません。井上「妖怪学」が功を奏した結果、日本から迷信が払拭されたなどという言説は、ナンセンスといわざるを得ないでしょう。

しかし、圓了にはひとつだけ確実な功績があります。

それは、それまで大衆にはあまり馴染みのない響きだった「妖怪」なる言葉を学術用語として採用し、更には一般＝通俗にまで広めた、という功績です。これだけは間違いなく井上圓了の功績だということができます。

明治三十年代に入ると、圓了の著作以外の場でも「妖怪」という言葉が使用されるようになります。

その一例として、参考になるだろういくつかの資料を兵庫県立歴史博物館の香川雅信《かがわまさのぶ》さんよりご教示いただきました。

中でも興味深かったのが、明治四十四年（一九一一）三月発行の『新公論《しんこうろん》・妖怪號　第貳拾六年第四號』（新公論社）です。同誌は、まさに明治時代終盤の〝妖怪〟観を考察するうえで恰好の資料となるものと思われます。

妖怪号と銘打たれているだけあって、雑誌の大半は〝妖怪〟特集に割かれています。

とはいえ誌面が純粋な〝妖怪〟記事ばかりで埋められているというわけではありません。『新公論』には、今で謂《い》うところの〝実話怪談〟や〝心霊研究〟的な記事も多く載っています（柳田國男に佐々木喜善を引き合わせた人物――水野《みずの》葉舟《ようしゅう》も寄稿しています）。

中でも目を引く特徴は、〝社会風刺〟記事が多いというところでしょう。例えば「百鬼晝行の實業界」「一寸法師ありて大入道なき教育界」「妖怪的惡模範村」「政界お化の片影」といった具合です。

雑誌本来の性格も影響しているのかもしれません。

しかし、例えばそうした風刺記事からも「妖怪」という言葉の使われ方に就いて汲《く》めることはあります。

これは当然のことのようですが——それら風刺の場面において、「妖怪」という言葉は決して良い比喩としては使われていません。「鬼」や「悪魔」などと同じく、マイナスの比喩として使用されています。

ただ、「鬼」や「悪魔」と「妖怪」とでは微妙にニュアンスが違っているようです。「妖怪」という言葉は主に、古い、変わらない、悪い、劣っている、間違っている——そうしたマイナス要因の表象として使用されています。

また、そうしたマイナス要因を抱えながらも、表向きそうした部分が露呈していない——隠されている、あるいは気づかれていない——対象に向けた揶揄《やゆ》として使用されることが多いようです。得体の知れないモノ、ということなのでしょうが、要するに反体制側から体制批判をする——既成の権威に対して、斜に構えた、少々小馬鹿にしたような批判を加える——ためのツールとして「妖怪」という言葉が使用されている、ということです。

こうした用いられ方／役割は、伝統的に見越し入道やろくろ首などの江戸の〝化け物〟キャラクターが担って来たものだということができるでしょう。彼ら〝化け物〟と風刺・諧謔は、殊の外相性が良かったようです。

現在でも政治家などを〝妖怪〟（のキャラクター）に喩《たと》えることはあるようですが、その当時からそうした使い方はなされていたわけです。

そうしてみると、どうやら風刺の手段として使用される場合の「妖怪」という言葉が指し示すモノゴトは、古義であるところの〝単に怪しい〟からは少しばかり逸脱したものであるようです。もちろん、圓了の作った枠組み（否定すべき前近代＝オカルト全般）にすっきり当て嵌まるものでもないでしょう。

おかしみ、滑稽《こっけい》さ、幼稚さ、古臭さ、愚劣さ——そうした風刺に見合った性質は、古義の「妖怪（怪しいモノゴト全般）」概念にも、井上圓了の「妖怪（今でいうオカルト全般）」の枠組みにも含まれない性質です。

それは、「子供向けにリニュウアルされてキャラクターとして通俗娯楽の場面で活躍した」、かつての〝化け物〟だけが持っていた性質なのです。

つまり、風刺の場面において「妖怪」という言葉は、明治後期の段階で既に〝化け物〟概念の置き換えとして機能していた——圓了の引いた枠組みとはやや異なった用いられ方をしていた——ということが解るわけです。

これは明らかに、圓了的啓蒙主義を〝体制〟に見立てた〝反体制〟的在り方の反映なのでしょう。圓了自身がそうした意識を持っていたかどうかは別にして、圓了の仕事は体制に与《くみ》したものではあったのです。

明治政府は圓了以上に迷信や旧弊を弾圧しました。

明治期には、まじないや因習を禁止した政府令がいくつも出されています。反体制という場所に立って眺めるならば、圓了も明治政府も同じことをしているように見えたはずです。

そうした禁止令の中にも「妖怪」の二文字を見出すことは可能です（但し公的な場で使われる「妖怪」という言葉は、〝怪しげな〟という意味の言葉——古義の妖怪として使われているにすぎないのですが）。

しかし、これも当たり前のことなのですが、政府は〝化け物〟までは禁止していません。作りものであり子供のおもちゃである〝化け物〟キャラクターまで禁止する程、明治政府は暇ではなかったわけです。

それ以前に、〝化け物〟キャラクターは圓了の掛けた網からも漏れている——否定するまでもないものとして排除されている——ようなモノだったのです。条例を以て禁止するまでもないものだったことは明らかです（もっとも〝化け物〟が活躍する舞台のひとつである見世物などは取り締まりの対象になったようです）。

圓了的な啓蒙主義を含む体制批判をしようとする時、そもそも反体制側のツールとして伝統的に使われてきた〝化け物〟は最適のアイテムだったと考えられます（圓了自身、「妖怪学」を大衆にプレゼンテーションする際、象徴として〝化け物〟キャラクターの図像を使用していたのですが——）。

鹿爪《しかつめ》らしい「妖怪」なる学術用語——体制側の使用する言葉を、通俗的で反体制的な「化け物」という言葉の代用とすることは、別な意味での体制批判に繋がることにもなる——という寸法です。

結果的に『新公論』掲載記事中の「妖怪」という言葉が指し示すモノゴトは、やはりブレてしまっているように見受けられます。

例えば、例に挙げた風刺記事の中にも若干の混乱があるようです。

それでも、それらが圓了的〝妖怪〟の諒解事項を多分に意識した使い方であることは間違いありません。

〝妖怪〟を〝オカルト全般〟として捉えることはできないまでも、批判対象を〝否定すべき前近代〟に擬《なぞら》えることは可能――だからです。要するに江戸期の黄表紙的発想＝「お化け」の言い換えとして使用されるケースと、圓了的〝妖怪〟理解の中で語られるケースが混在していると考えれば良いでしょうか。

さらに同書には、別の意味で注目すべき記事もいくつか載っています。例えば劈頭《へきとう》を飾る平《ひら》井《い》金三《きんぞう》（金三郎《きんざぶろう》）の「妖怪論」は、次のような書き出しで始まる文章です。

> 妖怪を論《ろん》ぜんとするに當《あた》り先《ま》づ妖怪とは一體《いったい》どんなものを指《さ》して云ふのか究《きは》めねばならぬ。

これは、普通に読めばいわゆる〝妖怪〟論の書き出しとして読めるものです。

しかし平井の文章は風刺めいた書き方でこそないものの、しっかり社会批判的な体裁をとっています。

その文脈から察するに、この「妖怪論」なる文は、やはり井上「妖怪学」＝明治社会のそうした在り方を批判するたぐいの文章なのだと考えるべきでしょう（但し圓了の名は一切出て来ません）。

ただ、平井は「妖怪論」と題しておきながらも、文中では始終「化け物」「怪物」という呼称を使用しています。書き出しを除けば、「妖怪」という言葉はほとんど出てきません。

前半で、平井は様々な〝怪物〟や〝化け物〟を列記します。

そして平井は、「近來心靈現象《ちかごろしんれいげんしやう》が研究《けんきう》せらるゝに及んで、『怪《あや》しい力《ちから》』に對《たい》する世人の考《かんが》へが大分變《だいぶんか》わって來た」と繫げるのです。

さらに、平井は「世の所謂《いはゆる》化物妖怪と云はるゝものゝ全部を信ずると云ふに非ず」としながらも、「物質學者が全部を否定するの誤れるを知つて居る」と述べます。「卵が鶏に化け蛇に化けるは事實」であるが、それをきちんと説明できない物質学者が「狸狐が人に化ける」ことを冷笑するのはおかしい——というのが平井の論理です。

圓了は哲学者であって物質学者ではありませんが、それでもこれは、圓了的世界観——「妖怪学」に対する批判以外の何ものでもありません。

執筆者である平井金三は、ユニークな宗教者・言語学者で、後に心霊現象の実験を行う「心象会」なる組織を作る人でもあります。要するに（後の世に謂うところの）オカルト系の人物なのです。

オカルト系の人物が圓了を批判する際は、概《おおむ》ね「圓了の枠組みを温存したまま」その「姿勢に就いて」異議を唱える——圓了が否定しているものを肯定する——という手法をとることが多いようです。圓了は〝妖怪〟と名づけることでオカルトの線引きをしたのですから、このやり方は首肯《うなず》けます。

　しかし平井は違っています。平井は圓了が無視した〝化け物〟〝怪物〟を俎上に上げ、「妖怪論」と題することで圓了的合理・啓蒙主義を批判しています。つまり、圓了の枠組み自体に異議を唱える恰好になっているわけです。

　では——。

　平井は〝化け物〟〝怪物〟こそを〝妖怪〟だと主張しているのか——というと、それは少々違っています。結論から述べるなら、平井のいう〝妖怪〟とは、「合理／非合理」を超越したモノ（が起こすコト）ということができるでしょう。

　平井は〝化け物〟には健全な〝化け物〟と不健全な〝化け物〟があると述べます。

> 化物にも其信にも健全なると不健全なるとがある。不健全な化物は悪魔、妖怪とこそ言て健全なるもの丶最も崇高なるは神とも佛とも言ふ、子怪力亂神を語らずと云ふは不健全な妖怪の事です。（圏点ママ）

　平井の分類では〝化け物〟も〝神仏〟も〝妖怪〟の一種（一種というよりひとつの相といった方がいいでしょうか）にされてしまうわけです。

　その上で平井は、不健全なる〝妖怪〟＝〝化け物〟を打破するのに「物質や理論では何等の力を添ふることは出來ぬ」と主張します。「不健全なる悪魔妖怪を退治するためには健全なる化け物（つまり神仏）を迎えるよりない」というのが平井の結論です。

要するに「健全な在り方を心掛けていれば不健全なものに惑わされることはない」という理屈なのです。

これは至極真っ当な意見ではあるでしょう。ただ、健全な在り方を保証するのは「合理／非合理」ではないのだと、平井は執拗《しつよう》に繰り返すのです。

どうも圓了の遣《や》り方（実際には圓了の主張を拡大解釈した近代合理主義信奉者たちの姿勢＝明治の世相そのもの、でもあったのでしょうが）だと健全な〝妖怪〟＝〝神仏〟まで否定してしまうことになると、平井は考えていたようです。

実際のところ、井上圓了は信仰心まで否定するような主張はまったくしていません。何より、圓了は仏教哲学者なのです。それに真実の怪異である〝真怪〟を設定するなど、スタンスとしては平井のそれと大きくかけ離れたものではありません。

二人の違いは、井上圓了が「真怪／その他の怪」を分かつ基準を「合理／非合理」に求めたのに対し、平井金三は「健全／不健全」という道徳的な基準を採用しているということになるでしょうか。どうも平井には儒教的な素養があったようです。

そして、この二人にはさらに決定的な違いがあります。その違っている部分こそが平井をして「妖怪論」に〝化け物〟を列記せしめたのだと筆者は予想しています。

合理を前面に打ち出した圓了の場合、現象の背後には何もありません。「起こり得るか／起こり得ないか」の二者択一で、非合理なものは「起こらない」「ない」というのが圓了の立場です。

ところが平井の場合は違っています。神霊（心霊とは微妙に違う概念です）の有効性を信じる者にとっては、すべての事象はなにがしかの「意思の結果」なのです。「起こり得ないこと」であっても「起こるべきこと」は「起こる」ということになるでしょう。そのなにがしかの意思が何の意思であるのかは記されていません。しかし意思を持つ以上、〝モノ〟であることは疑いようがないでしょう。

井上圓了と平井金三の決定的な違いとは、現象の背後にある〝モノ〟を想定しているかいないか、ということです。

平井の文中にそうした〝超越者〟に対する記述はいっさいありません。しかし、先に述べたように、平井が後に心霊研究の方面に手を伸ばす人物であることは事実です。平井金三にとって大切だったのは、「何が起きているか」「それは起こり得ることなのか」ではなく、「何故起きたのか」、あるいは「何が起こしたのか」だったのではないでしょうか。

健全な〝妖怪〟＝〝神仏〟が「在る」のであれば、不健全な〝妖怪〟もまた「在る」ということになります。不健全な〝妖怪〟は、「ない」「いない」という形で否定するのではなく、不健全であるがゆえに〝排除〟するべきだ、というのが平井の論旨です。

平井は圓了的合理・啓蒙主義を批判するために〝化け物〟を持ち出すよりなかったのでしょう。そしてそれは、（図らずも、だと思われますが）井上「妖怪学」の枠組みに対して疑義を投げ掛けるような結果となったわけです。

さて、同書にはもうひとつ興味深い記事が掲載されています。

石橋臥波《いしばしがは》の「妖怪の種類」という一文です。

石橋の文章は大変短いものですが、平井のそれと違い、社会批判的な色合いはまったくありません。これはむしろ、「プレ民俗学／プレ人類学／プレ風俗史学」的論考です。

妖怪には如何なる種類があるか――という小見出しから始まるこの文章は、ある意味で大変に重要な意味を持っています。何しろ明治四十四年（一九一一）の文章ですから、それは柳田國男よりも江馬務よりも早い〝妖怪〟論ということになるのです。

石橋は〝妖怪〟を次の七つに分類します。

一、幽靈
二、鬼
三、天狗
四、光物
五、その他の化物
六、百鬼夜行
七、付喪神

柳田とも、江馬とも、もちろん圓了とも違う、まるで――私たちがよく知る、現在の通俗的な〝妖怪〟の概念をなぞったかのような分類です。

但し、微妙に異なっている部分もあります。

まず——一見して解るのが〝幽霊〟を〝妖怪〟の下位概念としているところです。

かつて、〝幽霊〟は〝化け物〟の下位概念でした。それは「柳田以前」は半ば当たり前のことだったようです。但し、石橋は〝幽霊〟を〝化け物〟から分離し、その上位概念として〝妖怪〟を当てています。

続いて石橋は、〝鬼〟、〝天狗〟は「一種の怪物」であるとし、〝光物〟は「形なく、聲なくして、光をあらはすもの」、〝その他の化物〟は「動物、植物、金石、草木、器物」などであり（付喪神は別）、〝付喪神〟は「家の内の器物が百年の年數を經」た化け物であるとします。

注目すべきは「百鬼夜行」です。


　これは、陰陽説より來たりしものにて、多くの怪物が、群をなして夜行するもの。これこそ妖怪の王といふべきものなるべし。


どうやら〝妖怪〟が群をなして夜行するというわけではないようです。「〝怪物〟が群をなして夜行する」〝妖怪〟なのだ、ということでしょうか。ちなみに石橋は〝付喪神〟と〝百鬼夜行〟の間に何の関連性も示していません。また、ただの器物の〝化け物〟と〝付喪神〟も区別しています。

どうも、私たちの知る〝妖怪〟とは、少しばかり違っているようです。

どこが違うのか解りにくいのは、石橋の分類基準がブレているせいです。圓了や江馬の分類と違って、石橋の分類には明快な基準がないのです。列記されている項目のレヴェルもまちまちです。レヴェルを揃えて考えてみないと、誤解してしまうおそれがあります。

レヴェルを統一すると、石橋の分類は次のようなものになるでしょう。

一、幽霊
二、怪物（鬼・天狗を含む）
三、化物（付喪神を含む）
四、光物

〝百鬼夜行〟は〝怪物〟が群れる〝現象〟だと考えるべきでしょう。

また、石橋の書き方だと「光物」も〝現象〟として捉えることができるようです。そうすると、石橋のいう〝妖怪〟とは、

〈〝幽霊〟・〝怪物〟・〝化け物〟それ自体と、それらが起こす現象〉


と、要約することができるでしょう。

さらに、石橋は五項目めに「その他の化物」と記しています。

つまり、〝幽霊〟も〝怪物〟も〝化け物〟であると認識していたことになります。

そうすると、さらなる要約が可能になります。

〈〝妖怪〟とは〝化け物〟と、〝化け物〟が起こす現象〉

これが正解でしょう。石橋にとって〝妖怪〟とは、モノである〝化け物〟にコトである現象を加えたものだった、ということです。つまり、

〝妖怪〟＝〝化け物〟

ではなく、

〝妖怪〟⊃〝化け物〟

ということになります。

どうも、この辺りが当時の〝妖怪〟理解の落とし所のようです。

井上圓了は〝妖怪〟という枠組みに今で謂うオカルト全般を放り込み、新しいカテゴリを作り上げたわけですが、自著を通俗に向けて発信する際——その啓蒙的な言説とは裏腹に——半ば意図的に〝化け物〟の意匠を用いたのでした。

圓了によって採択された「妖怪」という言葉は、当時、間違いなく学術用語に近いものでした。しかし浸透するにつれ、それは「単なる〝化け物〟をも指し示す」言葉になっていったのです（化け物を、ではありません）。

そうした背景には、権威主義的な在りように反抗する、あるいはそれを揶揄する、風刺諧謔の姿勢があったことも忘れてはなりません。

ちなみに、石橋臥波は『新公論』妖怪号が世に出た翌年の大正元年（一九一二）、同じ『新公論』妖怪号に寄稿している坪井《つぼい》正五《しょうご》郎《ろう》（怪談実話的な記事を寄稿しています）とともに、「日本民俗学会」を立ち上げます（井上圓了もこの学会に参加していました）。

これは現在の日本民俗学会——柳田國男が立ち上げた民俗学研究会——とは何の関わりもない別の団体です。

現在の日本民俗学会が設立されたのは昭和二十四年（一九四九）のことです。その前身である「民間傳承の會」が発足したのですら、昭和十年（一九三五）のことなのです。柳田に先駆けること三十数年、民俗という言葉は石橋らによって唾をつけられていたわけです。

その坪井正五郎は、「コロポックル先住民族説」を唱えたことで知られる人物で、圓了主宰の不思議研究会のメンバーでもありました。また坪井は、やはり明治十七年（一八八四）、「じんるいがくのとも」（後に「東京人類学会」）を起こした人でもあります。同会は昭和十六年（一九四一）、「日本人類学会」と改称し、現在に至っています（この辺りのことについては筆者に『新公論』を教示してくださった香川雅信さんが、復刻された『日本妖怪変化史』〈二〇〇四／中央公論新社〉の解説として寄せられた「人文科学的妖怪学の誕生」の中で詳しく述べられています。興味がおありの方はご一読をお勧めします）。明治の〝妖怪〟雑誌を飾った二人の人物それぞれが、図らずも柳田の見えないライバルだったというわけです。

さらに十年ほど遡ってみましょう。

幻想文学研究家でアンソロジストでもある東《ひがし》　雅夫《まさお》さん（怪談専門誌「幽《ゆう》」〈二〇〇四〜／メディアファクトリー〉編集長）の報告によれば、明治三十五年（一九〇二）発行の文芸誌『文藝倶樂部《ぶんげいくらぶ》』（博文館）に「日本妖怪實譚《じつたん》」「世界妖怪實譚」という連載コラムが掲載されているのだそうです（執筆者の中にはかの岡本綺堂《おかもときどう》も加わっているようです）。

本稿執筆段階で筆者は未見なのですが、その内容は幽霊譚、化け物屋敷、天狗、河童と、多岐にわたっているようです。

天狗や河童などが登場することから、〝妖怪〟譚というタイトルに関しても安直に納得してしまいがちではありますが、そうしたガジェットに惑わされてはいけないでしょう。当然、そこで使用されている「妖怪」という言葉は、現在我々が使っている「妖怪」という言葉とは異なった使い方がなされていると考えるべきです。

この場合、「妖怪譚」は〝実話怪異談〟という意味で使われているようです。

天狗の話も河童の話も、フォークロアや寓話《ぐうわ》としてではなく「本当にあったこと」として語られているわけです。

現代に置き換えるなら「私は宇宙人に遭った」「自殺者の霊がトンネルに現れた」というのと同じ文脈で天狗や河童が語られているわけです。天狗も河童も実在するモノゴトとして、要するに〝オカルト全般〟として扱われているということ——即ち井上圓了の引いた枠組みの中で語られているということ——になるでしょう。

もちろんそれは否定されてはおらず、反対に肯定されている形になるわけですが、それでも圓了の作りあげた〝妖怪〟の枠組みだけは崩されていません。圓了の枠組みは温存され、逆に有効に活用されているといえるでしょう。それはむしろ、圓了の作った〝妖怪〟という枠組みを利用する恰好で、新しく語り直された怪異として捉えるべきなのかもしれません。

圓了の仕事によって、〝妖怪〟の名の下にそれまで乖離《かいり》していたいくつかの事象が統合・整理されたことは間違いないでしょう。それは、後にオカルトなる便利な言葉が一般化したために、超能力やUFO、心霊現象やUMAなど、本来無関係であるはずのものごとがひと括りにされ、新たな体系が編まれた事情と酷似してもいます。

その結果、古臭い江戸の怪異譚が明治仕様にリメイクされた——と捉えることもできるのです。

また前述の香川さんによれば、この時期には「妖怪」という文字に「おばけ」、「ばけもの」というルビを振った——まるで百年ばかり時代を〝揺り戻した〟かのような——黄表紙スタイルのタイトルを冠した小説も発表されているようです。

明治三十年（一八九七）、少年向けの雑誌『少国民《しょうこくみん》』（北隆館《ほくりゅうかん》）に連載が開始された、春風《しゅんぷう》子《し》『小説妖怪好《おばけずき》』を始め、明治三十五年（一九〇二）には長田《ながた》偶得《ぐうとく》の『妖怪《ばけもの》奇談』（一九〇二／大《だい》學館《がくかん》）などの刊行が確認できるようです。前者での「妖怪」は『新公論』の石橋臥波同様〝化け物〟を表し、後者では『文藝倶樂部』のコラム同様〝実話怪異談〟的な内容を表す言葉として使われているようです。

ただ違っているのは、双方とも「妖怪」を「ようかい」と読ませず、「おばけ」「ばけもの」と読ませている、というところです。これは〝例外〟ではなく、文字通り黄表紙の表記に倣《なら》ったもの——と、筆者は考えています。

それは、「妖怪」という言葉の世間への普及の度合いを鑑《かんが》みるに、通俗娯楽の手法としては至極納得できるものといえるのではないでしょうか。

例えば『小説妖怪《おばけ》好』が上梓された明治三十年（一八九七）という年は、井上「妖怪学」の拡大期に当たります。前年『妖怪學講義』が単行本として纏まり、翌年に『通俗繪入妖怪百談』として纏められることになるコラム「偽《ぎ》怪百談《かいひゃくだん》」の連載が「読売新聞」紙上で開始されるのも明治三十年のことです。そうした中、若年層に向けた作品の上で「妖怪」＝「おばけ」というプレゼンテーションをすることは、むしろ自然であるように思います。

また、『妖怪《ばけもの》奇談』を著した長田偶得は『明治《めいじ》六十《ろくじゅう》大臣《だいじん》逸事《いつじ》奇《き》談《だん》』（一九〇二／大學館）などをはじめとして、歴史・伝記ものを多く手がけた人物です。黄表紙などの〝特殊な表記〟を知っていたとしても何ら不思議ではないでしょう。〝妖怪譚〟を記すにあたり、長田がそうした過去の創作手法を応用することは充分に考えられることです。

その後、明治四十年前後から——前出の水野葉舟や泉鏡花《いずみきょうか》といった才能を得て——〝妖怪譚〟はやがて〝怪談〟という名称に回帰し、復興に向けた潮流を形成し始めます。

明治維新以降衰退の一途を辿《たど》っていた江戸の怪異文芸が、そして再び息を吹き返すことになるのです。

文芸における〝怪談〟復興の契機となったのが圓了の提示した「妖怪」という言葉だったとすれば、これはまことに逆説的な結果ということができるかもしれません。

そうした時流の中にあって、明治三十七年（一九〇四）に大学の役職から退いて後も、井上圓了は「妖怪学」を世に問うことをやめはしませんでした。大正に入ってからもよ圓了は前出の『おばけの正體』（一九一四／丙午出版社）を始め、『迷信と宗教』（一九一六／至誠堂書店《しせいどうしょてん》）など、「妖怪学」関係の出版をし続けるのです。

そして大正八年（一九一九）、最後の著書となる『眞怪』（丙午出版社）を上梓して後、亡くなるまで圓了は「妖怪学」を説き続けたのです。

柳田が「妖怪」（原文では妖恠）という用語を採用したのは、そんな最中《さなか》のことなのです。

郷土研究の社告を巡って

その当時「妖怪」という言葉は、通俗の場においてこそ〝化け物〟というニュアンスを帯びつつあったものの、学問の場において、また枠組みとしては（結果的に）圓了の独擅場《どくせんじょう》だったといえるでしょう。

しかし柳田は（たぶん敢えて）この枠組みから外れた使い方をしてみせます。

雑誌『郷土研究』の当該箇所を掲載します。

社告

我々の雑誌に於て殊に讀者の採集報告を切望する事項は　○村々に於て現に行はるゝ珍しき年中行事　○農業林業商工業動植鑛物の採取等に關する特色ある慣行又は之に伴なふ儀式　○一族一郷又は部落間の交際往來に關する昔からの作法　○生死婚姻其他重大なる人事に伴なふ現在の風習　○忌み嫌ひと稱して人のせぬ事及び其理由　○まじなひと名《ママ》けて祈禱以外に災害を避くる手段　○大小の神樣佛樣に對する信仰と其祭り祈禱願掛け御禮詣りの有樣　○妖恠などゝ言ひて神佛以外に人の怖るゝ物の種類　○村に昔あつた事として老人などのする話　○山川淵谷森塚古木巖石城跡屋敷跡乃至は鳥獸草木其他の天然物に關する言ひ傳へ　○物の名などの珍しきもの　○昔からある土地の唄の類なり（以下略）　（傍線引用者）

この社告は、郷土研究社名義で、大正三年（一九一四）十月発行の第二巻第七号から、大正五年（一九一六）三月発行の第三巻第十二号にかけて、毎号、巻末に繰り返し掲載されたものです。

雑誌『郷土研究』は、柳田と神話学者である高木《たかぎ》敏夫《としお》が共同で創刊した、その名の通り郷土を研究する雑誌です。

最初の一年間は高木が編集に当たり、柳田は主に寄稿と資金調達の面で関わっていたようですが、一年を過ぎて高木が脱落、二年目からは柳田自身が編集に携わるようになります。

つまりこの社告は、柳田が実質上の編集長となってから掲載されるようになったもの――ということになるでしょう。

ところが――一年半もの間募集を続けていたにもかかわらず、「妖怪」という言葉に対する反応はどうやらほとんどなかったもの――と思われます。

もっとも、その間にも河童や化け物、憑き物など、それに類すると思われる報告・寄稿は幾度もなされているわけですが、明らかに募集に該当するだろう記事であるにもかかわらず、それらの記事中に「妖怪」の二文字を見つけることはできません。

そうしたモノ（だけ）を〝妖怪〟と見做《みな》すという見識が、当時はまったくなかった、ということでしょう。〝妖怪〟といえば遍《あまね》く圓了の〝妖怪〟だったのですから。

ところが柳田は「神佛以外に人の怖るゝ物」という条件を提示しています。

これは、図らずも「妖怪」という言葉の本来的な語義として想定できるのではないかと筆者が予想したものと重なる見解でもあります。

しかし、圓了によってその狭いはずの語義は、限りなく拡大解釈されていたのです。そもそも、啓蒙的近代合理主義に立脚するなら、「神仏と関わりなく」などという基準はまったく無効になってしまうでしょう。圓了は「否定すべき前近代」こそを〝妖怪〟と呼んだに過ぎません。立場を異にする人たちはその「否定すべき前近代」を「否定すべきでない」と主張したに過ぎないのです。「妖怪」という言葉は、否定／肯定という二者択一的場面でのみ有効なものとなっていたわけです。

そうした（圓了的な）観点から眺めるならば、募集されている事柄のほとんどが〝妖怪〟ということになってしまいます。「祈禱願掛け御禮詣り」も「天然物に關する言ひ傳へ」も「昔からの作法」も、儀式や風習やまじないも、ことごとく「前近代的な」モノゴトではあるのでしょう。ならばそれは〝否定すべき／肯定すべき〟対象、即ち〝妖怪〟ということになってしまいます。

だからこそ柳田は〝神仏以外〟などという条件を付けて、「限定的な意味合いで使用しているのだ」ということを示したのでしょう。しかし、そうした柳田の意図が読む者に正確に汲まれたとは到底思えません。

民俗学は（というよりも柳田國男は）もちろん近代的学問を目指しはしたのでしょうが、決して前近代を否定する立場をとっていたわけではありません。民俗学にとって前近代は否定するものでも肯定するものでもなく、近代を知るための〝研究材料〟だったのです。

そうしてみると、民俗学のフィールドに「妖怪」という言葉（もちろん圓了的な意味の）を持ち込むことは、本来的に無理なことだったように思えてきます。その段階で柳田が〝妖怪〟なる名称の下《もと》にいったい何を募集したかったのか、それを明確に理解することができた者は、『郷土研究』の六百人の購読者＝インフォーマントたちの中に、誰一人いなかったに違いありません。

結局募集は取り下げられ、大正五年（一九一六）四月発行の第四巻第一号から、社告の内容は次のように刷新されます。

社告

▼「郷土研究」の讀者間に於て目下最も人望多き題目は
一、作物禁忌の如き農作に關する俗信
二、鼬とか狐とか云ふ色々の動物に關する世間話
三、古い神社の祭禮の式作法
四、盆又は小正月の各地風習の比較
五、村の繁榮しあるいは衰微して行く實際の事情
六、舊家に殘つて居る有形無形の特色
七、所謂七不思議の流行及び變化
の類であります。（以下略）

内容の変更に伴い、名義も柳田個人に変わっています（ちなみに第二巻第七号以前の社告は柳田國男名義で一度掲載されているだけで、その内容は編集後記的なものです）。抽象的な表現が捨てられ、望まれる寄稿内容として、より具体的に整理された項目が挙げられています。

発信された「妖怪」という言葉が受け入れられなかった結果でしょう。

但し。

ここに挙げられている七つの項目――「農作に関する俗信」「鼬・狐などの世間話」「神社の祭礼」「盆・小正月の風習」「村の繁栄と衰微の事情」「旧家の特色」「七不思議」――を具《つぶさ》に見るなら、それらすべてが後に民俗学的な〝妖怪〟の概念を構成することになる要素だということが判ります。〝妖怪〟というカテゴリこそ形成されていませんが、カテゴライズされる対象の方は着々と準備されていた、ということがいえるでしょう。

しかし。

それらの要素を括る、「妖怪」に相当する民俗学用語を作り出す前に――その後、たった一年で『郷土研究』は休刊してしまいます。

そして民俗学と「妖怪」という言葉は、一時的に接点を失うのです。

雑誌『郷土研究』が休刊したのは大正六年（一九一七）。

一方、江馬務が自らが主宰する風俗研究会の機関誌である『風俗研究』（一九一六―一九四二／風俗研究會、後に清文堂出版）に『日本妖怪變化史』の前身となる論文「妖怪の史的研究」を掲載したのも、同じ大正六年のことです。

それは「前古《ぜんこ》未曾有《みぞう》の珍書」として大変な評判になったと、江馬本人が述べています。さらにその二年後には井上圓了が亡くなり、大正十二年（一九二三）九月――満を持した恰好で『日本妖怪變化史』が上梓されます。

それは――民俗学が〝妖怪〟という言葉と疎遠になって間もなく、「妖怪学」の提唱者が亡くなるのを待っていたかのように――刊行されたのでした。

江馬務は日本風俗史学会の初代理事長でもあり、その研究姿勢も、いわゆる卑俗な風俗研究とは一線を画したものでした。丁寧に事例を拾い組み上げていく手つきも「珍奇なものを並べ立てる」それとは明らかに違っています。

『日本妖怪變化史』は、そういう意味で通俗的なものではありません。それは（江馬の本意であったか否かは別にして）否定／肯定という井上的構図から脱却し、「妖怪（妖怪変化）」という言葉がカテゴライズする対象を見直す――「妖怪」という言葉を学術用語として規定し直す――作業となってしまったのです。

それは、柳田が試み、為し得なかったことでした。

但し、江馬の引いた線引きは、柳田が思い描いていただろうそれとは、大きく違ったものでもあったはずです。

江馬が記した自序を再度引きます。

> 妖怪變化を目にして一に主觀的幻覺錯覺《しゆかんてきげんかくさつかく》の心的現象より生ずるものであると斷《だん》ずるは、近世の學者比々皆同ぜざるはないといふ傾向である。妖は人によりて起るといふ金言や幽靈の正體見たり枯れ尾花といふ俳諧《はいかい》は蓋《けだ》し這般《しやはん》の消息を喝破《かつぱ》し盡《つく》して居ると思ふ。而《しか》しながら吾人の專攷《せんこう》せる風俗史の見地から、この妖怪變化の現象《げんしよう》を觀《み》る時は、これが實《じつ》在《ざい》せうがせまいが、かくの如き枝葉の穿鑿《せんさく》は無用のことで（後略）　（ルビは引用者による）

風俗史の立場から観る限り、否定／肯定という議論は無意味なのだと江馬は劈頭《へきとう》で断言しているわけです。

これは井上圓了の引いた「妖怪」という言葉の枠組みとの決別宣言とも取れるでしょう。事実、亡くなった年に刊行された最後の著作『眞怪』において、圓了は江戸の随筆や新聞、通俗的な風俗研究などを俎上に載せて指弾しています。江馬は〝正当な〟風俗史研究家として、その指摘に応《こた》えたのかもしれません。

ただ、江馬は同じ自序の中でこうも述べています。

（前略）本書は妖怪變化史といふと雖《いえど》も、明治以降には全く言及せなかつた。これ明治以毒と以後との境には明確なる一大溝渠《こうきょ》があつて、明治以後は總て之を客觀的現象として觀ず、一にその觀者の心象と信ずるに至り、且つ文明の向上はこの種の例を著しく減少せしめたからである。而してかの妖怪學の泰斗井上圓了博士の妖怪變化に關する著書などは、この明治以後に於て詳細であるから、本書を讀まれし後に繙《ひもと》かれなば、上下三千年の妖怪變化の沿革は歴然として明かなるものがあらう。（後略）

驚いたことに、江馬は圓了の「妖怪学」を併読することを勧めているのです。決別宣言めいていても読める文の直後に――実に圓了の名を挙げての――共存宣言もなされているわけです。

これは決して、江馬務が先学に遠慮をして逃げ腰になった結果の発言――というわけではありません。

繰り返しになりますが、井上圓了いうところの〝妖怪〟と江馬いうところの〝妖怪〟は、枠組みが違うという以前に、そもそもまったく別のものなのです。

圓了の目的は〝同時代人の啓蒙〟です。井上「妖怪学」は「今起きている事象」こそを問題にしなければいけなかったのです。

一方で風俗学は「特定の時代＝過去の文化を研究する」学問です。現代と接続させて論じる必要はまったくありません。江馬は、圓了の「妖怪学」そのものを否定したのではなく、圓了の切り捨てたモノゴトを拾って〝妖怪〟と名づけ直しただけだったのです。言い換えれば、江馬務は井上「妖怪学」の扱っているものは本来〝妖怪〟と呼ぶべきではないと、そう主張したことにもなるのですが――。

そうした江馬務の主張は概ね「大衆に受け入れられた」といって差し支えないでしょう。

井上圓了の仕事と江馬務の仕事の間には、かの有名な福来友吉《ふくらいともきち》博士の〝千里眼〟事件や、〝霊術〟ブームが横たわっています。『日本妖怪變化史』が刊行された大正十二年は、また大本教から脱退した浅野和三郎《あさのわさぶろう》が「心霊科学研究会」を設立した年でもあるのです。

多様化したそれらオカルト的シーンを、「妖怪」の二文字がカバーしきれなくなっていたことは紛れもない事実です。圓了が前近代の名の下《もと》に撲滅せんとした〝迷信〟は、疑似科学というスタイルを装うことで近代化していってしまったのです。

それはもう「妖怪学」の糾弾する対象とはなり得ないものでした。「近代的・合理的でないものは退けるべきだ」という圓了の主張に対し、「近代的で合理的である」ことを（嘘でも）主張するオカルト分野は、もう圓了の定めた〝妖怪〟ではありません。そして近代化できなかった品目の多くは、圓了が取りこぼしていたモノであり、江馬が拾ったモノだったのです。

また、前節で述べたように、明治末から徐々に復興し始めた〝怪談〟文芸の影響も見逃すわけには行かないでしょう。

その時期、泉鏡花や田中貢太郎《たなかこうたろう》が、畑耕一《はたこういち》が、芥川龍之《あくたがわりゅうの》介《すけ》が、怪しき文芸を次々と紡ぎ始めていたのです（蛇足にはなりますが、口承文芸の通俗娯楽的結実のひとつである講談の活字化である講談本と、通俗的風俗研究――猟奇趣味・犯罪・変態・都市風俗研究――の融合こそが、後の探偵小説＝ミステリを生んだことも事実です。通俗的風俗研究というフィルターを通して眺めた時、〝妖怪〟と〝ミステリ〟は双子のような関係性を獲得するのです）。

大正末期から昭和初期にかけての通俗的なシーンにおいて、すでに「妖怪」という言葉は（圓了的な）学術用語から離れて、独り歩きを始めていたということができるでしょう。

江馬の提案はそうした時流に（少なくとも圓了のそれよりは）合致したものだったのだろうと想像されます。

そして江馬の『日本妖怪變化史』以降、「妖怪」という言葉が指し示す対象は、圓了の「妖怪学」から解き放たれて、少しずつ変容し始めることになります。

例えば――。

大正十五年（一九二六）には日野巌《ひのいわお》が『趣味研究動物妖怪譚《どうぶつようかいたん》』（養賢堂《ようけんどう》）を発表しています。

日野が取り上げるのは主に〝伝説上の動物〟です。日野は文献、口碑、創作を問わず、様々な〝実際にはいない〟〝普通とは違う〟動物（と思われるモノ）を集め、分類し考察を加えて紹介します。

日野は分類の際、「傳説の動物には普通の動物學の分類法は適用できない。元來、傳説の動物は本體さえはつきりしない上に、時代で烈しく變つているからである」と、しながらも、まず発生起源による分類を試み、さらに形態による分類を試みます。

その上で、井上圓了の『妖怪學講義』の動物〝妖怪〟の分類を引き、さらには児童文学研究者の蘆谷重常《あしやしげつね》（蘆村《ろそん》）の『童話及傳説に現れたる空想の研究』（一九一四／以文館《いぶんかん》）の〝異常な動物〟の分類を併記しています。

日野にとって、〝伝説の動物〟は、迷信の産物や、見間違い（圓了のいう〝虚怪〟）ではありません。

しかし単なる絵空事――創作物として扱っているわけでもないようです。日野の視線は、とても自由であるように思えます。したがって、日野は圓了を引きますが、『趣味研究動物妖怪譚』の書き振りに、圓了の呪縛《じゆばく》は見出《みいだ》せません。ここでいう〝妖怪〟は〝否定すべき／肯定すべき前近代〟などではないからです。

だからといって日野巌は、江戸期の〝化け物〟の同義語として「妖怪」という言葉を使っているわけでもありません。

この『趣味研究動物妖怪譚』の中において、「妖怪」という言葉は「既存とは違う」という意味合いで使われているようです。

例えば、江馬務もまた「既存のモノ（人間や動植物・器物）とは違う形態」で、なおかつ「化けないモノ」を〝妖怪〟と定義しました。

ただ『趣味研究動物妖怪譚』に、江馬が掲げた〝妖怪変化〟の定義が忠実に適用されているのかといえば――それはまったく違うというよりありません。『趣味研究動物妖怪譚』の場合、「妖怪」という言葉は「既存とは違う」というだけの意味しか持っていないのです。

さらに「既存と違う」のは、何も形態に限ったものではありません。そこで取り扱われている〝伝説の動物〟たちは、形が「既存とは違う」モノであり、習性が「既存とは違う」モノであり、自然科学では測れない「既存とは違う」コトを起こすモノです。

重ねていうなら、同書の中において「妖怪」という言葉は、モノ＝キャラクターを指し示すために使用されているわけでもないようです。「妖怪」という言葉が指し示しているのは、動物そのものではありません。「妖怪」という言葉は、「既存とは違うモノ」ではなく「既存とは違うというコト」のほうにかかっているものと思われます。

ここでいう〝妖怪〟とは、形が変わっているというコトであり、変わった習性それ自体であり、自然科学では測れない不思議なコトのほうである――と考えられます。

タイトルである『趣味研究動物妖怪譚』も、もちろん「動物の〝妖怪〟の話」という意ではありますが、いわゆる〝動物妖怪〟の話と受け取ってしまってはいけないようです。

これは「動物の〝妖怪〟的な在り方についての話」とするべきでしょう。つまり「〝既存の動物ではない〟動物の話」という意味です。〝既存の動物ではない〟動物とは、イコール伝説上の動物（と思われるモノ）です。

日野巌は半世紀を経た後の昭和五十三年（一九七八）に、『趣味研究動物妖怪譚』の姉妹編ともいうべき『植物怪異伝説新考《しょくぶつかいいでんせつしんこう》』（有明書房《ありあけしょぼう》）を出版します。同書は大正三年（一九一四）植物病理学者で本草学のオーソリティでもある白井《しらい》光太郎《みつたろう》が著した『植物妖異考《しょくぶつようい こう》』（甲寅叢書刊行所《こういんそうしょかんこうしょ》）にインスパイアされて書かれたものであると、著者自身が自序で表明しています（日野の恩師でもある白井光太郎は、植物学者という立場から『趣味研究動物妖怪譚』の校閲を担当した人物でもあります）。

白井は、前述の坪井正五郎の学生時代（東京大学理学部生物学科）からの盟友であり、また坪井の生涯の論敵といわれた人物でもあります。

『植物妖異考』の中で、白井は『趣味研究動物妖怪譚』同様「既存とは違う」植物を「瑞祥植物」「靈異植物」「怪異植物」「變異植物」「變生植物」の五種に分類し、それらを〝妖異〟な植物として総括しています。

白井のいう〝妖異〟と日野のいう〝妖怪〟は、たぶん同義です。

日野巌は、取り分け「妖怪」という言葉に拘泥して使っているわけではないのです。

後に書かれた姉妹編が『植物妖怪譚』ではなく、『植物怪異伝説新考』だったのはそのせいでしょう。

その『植物怪異伝説新考』自序冒頭を引きます。

> 怪といい異というのも見る人によってちがう。また、その時代の文化も背景となるから、時によってもちがってくる。
> 正常と異常もまた壁一重である。正常の状態を知らない人には正常もまた異常に見える。観察の鈍い人には異常も正常に見える。それで、植物では動物に較べて妖怪が複雑である。
> 美も醜も見方一つである。美もその度を越えると却って妖となり醜となる。瑞祥《ずいしょう》とするか、凶兆《きょうちょう》とするかもまた人により、時代によって異ってくる。（傍線引用者）

この文が書かれた正確な年代は判りませんが、この自序が載る本が出版されたのは昭和五十三年（一九七八）ですから、私たちの知る通俗的な〝妖怪〟概念が完成した後に書かれた可能性は高いでしょう。それでも、この自序の中の「妖怪」という言葉は、私たちの知るそれとは使われ方が違っているようです。文脈からいっても、この場合やはり〝既存のモノとは違う〟という意味合いのようです。植物のほうが動物よりも「違いかたが複雑だ」と日野はいっているのでしょう。

ちなみに『植物怪異伝説新考』が出版された翌年の昭和五十四年（一九七九）増補改訂版『動物妖怪譚』が出版されています。増補改訂とはいうものの、本文は影印復刻であり、正確には巻末に「妖怪変化語彙《ごい》」なる付録が付け加えられた復刻再版というべきでしょう。

ボーナストラックである「妖怪変化語彙」は、もともと昭和五十年（一九七五）に防長《ぼうちょう》民俗学会から刊行された同名の小冊子（日野巌・日野綏彦《やすひこ》共著）です。

いったいどのようなものなのか、冒頭の「はしがき」を引きます。

> （前略）今にして過去の妖怪変化の類を記録しておかないと、その名が失われ、永久に人々から忘られてしまうであろう。これらの妖怪変化は過去の人々の精神生活の一面を如実に示すものと思われるから、これを録存しておくことは無用無益のこととは言えない。

「妖怪変化語彙」は、こうした動機で作られた〝妖怪〟名リストです。

日野がこのリストを作ったのは『趣味研究動物妖怪譚』を上梓したおよそ半世紀後ということになるのですが、そこに並べられているのはまさに今、私たちが知る〝妖怪〟の名前に他なりません。

先に挙げた『植物怪異伝説新考』の自序における「妖怪」の使い方とはずいぶん隔たりがあるように思われます。

巻末に記された参考文献に目を投じるなら、そこに居並ぶ錚々《そうそう》たるメンバーの名に驚くこととなるでしょう。井上圓了、柳田國男、江馬務、藤澤衞彦、巖谷《いわや》小波《さざなみ》などなど——本稿で取り上げてきた面々のほとんどの名が並んでいます。

しかし、よく考えてみましょう。

圓了は仏教哲学者、柳田は民俗学者であり農政・国語学者、江馬は風俗史学者です。藤澤は肩書きが多くカテゴライズするのが難しい人ですが、巖谷小波は童話作家として知られる人物です。彼らを繋ぐのは〝妖怪〟だけです。

そうはいっても、今まで眺めてきたとおり彼らの使う「妖怪」という言葉は、それぞれ微妙に違う対象を指し示していたはずです。

したがって、それらを下敷きにして作られた日野の「妖怪変化語彙」は、実にハイブリッドな仕上がりになっています。柳田の蒐集した民俗語彙の〝妖怪〟と、藤澤が紹介した石燕の創作〝化け物〟の名前が、そこには何の整合性もなく、無節操に並べられています。

そこでは〝妖怪〟は完全に〝モノ〟、キャラクターとして扱われているようです。つまり日野の「妖怪変化語彙」は、現在私たちが知る〝妖怪〟の概念に極めて近い――と、いうより私たちが知る〝妖怪〟そのもののリストなのです（成立時期を考えると、そのものといったほうが正しいのかもしれません）。

この、「妖怪変化語彙」が巻末に付されたこともあり、再版された『動物妖怪譚』は、それ自体があたかも現在私たちが知る今の〝妖怪〟概念に則《のつと》って書かれたものであるかのように受け取られてしまったような節があります。しかし、本文を読む限り、やはりそこで使われている「妖怪」という言葉は、現在のそれとは違っているようです。

それは昭和十年から昭和五十年の間に、日野巖の中で「妖怪」という言葉が指し示す対象が変化した――ということなのでしょうか。

手掛かりはあります。はしがきの続きを引きます。

> 妖怪変化の種類を集録した語彙については、柳田国男先生の高著、妖怪談義のうちに妖怪名彙があり、二十三頁にわたって記述してある。これは民間伝承に連載された記事を取りまとめられたものである。また、佐藤清明氏には現行全国妖怪辞典があり、五十一頁にわたって妖怪変化を五十音順に集録してある。この書は同氏が私の旧著動物妖怪譚を読んで妖怪変化に興味を起こし、五か年かかってこの辞典を作ったということであり、私にとっては有難い幸せであった。私にはこの動物妖怪譚のほかに、日向妖怪種目という論もあり、妖怪変化はいつも私には関心の深かった問題であった。（後略）

文中、先行する二つの妖怪リストが挙げられています。

一つは柳田國男の「妖怪名彙」、もう一つが佐藤清明《さとうきよあき》の『現行全國妖怪辞典《げんこうぜんこくようかいじてん》』です。

この、二つのリストは、〝妖怪〟を語る上でとても重要な意味を持っているということができるでしょう。

特に、佐藤清明の仕事には注目しなければなりません。

『現行全國妖怪辞典』は、昭和十年（一九三五）中國民俗學會から発行された謄写版《とうしやばん》刷りの小冊子で、文中にもあるとおり、自ら聞き集めた〝怪しいモノ〟を指し示す民俗語彙に簡単な説明を加え、五十音順に並べたという〝妖怪〟辞典です。

この辞典が画期的であったのは、集められた民俗語彙のすべてが〝モノ〟の名前だった、ということです（佐藤本人は「妖怪方言」と位置づけています）。

後々柳田の「妖怪名彙」を範として、こうしたスタイルの〝妖怪〟語彙リストはたくさん作られることになるのですが、〝モノ／コト〟の混乱は最後まで続きます。そうした混乱は、もとより範とした柳田の「妖怪名彙」自体に混乱があったからに他なりません（詳しくは後の節に記します）。この「妖怪名彙」は、（その混乱を含む形で）ある意味で後に成立する妖怪の概念を規定する重要な役割を担うことになるのですが——佐藤の『現行全國妖怪辞典』は、その「妖怪名彙」よりも先に成立しているのです。

「妖怪名彙」は、前出の雑誌『民間傳承』に昭和十三年（一九三八）から数回にわたって掲載された記事を纏めたもので、これも前出の単行本『妖怪談義』に収録されました。つまり、纏まった形で世に出たのは昭和三十一年（一九五六）のことなのです。

つまり——『現行全國妖怪辞典』は（次節で述べることになる金城朝永《きんじょうちょうえい》による先駆的なリストなどは先行して確認できるものの）、日本初の〝妖怪〟辞典なのです。

それは（現代の〝妖怪〟概念を先取りしたという意味で）一種のエポックメイキング的なものとして位置づけられるでしょう。ただ、残念ながら同書は一般に市販されるたぐいのものではなかったのです。冊子の（中國民俗學會発行という）性質上、少部数が限られた関係者の中に出回っただけのものであったことは想像に難《かた》くありません。さらに残念なことに（民俗学という囲いの中で）、それはその当時、ほとんど注目を浴びなかったものと思われます。

そのエポックを、日野は早い時期に手にしているのです。

先ほどのはしがきに書かれていたとおり、『現行全國妖怪辞典』は『趣味研究動物妖怪譚』にインスパイアされて作られたものと考えられます。

佐藤清明は、もともと理系の人であったらしく、その後〝妖怪〟に関する著作物を世に問うことをしなかったようです。日野巖もまた植物病理学を専攻し、本草学や博物学に対して深い造詣を持った、理系の人物だったようです（『趣味研究動物妖怪譚』は、文字どおり趣味で書かれたものなのです）。

風俗史学や民俗学と同じ材料を扱いながらも、日野が圓了や江馬の呪縛を受けつけぬ奔放なスタンスを持って『趣味研究動物妖怪譚』を書きあげることができたのは、そのせいであったのかもしれません。日野と佐藤がクロスしたところに、新しい〝妖怪〟概念が垣間見えてしまったことは、決して偶然ではないでしょう（『動物妖怪譚』は二〇〇六年、中公文庫BIBLIOから上下巻で復刻されています）。

さて――。

「妖怪」という言葉が通俗性を帯び始める一方で、先ほども述べたとおり、井上「妖怪学」の枠組みは、やがて〝妖怪〟という名称から乖離し、そのフレーム自体は後に〝オカルト〟へと格納されて行く諸分野、例えば〝心霊研究〟などに受け継がれて行くことになります。

このようにいうと、意外に思われる方も多いことでしょう。

たしかに井上圓了といえば迷信否定――今でいうならオカルト否定派の急先鋒《きゅうせんぽう》です。

心霊研究などとはおよそ馴染まない印象があることでしょう。しかし、繰り返し述べている通り、圓了が厳しく糾弾したのは〝前近代〟なのです。

心霊「科学」という言葉からも判る通り、心霊研究は〝科学的〟な発想をその根底に持っています。心霊科学は非科学的な科学——擬似科学でしかありませんが、迷信・言い伝えの類いとは一線を画しています。たとえ間違っていようとも、「無根拠ではない」という体裁を顕示しています。心霊科学は、少なくとも〝近代〟の申し子ではあるのです。たとえインチキであろうとも、それは決して〝前近代的〟なものではあり得ません。

それに圓了の「妖怪学」にも飛躍的論理は散見します。現在の科学に照らし、つぶさに検証して行くなら、破綻《はたん》する部分が多々あることも事実です。合理的であらんとするがあまり超合理に行き着いてしまったり、科学を過信するがあまり実証性を見失い〝トンデモ〟に限りなく近づいてしまう科学者は——現代にもまま存在します。擬似科学は科学信仰が生んだ近代的迷信なのです。

例えば——『趣味研究動物妖怪譚』が出版された翌年に刊行された『動物界靈異誌《どうぶつかいれいいし》』（一九二七／郷土研究社）という本にも、若干ですが「妖怪」の二文字を見つけることができます。

タイトルからも判るとおり、『動物界靈異誌』は先に挙げた『趣味研究動物妖怪譚』同様、動物に関わる怪しい話を纏めた書物です。但し、『動物界靈異誌』の場合、「妖怪」という言葉は明らかに〝オカルト全般〟的な意味合いで使用されています。

つまりこちらは、圓了の枠組みをそっくり踏襲する形で書かれているのです。

枠組みは踏襲していても、『動物界靈異誌』は、井上「妖怪学」に則って書かれているわけではありません。その逆なのです。『動物界靈異誌』という本は、井上「妖怪学」を批判する立場で記されたものなのです。但し、そこに展開されている圓了批判は、それまでも行われていたような〝前近代の肯定〟に依拠するものではありません。

作者である岡田建文《おかだけんぶん》（蒼溟《そうめい》）は、「心霊科学研究会」の浅野和三郎と同じく大本教の関係者であり、心霊研究家でもあるという人物です。この『動物界靈異誌』は、〝心霊研究〟の立場から圓了が否定したモノゴトを〝心霊科学〟なる名の新しい〝近代的論理〟で説明し直す試みとして記されたものだったのです（柳田國男は、「朝日新聞」に寄せた書評で「岡田蒼溟氏は、いつでも故井上圓了氏と論判をする様な態度で物を書いて居る」と述べ、心霊科学を信奉する態度に対して困惑の意を表しています）。

こうした動きが、後年に通俗的な〝オカルト〟として結実することはいうまでもないことでしょう。圓了の「妖怪学」の骨格を引き継いだのは——皮肉なことに——後にオカルトと呼ばれる分野だったわけです（『動物界靈異誌』は『妖獣霊異史《ようじゅうれいいし》』と改題され、二〇〇〇年、今日《こんにち》の話題《わだい》社より復刊）。

さて、ここまで述べてきた〝妖怪〟に関わるあれこれを俯瞰してみる時、明治大正から昭和初期にかけての「妖怪」という言葉の変遷が朧《おぼろ》げながら見えてくるのではないでしょうか。

ここで一度、纏めてみることにしましょう。

まず。

「妖怪」という言葉は、井上圓了の手によって〝否定すべき前近代〟を象徴するモノゴトを指し示す〝学術用語〟として大衆に紹介されました。

次に。

時代の趨勢《すうせい》に乗り、井上「妖怪学」によってポピュラリティを得た「妖怪」という言葉は、文芸や社会諷刺などのシーンでは江戸期に形成された〝化け物〟と再接続を始め、やがて風俗学（風俗史学）と接続することでひとつの変容を遂げます。風俗史学はその性質上〝前近代〟を否定するものではなかったからです。

こうして〝否定すべき前近代〟から〝否定すべき〟という冠が外され、〝妖怪〟は堂々と〝前近代〟を装うことになるのです。

付け加えるならば、風俗史学のもうひとつの顔でもあった通俗的な風俗研究は、その〝前近代〟を興味の対象＝娯楽として大衆に提供するものでもあったのです。そして卑俗な風俗研究の懐には、やはり江戸の〝化け物〟が巣喰っていたのです。

そうして〝学術用語〟として機能していたはずの「妖怪」という言葉は、徐々に〝通俗語〟としての属性を帯び始めることになります。

江馬務の仕事によって〝前近代〟として肯定された〝妖怪〟は、続く藤澤衛彦の手で江戸の文芸や絵画、芸能、見世物などとリミックスされ、通俗＝娯楽としての形を整えて行きます。

藤澤が通俗的な読み物として『妖怪畫談全集』を著すのは、『動物界靈異誌』が出版された翌々年に当たる昭和四年（一九二九）のことです。

そして――〝心霊研究〟などのいわゆる〝オカルト〟の参入により、井上「妖怪学」批判の議論の場が〝前近代の否定／肯定〟というシーンから、〝(擬似)科学の有効性／無効性〟というシーンに移行したことによって、「妖怪」という言葉は井上「妖怪学」から決定的に切り離されてしまいます。

その時点で井上「妖怪学」はすでに〝妖怪〟学ではなくなっています。〝オカルト批判／オカルト肯定〟というパラダイムに「妖怪」という言葉が入り込む余地はありません。また、井上「妖怪学」と乖離した段階で、「妖怪」という言葉からは〝オカルト的な要素＝近代〟が払《ふっ》拭《しょく》されてしまうことになるのです。

オカルト的なものの台頭と通俗的風俗研究との接続という二つのエポックが、「妖怪」という言葉に与えた影響は、〝近代性の剥離《はくり》〟と〝前近代性の（再）獲得〟と要約することができるでしょう。大正から昭和初期にかけての〝妖怪〟を巡る様々な動きは、図らずも「妖怪」という言葉から「近代」というファクターを除去するという役割を果たしたのです。

再び柳田と民俗学を巡って

さて――大正六年（一九一七）『郷土研究』休刊と同時に「妖怪」という言葉を一度捨ててしまったかのように思える柳田國男は、その後――「妖怪」という言葉が様々なシーンを巡って変容を繰り返していたその時期――どのような活動をしていたのでしょうか。

柳田國男は、『郷土研究』休刊後すぐ、台湾・中国・朝鮮へと視察旅行に向かっています。

また、新渡戸《にとべ》稲造《いなぞう》と共に設立した「郷土会」が本格的に村落調査を開始したのもその時期でした。

書誌的には『赤子塚《あかごづか》の話《はなし》』や『おとら狐の話（早川孝太郎との共著）』『神を助けた話』（すべて一九二〇／玄文社《げんぶんしゃ》）を上梓した程度ですが、後に『海南小記《かいなんしょうき》』（一九二五／大岡山書店《おおおかやましょてん》）として結実することになる九州・沖縄旅行をはじめ、数々のフィールドワークを行っていますし、折口信夫《おりくちしのぶ》らと親交を温めつつ、「南島談話会」などの集会も頻繁に行っています。

江馬務が『日本妖怪變化史』を上梓し、浅野和三郎が「心霊科学研究会」を設立した大正十二年（一九二三）の暮れ、前年から行っていたヨーロッパ遍歴を終えて帰国した柳田は、第一回の「民俗学談話会」を開催しています。

その後も「北方文明研究会」や「民俗芸術の会」「方言研究会」などを次々に組織し、柳田國男は堅実、且つ着実に活動を続けて行きます。

大正十四年（一九二五）には雑誌『民族』（一九二五—一九二九／民族發行所）を創刊、その翌年には『山の人生』（一九二六／郷土研究社）を刊行しています。

明治末から柳田が抱えていた「山人」という大きな研究テーマ——『後狩詞記《のちのかりことばのき》』（一九〇九／自費出版）や『遠野物語《とおのものがたり》』（一九一〇／聚精堂《じゅせいどう》）などを生み出す原動力ともなり、南方熊楠《みなかたくまぐす》とのいわゆる「山人問答」を通じて明確化したテーマ——に、柳田はここで終止符を打ちます。

そして研究対象を平地人＝常民へと移して行くのです。

そうした様々な変遷の中、柳田は「妖怪」という言葉とは距離を置き続けます。

と――いうよりも、柳田は、「妖怪」という言葉をまったくといっていい程使っていないのです（書評など一部の例外を除く）。

〝妖怪〟を語る上では欠かせない民俗学の創始者は、意外なことに学者としての最盛期に「妖怪」という言葉を遠ざけていたのです。

例えば『動物界靈異誌』が刊行された昭和二年（一九二七）、柳田は雑誌『文藝春秋』（文藝春秋社）誌上で、芥川龍之介、尾佐竹猛《おさたけたけき》（賭博や掏摸《すり》などの犯罪・風俗研究家として知られる法曹《ほうそう》家。『下等《かとう》百科辞典』など著作も多い）らと「怪談・お化け」をテーマにした座談会を行っています。誌上で柳田は河童や神隠し、神秘体験や式神《しきがみ》などについて、実にフランクに語っているのですが――そうした内容であるにもかかわらず「妖怪」という言葉は（どんな意味でも）一度も使われていません。

昭和九年（一九三四）、柳田は現在もなお〝妖怪〟研究の基本文献のひとつとされる『一目《ひとつめ》小《こ》僧《ぞう》その他』（小山書店）を上梓します。一つ目小僧、目一つ五郎、隠れ里、橋姫、ダイダラボッチと――論文中で扱われている素材はいずれも（現在の感覚では）紛う方なき〝妖怪〟ばかりですが、やはり「妖怪」という言葉は一切使用されません。

もちろん、過去の文献を現代の〝妖怪〟概念を以て読み解くこと自体ナンセンスなことなのですが、例えばそれら〝妖怪〟は、大正五年（一九一六）の『郷土研究』社告で行われた定義から外れているというわけでもないのです。

一つ目小僧もダイダラボッチも、厳密に神仏とすることはできないものでしょう。しかしどのような形であれ、怖れられてはいたはずです。それらは「神佛以外に人の怖るゝ」ものに違いありません。

それでも柳田は「妖怪」という言葉をほとんど使いませんでした。『郷土研究』休刊から二十年、「妖怪」という言葉は、民俗学の場から、いや、柳田の語彙から（僅かな例外を除き）徹底的に排除されていた感があります。

その間、「妖怪」という言葉はよりポピュラーなものとなっています。通じない言葉、耳新しい言葉ではなかったはずです。

否——。

だから使わなかった、というのが正解なのでしょう。

ここで思い出してください。柳田の取捨選択のひとつの基準は〝通俗性の有無〟であり、それは即ち〝風俗研究との差別化〟という形で発露したのだ——と。

大正三年（一九一四）の段階において、「妖怪」という言葉はまだ取り敢えず〝学術用語〟でした。

しかし、その後の流れが「妖怪」という言葉を変容させてしまったことは、先に述べた通りです。しかも〝学術用語〟として「妖怪」という言葉を採用したのは、あろうことか「風俗史学」でした。そして通俗的な「風俗研究」は「妖怪」を〝通俗語〟に限りなく近づけてしまったのでした。

明確な領域化はされていないまでも、それは確実に通じる言葉ではあったのです。それなのに柳田は二十年の間、「妖怪」という言葉を封印したまま活動していたことになります。そうした事実がある以上、柳田的に「妖怪」は（少なくとも民俗学の内部で）使用すべきでない言葉だった——と、考えるよりありません。

ところが——。

柳田以外の人間にとっては、「妖怪」は（民俗学内部でも）意外と使い勝手の良い言葉になってしまっていたようです。

昭和六年（一九三一）、雑誌『郷土研究』は岡村《おかむら》千秋《ちあき》の手で復刊を果たします。ところが、休刊前にはまったく見ることのできなかった「妖怪」の二文字が、復刊早々に登場することになります。

復刊二号目に当たる第五巻第二号に、金城朝永による「琉球《りゅうきゅう》妖怪《ようかい》變化《へんげ》種目《しゅもく》・附民間説話及俗信」の第一回が掲載されているのです。

金城が提示している〝妖怪変化〟は、江馬務のそれに極めて近いものです。基本的には風俗史学の枠組みを民俗学に引き写したものと考えていいでしょう。つまり〝特定の時代〟から〝特定の場所〟に対象をシフトさせたわけです。但し、フィールドワークを基本にした金城の視点はきちんと現在に接続しており、風俗史学のスタンスとは一線を画す、民俗学的まなざしに則った報告にはなっていたのですが——。

一節を引いてみます。

一、マジムン（蟲物？）　妖怪變化の總稱
二、ユーリー（幽靈）　マジムンと同義語。但し田舎ではさうでもないが、那覇《なは》では、單に人間の死靈のみに使用されてゐる。之に反してマジムンは人間、動植物、器物の化物にも用ふ。
三、ハーメー・マジムン　老婆のお化
四、ヂュリグワー・マジムン　ズリ（遊女）の化物。之は琉球の各地で最も有名なお化の一つで、只都會地那覇のみに限らず田舎にも流布してゐる。

金城が圓了の引いた〝妖怪〟の枠組みに囚《とら》われていないことは瞭然《りょうぜん》としています。〝採集〟され〝陳列〟されているのは、〝遠隔地の文物〟、つまり〝モノ〟です。そういう意味では、文献上から該当する〝過去の文物〟を拾い上げ、形態分類を施した〝モノ〟として取り扱った江馬の手法――「風俗史学」の手法に、それは（概《おおむ》ね）則っています。にもかかわらず、金城の仕事に通俗的な「風俗研究」に見られるような差別的視線は感じられません。厳密に検証するならまったくないわけではないのでしょうが、ほとんど感じられないといっていいでしょう。

　但し、その立ち位置、間合いの取り方自体は、取り分け意図的なものではなかったという可能性もあります。

金城の記事は、あくまで地元からの報告なのです。採集される側から自発的に情報提供がなされているわけで、この場合〝採集者／採集対象〟という構図は、ほぼ無効化されているといってもいいでしょう。その、いわば〝お国自慢〟的語り口は、差別的な切り口さえも糊塗《こと》してしまう効果を持っています。

柳田が時間をかけて地方の協力者――インフォーマントを養成し、全国的なネットワークづくりに腐心したのも、こうした成果を期待したからでしょう。

再開した『郷土研究』誌に、柳田はあまり関わらなかったようですが、少なくとも柳田が二十年前に蒔《ま》いた種は（柳田の意図に沿った形だったかどうかはともかく）実っていたということになるのでしょう。

ただ、そうした〝平地の視線〟を有する〝お国自慢〟的な報告は、決して柳田を満足させるものではありませんでした。その理由は、学問的視座を欠くという一点に要約されます。

たしかに、それらの報告のほとんどはデータの羅列でしかありませんでした。思考／検証＝研究がなされていないのならば、それは学問とは呼べないでしょう。

ただ、学問的視座とは即ち〝俯瞰する視点〟でもあるわけですから、それはたとえ博物学／風俗史学の宿痾《しゆくあ》である植民地主義的視点を回避したところで、十分に差別的なまなざしとなり得るものでもあったのですが――。

その後「採集者／採集対象」という構図が抱えるギャップは、「研究者／情報提供者」という構図にそのまま引き写され、更に「中央／地方」という構図へと拡大して行きます。

そうした背景を踏まえて、金城の示した〝妖怪〟を再度検証してみましょう。

まず、金城は〝妖怪〟ではなく〝妖怪変化〟を採用しています。それが江馬の『日本妖怪變化史』の影響下に成立したものなのか、そうでないのか、それを確認することはできません。ただ、江馬の定義した〝妖怪変化〟のフレームに合致するかどうか検証することはできます。

江馬の定義を思い出してみましょう。

江馬は、「化ける＝変形する」ということに注目し、「化けるモノ／化けたモノ」を形態で分類しました。「形態が変形するモノ」こそが〝変化〟なのであり、『日本妖怪變化史』の中で語られる〝妖怪〟は、即ち「化けないモノ＝形態分類不能の異形のモノ＝（江戸期に作られた）化け物」でしかありませんでした。従って、江馬の分類において、〝妖怪〟は総称にはなり得ません。総称として〝妖怪変化〟が採用されたのは、そのせいでした。

そして江馬は、〝幽霊〟をも、「人間が（死後）人間の形に化けたモノ」と規定して〝妖怪変化〟の下に位置づけたのです。

金城は、最初に挙げた「マジムン」を「妖怪変化の総称」としています。

続く「ユーリー」は、マジムンと同義であるとしながらも、（那覇では）「人間の死霊」に限定する呼称である――と述べています。人間の死霊に限定されることもあるユーリーは、「動植物、器物の化物（この場合は江戸期に作られた〝化け物〟ではなく、化けるモノの意と取るべきでしょうか）」をも含むマジムンの下位概念として位置づけられているのです。

江馬の線引きは概ね有効なようです。

大きく異なっているのは「化け物」という言葉の使い方だけ、ということもできるかもしれません。但し「化け物」という言葉には〝変化する〟という以上の意味が附加されており、その点に就いては江馬も明確に定義していませんから、それをして江馬の定義から外れるとすることはできないでしょう。

それよりも着目すべきは、金城が項目として立てているのが〝妖怪変化〟の固有名詞だということです。

江馬が〝形態〟を分類の基礎にしたのに対し、ここでは〝名称〟が分類の基礎になっているのです。

形態や性質が酷似していても、名称が違っていれば別項目が立つ——金城の基準は、あくまで〝名前〟です。

例えばフィーダマーとイニン・ビは「同じ」であると金城はいいます。同じであるにもかかわらず、〝名前〟が違うというだけで別項目が立てられています。

本来的には〝名前〟は属性のひとつに過ぎません。

まったく別の性質を有する同じ名前のモノゴトというのはあり得るわけで、呼称が同一だからといってそれらを同じモノゴトとして捉えることはできません。

同様に「呼び方が違うから別のモノである」という理屈も（本来的には）成り立ちません。

しかし——。

語彙の蒐集はフィールドワークの基本となります。

フィールドワークを基盤とする民俗学において、〝コトバ〟は何ものにも替え難《がた》い、大切なツールになるのです。

言葉は文化に密着しています。地域の文化を理解するためには、まずその土地の言葉を知らなければなりません。

習慣や信仰など、形のないものは言葉でしか捕まえることができません。現在は、写真やVTRなどの記録メディアが普及しましたが、それがない時代には、絵に写し文に記すより方法がありません。それ以前に、言葉を知らなければそこで何が起きているのかすら知ることはできないのです。モノゴトは遍く言葉に置き換えられて理解されます。「何とも呼ばれていないモノゴト」は、存在しません。

それは何と呼ばれているのか——それを尋ねることがフィールドワークの第一歩となることは間違いありません。記録し、翻訳して記録し直すこと、それが研究の基本になるのです。

だからこそ柳田國男も言葉に固執したのです。

柳田は国語学者として国語と国語教育に関する仕事を精力的にこなしています。また、方言に関する考察も多く残しています。

柳田の民話伝説・口碑伝承などの口承文芸研究と、地名・方言研究は、民俗学のタームに収まるような内容ではありません。すべてを民俗学に回収しようとすると評価を見誤ることになりますし、それはそれぞれ独立した学問として捉えるべきものです。

民俗学においても、柳田は〝語彙の蒐集〟を取り敢えずの基本に置きました。

「そこに何があるのか」

「それは何と呼ばれているのか」

「それはいったい何なのか」

柳田がインフォーマントに求めたのは、突き詰めればそうしたことだったのでしょう。

結果、大量の民俗語彙が集められ、分類されることになったのです。

金城の仕事も、そのセオリーに則って行われたものです。

集められた語彙は、すべて――怪しい〝モノ〟の名称でした。

並べられた項目は、ことごとく〝モノ〟を指し示す固有名詞です。

金城の記事の中では、〝モノが起こすコト〟＝「事件」は、過去の事象＝「説話」と、現在の事象＝「俗信」に振り分けられ、〝モノに付帯するコト〟として、明確に分離した形で記されています。

江馬の定義は有効に活用されています。反面、モノ／コトを分離することなく「前近代／近代」で区分し、その中から批判すべき対象＝コトだけを取り上げた圓了の啓蒙的姿勢は、そこにはまったく見受けられません。

圓了的〝妖怪〟の枠組みは（「妖怪」という言葉に固執する限り）、すでに無効化し始めていたのです。そして――この金城の「琉球妖怪變化種目」こそ、後に民俗学が〝妖怪〟を取り扱う際に一斉に執り始めるスタイルの雛型《ひながた》となるものなのです（まずは四年後、佐藤清明が『現行全國妖怪辞典』を著すことになります）。

しかし、これは柳田が望んだ展開ではなかったはずです。先に述べた通り、その時点で「妖怪変化」という言葉は〝風俗史学用語〟であり、〝通俗語〟だったのです。言葉が学問の基本であるならば、どうであれ語彙の安易な流用は好ましくないことです。理由はどうであれ、柳田が民俗学の場で「妖怪」という言葉を一切使用しなかったことも、前述の通りです。

柳田は、金城の仕事に呼応するかのように、昭和七年（一九三二）十月『奥南新報』紙上に掲載した「盆過ぎメドチ談」の文中で突如「妖怪学」という言葉を使用します。

> 我々の妖怪學の初歩の原理は、どうやらこの間から發明せられさうに思はれる。その一箇條としては、ばけ物思想の進化過程、即ち人が彼等に對する態度には三段の展開のあつたことが、この各地方の川童の擧動と稱するものから窺ひ知られる。

それまではメドチ（河童）の伝承や世間話が延々と語られているわけですから、この展開はやはり唐突です。ちなみに、この段に至る前の部分で河童は〝怪物〟などと呼ばれています。「妖怪」という言葉は中盤でいきなりあらわれるのです（文中「この間」というのは、語られた様々な河童話のことを指します）。民話・伝説・世間話が語られた後、突如「妖怪學」「ばけ物思想の進化過程」という言葉が出てくるのです。

その「進化過程」なるものを引いてみましょう。

第一段には所謂敬して遠ざけるもので、出逢へばきやつといひ、角力を取らうとすれば遁げて來る。夜分はその邊を決して通らぬといふ類、かうして居れば無難ではあるが、その代りにはいつ迄も不安は絶えず、或一定の場所だけは永く妖怪の支配に委棄しなければならない。それを出來るだけ否認せんとし、何の今時その様な馬鹿げたことが有るものかと、進んで彼の力を試みようとして、しかも内心はまだ氣味が惡いといふ態度、これが第二段である。(中略)それが今一歩を進めて信じない分子が愈〻多くなると、次に現はれて來るのは神の威德、佛の慈悲、乃至は智慮に富む者の計略によつて、化け物が兜をぬぎ正體を現はして、二度と再びかやうな惡戯をせぬと誓ひ、又は退治せられて全く滅びてしまつたといふ話が起る。

この「ばけ物思想の進化過程」こそ、江馬の〝妖怪変化〟史に対する柳田の回答ということができるのではないでしょうか。風俗史学的でない、民俗学的な「おばけの歴史」の可能性・方向性を、柳田は提示しているのです。

そして、この文は同時に井上「妖怪学」の無効化を宣言するものでもあったでしょう。柳田が提示しているのは〝迷信否定〟でも〝異形の形態分類通史〟でもありません。「怪異を認識する生活者の精神史」なのです。それは民俗学にしか持ち得ない、独自の視座といえるものです。

　一方、柳田以外の民俗学サイドの人間（多くは情報提供者）が、「妖怪」という言葉を使用することや、風俗史学と接近すること――民俗学独自の視座を放棄すること――に対し、それ程神経質になってはいなかったらしいことも想像に難《かた》くありません。

　金城の記事が載る『郷土研究』第五巻第二号の「『傳説集書目』補遺」（後藤捷一《ごとうしょういち》・編）には藤澤衛彦の『妖怪畫談全集』（一九二九―一九三〇／中央美術社）や、澤田順次郎《さわだじゅんじろう》の『性《せい》に關《かん》する傳説《でんせつ》』（一九二二／天下堂書房）など、風俗（史）学系――通俗的風俗研究系の書籍が民俗学や人類学系の書籍とともに紹介されています。影響があったかどうかは別として、特別視していなかったことは事実でしょう。

　ちなみに、復刊後の『郷土研究』に、柳田はほとんど関わっていません。柳田は復刊から終刊までに、たった一度しか寄稿していないのです。

　そのような状況を鑑みるに、金城がタイトルに「妖怪変化」という言葉を使ったことも、また〝妖怪〟の名称分類というスタイルを先駆けて使用したことも、なにがしかの深慮遠謀の結果とは考えにくいように思えます。

　これは、〝ある事情〟によってたまたまそうなったと考えるべきなのかもしれません。

　金城の寄稿以降、『郷土研究』誌上に同じような試みの記事が掲載されることはありませんでした。

　それどころか『郷土研究』は――折角《せっかく》復刊したというのに――徐々に寄稿数が減り、僅か三年で終刊してしまうのです。

終刊号に当たる昭和九年（一九三四）四月発行の第七巻第七号には能田《のうだ》太郎《たろう》の「お化け考」という記事が載ります。

全国各地の〝お化け〟の呼称——主に幼児語——を列記し、系統立てて分類し、語源や語意を探るという主旨の論文です。しかし、文中「妖怪変化」「妖怪」という言葉は一度も使用されません。すべて「お化け」で統一されています。扱っている言葉がすべて幼児語であることから、それはある意味で当たり前のことだったと思われます。「モー」も「ガゴー」も、いわゆる標準語に翻訳すれば「オバケー」なのですから（ただ、資料提供者の中に日野巌の名が見えるのは興味深いことではあります）。

ところが、編集に当たっていた岡村千秋は巻末の「編集綴事」で、次のような発言をしています。

○能田太郎氏の「お化け考」、單に恐しいばかりの所謂妖怪變化の、魔物ではなく、一つの聖なる宗教的對象であつたことを、諸國の方言を比較検討して立證しようとしたものであつた。諸國の方言採集の隆盛なことと共に斯かる方面にも進展して行くのは喜ばしい事である。

（傍線引用者）

柳田の「ばけ物思想の進化過程」を睨《にら》んだ発言なのか、偶然発せられたものなのかは判りません。ただ、この言葉を以て第二期『郷土研究』は幕を閉じます。

ちなみに――柳田も同じような主旨の論文を、ほぼ同時期の昭和九年（一九三四）四月に著しています。

発表媒体は『国語研究』（一九三四／国語学研究会）、題名は「妖怪古意」です。

但し、「妖怪」はカテゴリの総称ではなく、児童語である「お化け」の言い換えとして、限定的に使用されているようです。『国語研究』という媒体特性を意識した言い換えと捉えるのが妥当かもしれません（この論文は、後に〝妖怪〟をタイトルに冠した唯一の出版物である『妖怪談義』に収録されるため、そうした限定的な印象は韜晦《とうかい》されてしまいます）。

しかし。

金城をして「琉球妖怪變化種目」を書かしめた「ある事情」は、やがて全国のインフォーマントに徐々に浸透して行くのです。

昭和十年（一九三五）、全国的な組織である民間傳承の會（後の日本民俗学会の母体）が結成されます。

そして同会員を動員した「分類語彙」の編纂《へんさん》がスタートし、雑誌『昔話研究』（一九三五―一九三七／三元社・壬生書院・民間傳承の會）『民間傳承』（一九三五―一九五二／民間傳承の會・日本民俗学会・六人社・他）が発刊します。

本格的な民俗語彙の蒐集が始まったわけです。

九月十八日発行の『民間傳承』第一号には、柳田が作成した『採集手帳』から、一〇〇項目にわたる「山村調査項目」が再録されます。

微に入り細を穿《うが》つように記された一〇〇の項目には、「神の祟りといふ事」「不思議を否定して罰をうけた人」「狐狸の悪戯、何に化けるか」「怖しい響や光りもの」「色々の魔物を避ける手段」などなど、〝妖怪〟に回収できそうな内容が数多く記されているのですが、やはり「妖怪」という言葉そのものは記されていません。

「会員通信」のコーナーには、毎号各地の伝説や習俗の報告がなされ、そうした報告もタイトルに民俗語彙を立てるというスタイル――「琉球妖怪變化種目」と同様のスタイル――が徐々に徹底して行きます。

やがてそれは山村語彙、漁村語彙、祭礼語彙など、様々なジャンルに整理分類されるようになり、〝語彙を項目に立てリスト化すること〟は、民俗研究の定番となるのです。

ところが、ここに至って金城朝永に「琉球妖怪變化種目」を書かしめた〝ある事情〟が露呈し始めることになります。

その〝ある事情〟とは――。

どこにも分類できない語彙が出てきてしまった――という、困った事情です。

その、どこにも分類できない語彙とは――「天狗倒し」であり、「エンコ」であり、「小豆婆あ」であり、「コナキヂヂ」でした。

それら〝怪しいモノゴト〟を指し示す語彙は、各地域の民俗誌を編む際にも厄介なものだったようです。それらの語彙は、ある時は「信仰」に、ある時は「まじない・迷信」に、またある時は「怪異」に分類されました。

どれも、すっきりするものではありません。

どのカテゴリに放り込んでも、どこかに無理が生じてしまいます。「小豆婆あ」は神仏ではありませんし、「コナキヂヂ」を信仰している者はたぶんいません。「天狗倒し」はまじないではありませんし、「エンコ」は怪異ではないのです。

それは単に不可解な現象というようなものではないでしょう。場合によっては人格を備えた畏怖《いふ》の対象である場合もあるのです。そうであったとしても、神仏のたぐいでは決してありません（こうしてみると、柳田だけがかなり早い時期からこうしたカテゴリエラーを起こすモノゴトの存在に気づいていた――ということがわかります）。

いずれにしても、それらは用意されていた既存の枠には収まらなかったのです。

とはいえ、採集されてしまった以上は分類しなければなりません。分類する以上は、それらを入れる器――総称がどうしても必要になります。

しかし、「お化け」は幼児語であって、学術用語として相応しいものとは思えません。「化け物」は民俗語彙ではないモノを、既に大量にカテゴライズしてしまっていました。当時、「化け物」は、大入道やろくろ首――江戸期に作られたキャラクターたちを表す言葉でもあったのです。それらもまた、分類不能の語彙をカバーするには無理のある言葉でした。

そう――「お化け」や「化け物」は〝モノ〟を示す言葉なのです。

しかし、どこにも分類できない語彙の中には、〝モノ〟の名称ではなく、〝コト〟の名称もまた多く含まれていました。

来は）ありません。

しかし「天狗倒し」は〝化け物が起こすコト〟なのであって、〝化け物〟そのものでは（本

「天狗」は〝化け物〟でも構わないでしょう。

ここが、大事なところです。

民俗学でいう〝妖怪〟は、〝怪しいモノゴト〟なのです。決して〝怪しいモノ〟ではないのです。

一方で、柳田民俗学の周辺から少し離れたところで成立した、佐藤清明の『現行全國妖怪辞典』に収録されている語彙は、前述のとおりすべて〝モノ〟の名前です。『動物妖怪譚』という、謂わば門外漢の記した奇書にインスパイアされて成立したこの辞典に、そういう意味での迷いはありません。

一例を引きます。

━南瓜コロガシ　大南瓜を轉がす．廣島縣世羅郡（一〇一八）

説明部分を次のように書き換えれば、多少意味合いが変わってきます。

大きな南瓜が転がる怪。

　この場合、「大きな南瓜が転がってくるという怪しいコト」が「南瓜コロガシ」だ、ということになります。しかし佐藤の説明は「大きな南瓜を転がす」です。こちらは「南瓜コロガシという名前のモノが、大きな南瓜を転がす」と、読めてしまいます。

　佐藤にとって、それらは〝モノ〟でした。と——いうよりも、佐藤清明は、〝モノ〟として〝妖怪〟を蒐集したのです。

　しかし、柳田とその門下たちは違います。彼らは民俗社会に溢《あふ》れかえるありとあらゆる事象を、〝コトバ〟として蒐集し、それをジャンル分けすることで整理・統合しようと試みたのです。生活語彙の蒐集整理は、生活そのものの蒐集整理だったわけです。そして、その分類の網からこぼれ落ちた〝モノゴト〟が——モノゴトを表している〝コトバ〟が——少なからずあった、というだけのことです。

　分類不能とはいうものの、集まってしまった以上、放っておくわけにはいきません。そうした困った語彙を取り扱うために、民俗学は新しい受け皿を作るしかなかったのです。

　それらは、（金城朝永がそうしたように、また岡村千秋がそう評してしまったように）半ば自然にカテゴリを形成し始めます。その総称として、これも半ば自然に選ばれた言葉が——「妖怪」だったのです。

　そして——。

　昭和十三年（一九三八）六月二十日発行の『民間傳承』第三巻第十号に、（ようやく）「妖恠名彙（後に「妖怪名彙」と表記変更）」が掲載されます。

そこには、柳田國男本人が次のような一文を寄せています。
全文を引きます。

怖畏と信仰との關係を明かにして見たいと思つて、所謂オバケの名前を集め始めてから、もう大分の年數になる。まだ分類の方法が立たぬのも、原因は主として語彙の不足に在ると思ふから、今少し諸君の記憶にあたつて見たい。或は時期が既に遲いかも知れぬが。

分類には二つの計畫を私はもつて居る。その一つは出現の場所によるもの、是は行路・家屋・山中・水上の大よそ四つに分けられる。行路が最も多く、從つて又最も茫漠として居る。第二には信仰度の濃淡によるものだが、大體に今は確信するものが稀で、次第に昔話化する傾向を示して居る。化物が有るとは信じないが話を聽けば氣味が惡いといふものが其中間に居る。常の日は否認して居て、時あつて不思議を見、やゝ考へ方が後戻りをするものが是と境を接して居る。耳とか目とか觸感とか、又は其綜合とかにも分けられるが、それも直接實驗者には就けないのだから、結局は世間話の數多くを、大よそ二つの分類案の順序によつて排列して見るの他は無い。要するに是は資料であり、說明といふものからは遠いのだが出所を掲げて置けば後の人の參考にはなるだらう。どうか是に近い話があつたら追加してもらひたい。（柳田國男）

この文が、三十年近くの間接続不良を起こしていた民俗学と「妖怪」という言葉の、本当の意味での再会の場面です。

柳田はいち早く〝妖怪〟という言葉を活用しようと試みたものの、周囲の理解及ばずして挫《ざ》折《せつ》した過去を持っています。

この再スタートを「機が熟すのを待った上での満を持した結果」と取るか、「趨勢《すうせい》を鑑みたやむを得ずの採択」と取るか——つまり柳田が「妖怪」という言葉を使おうとしたのか、使わざるを得なかったのか——は、意見の分かれるところでしょう。

しかし——「妖恠名彙」と銘打たれているにもかかわらず、柳田は文中で「妖怪」という言葉をやはり一度も使っていません。「オバケ」「化物」を代用しています。そのあたりから察するに、後者である可能性は大きいと思われます。加えて、「妖怪」という言葉に対する世間的な評価が「風俗史学／通俗」というステージから脱却していなかったであろう状況を考慮に入れると、前者は考えにくいかもしれません。

柳田が「妖怪」という言葉を民俗学用語として採用したいと強く望んでおり、それに相応しい状況の到来を待っていたのだとしても、その時そうした状況は訪れてはいなかったわけですから、「満を持した」というのは当たっていません。せいぜい「あまりにもフライングが続くので見切り発車した」というくらいが正解なのかもしれません。

「妖怪」という言葉に対するスタンスはさておいて、後に〝妖怪〟とされるモノゴトに対して向けられた柳田のまなざしは卓越したものだったといってよいでしょう。

井上圓了の「妖怪学」全盛期に「神仏と無関係」という、「妖怪」という言葉の本質的な部分をいち早く見出していただけのことはあります。

まず、「分類の方法が立たぬ」と断わりを入れながらも、柳田はこの段階で「出現場所」による分類、「信仰度の濃淡」による分類という、二つの指針を打ち出しています。

前者は、やがて民俗学における〝妖怪〟分類法の基礎となって行くものです。

後者は「盆過ぎメドチ談」の中で語られた「ばけ物思想の進化過程」のことで、やはり民俗学における〝妖怪〟理解の基本姿勢となって行くものです。

同時に両者は、井上「妖怪学」／オカルトや風俗史学／通俗的言説と袂《たもと》を分かつための布石ともなっています。

加えて柳田は〝認識〟による分類の有効性も示唆しています。さらにはそうした多くの属性を複合的に組み合わせた多層的な分類にまで視線を向けています。

こうした発想は、作家の化野《あだしの》燐《りん》さんが、データベース「白澤經《はくたくきょう》」として試みている〝属性分析〟による分類法に繋がる視座といえるでしょう（〝妖怪〟の属性分類については『怪』0012〜0021に連載された化野さんの「妖怪の分類・試論」が参考になります）。

柳田が現代に生きていたなら、必ずやクロスリファレンス可能なデータベース作成に食指を動かしたに違いありません。ただ、データ管理をカードでしている時代に、それはできない相談です。柳田はそれを十分承知の上で「説明といふものからは遠い」ものになるだろうと予言しています。

つまり、データは集まるだろうが、研究成果が出るのは遠い先のことであろうから後続に譲る、当分は参考程度にしかなりません――といっているわけです。

慎重というより弱気な、いや、穿《うが》った見方をすれば自虐的にさえ感じられる発言です。柳田が早い時期から〝妖怪〟的なモノゴトに強い関心を寄せ、幾度も取り組んで来たことは間違いないことでしょう。それが扱いにくく、手強《てごわ》い相手だということを、柳田は熟知していたはずです。だからこそ、柳田は「妖怪」という、ある意味で「手垢《てあか》のついた」言葉の安易な使用を躊躇《ためら》っていたのでしょう。

ならば結句の慎重さも、経験から来る客観性の発露として受け取るのが正しいのかもしれません。

いずれにしても――柳田國男は、それまで封印していた（自粛、といった方が正確なのかもしれませんが）「妖怪」という言葉を、ここに至ってとうとう解禁してしまったことになります。

明確な理由はもちろん判りません。ただ、ひとつだけ気になることがあります。

柳田に「他の選択肢」はなかったのか――ということです。

「妖怪名彙」に付された一文を見ても判る通り、柳田は結局〝妖怪〟解禁以降も、「お化け（オバケ）／化け物（化物）」を併用するという姿勢を貫きます。

それらは明確な基準を以て使い分けられたわけではありませんでした。では何故柳田は「妖怪」という言葉を冠として選び取ったのでしょうか。

「化物名彙」や「変化名彙」ではいけなかったのでしょうか。

例えば――江馬務が固執し、定義づけた「変化」という言葉は、「妖怪」以上に風俗史学的な言葉となっていました。再度繰り返しますが、江馬は「妖怪」という言葉に修辞される〝変化〟史を編んだのです。

のみならず、江戸期の文献にも通暁していたと思われる柳田は、「変化」に限らず、「もののけ」や「あやかし」といった言葉が何を指し示してきたのかということも十分に知っていたのでしょう。

幼児語である「お化け」や特殊なモノを指し示す通俗語である「化け物」が、近代的科学であるべき民俗学の用語として「妖怪」以上に不向きと判断されたであろうことも、容易に察しがつきます。

そして――。

それらの言葉は、概《おおむ》ね〝幽霊〟を指し示す言葉としても使われていたものです。

先に述べたとおり、柳田は――たぶん〝妖怪〟と〝幽霊〟を、できるだけ明確に区別したかったのです。カテゴリ中から〝幽霊〟を分離しようとするなら、巷間において〝幽霊〟をも指し示してしまう「お化け」などは、総称として最も不適格なものとなってしまうでしょう。

結局――「妖怪」が残ったのです。

消去法で選び取られた「妖怪」という言葉は、元々〝(神仏と無関係の)怪しさ〟を示すだけのニュートラルな言葉でした。柳田が大正期に使用しようと試みた「妖怪」は、むしろこちらの〝妖怪〟だったと思われます。

もちろんそれは、江戸末期の創作の中で〝化け物〟と接続し、限られた期間とはいえ特殊な対象を指し示す特別な言葉として使用された言葉でもあったわけですが、それはあくまで知的遊戯の産物であり、通俗的ではあったものの卑俗・幼稚な言葉ではありませんでした。また明治期には圓了によって——拡大解釈はなされたものの——〝学術用語〟として紹介し直された言葉でもありました。

最適の言葉ではあったのです。

ところが。

「妖怪」という言葉は、柳田が飼いならす前に、江馬の手で風俗史学に回収され、〝変化〟との関係性の中で、再度特殊な対象を指し示すように作り替えられてしまいます。そしてそのまま——創作文芸など多様な通俗のシーンの中で、また藤澤らの仕事の中で、〝通俗性〟を帯びつつ、〝前近代性〟を獲得して行ったことは説明した通りです。

封印されている間に、「妖怪」という言葉は、民俗学でそのまま使えるニュートラルな意味の言葉ではなくなってしまっていたのです（その虞があったからこそ封印されていた、というべきなのでしょうが——）。

〝前近代性〟に就いては、たぶん何の障害にもなり得ないものだったはずです。民俗学は〝前近代〟を否定するものではなく、〝前近代〟を材料として扱う学問だったからです。しかも、〝前近代〟批判を基本理念とする井上「妖怪学」は、すでに失効しています。

問題は、やはり〝通俗性〟に集中することになるでしょう。

民俗学は〝前近代〟や〝卑近な例〟を材料として扱いますが、差別的まなざしを以てそれらを紹介するだけのものでは決してありません。

民俗学は合理的思考に則った分析検証によってそうした材料から観念的なモデルを抽出するという近代的学問でなくてはなりませんでした。

民俗学は〝コト〟＝「習俗・語彙」を蒐集し、その背後の〝モノ〟＝「霊・神」を透視する学問なのです。また〝モノ〟＝「民具などの具体物」を蒐集して〝コト〟＝「民俗の事象」との関係を探る学問でもあります。

そもそも井上圓了や江馬務のように、割り切った単純な定義は立てにくいのです。

そうした状況の中で柳田は〝妖怪〟というカテゴリを設け、「妖怪」という言葉を民俗学用語として採用したわけです。採用するにあたって、「妖怪」という言葉は再度作り替えられなくてはなりませんでした。

そのためには、民俗学独自の「定まった視座」が必要だったはずです。柳田の三十年にわたる沈黙は、その指針を定めるために設けられた試行錯誤の期間であったのかもしれません。

そして、指針は定められました。

〝名称・語彙〟によって蒐集・管理し、〝出現場所〟という属性を基準にして空間上に分類配置し、〝信仰の濃淡〟を基準にして時間軸上の位置づけをする——。

「妖怪」という言葉を民俗学用語として改造するためには、その指針に沿った多くの手続きが必要だったのです。

様々なコトバを巡った後に

ようやく、材料は出そろったようです。

そこでもう一度冒頭に立ち戻り、柳田國男の〝妖怪〟の定義（めいたもの）を検証してみようと思います。

まず現在一般への浸透度が一番高いと思われる〝妖怪〟と〝幽霊〟に関する柳田の見解に目を向けてみることにしましょう。

柳田が〝妖怪〟と〝幽霊〟を執拗《しつよう》に区別し、ことさらそこを強調した背景には、江馬の『日本妖怪變化史』を無効化するという強い主張があり、さらには過去（文献）だけを研究対象とした江馬のスタイル（＝風俗史学のスタイル）と決別するという企《たくら》みがあったのではないか——と筆者は予測しました。

柳田は、〝妖怪〟に対する自らの指針を正当化するために、まず〝幽霊〟を〝お化け〟のカテゴリから切り離さなければならなかったのではないか——。

そのような観点から柳田の仕事を見直した時、〝妖怪〟と〝幽霊〟に関する柳田の定義も、かなり脆弱《ぜいじゃく》な論拠の上に成立している限定的な言説として捉え直されてしまいます。

柳田の定義は概ね次のように要約されて、広く人口に膾炙《かいしゃ》しています。

① 幽霊は人に憑くが妖怪は場所に出る。
② 幽霊は深夜に出るが妖怪は薄暮に現れる。

この二点は〝妖怪〟と〝幽霊〟の決定的な差異として様々な場面で引用されています。これはもちろん、〝妖怪〟と〝幽霊〟は違うものだという大前提の下に、その違いを説明したものです。

「妖怪と幽霊って違うの？」

という質問がなされた場合、多くは、

「違うよ」

と答え、その理由として①②を挙げる——というのが最もポピュラーな回答、模範解答といえるでしょう。

しかし、その大前提が違っていたとしたら、どうなるでしょうか。

この模範解答は、「双方を別個なものと見なす」という条件があって初めて成立するものなのです。予《あらかじ》め異なっていることを前提とした二者を対比させることで相対的に成り立っているに過ぎませんから、厳密にいえば定義とは呼べません。

実際にはどうなのでしょう。

深く考えるまでもなく、その分類に当てはまらない例は、「例外の範疇《はんちゅう》には収まりきらぬほど」多いのです。

人に取り憑くモノは〝幽霊〟ばかりではありません。狸も狐も、鬼も天狗も河童も、わけの判らないモノだって人に憑きます。〝憑き物〟を外しても、個人につきまとう〝幽霊〟以外のモノはいます。一方で同じ場所に出続ける〝幽霊〟もたくさんいます。そうした〝幽霊〟は不特定多数に祟ることもあります。昨今の言葉でいうなら〝地縛霊〟ということになるでしょうか。柳田の定義を押し通すなら、〝地縛霊〟は〝幽霊〟ではなくなってしまいます。

また、出現時間に関しても同じようなことがいえるでしょう。深夜に訪れる恐ろしいモノがすべて〝幽霊〟かといえば、そんなことはありません。夕暮れに目撃される〝幽霊〟も多くあるでしょう。それは今にかぎらず、過去にも多くあったのです。

定義から漏れるものは認めない、という態度もあるのでしょうが、そうするとかなり無理をして分類し直さなければならなくなります。

昭和二十六年（一九五二）発行の柳田國男監修『民俗學辭典』（東京堂）で「幽霊」を引いてみましょう。

> 主として人の死靈で、祭を享けないか、この世に怨が殘つて他界に安住して平和な子孫訪問のできないものは幽靈となつて出現すると考えられていた。幽靈には生靈の遊離魂の現れるものもあるが、元來は生前のままの姿で、特定の人の前に自分の意志で現れるのが他の妖怪變化と違う點で、一目で誰某の幽靈と判らねば出現の効果はなかつた。（略）

この後、文芸的潤色で〝幽霊〟の様々な「型」が決まったことの説明と、集団幻覚の例としての「船幽霊」が挙げられています（しかし船幽霊は「一目で誰某」と知れるものではありませんし、特定の人の前に出るわけでもありません。出現する場所も決まっています。定義にはまるで当てはまりません）。

そもそも「祭を享けないか、この世に怨が残つて他界に安住して平和な子孫訪問のできないもの」という説明は、判りにくいうえに、ひどく半端なものであるように感じられます。

「他界に安住して平和な子孫訪問」する死者とは、いかにも牧歌的でいささか滑稽《こっけい》ともとれる表現ですが、これは要するに〝祖霊〟――ご先祖さまのことです。「平和な子孫訪問」とは即ち「お盆にご先祖さまが帰ってくる」ことなのです。

そうした〝伝統的死生観〟に「怨が残つて」云々という物言いを接続するのは、やはり無理があるといわざるを得ません。

これは――どうやら〝御霊〟や〝祖霊〟という民俗学的なタームに、井上圓了以降の近代的な〝幽霊〟を無理矢理繋げたという、折衷的説明であるものと思われます。

圓了以降の近代的〝幽霊〟とは、要するに現在私たちが知っている――心霊科学で語られるような――〝幽霊〟のことです。

簡単にいえば「生前同様の自我を持って出現したり物理的・精神的作用をおよぼしたりする肉体を伴わない死んだ人間」のことです。

こうした〝幽霊〟観は、昔からあったものではありません。

江馬の定義によれば、幽霊とは単に「人間が化けたもの」でしかありませんでした。

死者が化ければ〝死霊〟、生者が化ければ〝生霊〟であり、化ける姿も取り分け「生前と同じ」である必要はありません。

古来、死者（幽霊）は、ある時は「鬼」の容姿として、ある時は「蛇」の容姿として表されたわけですし、帷子《かたびら》や乱れ髪などの〝型〟は（もちろん文芸的潤色――というより芸能の影響――が強くあったわけですが）本来は恐ろしげな容貌《ようぼう》を演出するための装置であり、また生者と区別するための目印にすぎませんでした。我が国の〝幽霊〟は、伝統的に「死んでいることをことさら強調する姿で現れる」ものだったのです。そのスタイルは生前の姿を再現するものでは決してありませんでした。

何よりも、一部の例外を除けば古典的〝幽霊〟の多くは化けた段階で固有名詞を失っていたのです（国家に祟る個人――〝怨霊〟は、〝幽霊〟とは似て非なるものです）。

近代的な〝幽霊〟観を支えているのは、やはり近代的な〝自我〟なのです。

曰く「人間性の重視」「個人偏重」といった、近代的な思想――「近代的自我の確立」があって初めて「死後の自我保存」という発想は生まれます。

圓了は、主にこの近代的〝幽霊〟観に基づいて、様々な前近代的〝幽霊〟現象を語り、批判し否定しました。近代的〝幽霊〟観を以て語り得ない〝幽霊〟（文芸や芸能の〝幽霊〟、つまり江馬が取り上げた〝幽霊〟）は、そこでは切り捨てられてしまいました。

柳田はもちろんそうした経緯には自覚的でした。柳田は「妖怪談義」の文中でも、近代以降の〝幽霊〟観が変質したことを指摘してもいます。

その文脈から理解する限り、柳田が排除した〝幽霊〟は、変質後の〝幽霊〟であるように思われます。そして、どういうわけか変質する以前の〝幽霊〟に就いて、柳田は同文中で言及していません。のみならず、民俗学の文脈の中で語られる〝幽霊〟が、そのどちらに属するのかも明確にはしていないのです。

同時に柳田は、現実に起きている（と考えられている）現象としての〝幽霊〟――現在なら〝心霊現象〟と呼ばれるモノゴト――に就いては、まったく語っていません。

民俗学で語られる〝霊〟――〝祖霊〟や〝御霊〟といったものと、現象として認められる〝幽霊〟――つまり〝心霊現象〟の間には大きな断絶があります。その二つは、明らかに「違うもの」です。無理に平仄《ひょうそく》を合わせようとするなら、先程の説明のように滑稽なものとならざるを得なくなるでしょう。のみならず、柳田は例えば〝心霊現象〟の真偽を語るような局面を徹底的に忌避していたようにも思えます。〝幽霊〟を信じない人が増えている、という言い方はするのですが、柳田自身がどう考えているのかは語らないのです。

近代的な学問である民俗学において、あらゆる考察は科学的根拠を持ち得るものでなくてはなりません。その点に重きを置くならば、〝心〟や〝霊〟を語る場合でも、科学的根拠を持たない心霊科学や、宗教家と同じレヴェルで語ることは許されないということになります。

そこで語られる心霊（擬似）科学／オカルト的〝幽霊〟は、要するに〝通俗的な幽霊〟と言い換えても良いものだからです（それ故に柳田は〝幽霊〟に対する個人的見解――民俗学的見解を明確にし得なかったのかもしれません）。

ただ、柳田が、〝妖怪〟を語るために引き合いに出したのが近代的な〝幽霊〟観に則った〝幽霊〟だったことは事実です。それは心霊科学／オカルト的な言説（それもまた井上「妖怪学」の延長線上にあるものなのですが）でこそありませんが、江馬が扱っているような古典的〝幽霊〟でもないようです。

どうも、どっちつかずで据わりが悪い――ように思えます。

何故なのでしょう。

こう考えることはできないでしょうか。

江馬の定義した〝妖怪変化〟の分類表を思い出してみてください。そこに挙げられた項目の大半は〝幽霊〟的なモノなのです。

柳田は「妖怪」という言葉を民俗学のフィールドに引き込む――〝妖怪〟というカテゴリを編み直す――ために、取り敢えずその枠組みを壊さなければなりませんでした。しかし、江馬の形態分類は、柳田が企んでいた「名称による整理」や「出現場所による属性分類」とはまったく性質の違うものです。

例えば〝妖怪変化〟から単純に〝変化〟を引き算した場合、残った〝妖怪〟は〝化けないモノ（江戸期の化け物キャラクター）〟でしかありませんでした。それは、柳田がカテゴライズしようとしているモノゴトとはまったく関わりのないモノだったのです。

江馬が用意した数式では、柳田の欲する〝妖怪〟を温存したまま〝変化〟だけを消し去ることはできません。

（江馬の）妖怪変化－変化（化けるモノ）＝（江戸期のキャラクター）化け物

これでは意味がありません。

望む解答を得るためには、別の計算式が必要になります。

一方、江馬が扱っているモノゴトは、おおまかに〝前近代〟的なモノゴトとして括られますが、その中には圓了が批判の対象としたモノゴト――つまり近代的〝幽霊〟観を以て理解し得るものも、実は少なからず含まれてはいたのです。

そこで――柳田は江馬の並べた〝妖怪変化〟から、近代的〝幽霊〟観を以て理解される要素を分離し、差っ引くという別の数式を考え出したのでしょう。

その場合、後に残されるモノゴトは、単に「化けないモノ」などではありません。またそれは〝通俗〟を排した〝前近代〟的モノゴトとして理解されるでしょう。

ならばそれは、民俗学的〝妖怪〟として分類・整理することが可能なものとなり得るでしょうし、民俗学的〝妖怪〟としてカテゴライズされるモノゴトと、ある程度合致するものともなるでしょう。

そこで柳田が企んだ式は次のようなものです。

（江馬の）妖怪変化－（近代的）幽霊＝（柳田の）妖怪

前近代的〝妖怪〟と近代的〝幽霊〟を対比させ、互いに相対化させるといういささか整合性を欠く手法は、結局のところ江馬の〝妖怪〟定義の「否定」のために生み出されたものだったのです。

この目論見《もくろみ》は――半ば成功したのですが――半ば失敗もしています。

江馬が『日本妖怪變化史』を『おばけの歴史』と改題再版したことは既に述べました。それは、より一般大衆に向けて発信したと思《おぼ》しき軽装版だったわけですが、その中で江馬は「妖怪變化」という言葉を「おばけ」という幼児語に置き換えています。その通りに置き換えるとすると、先ほどの江馬の式は次のようになります。

お化け=変化=化け物

「化け物」の幼児語が「お化け」なのですから、額面どおりに受け取るならば、この式は少々破綻しているようにも思えます。

ところが、これは正しいのです。

「お化け」という言葉は、単に「化け物」を易しく言い換えただけの言葉ではありません。幼児語としての「お化け」は、〝幽霊〟を指し示す言葉でもあるのです（「化け物／お化け」という言葉に関する検証は、改めて別の場で細かく行う予定です）。

〝化け物〟という概念が形成された時期、江戸期の古典的〝幽霊〟は〝化け物〟の一種としてカウントされていました。その後、古典的〝幽霊〟は〝化け物〟から分離して理解されるようになり、やがて近代的〝幽霊〟へと変質を遂げることになるわけですが――どういうわけか幼児語である「お化け」の方は、〝幽霊〟を指し示す言葉としてずっと――現在でもなお――機能し続けているのです。

お化け（化け物＋幽霊＋α）－変化（化けるモノ全般）＝化け物（化けないモノ）

こう考えると破綻はしていません。
しかし柳田の式の方は破綻してしまいます。

お化け－（近代的）幽霊＝妖怪

これは成り立たないのです。柳田がどれだけ主張しようとも、「お化け」は〝幽霊〟を表す言葉として通用してしまっているからです。
「お化け」は、民俗学風に表現するなら〝子威し〟の呪文《じゅもん》でもあります。「オバケー」は、子供を怖がらせるための言葉でもあったのです（そもそも幼児にとって怖いものに区別はありません。幽霊だろうがろくろ首だろうが構わないわけで、違いを強調すること自体無意味です）。

先程の問いを思い出してみましょう。

「妖怪と幽霊って違うの？」という問いに対し、多くの人は深く考えることなく「違うよ」と答えるでしょう。しかし、「お化けと幽霊って違うの？」と尋ねられた時、戸惑う人は多いはずです。戸惑わずに「違うよ」と答える人は、〝お化け〟と〝妖怪〟を同義と見做《みな》しているとになります。柳田も、まま〝お化け〟と〝妖怪〟を混同して使用しています。そのせいか民俗学に造詣《ぞうけい》のある方は「お化けと幽霊は違います」と、答えることが多いようです（しかし違うといった時、根拠として持ち出されるのは、九分九厘、柳田の「幽霊／妖怪」定義なのですが）。

幼児語としての「お化け」は確かに〝妖怪〟を含む概念として捉えられます。しかし——たとえ誰が何といおうとも——それは〝幽霊〟を指す言葉として、現在でも巷間でしっかり機能しているのです。

〝妖怪〟と〝幽霊〟を区別するという柳田の主張は、大衆にある程度受け入れられたと考えられます。しかし「妖怪」を「お化け」と言い換えた時、それは斥《しりぞ》けられてしまったということができるでしょう。

それでも、柳田國男は〝妖怪〟から〝幽霊〟を分離することだけは成功したようです。

そして。

これによって、「妖怪」という言葉はほぼ完璧《かんぺき》に〝近代性〟を失った——ともいえます。

井上「妖怪学」と乖離し、〝幽霊〟と切り離された〝妖怪〟は、オカルトを含む近代のすべてから隔離されてしまったのです。

さて――。
それではその〝幽霊〟とは違う〝妖怪〟なるものを、柳田は民俗学上いったいどのように規定したのでしょう。

妖怪は神が零落したモノである。


これも、よく語られる定義です。

柳田は〝妖怪〟を「零落した神」として位置づけます。

これは「盆過ぎメドチ談」で語られ、「妖怪名彙」で提案された「信仰度の濃淡」の延長線上に位置する考え方です。ただ「零落した神」というイメージそのものは柳田のオリジナルではなく、海外にも先行する同様のモデルは存在します。

しかし、そうであっても、それは単にヨーロッパ的な構図を日本に引き写したというだけのものではなかったでしょう。

信仰や神観念と関連づけて〝妖怪〟を観念的に位置づけすることは、通俗的・差別的なまなざしと決別するために必要なことでもあったのです。

それは、現象を奇異なるものとして蒐集し、紹介するだけの、（柳田にしてみれば）およそ思弁的・観念的とはいいがたい通俗的な風俗研究の仕事と一線を引くのには有効な構えではあったのでしょう。

「決まった場所に出る」「黄昏時《たそがれ》に出る」「神が零落したモノ」――。

そうした数々の定義めいた言説は、実は〝妖怪〟を定義するものではなく、「妖怪」という言葉を隔離し、囲い込むためのものだった、と考えるべきでしょう。

そうした一連の柳田の言説から離れて、柳田の線引きした民俗学的〝妖怪〟の枠組みを言い表すなら、それは次のようになるでしょう。

民俗社会の中で現在も信じられている、あるいは過去信じられていたと伝えられている（神仏とは無関係の）怪異現象、あるいは怪物、または（それらが起きる／現れる）場所で、多くは特定の固有名詞を持ったモノ、あるいはコト。

この枠組みを踏まえて、その総称を後から考えるならば、「変化」も「物怪」も的確なものとはいえなくなります。

この〝妖怪〟の枠組みは、当然ながら江馬の定義したそれとはまったく相容《あいい》れぬものです。

それはむしろ、圓了が提唱した〝妖怪〟品目の「洗い直し」であり「捉え直し」として位置づけられるかもしれません。

ただ、生涯を「妖怪学」に捧げた井上圓了と違い、柳田國男の〝妖怪〟研究は、その膨大な仕事のうちの、ほんの一部にしか過ぎません。しかし、割合としては少ないまでも、柳田にとって〝妖怪〟が一種「特別な」研究対象であったことは疑いようがありません。

そして柳田が「妖怪」という言葉に与えた影響は、圓了のそれよりもむしろ大きかったといえるのではないでしょうか。

しかし、結果的に「妖怪」という言葉を選択したことは柳田の誤算であった——という見方もできます。

なぜなら「妖怪」という言葉は民俗学用語として活用される以前に、通俗語として大衆に流布していた言葉だったからです。指し示す領域こそ場面場面でまちまちではあったものの、術語として採用された段階で「妖怪」という言葉が示す領域は民俗学的枠組みからはかなりずれたところにあったことは間違いないでしょう。

私たちが知っている〝妖怪〟、現在流通している通俗的な〝妖怪〟の概念を構成する要素の数々は、その頃すでに出そろっていたのです。つまり——無意識の領域においては、私たちの知る〝妖怪〟はもう完成しつつあったといってもいいでしょう。

構成材料はすべて出そろっており、〝妖怪〟のイメージは民俗学と別の場所——大衆文化というステージの上で、不明確ながらもすでに形成されていたのです。

ただ一つ欠けていたのは、それら目に見えない要素を組み上げ、不明確なイメージを明確にしてくれる人物——不特定多数の大衆を納得させるだけの形でプレゼンテーションできる力量を持ったクリエイターの存在だけでした。

柳田はスタート（再スタートというべきでしょうか）の時点で「妖怪」という言葉を御しきれていなかった、と捉えることもできるでしょう。

民俗学を支えたのは全国に散らばった研究家――情報提供者たちでした。柳田自身がある種の戸惑いを持っていたのであれば、彼ら協力者たちが遍く柳田の想定する〝妖怪〟なる枠組みを正確に理解し得たとは思えません。

その結果、宙吊りにされた「妖怪」という言葉の下《もと》に多くの民俗語彙が蒐集されることになったのです。民俗学がいまだに民俗学用語としての「妖怪」を定義し得ない背景には、そうした事情もあったのでしょう。

大正五年『郷土研究』社告から「妖恠」の二文字を取り下げた際、柳田は四十歳でした。そして〝妖怪〟研究の成果を纏めた『妖怪談義』を上梓した昭和三十一年、柳田は八十一歳になっていました。『郷土研究』誌上に掲載された幾本かの小文は、〝妖怪〟という言葉の呪縛に絡《から》められたがために、実に四十年以上お蔵入りしていたのです。

そして――『妖怪談義』が世に出たその翌年、ついに水木しげるが貸本漫画界にデビューすることになります。

遠からず水木しげるは、大衆的娯楽作品の送り手として、〝妖怪〟を素材として選び取ることになるのです。

そして、「妖怪」という言葉は、ようやく私たちの知る〝妖怪〟を指し示すようになります。

筆者は、そうして完成した概念を、便宜的に「通俗的妖怪概念」――と、名づけることにします。

妖怪のなりたちについて

　さて、ここでまとめに代えて「妖怪」という言葉（が示す領域）の変遷を大まかに並べてみましょう。

近世以前――主に怪しいというだけの意味
近世以降――主に怪しいモノゴト（神仏と関わりがないなど、条件付きだった可能性がある）
江戸後期――化け物の言い換え（黄表紙などの創作物に限定使用）
明治中期――否定されるべき前近代のモノゴト＝オカルト全般を示す学術用語（井上圓了の定義）
明治後期――通俗化した圓了の定義＝化け物の上位概念（主に化け物＋現象を指し示す）
大正前期――神仏と関わりなく恐れられるモノ（柳田國男の暫定的な定義）
大正中期――化け物の一部＝変化の下位概念、あるいは変化の種類を特定する言葉（江馬務の定義）
大正後期――変態的文化の表出＝化け物＋それに類するグロテスクなモノゴト（藤澤衛彦などが提示）

昭和初期——特定の場所に関わる（幽霊とは別の）怪しいモノゴト、零落した神＝民俗社会で現在も信じられている、あるいは過去信じられていたと伝えられる（神仏とは無関係な）怪異、あるいは怪物、または場所で、多くは特定の固有名詞を持ったモノ、あるいはコト（柳田國男＝民俗学の定義）

こうした変遷を経て、私たちの知る〝妖怪〟を指し示す「妖怪」という言葉は、学問と通俗の双方を行き来しつつ醸造されて来たわけです。さて、それではこうした変遷の結果、「妖怪」という言葉にはどのような〝条件〟が与えられたのでしょうか。今まで述べて来た経緯を踏まえ、簡略に述べるなら、それは次のようなものになるでしょう。

A・妖怪は〝前近代〟的である。
B・妖怪は〝（柳田）民俗学〟と関わりがある。
C・妖怪は〝通俗的〟である。
そして、
A、Cと重なる形で、
D・妖怪は〝化け物〟の属性をほぼ受け継いでいる。
という項目も付け加えておきましょう。

柳田が『妖怪談義』を世に出した段階で、こうした条件はある程度固まりつつあったものと思われます。

そんな頃――水木しげるが、ついに漫画家としてデビューするのです。

水木しげるの登場

水木は漫画を描き始める以前に、紙芝居作家として活躍していました。

水木が紙芝居を描き始めたのは、昭和二十六年（一九五一）のことです。

西部劇やキングコングなど、お決まりの活劇――娯楽映画の模倣――からスタートし、水木はやがて「因果もの」と呼ばれるジャンルに到ります。「因果もの」とは、ある原因の結果として物語が生成されるジャンル――ということができるでしょう。どんなものにも原因と結果はあるわけですから、そういってしまうとなんの変哲もない物語のように聞こえますが、そうではありません。

結果と乖離《かいり》した原因の設定こそが「因果もの」の身上なのです。

例えば主人公に身に覚えのない不幸が降りかかり、その原因は主人公自身ではなく、すでに亡くなっているその血縁者（多くは親）の所業にあった――と説明されるわけです。

要するに「親の因果が子に報い」というパターン――現在では差別的な物語として捉《とら》えられ兼ねない筋立てのもの――を指すわけです。

これは、いわゆる〝怪談〟の常套《じょうとう》です（怪談といっても、心霊恐怖譚《たん》＝最近いうところの〝実話〟怪談ではありません。累《かさね》や牡丹燈籠《ぼたんどうろう》といった、伝統的〝物語〟怪談の方です）。

水木はオリジナル作品として『猫娘《ねこむすめ》』や『ガマ令嬢《れいじょう》』、『巨人《きょじん》ゴジラ』などの「因果もの」紙芝居を物しているようです。

これらの作品は現存していないのですが、題名から類推するに「因果もの」怪談のひとつのお約束である（四谷怪談《よつやかいだん》のお岩さんのような）〝肉体の変形〟を扱った作品だったようです。

さて、「親の因果」で肉体が変形するというのは、〝見世物〟の常套でもあります。

蛇女や熊娘など、肉体の一部の特徴的な差異を売り物にする——やはり現在では差別的と判断される——出し物は、口上役によって、一様に「親の因果が子に報い」とプレゼンテーションされたのです。

こうしたアンダーグラウンドな文化——エロ・グロと呼ばれる都市文化——は、前述のとおり通俗的な風俗研究が好んで扱う分野でした。それらは地方の因習などと同等に、差別的かつ興味本位な姿勢で大衆に向けて紹介され、受け入れられていたものです。

それらはまた、藤澤衛彦が〝猟奇・変態〟としてカテゴライズしたものでもありました。水木自身、その手の紙芝居を「グロ悲劇」と呼んでいたようです。

〝因果〟〝怪談〟〝グロテスク〟〝猟奇・変態〟そうしたキワモノ的キーワードは、藤澤のプレゼンテーションにおいては〝妖怪〟と隣接するモノゴト（場合によっては〝妖怪〟そのもの）でもありました。

しかし、それは（その段階では）先に挙げたA～Dの条件項目を満たすものではありませんでした。藤澤の仕事は民俗学とは距離を置いた（柳田に距離を置かれたというべきかもしれませんが）ものだったからです。

その後、水木は因果ものの極め付きである『ハカバキタロー』に出合います。

きちんとした形で現存していないため全体を確認することは不可能なのですが、『ハカバキタロー』は、何らかの親の因果で墓場から生まれることとなった醜い少年（蛇少年と推測されます）が、親の仇敵《かたき》に復讐《ふくしゅう》するといった体裁の物語であったと考えられます。

この『ハカバキタロー』は、伊藤正美《いとうまさみ》という人物の原作とされていますが、伊藤氏のオリジナルかどうかは判っていません。ただ、想像される筋立て自体は目新しい（オリジナリティの高い）ものではなかったようです。

ネーミングや設定の一部などが伊藤の発案であったという可能性はありますが、例えば埋葬された遺体が出産するというシークエンスにしても（「子育て幽霊」との類似が指摘されることが多いように）、〝怪談／昔話〟においては取り分け新しいものではありません。それまでにも類似作品は多くあったはずで、たまたま伊藤のものがヒットしたか、何かの理由で定番化していたのかもしれません。そもそも紙芝居というのは〝複製〟することで成立していた業種です。同じネタを複数の作家が制作することは当たり前のことだったのです。人気のあるネタやキャラクターは業界全体の「共有財産」だったわけです（日本における通俗娯楽作品のそうした作られ方は、江戸期からの伝統的な在り方でもあります）。

例えば、『ハカバキタロー』と同種の作品に『コケカキイキイ』があります。こちらは蛇ならぬ鳥少年で、やはり自分を鳥少年にした仇敵に復讐するという話だったようです。これらは本来、同じハナシのヴァリエーションであった可能性があります（因《ちな》みに水木も後に「コケカキイキイ」という連作短編を発表していますが、それはまったく違うストーリーです）。

要するに何らかの要因で醜く生まれた（または醜く変形させられた）異形の主人公が、その原因を作った敵を怪奇な能力で倒す——という骨子のハナシなのです。

これは、まさに〝因果〟〝怪談〟〝グロテスク〟〝猟奇・変態〟の集大成といった筋立てといえるでしょう。

しかし水木しげるは『ハカバキタロー』という人気のある題材を得ても、それをそのまま描いたりはしませんでした。

当時の紙芝居は印刷ではありません。複製も手描きです。複製も含め水木の紙芝居作品はすべて散逸しており、まったく残っていないため、確認することは不可能なのですが、水木本人の記憶に依《よ》れば、水木はタイトルを『墓場鬼太郎《はかばきたろう》』と漢字表記に改めた上で『蛇人《じやじん》』『空手鬼《からて》太郎』『ガロア』『幽霊《ゆうれい》の手《て》』など、数作品を発表したようです。

この中で『蛇人』は、明らかに「因果もの」として描かれたものと考えられます。

水木は当時を振り返って、「鈴木勝丸《すずきかつまる》（水木にハカバキタローを描くことを勧めたといわれる名人紙芝居演者）が、いよいよ不景気になってきたので、その打開策に因果物をやろう」と誘い、「うらみ深くした方がいい」と助言してくれたと語っています（『水木しげるの世界』一九八〇／新評社）。

鬼太郎は、何の因果か蛇の腹から生まれ、苛《いじ》められながら人間に育てられる――という設定で、我慢に我慢を重ねた揚げ句、最後は蛇の本性を現して自分を苛めた人間に復讐する――という筋だったようです。

ところが二作目と思われる『空手鬼太郎』で、水木はそうした「因果もの」の体裁をほぼ捨ててしまいます。

水木曰《いわ》く、『空手鬼太郎』は当時流行していた空手映画を焼き直したものだったらしく、ギチンなる空手使い（実在する有名人――沖縄空手の名人・船越義珍《ふなこしぎちん》がモデルだと思われます）と、その弟子となった鬼太郎の闘いを描いた活劇ものだったと考えられます。

鬼太郎は必死の特訓を重ね、空手の修行を積んだ末に師匠ギチンを打ち破るわけですが（これはスポ根！）、破れたギチンは負けた腹癒《はらい》せ（であったと思われます）に、汚い手を使って延々と鬼太郎を苛め続ける――という展開だったらしく、最終的に鬼太郎は（たぶんそれまで使わずに隠していた）特種能力を使ってギチンを倒す――ことになるようです（その辺りは因果物『蛇人』のパターンを踏襲しています）。つまり、活劇ものにおいても鬼太郎はやはりただの子供ではなく、異形のモノだったということになります。

因みにこの『空手鬼太郎』が目玉おやじのデビュー作になるようです。

その『空手鬼太郎』は大いに「ウケた」のだ、と水木は語っています。

しかし、続く『ガロア』は「あまりウケなかった」のだそうです。

『ガロア』は宇宙もの――つまりＳＦ――だったようです。

『幽霊の手』についての詳細は判りませんが、水木得意の「手だけが実体化した幽霊」の話であったとするなら、純粋な怪奇もの——今でいうホラーに近いものだったのかもしれません。

ところが、これは壊滅的に「ウケ」ず、「鬼太郎はこれで中止」したと、水木は語っています（前掲書）。

因果ものをベースにしているとはいうものの、縦横無尽に流行を取り入れ、次々とスタイルを変えて描かれた鬼太郎は、すでに『ハカバキタロー』とはまったく別の作品になっていたといっていいでしょう。

ただ。

どれも〝妖怪〟とは無関係のようです。

水木は『河童《かっぱ》の三平《さんぺい》』『一《ひと》つ目小僧《めこぞう》』など、今でいうなら〝妖怪〟ものと捉えられるような紙芝居も何作か描いていますが、どれも〝妖怪〟ものとは認識していなかったようです。

そのものズバリ、『妖怪大名』という作品もあります（ただ、この作品は水木オリジナルではない可能性があるようです）。この作品は何枚か原画が発見されたため（水木本人はよく覚えていないようですが）筋こそ判りませんが、どのような作品であったのかは知ることができます。

結論からいうなら——『妖怪大名』は、単なる時代活劇だったようです。

残存する部分から類推できる物語の骨子は、「妖怪大名」を名乗るミイラ男のような人物を首領に戴《いただ》く悪の「妖怪一味」（「妖怪」というのは悪党の親玉の名前であり集団の名称なのです）と、大《おお》岡越前《おかえちぜん》、若侍の欣也《きんや》が戦うというものです。

作中、「妖怪」という言葉は〝怪しい〟という意味しか持っていません。

水木は、少なくとも紙芝居時代に〝妖怪〟ものを描いてはいなかった――描いている自覚がなかった――ようなのです。

昭和三十二年（一九五七）、十一月、水木しげるは貸本漫画に進出します。

最初に描いた作品は『赤電話《あかでんわ》』（兎月書房《とげつしょぼう》）というミステリでした。この作品は、他の作家が描き切れなかった原稿を水木が仕上げたもの、ともいわれています（全部描いたという説もあります）。

そうした経緯もあることから、翌三十三年（一九五八）二月に上梓《じょうし》した『ロケットマン』（兎月書房）が一般的に水木しげるのデビュー作とされます。作風はアメリカンコミック、内容はSFドタバタアクション――といったところでしょうか。

同じ年に水木は『プラスチックマン』（綱島出版社）、『怪獣《かいじゅう》ラバン』『恐怖《きょうふ》の遊星魔人《ゆうせいまじん》』（ともに暁星）など、同じ系統の作品を続けて発表します。同時に多数の戦記ものや、乞《こ》われて少女ものなども描くわけですが、「宇宙ものや少女ものは苦手」で、描きたくなかったと、後に水木本人は述べています（とはいうものの、中々どうして水木の描くSF漫画やバレエ漫画は完成度の高いものなのですが――）。

それでは水木しげるが「描きたかった」ものとは、何だったのでしょうか。「妖怪漫画じゃないの？」という声が聞こえて来そうですが、それは違います。昭和三十三年の段階で、私たちが知っている〝妖怪〟漫画などはなかったのです。

先程の条件項目A〜Dを満たす〝妖怪〟――つまり現在流通している〝通俗的妖怪〟は、その当時、ただ漠然とその姿を現し始めたばかりだったのです。ないものは描きようがありません。

水木は結局、戦記ものを除けば、主に〝怪奇〟漫画を好んで描いたようです。〝妖怪〟漫画はまだありませんでしたが、〝怪奇〟漫画はあったのです。

なぜなら、〝怪奇〟小説というジャンルが、先行して提示されていたからに他なりません。江戸川乱歩《えどがわらんぽ》編・平井呈一《ひらいていいち》他訳の『世界大ロマン全集24・怪奇小説傑作集Ⅰ』（一九五七／東京創元社）『世界大ロマン全集38・怪奇小説傑作集Ⅱ』（一九五八／同）が世に出たのは、まさにこの時期のことでした。

この本の出版は、色々な意味で〝事件〟だったといえます。

江戸川乱歩は、昭和二十二年（一九四七）日本探偵作家《にほんたんていさっか》クラブ（後の日本推理作家協会）を創立した、知る人ぞ知る探偵小説の父です。乱歩は、単なる大衆娯楽小説の一部（しかも通俗的風俗研究の素材であった変態・猟奇やエログロに通底する一分野）にすぎなかった本邦の探偵小説（犯罪小説）に、海外の探偵小説（推理小説）を接続することで「探偵小説」（後に「ミステリ」などと呼ばれる）というジャンルを特殊なものとして確立した功労者――ということができるでしょう。

乱歩は、海外の小説群から探偵小説（推理小説）を〝切り出す〟際に（それらはそもそもジャンル小説として書かれたものではなかったのです）、怪奇小説というジャンルをも〝切り出して〟しまったのです。

そもそも、海外においてもそれら〝怪しい小説〟群は、最初から明確に区別されていたわけではありませんでした。本稿の趣旨は探偵小説の沿革を語るものではありませんので、多くを省いて乱暴に纏《まと》めるなら――乱歩は合理的決着があるものを探偵小説、合理的決着がつかないものを怪奇小説に振り分けた、ということができるでしょう。もちろん、合理／非合理という対比構造が醸成される背景には、井上「妖怪学」を生み出した〝時代〟があったことはいうまでもありません。

乱歩は、最初それらを「怪談」としてカテゴライズし、紹介しましたが、やがて（それこそ累や四谷怪談などの）古典「怪談」と差別化する意味もあってか、「西洋怪談」という呼び方をするようになります。

この「西洋怪談」の、日本で最初のアンソロジーとなるのが、『怪奇小説傑作集Ⅰ・Ⅱ』なのです（『怪奇小説傑作集』においても「西洋怪談の代表作」という一文を巻頭に寄せています）。函《はこ》の背に刷られた謳《うた》い文句を引いてみましょう。

欧米では推理小説と並んで怪奇小説の傑作集が広く愛読されているが、わが国に於ることの分野の作品は殆んど未紹介に近く、本格的なアンソロジーは本書が初めてである。異次元の世界の怪物やおそるべき呪の話、妖怪や怨霊或は憑きものや運命の恐怖を描いた物語は、読者を幻想と超自然の世界へと誘っていく。

文中、「妖怪」「怨霊《おんりょう》」という言葉が出てきます。出版されたのは『妖怪談義』が上梓された翌年ですから、柳田の「妖怪／幽霊分離」作戦はすでに始まっていたわけですが、〝通俗的妖怪〟はいまだ完成していません。

ここでいう〝妖怪〟とは、柳田が提示した民俗学的〝妖怪〟の、通俗的な転用として見るべきでしょう。つまり、「特定の場所に関わる（幽霊とは別の）怪しいモノゴト、零落した神＝民俗社会で現在も信じられている、あるいは過去信じられていたと伝えられる（神仏とは無関係な）怪異、あるいは怪物、または場所で、多くは特定の固有名詞を持ったモノ、あるいはコト」の通俗的な理解――ということになるわけですが、要するに「幽霊とは違う、非合理で非科学的なモノゴト」というような意味だろうと思われます（「異次元の世界の怪物」というのは〝合理で科学的〟なSF的なモンスターと考えるべきでしょう。また、この時点で〝怨霊〟が本来の意味を失い、すでに〝怨《うら》みを持った近代的幽霊〟という現代的な使われ方をしていることも知れます）。

この『怪奇小説傑作集Ⅰ・Ⅱ』を契機《きっかけ》にして、「西洋怪談」は「怪奇小説」と名を変えることになります。さらに（海外／国内という区分けを越えて）「怪談」と「怪奇小説」も、明確な基準のないままに分離していくのです。

因みに、後に水木しげるに「弟子入り」をすることになる博物学者・荒俣宏《あらまたひろし》は、中学生の時に読んだこの『怪奇小説傑作集』に感動し、訳者である平井呈一に書簡を送ったという逸話があります。それを契機《きっかけ》として荒俣は平井の薫陶《くんとう》を受け、翻訳家として世に出ることになったのです。『怪奇小説傑作集』は、この分野に、多くの種を蒔《ま》いた名著といえるでしょう。

いうまでもなく、編者である江戸川乱歩は（乱歩自身の作品の位置づけはともかく）「探偵小説／推理小説」ジャンル確立の大立者です。訳者である平井呈一の許《もと》には、紀田順一郎《きだじゅんいちろう》、その盟友である大伴昌司《おおともしょうじ》、そして前述の荒俣宏などが集い、彼らは偏愛する「怪奇小説」を世に広め続けることになります。やがてそれは「幻想小説」というジャンルへと昇華し、後続へと受け継がれていくことになります（「怪奇／幻想文学」の日本における黎明期《れいめいき》については当事者でもある紀田順一郎先生が著書『幻想と怪奇の時代』〈二〇〇七／松籟社《しょうらいしゃ》〉で詳しくお書きになっています）。また、大伴昌司は後に隆盛を迎える「怪獣文化」を裏側から支えることになるのです。

つまり、「怪奇小説」というジャンルの確立は、「探偵（推理）小説」にも「怪談」にも「幻想小説」にも、そして「怪獣」にまで、影響を与えた、ということになるでしょう。

水木が〝怪奇〟漫画を描く上で下敷きにしたのは、こうした海外の〝怪奇〟短編小説群だったのです。ゴーゴリ、モーパッサン、H・G・ウェルズ、W・F・ハーヴィ、ジョン・コリアーなどなど、水木流に翻案された傑作は数知れません。水木は、当時はそれ程メジャーだったとは思えないラヴクラフトの文章を引用したりもしています。

それは、紛《まご》う方《かた》なき〝怪奇〟漫画でした。怪物も登場しますし、不可思議なでき事も起こります。ただ――貸本時代の水木漫画に〝妖怪〟はほとんど顔を見せません。

水木しげるは勉強家です。本来蒐集癖《しゅうしゅうへき》があった水木は、様々なジャンルを渉猟し、多方面から大量の資料を調達し、咀嚼《そしゃく》して、自家薬籠中《やくろうちゅう》のものとしました。水木は自分の描きたいものを描く努力を惜しまなかったのです。

また、洋画も水木の糧《かて》となりました。先に挙げたアメリカンコミックの画風のみならず、マックス・エルンストなど、シュールレアリスム系の絵画のエッセンスを巧みに取り入れ、独自の画風を創り上げました。貸本時代の水木の画力には、目を見張るものがあります。

しかし、そこに〝妖怪〟はいません。

何かが欠けていたのです。

センシティブで大胆な構図と、他の追随を許さない筆致、練られたストーリー、貸本漫画としては異例の完成度を誇る名匠・水木しげるをしても、水木しげる自身が描きたかったモノは描くことができなかったのです。いや、本当に描きたいものは、「まだ完全な形では存在していなかった」というべきでしょうか。

そして、水木は、ある日——欠けているものに気づくのです。

昭和三十五年（一九六〇）、『妖奇伝《ようきでん》』（兎月書房）というアンソロジータイプの貸本（水木自らが編集していました）において、水木は「鬼太郎」を復活させます。

しかし、残念ながら売れ行きが悪く、『妖奇伝』は二号で廃刊、新生鬼太郎は早々に打ち切られてしまいます。ところが、執拗《しつよう》に復刊を望む熱烈な水木マニア（当時からいたのです！）達の声に応《こた》える形で、『妖奇伝』はそのものズバリ『墓場鬼太郎《はかばきたろう》』とタイトルを変えて再出発することになります。

ただ——今度は版元側の不手際でトラブルが発生し、水木は版元と決裂、出版社を変えて、初めての鬼太郎モノ長編『鬼太郎夜話《やわ》』シリーズ（三洋社《さんようしゃ》）を開始します。

この時『鬼太郎夜話』を引き受けた三洋社の取締役が、後に青林堂を興し、雑誌『ガロ』を立ち上げる長《なが》井《い》勝《かつ》一《いち》その人でした（なお、旧版元である兎月書房は、「墓場鬼太郎は作品名ではなくアンソロジーの書籍タイトルである」として、竹内寛行《たけうちひろゆき》なる人物に続きを描かせるという無茶なことを決行します）。

さて、多少難産ではあったものの、こうして再スタートした「鬼太郎」は、紙芝居の時のそれとは少し、いや大いに違っていました。貸本での鬼太郎は「幽霊族」と呼ばれる地球の先住民の末裔《まつえい》です（水木はこの鬼太郎漫画第一作『幽霊一家』において、一般にいう〝幽霊〟の存在を否定してしまいます！）。

そこに因果ものの構図はありません。

因果ものとしての片鱗《へんりん》は、病に倒れた鬼太郎の両親が人間に「見殺しにされる」という酷《ひど》い仕打ちを受け、結果、鬼太郎も「埋葬された母＝墓の中から生まれる」ことになるという、物語初期の展開に僅《わず》か残るのみです。

鬼太郎は両親を見殺しにした人間に引き取られて育てられるわけですが、精々「気味悪がられる」だけで、決して苛められはしません。むしろ鬼太郎の方が「恩を仇《あだ》で返すように」育ての親たちを破滅に導くという筋書きになっています。

海外のハードSFや、幻想・怪奇小説を読み漁《あさ》ったと思《おぼ》しき水木らしい、実に斬新《ざんしん》な組み立てです。

因果応報を断ち切った水木は、その代わりにSF的な設定やサイコサスペンス的な展開、不条理な幻想・ファンタジー的な脚色などを縦横無尽に加えたのでした。

ただ。

水木は海外の作品に倣っただけ――あるいは美味《おい》しいところを繋《つな》ぎ合わせただけ――で済ませたわけではありません。前述の通り、水木は大量の資料を「咀嚼して、自家薬籠中のものと」したのです。水木しげるに依って消化された素材は、ことごとく水木の好きな形に変換されていました。

水木の好きな形とは――。

簡潔に言い表すのは難しいでしょう。

土俗的、土着的、日本的――どれも少し違います。

ただ、水木が描く風景はどこかしら懐かしいものとして映るはずです。

日本的郷愁を誘う、どこか原風景めいた景色を水木の筆は描き出します。そして、水木の描くキャラクターは、何ともいえぬおかしみを持っていて、少しだけ寂しげでもあり、また滑稽《こっけい》でもあります。

懐かしさとは――身も蓋《ふた》もなく言い換えれば〝古い〟ということです。そして正確なデッサン力に裏打ちされた、それでいてどこか奔放な筆致で描き出されるキャラクター達のフォルムは、子供の悪戯《いたずら》書きの面白さや愛《いと》おしさに通ずるものでもあるでしょう。

おかしみ、滑稽《こっけい》さ、幼稚さ、古臭さ、愚劣さ、そして懐かしさ――ひと口には言い表せないそうした様々な要素を、水木はたぐい稀《まれ》なる画力で作品の中に封じ込めたのです。

それこそが、欠けているもの――だったのです。

リニュウアルした貸本版鬼太郎は、伝統的因果もののスタイルを潔く捨て去り、およそ日本的でない、SFサイコサスペンスともいえる怪奇幻想漫画の骨格を与えられました。しかしそれは、紙芝居の時よりもずっと〝日本的な〟装いを纏《まと》っていたのです。舞台となる廃寺、墓場や樹木、木の質感、小道具からフォルム、構図に至るまで、そこには「古い日本」の景色や感触や臭いや雰囲気が、見事なまでに封じ込められていたのです。

鬼太郎も因果の子ではなくなりました。鬼太郎は「人類以前に地球を支配していた」先住民族の末裔というSF的な設定の異能少年です。しかし、それでいて鬼太郎には暗黙の属性も与えられていました。

「墓から生まれた幽霊の子」――。

その設定は残されたのです。鬼太郎は再生の際、昔話・伝説で語られる「飴屋《あめや》幽霊」、延《ひ》いては日本的〝幽霊〟スタイルの原型となった「ウブメ」の属性を、言外に重ね合わされていたのです。

土俗的、土着的、日本的、おかしみ、滑稽さ、幼稚さ、古臭さ、愚直さ、薄暗さ、そして懐かしさ――そうした様々な要素を敢《あ》えてひと言で言い表すならば――それは「民俗学的粉飾」ということができるでしょう。

これは民俗学そのものではありません。

民俗学のもたらすイメージ、と言い換えた方が、より正確でしょう。

民俗学は、具体的に何を研究しているのか、とても解りにくい学問です。他の学問と比較してみると、よく解ります。歴史学は歴史を、物理学は物理を研究する学問です。もちろん民俗学は民俗を研究する学問である——わけですが、「では民俗って何？」と問われた時、すんなり答えられる人が多くないことも事実でしょう。

民俗とは何か、民俗学とは何を目的として行われる学問なのか、残念ながら民俗学はその点を一般に向けてアピールすることを怠って来ました。

民俗学と似て非なる学問である民族学と混同されることもしばしばあるようです。英訳すればフォークロアとエスノロジーですから、まったく違うわけですが、この混同は発音が同じだというだけの間違いではないようです。

そのせいか、私たちが民俗学に抱くイメージはそれ程豊かなものではありません。冒頭で述べたとおり、一般の人に民俗学に就《つ》いて尋ねた場合、キーワードとして挙がってくるのがいの一番に〝妖怪〟だったりするのが現状です。それ以外に、民俗学を巡るイメージは大体次のようなものです。

田舎、お祭り、神社、昔話や伝説、古民具、しきたり——概《おおむ》ねそんなところでしょうか。当たらずといえども遠からず、という感じではあるのでしょうが、民俗学者の方にとっては首を傾げる結果かもしれません。

一般の人間が民俗学という語感から思い起こすモノゴトは、まさに日本的なノスタルジーなのです。

水木が発見した「欠けていたモノ」――通俗的〝妖怪〟概念を構成する上で欠けていたパーツというのは――まさにその「民俗学的粉飾」だったのです。

一方で、通俗的／娯楽的な風俗史学の〝妖怪〟は、因果、怪談、グロテスク、猟奇・変態、などによって語られるモノゴトでした。〝怪奇〟小説の紹介者である江戸川乱歩がこうした領域に特に親和性が高かったことからも知れるように、〝怪奇〟漫画を好んだ水木は既にそれらを自家薬籠中のものとしていたのです。そこに民俗学「的」粉飾（それはあくまで民俗学「的」粉飾なのですが――）を加えた時、先程の四つの条件、

A・妖怪は「前近代」的である。
B・妖怪は「民俗学」と関わりがある。
C・妖怪は「通俗的」である。
D・妖怪は「化け物」の属性をほぼ受け継いでいる。

は、ほぼ満たされることになります。

そして水木しげるは――〝妖怪〟をツールとして使いこなすため――どんどんと民俗学へと接近して行くのです。

水木は、長編である『鬼太郎夜話』を描くことで、ストーリーテラーとしての、またキャラクターメーカーとしての才能を惜しみなく開花させることになります。

そして——年を越して刊行された『鬼太郎夜話／第2話・地獄の散歩道』（一九六二）において、ついに〝妖怪〟が作中に出現することになります。

深大寺《じんだいじ》すき焼きパーティーと呼ばれる、ファンにはお馴染《なじ》みの場面です。「頭にロウソクをつけて七年に一度つきの実フキを食べにくるのだ」と説明されるこの場面には、二十体あまりの〝妖怪〟が登場しています（行われる場所は寺——深大寺、時刻は丑三《うしみ》つ時、鬼火や鴉《からす》、藁《わら》、叢《くさむら》などの舞台装置の他に、「ロウソク」「七年に一度」「つきの実フキ」などの語句を使って説明されるところにも注目すべきでしょう。これは、まさに「民俗行事のパロディ」なのです）。作中に登場しているのは、江戸の〝化け物〟ではありません。またホラーやSFに登場するような〝怪物〟でも、もちろんありません。〝幽霊〟でもありません。異形ではありますが、何だか得体の知れないモノどもです。

その場面にはこのような説明が附加されています。

妖怪は幽霊と違うから別に地獄に行ったりきたりしないが、それぞれあなどれない妖力をもっている。

諸君は何かこういう妖怪のことを書くとすぐにウソという二文字が頭に浮かぶであろうが、それは無理はない。現在中学校にも妖怪という科目はないし高校にもない。全く文部省の手落ちというべきである。そこで著者は頁数をさいて出席者を説明しなければならなくなるわけだ……

鬼太郎夜話　第２話・地獄の散歩道（1961）より。深大寺すき焼きパーティー

その後水木は、コマの中を文字で埋める形で「パーティーに出席した妖怪」に就いての説明を始めます。出身地付きで紹介される妖怪達は、次のような面々です。

畳《たたみ》叩《たた》き（広島県出身）
児啼爺《こなきじじ》（徳島県出身）
砂《すな》かけ婆《ばば》（奈良県出身）
塗壁《ぬりかべ》（佐賀《ママ》県出身）
槌転《つちころ》び（岐阜県出身）
見上《みあ》げ入道《にゅうどう》（佐渡ヶ島出身）
袖引《そでひ》き小僧《こぞう》（埼玉県出身）
その他、火取魔《ひとりま》、天火《てんぴ》、釣瓶落《つるべおとし》、木心坊《きしんぼう》等々

お解りでしょうか。

これらは――いずれもその五年前に出版された柳田國男の『妖怪談義』に収録された、「妖怪名彙」に載る、民俗学的〝妖怪〟ばかりなのです（ヌリカベだけ出身地が変更されていますが、他意はないものと思われます）。

つまり――この漫画に登場するキャラクターたちは、「特定の場所に関わる（幽霊とは別の）怪しいモノゴト、零落した神＝民俗社会で現在も信じられている、あるいは過去信じられていたと伝えられる（神仏とは無関係な）怪異、あるいは怪物、または場所で、多くは特定の固有名詞を持ったモノ、あるいはコト」として蒐集された、民俗語彙《ごい》そのものなのです。

そこには、民俗語彙自体がキャラクター化して登場しているのです。

水木は、柳田が蒐集したモノゴトを、通俗化した圓了の定義に端を発し、通俗的・娯楽的風俗史学の流行によってとどめを刺されたモノ＝〝通俗的妖怪〟として読み解いたのです。

そして、姿形のなかったモノや、本来形などありようもないコトにまで、カタチが与えられることになったのです。

水木は、同書の中でこう語ります。

> いずれにしても日本に古来から我々人間に知られずにこうして生息している妖怪達の生態は全く未知であり、またつかみどころがないため、笑い話として見のがす習性が人間にできてしまったことは、まことに遺憾である。
> 彼等がどうしてさまざまな目的のない、いたずらをするのかまた日頃どんな生活をおくっているのか……それは日本の天奇書「鬼太郎夜話」がやがてその全貌を明らかにするであろう

この予言通り、水木しげるは〝妖怪〟を自らの漫画のキャラクターとして活躍させることに成功し、実際にその実態を（ある意味で）明らかにして行くこととなったのです。

通俗的妖怪の完成

一読で解ることですが、水木は確実に、それまで通俗の場と学問の場双方で醸造されて来た通俗的〝妖怪〟概念のツボをきちんと押さえています。A～Dの条件項目は最初からきっちりと満たされていたのです。

水木しげる以外にも〝妖怪〟を作中で扱った作家は幾人もいますが、それまでに醸造されてきた通俗的〝妖怪〟概念にぴったり当てはまる〝妖怪〟を従えていたのは、どうも水木ただひとりだったようです。

例えば水木と並ぶ〝怪奇〟漫画の天才・楳図かずおでさえ、こと〝妖怪〟に関していうなら水木には及びませんでした。もちろん目指すところが違うのですから、これは当たり前のことです。楳図は〝妖怪〟にシフトしていった水木とは違い、むしろ純粋に〝怪奇〟漫画を描き続け、モダンホラーやSFなどの要素を旺盛に取り込むことで〝怪奇〟漫画を究《きわ》めたというべきでしょう。ただ、『猫目小僧』は傑作ではありますが〝妖怪〟にはなり得なかったのです。

何故なら猫目小僧（や『猫目小僧』に登場する妖怪）というキャラクターは楳図かずおの創作物以外の何ものでもないからです。

一方で、水木のキャラクターである児啼爺や砂かけ婆はどうでしょう。水木は作中、地の文ではっきりと「日本に古来から我々人間に知られずにこうして生息している妖怪達」と述べてしまっているのです。昔から居るふりをすることが、

A・妖怪は「前近代」的である。

という条件を満たす何より有効なポーズであることはいうまでもありません。

漫画の神様とまで謂《い》われる手塚治虫にも『どろろ』（一九六七—一九六八）という傑作漫画があります。

『どろろ』にも〝妖怪〟はたくさん登場します。さすがは手塚治虫、江戸の化け物絵などから材を採り、オリジナルながらも本物の〝妖怪〟を装った、いかにもなフォルムのキャラクターが登場しています。

ただ、それでも『どろろ』がどこか〝妖怪〟漫画らしくない佇《たたず》まいなのは、やはり作者である手塚の顔が透けてしまうこと——テーマ性、ドラマ性が前面に押し出されていること——手塚作品として完結してしまっていることに由来するのでしょう。『どろろ』は、手塚作品としては申し分のないでき栄えではあるのです。しかし、作者である手塚治虫は現代人です。登場する〝妖怪〟が、その手塚の作家性を色濃く感じさせる「手塚キャラ」であった場合、それはどうしたって前近代的ではあり得ない、ということになります。

また、隙のない物語性は、時に作品から通俗性を剝奪《はくだつ》してしまう場合があるのです。

C・妖怪は「通俗的」である。

という条件を満たすうえで、『どろろ』の物語は上手《うま》くでき過ぎ、、、、ているわけです。崇高なテーマや高尚な芸術性、カッコ良さといったものは、あまり〝妖怪〟と相性の良くないもののようです。水木作品の場合は「そうしたものを感じさせないようにする」という逆向きの計算が――作品を外に開く周到な配慮が――なされているわけです。

さらに、『どろろ』の場合、作品の舞台が戦国時代だということも考慮するべき事柄なのかもしれません。その時代に〝妖怪〟はいません。時代設定は戦国、デザインは江戸、概念は近代という取り合わせは、やはりちぐはぐな印象をもたらします。精密な設計で成り立っている手塚漫画において、読者は通俗的〝妖怪〟概念を排除せざるを得なくなるのです。

さらに、戦国時代を舞台にしたせいで、

B・妖怪は「民俗学」と関わりがある。

という条件も満たされにくくなってしまいます。

歴史学ならともかく、民俗学は戦国時代を直接的には扱いません。

加えて、いうまでもなく古過ぎる時代設定はノスタルジーを抱かせるのに相応《ふさわ》しいものではないのです。

では——現代に近い舞台設定ならばいいのかというと、実はそうともいいきれません。

例えば——好美《よしみ》のぼるなどは一時期、まるで専売特許のように〝妖怪〟を冠した作品を頻発していた〝妖怪〟漫画家です。

貸本漫画の流れを汲《く》む作風の好美作品は、手塚作品と違って〝通俗〟的という意味では申し分がありません。荒唐無稽《こうとうむけい》でグロテスクなその作風は、崇高でも高尚でもなく、ひたすら面白さのみを追求した、まさに〝通俗娯楽〟作品と呼んでいいでしょう。

ただ、好美作品にはまったくといっていい程「民俗学的粉飾」が見当たらないのです。

そこには〝日本的郷愁〟も〝日本の原風景〟もありません。繰り広げられるのはただグロテスクで猟奇的な怪奇譚であり、登場するのは得体の知れない怪物か、醜く変形した人間なのです（そこが面白いわけですが）。好美はそれを〝妖怪〟と呼びました。これは、謂わば藤澤衛彦に代表される風俗研究の落とし子、変態的文化の表出としての〝妖怪〟に近いモノということができるでしょう。

好美〝妖怪〟漫画は、短い期間ではありますが、人気を博しました。決してオーバーグラウンドではなかったものの、「妖怪といえば好美」という時期はあったのです。しかし、最終的に大衆が受け入れたのは好美の〝妖怪〟ではなく、水木の〝妖怪〟だったのです。

決して作品の出来、不出来を論じているわけではありません。

私たちが現在持っている、通俗的〝妖怪〟概念と作品との齟齬《そご》を測っているだけです。〝妖怪〟という観点からのみ眺めてみた時、どうやら勝ち組は水木しげるだけだった――ということがいえるでしょう。

水木はやがて貸本から雑誌に活躍の場を移し、メジャーシーンに躍り出て来ます。

水木が『別冊少年マガジン』(講談社)誌上に『テレビくん』を掲載し、講談社児童漫画賞を受賞するのは、昭和四十年(一九六五)のことです。

その後『週刊少年マガジン』には『墓場の鬼太郎』の不定期掲載が始まり、やがて『ぼくら』(講談社)に『カッパの三平』が、『週刊少年マガジン』に『悪魔くん』の連載がスタートします。昭和四十一年(一九六六)には『悪魔くん』のテレビ放映が開始され、満を持して『墓場の鬼太郎』の長期連載が開始されます。

雑誌版の『鬼太郎』は、貸本時代に培ったスタイルである怪奇長編漫画としてスタートしてしまいました。

鬼太郎は、最初〝妖怪〟漫画ではなかったのです。連載当初の『鬼太郎』に〝妖怪〟は登場しません。悪人を地獄に流したり子供を改心させたり、戦う敵も吸血鬼(その当時、吸血鬼はまだ〝妖怪〟にカウントされていません)や液体生物、古代生物など、クリーチャーやモンスターばかりです。デザインも、〝妖怪〟らしくありません(『大海獣』にはロボットまで登場します)。

しかし、回を重ねるにつれ、『鬼太郎』は押しも押されもせぬ〝妖怪〟漫画へと変貌《へんぼう》していきます。

その時期に水木は鳥山石燕と出合ったものと思われます。

水木と石燕との接点を作ったのは、どうやら藤澤衛彦の『妖怪畫談全集』（一九二九―一九三〇）だったようです。前章でも触れたとおり、藤澤は同書において、蒐集した地方の口碑伝説を変態的な「怪談」として捉え（時に創作を加え）、その挿し絵として江戸の〝化け物〟絵を配して、大衆に発信していたのでした。

そのスタイルに半ば啓発されたかのように、水木は『週刊少年サンデー』（小学館）誌上で初めての〝妖怪〟画／談の連載を開始します（水木自身は「漫画より楽だと思ったから始めた」と述べています。実際は「むしろ大変だった」のだそうです）。水木がどの段階で『妖怪畫談全集』を手にしたのかは判然としません。しかし、その連載『ふしぎなふしぎなふしぎな話』（一九六六―一九六七）は、絵物語ではなく、画＋談というスタイルになっていること、明らかに『妖怪畫談全集』を情報源とした記事が見受けられること――などから、藤澤の影響下に生み出された企画であったことは確実と思われます。

さらに昭和四十二年（一九六七）、それまで入手困難だった鳥山石燕の『画図百鬼夜行』（『百器徒然袋』を除く三種九冊）が、渡辺書店《わたなべしょてん》から影印復刻されます。これは、奇《く》しくも、『ゲゲゲの鬼太郎』の第一期アニメのテレビ放送が開始される前年のことでした。

アニメ化に当たり、水木は連載中の「鬼太郎」の物語構造を変更せざるを得なくなります。テレビの原作用として、長編ではなく〝対決〟メインのショートストーリーが要求されるようになったのです。

そこで、本格的な連載（それまでは長編が断続的に連載されていました）が開始されるに当たって水木が考え出した構図が、鬼太郎サーガのエポックとなる『妖怪大戦争』（一九六六）でした。

水木はまず、鬼太郎の味方に馴染み深い柳田國男の「妖怪名彙」のメンバーを配しました。そして敵方には、これまた映画などでお馴染みの外国の〝モンスター〟（ドラキュラ・フランケンシュタインなど）を配したのです。ただ、このスタイルが長くは続かないことを水木は知っていました。そこで新たな敵役として登用されたのが——鳥山石燕の描いた〝化け物〟たちだったのです。

ここでようやく——。

民俗学の〝妖怪〟と江戸の〝化け物〟が直接対面することになったのです。

それまでの間——ただ茫洋《ぼうよう》と培われて来た通俗的〝妖怪〟概念が、ここに「ほぼ完璧《かんぺき》な形」でプレゼンテーションされることとなったわけです。柳田が蒐集した形を持たない民俗語彙にはユニークな形が与えられ、石燕が創作した伝承を持たない化け物には物語が与えられ、それらは横並びにされて、『少年マガジン』のグラビアに顔を揃えました。

これは、もうすでに私たちの知っている〝妖怪〟です。

そして、水木の創り上げた手法——通俗的〝妖怪〟概念を具体化する方法は、通俗娯楽の場面において有効なツールとして認識され、多くの担い手に活用され、繰り返し拡大再生産されていくことになります。そして、昭和四十年代中盤以降、大伴昌司、佐藤有文、中岡俊哉《なかおかとしや》、などなど——通俗的〝妖怪〟の担い手たちが続々と登場することになるのです。

そして通俗的〝妖怪〟のビッグバンが訪れることになります。
これが、最初の妖怪ブームの正体です。

モノ化されるコト

さて、先に進む前にひとつだけ押さえておかなければいけないことがあります。

先ほど紹介した深大寺すき焼きパーティーの参加者の中に、「塗壁」の名が挙げられていたことを思い出してください。後に『ゲゲゲの鬼太郎』の準レギュラーとなり、現在ではキャラクターグッズなども大量に作られている通俗的〝妖怪〟のスーパースター「ヌリカベ」の、これが漫画デビューということになります。姿形はまだはっきりと定まっていなかったようですが、『鬼太郎夜話』の中には次のような記述があります。

> 同時《どうじ》に大酒飲《おおざけの》みの「塗壁《ぬりかべ》」の目《め》が…
> サーチライトのように光《ひか》り出《だ》した

暗闇に二つの円《まる》い眼がぽっかり浮かんでおり、そこから光線が放たれている絵が描かれています。「塗壁」というのは、少なくとも眼があって酒を飲む〝モノ〟であるようです。
しかし——塗壁は本当にモノなのでしょうか。

佐藤清明の『現行全國妖怪辞典』において、記された〝妖怪〟はすべて〝モノ〟でした。

しかし、水木が塗壁を拾ったと思われる柳田の「妖怪名彙」は、そうではありません。

そこに集められているのは、「特定の場所に関わる（幽霊とは別の）怪しいモノゴト、零落した神＝民俗社会で現在も信じられている、あるいは過去信じられていたと伝えられる（神仏とは無関係な）怪異、あるいは怪物、または場所で、多くは特定の固有名詞を持ったモノ、あるいはコト」——の名称であったはずです。「妖怪名彙」には〝モノ〟も、〝コト〟も載っていたはずなのです。

論を進める前に、今まで何の説明もなしに使用してきた、この〝モノ〟〝コト〟という曖昧《あいまい》な言葉を、ある程度定義しておかなくてはならないでしょう。

本稿において、〝モノ〟とは概ね「物／者／霊」などと書き表される、「ある対象」を指します。これは主に概念としての「世界内存在」という意味です。

一方〝コト〟とは、その「存在」の「運動」、または「存在」が「運動」することでもたらされる「変化」、さらには「変化」する「世界」そのものを指します。

それをふまえて、「妖怪名彙」の該当箇所を引いてみましょう。

ヌリカベ　筑前遠賀郡の海岸でいふ。夜路をあるいて居ると急に行く先が壁になり、どこへも行けぬことがある。それを塗り壁といつて怖れられて居る。棒を以て下を払ふと消えるが、上の方を敲いてもどうもならぬといふ。（後略）

水木しげるは、間違いなくこの文を読み、そこからキャラクターを創造したのです。なぜなら、おそらく「ヌリカベ」なる語彙とその伝承は、この一文によって初めて全国に紹介されたものと考えられるからです。

「妖怪名彙」には報告者や出典なども記されていますが、「ヌリカベ」に関してはそれもありません。この柳田の文章が、「ヌリカベ」の（今のところの）一次文献ということになります（本稿の執筆中〈二〇〇七年八月〉、享和《きょうわ》年間〈一八〇〇年代初頭〉あたりに制作されたと思しき化け物絵巻に「ぬりかべ」表記があることが確認されました。ただその図像と遠賀郡で採集された民俗語彙との間に関連性があるかどうかは、今のところまったく不明です）。

さて、この一節から、私たちは何を汲み出すことができるでしょうか。

例えばこの一文を、私たちは多く次のように要約するのではないでしょうか。

（A）福岡県の海岸には夜、歩行中に突然前方を塞《ふさ》ぐヌリカベという妖怪が出る。

この要約は、子供向けの「妖怪図鑑」的な書物に多く見られる「ヌリカベ」に対する説明と大同小異のもの、といえるでしょう。いや、子供向けならずとも、一般に向けた民俗学の紹介本などにも、これとそれほど変わらぬ記述を見つけることは容易です。こうした言説は何の疑いも持たれずに巷間《こうかん》に流布《るふ》していると思われます。

この要約文（A）を〝モノ〟と〝コト〟に分解してみましょう。

・（A）福岡県の海岸には夜、歩行中に突然前方を塞ぐ（というコトをする）ヌリカベという妖怪（＝モノ）が出る（というコトが伝わる）。

まず、「歩行中に突然前方を塞ぐ（塞がれる）」という「現象」、つまり〝コト〟が起きています。塞ぐのは「ヌリカベ」という〝モノ〟です。

そしてこの文は、全体として「ヌリカベに塞がれる」という〝コト〟を報告している文章になっています。

〝コト〟は〝モノ〟によって起こされます。しかし、最終的には〝モノ〟を含む〝コト〟として提示されるのです。「ヌリカベ」＝〝モノ〟の「運動」が塞ぐという〝コト〟、それによってもたらされた「変化」が塞がれて動けないという〝コト〟、変化する「世界」そのものは「ヌリカベ」に行く手を塞がれてしまうという〝コト〟ということになるでしょう。

〝モノ〟を「妖怪」、〝コト〟を「怪異」に置き換えてみましょう。

（A）福岡県の海岸には夜、歩行中に突然前方を塞ぐ（という怪異現象を起こす）ヌリカベという妖怪が出る（という怪異が伝わる）。

現在、「妖怪」は〝モノ〟、「怪異」は〝コト〟として捉えられているようです（「怪異」という言葉については、また別の場所で考察することになりますが、「怪異」という言葉と「妖怪」という言葉は、現在こうした関係性を持っていることだけは指摘しておきます）。

そして、〝モノ〟は最終的に〝コト〟に回収されてしまいます。

こうした記述は、いずれ、〝モノ〟が起こす〝コト〟という体裁になってしまうからです。〝妖怪〟の上位概念として〝怪異〟が選択されるケースが多いのは、そのせいなのです。

ただ――実はこの関係性には大きな落とし穴があります。

そもそもこの要約（A）は、果たして正しい要約なのでしょうか。まず、その点を検証してみる必要があるでしょう。

要約（A）をさらに単純化したとき、「ヌリカベ」に対する説明は次のようになるでしょう。

（B）九州にはヌリカベという妖怪がいる。

〝モノ〟と〝コト〟の関係性を示す形で書き改めてみましょう。

（B）九州にはヌリカベという〝モノ〟がいる（という〝コト〟）。

よく読んでみてください。この説明は、やはりおかしいのです。

しかし、おかしいとして、いったいどこがおかしいのか、たぶん一般の人には判りにくいのではないでしょうか。

要約（A）（B）ともに「出る」「する」「起こす」「いる」という言葉が使われていることに注目してください。だから何だ、と思われることでしょう。とりわけ民俗学に興味を持っていない人でも、〝妖怪〟としての「ヌリカベ」はご存じのことと思います。

キャラクター化された「ヌリカベ」は、漫画やアニメーション、コンピュータゲームやパチンコにまで登場し、およそ三十年にわたって様々な娯楽媒体に載せられ、くり返し大衆に供給され続けています。はんぺんのような愛嬌《あいきょう》のある容姿は認識し易く模倣もし易いため、雑誌連載やアニメーション放映がされていない時期でも忘れられることなく、一定の人気を保っているようです。容姿と結び付いた判り易いネーミングは浸透度も高いといえるでしょう。「ヌリカベのような」という形容は、さほど説明を加えずとも一般的に通用してしまいます。

その〝妖怪〟「ヌリカベ」が、本来は福岡の海岸沿いに古くから伝えられている〝妖怪〟だったと、要約（A）（B）は述べています。間違ってはいないように思われます。

しかし。

柳田の文章をもう一度読んでみましょう。

そんなことは一言も書かれていないのです。

実は――九州にはそんな〝モノ〟は出ないし、そんな〝モノ〟はいません。だから何か「する」ことも「起こす」こともできません。「ヌリカベ」は、「起きる」ものなのです。

したがって要約（B）は、実は次のように書かれるのが正しいようです。

（B）九州ではヌリカベという〝コト〟が起きる。

柳田は、「筑前遠賀郡の海岸で夜に突然行き先が壁になりどこにも行けなくなることがある」と記しているだけなのです。地域の住民は当時、その不可解な現象を「塗り壁と呼んで怖れていた」のでしょう。「妖怪ヌリカベが出て行く手を塞いだ」などという伝承は、柳田の許に報告されていないのです。

つまり、柳田の文の要約をするなら、

（A）福岡県の海岸では夜、歩行中に突然前方を塞がれる現象をヌリカベと呼んでいる。
（B）九州ではヌリカベと呼ばれる不思議な現象が起きる。

とするべきなのです。

この要約に〝モノ〟は登場していません。〝コト〟が起きているだけです。

少なくとも柳田の報告文の中に、「ヌリカベ」なる〝モノ〟は登場していません。そこに登場する〝モノ〟は「歩行中に壁が現れ動けなくなる体験をした者」であり、それを報告する者だけです。

そこでは歩行中に壁が現れて動けなくなる〝コト〟が起きているだけであり、それが「ヌリカベ」と名付けられているという報告がなされているだけ、なのです。

その、〝コト〟の名称を、柳田は〝妖怪〟としてカテゴライズしたのです。

柳田の記したテクストを忠実に読み解く限り、夜の海岸にはんぺんのような怪物が現れて行く手を塞いでいるような情景を想像することはできません。少なくとも民俗学者は、そのような絵面を想い描いてはいけないはずです。

キャラクターとしての「ヌリカベ」のビジュアルは、もちろん水木しげるの創作です。

巷間に広まっている〝妖怪〟「ヌリカベ」は、柳田の記述した〝コト〟を水木が漫画的に表現した〝モノ〟なのです。つまり、「歩行中に壁のようなものが現れ動けなくなる体験」という〝コト〟を記号化した〝モノ〟なのです。

本来〝モノ〟を呑《の》み込んでしまうはずの〝コト〟が、ここでは〝モノ〟化してしまっているのです。

これが――通俗的〝妖怪〟の最大の特徴です。

通俗的〝妖怪〟は、すべて〝モノ〟として理解されているのです。

先に佐藤清明が先駆的だと述べたのは、（たぶん無自覚に）その特徴を先取りしていたからに他なりません。その時期、すでにそうした性質の萌芽《ほうが》を「妖怪」という言葉は持っていたのでしょう。にもかかわらず、民俗学の〝妖怪〟が、モノとコトの両方を抱え込むカテゴリとして設計されたということも忘れてはいけないでしょう。

もちろん、それが誤った方向性だったなどということは断じてありません。しかし、後々そこからある〝混乱〟が生まれたことは事実です。

通俗的〝妖怪〟が成立して後、通俗語としての「妖怪」という言葉は〝モノ〟だけを指し示す言葉になってしまったのです。〝起きるコト〟は、〝現れるモノ〟に変わってしまいました。「塗り壁というコト」が「ヌリカベというモノ」にすり替わってしまったのです。

私たちは、時にこうしてテクストを読み違えています。

ただ、通俗的言説には正否の区別などありません。たとえどれほど不可解な見識が提示されようと、通俗的言説自体は批判の対象になるものではないでしょう。つまり「ヌリカベ」は前に立ち塞がる〝妖怪〟だという通俗的言説自体は「間違ってはいない」のです。しかし、少なくとも柳田の記したテクストは現在、〝コト〟↓〝モノ〟という、一見して判りにくい転換の中で、多く「読み違えられて」いるのです。

通俗の場においては、それでも何の問題もありません。〝混乱〟は、むしろ民俗学の内部で起きているように思えます。

「ヌリカベ」を〝モノ〟と捉えることは、少なくとも民俗学の内部においては正しくない認識だといえるでしょう。

民俗学の〝妖怪〟と通俗的〝妖怪〟は、まったく違うものだからです。

しかし、この「読み違え」による〝混乱〟を、通俗的言説の送り手たち——例えば水木しげる——の責任とするのは間違った見識です。

通俗的言説の多くはアカデミズムの成果を憑拠《ひょうきょ》として成り立っているわけですし、それを構築するのは文化というシステムなのであって、決して個人ではありません。大衆なり社会なり（それは色々の呼ばれ方をするのでしょうが）といった文化的集団が認知しない限り、それは成立もしなければ浸透も維持もできないものです。たとえどれ程社会的影響力が強い人物であったとしても、一個人の意図によって方向性が決定されるようなことはあり得ません。

こうした〝コトのモノ化〟は、むしろ起こるべくして起きたことと考えるべきなのです。娯楽の送り手としての水木の仕事は、先行しつつも忠実にそれをなぞったという点で、むしろ評価に値するものと考えるべきでしょう。

そもそも〝怪しいモノゴト〟に関する限り、〝コトのモノ化〟は、民俗社会においてすでに始まっているということもできます。「歩行中に壁が現れ動けなくなるという体験」を、「ヌリカベ」と名付けた瞬間に、〝コト〟は〝モノ〟化を開始しているからです。

この「名付け」という行為こそが、キャラクター化の第一歩であることは疑いようがありません。「ヌリ」「カベ」というフレーズ自体が、あるイメージを喚起させることは間違いないでしょう。

水木は、そのイメージを（万人が納得する形で）具体化したに過ぎません。

通俗的〝妖怪〟とは、民俗語彙そのもののビジュアル化＝キャラクター化された民俗語彙でもあるのです。

柳田國男がそうした点に自覚的であったかどうかは、知る由もありません。

しかし、いずれにしても〝怪しいモノゴト〟を名称・語彙として蒐集し羅列して行くという柳田の手つきが、〝コトのモノ化〟に拍車をかけるに等しい行為であったことは間違いないでしょう。

柳田から半世紀を経た現在、すでに〝妖怪〟というラベリングでは〝起きているコト〟を掬《すく》い上げることが不可能になってしまったのです。

たとえば、学際的且《か》つ網羅的に〝妖怪〟的なモノゴトを取り扱おうとした小松（和彦）研究会が、その発足時に〝妖怪〟というラベリングを採用しなかった理由は、まさにそこにあったのだろうと筆者は考えます（研究会の名称は「日本における怪異・怪談文化の成立と変遷に関する学際的研究」）。

事実、通俗的な言説の場においては〝妖怪〟というラベルを貼ったその時点で現象や習俗といった〝コト〟が瞬時に〝モノ〟化＝キャラクター化してしまうという状況が頻繁に発生しているのです。

そして――そうした状況に対する危惧《きぐ》感の発露として「妖怪」の代わりに選び取られた言葉は、多くの場合「怪異」でした。

通俗的〝妖怪〟というカテゴリからはこぼれ落ちてしまう多くの〝コト〟を掬い上げるために、〝コト〟を表し、また〝コト〟を修辞する機能を持つ「怪異」という言葉は相応しいものだったはずです（それはまた、「怪異」という言葉が「妖怪」という言葉のようにアカデミズムの中でアレルギーを持たれていない言葉だった、という現状も影響していたと思われます）。

通俗的〝妖怪〟が領域化する〝モノ〟と、通俗的〝妖怪〟が領域化し得ない〝コト〟の、双方を取り扱うために——さらにいうなら、通俗的〝妖怪〟にカテゴライズされてしまったが故に〝モノ化してしまったコト〟を〝コト〟として取り扱い直すために、〝怪異〟は〝妖怪〟の上位概念として位置づけられるしかなかったのでしょう。

しかし、そうした状況自体が一種の〝混乱〟であるということはできるはずです。

わざわざ上位概念として〝怪異〟など持ち込むまでもなく、民俗学的〝妖怪〟は最初から〝モノ〟と〝コト〟の双方を領域化していたはずです。カテゴライズした事象を遍《あまね》く〝モノ〟化してしまうのは通俗的〝妖怪〟の方なのです。つまり〝怪異〟は、通俗的〝妖怪〟概念の上位概念とはなり得ても、民俗学的〝妖怪〟概念の上位概念とは本来的になり得ないのです。

そうしてみると、小松研究会が最終的に「妖怪」という言葉に回帰したのも首肯《うなず》けるのではないでしょうか。新世紀に立ち上げられた小松「妖怪学」は、学際的人間研究の新しいフレームであり、また（通俗的〝妖怪〟とは違う）民俗学的〝妖怪〟という枠組みの再提示でもあったのでしょう。

もうひとつ付け加えるなら、通俗的〝妖怪〟の上位概念として担ぎ出された〝怪異〟もまた近代的〝怪異〟でしかないのだということを失念してはならないでしょう。

私たちは「怪異」という言葉をやはり無自覚に使用しています。しかし「怪異」という言葉は、かつて「まったく違う使われ方をしていた言葉」であったということが、「東アジア恠異学会」（西山克代表）の研究成果などで明らかになってきているのです。

小松「妖怪学」と西山「恠異学」は、双方とも「通俗から脱却」するところからスタートしています。それは通俗との決別ではなく、通俗（を含む文化的万象）を見極めるための手続きであったに違いありません。二十一世紀に立ち上がった二つの「学」は、今後それぞれの立場でそれぞれの成果を上げていくことになると思われます。その先に何が見えるのか、余人には測り知ることができません。偏《ひとえ》に民俗学の、歴史学の新しい視座が切り開かれることを願うのみです。

ただ――それらの成立の背景に、得体の知れない厄介な存在――通俗的〝妖怪〟があったことは無視できないことでしょう。

そして、それはいまだに膨張し続けているのです。

匿名という手法

さて――前章においては、「妖怪」という言葉の送り手たち（研究者／表現者）が「妖怪」という言葉で何を指し示そうとしてきたのか、そして受け手である私たち（大衆＝通俗）が、「妖怪」という言葉から何を感じ取ってきたのかということを、時代を巡って眺めてきました。

そこで、冒頭の問い掛けに立ち戻ってみましょう。

「妖怪って何？」という単純な問い掛けです。

いかがでしょう。

ほとんどの人は、明確に答えられないだろうと思います。加えて、今まで私たちの前に提示されていた明確な答えのほとんどが、どこか間違っているように感じられるようになっているはずです。曰く、妖怪は人間の心の闇を表したものです、曰く、妖怪は昔から日本に伝えられる祖霊のようなものです、曰く、妖怪は歴史的に虐げられてきた人々を象徴的に表したものです——などなど。

そうした側面がないとはいいません。しかし——明確な解答は必ず間違っているのです。

何故でしょう。

程度の差こそあれ、言葉の意味や言葉が指し示すモノゴトは、時代時代で変化していくものです。「妖怪」という言葉が指し示すモノゴトにも時代によって変遷があったことは、今まで述べてきた通りです。

しかし「妖怪」という言葉は、他の言葉のように「時代によって徐々に使われ方や意味が変わってきた」わけではないのです。「妖怪」という言葉は、その変化を時系列に並べることすら難しい一種の特殊性を持っています（持たされてしまった、というべきでしょうか）。

それは、まず送り手側のそれぞれが、それぞれの事情に応じて違った使い方をしてきた——ということに起因するのでしょう。送り手は自分の都合で「妖怪」という言葉を勝手に作り替えて発信していたのです。

そして——受け手側も、必ずしも送り手の意図通りには享受してこなかったのです。受け手もまた「妖怪」という言葉を勝手に作り替えて諒解《りょうかい》していたのです。

井上圓了も、柳田國男も、藤澤衛彦も、それまであった「妖怪」という言葉をそのままの意味では使いませんでした。啓蒙《けいもう》のために、学問の大成のために、「妖怪」という言葉はまるで違ったフレームで示され、当然のようにそれらはまるで違ったモノゴトを指し示していたのです。

しかし、彼らはその当時流通していた「妖怪」という言葉が領域化するモノゴトを、完全に否定することもしませんでした。また、できませんでした。送り手側はそれぞれの主張に沿ったバイアスを「妖怪」という言葉にかけただけに終わってしまったのです。

要するに〝仕切り直し〟に失敗したわけです。

どれだけ影響力を持った人物の発言でも、どれだけ優れた論文でも、すでに流通している通俗的概念を刷新することは難しかったのでしょう。どれだけ構築性の高い理論であっても、通俗的言説を基準にするならいずれ〝偏向〟した意見でしかあり得ないでしょう。

結局受容する側において、それまで流通していた「妖怪」という言葉が指し示すモノゴトががらりと変わってしまうようなことはありませんでした。

ただ、もともと、指し示す対象が曖昧だったということも事実です。

それ故に、幾人かの〝個人〟の発した〝偏向〟した言説によって、それが幾度か〝変質〟したことも事実でしょう。〝偏向〟が提示されるたびに、「妖怪」という言葉がカテゴライズする対象は多様になっていったのです。

偏向を誘発する言説同士は必ずしも整合性を持つものではありません。

不整合をそのまま温存し、許容する形で〝妖怪〟概念は膨張していったわけです。

そうした経緯で醸造された概念を、ひとつの視点から統合整理することは難しいでしょう。

明確な解答は、明確であるが故に間違っていることになるのです。

私たちが現在使用している「妖怪」という言葉は、条件付きでしか説明が不可能な言葉であるということになるでしょう。

とはいえ、説明はできなくとも、通用していることは事実です。〝妖怪〟が通俗語として使用される際に、特別な説明が施されることはありません。

歴史的変遷と、個人の主張に因る〝偏向〟、それを受容することで起きた〝変質〟、そうした多くの矛盾を抱え込む形で通俗的〝妖怪〟概念は完成しているのです。

前節で述べた通り、その完成に貢献したのが水木しげるであることは間違いありません。

水木しげるは通俗的〝妖怪〟概念の大成者です。

しかし何故大成者足り得たのかといえば——それは〝仕切り直し〟をしようとしなかったからに他なりません。

水木しげるは、新しい〝妖怪〟概念を世間に提示したのではなく「それまで醸造されてきた妖怪概念を察知し、利用した」のです。

統合も整理もせず、理論立てることもせず、通俗に受容され半ば流通していた、ある意味不整合な〝妖怪〟概念を、できるだけわかりやすく、しかも面白可笑しくプレゼンテーションすることに成功したのが、水木しげるその人なのです。

水木しげるの作戦は用意周到でした。

水木は〝妖怪〟をプレゼンテーションする際に、まず徹底的に作者である水木しげる〝個人〟を隠蔽《いんぺい》したのです。

学者でも啓蒙家でもない、「娯楽の提供者」である水木しげるにとってみれば、それは当たり前のことだったかもしれません（水木先生が活躍した紙芝居↓貸本業界の土壌も影響していたのかもしれません）。

しかし、通俗的〝妖怪〟概念を〝刷新〟するのではなく、あるものをそのまま有効に〝利用〟するために、それは最善かつ必須《ひっす》の手続きでもあったはずです。

通俗的〝妖怪〟概念の条件を振り返ってみましょう。

A・妖怪は「前近代」的である。
B・妖怪は「（柳田）民俗学」と関わりがある。
C・妖怪は「通俗的」である。
D・妖怪は「化け物」の属性をほぼ受け継いでいる。

いかがでしょうか。いずれの条項も〝作者〟名の誇示が好ましくないことは明らかです。

前近代的イコール昔の（昔からある／いる）モノゴトであるならば、「私が創りました」という態度を表明するのは明らかな矛盾です。

それが個人の創作であるのなら、それは民俗学の研究対象ではあり得ない、ということにもなります。

通俗的であるということと個人の創作物であるということはなんら結びつく要件ではありませんし、〝化け物〟の属性を引き継ぐにあたっても、取り立てて有効な手段とは思えません。

前節でも述べたように、作者の名を前面に押し出す形でプレゼンテーションをしたクリエイター達は、ことごとく〝妖怪〟を扱うこと＝〝妖怪〟として認知させること／定着させることに（ある意味で）失敗しています。

水木しげるという個人名が隠蔽されていたからこそ、水木〝妖怪〟は〝妖怪〟として大衆に受け入れられたのです。

但《ただ》し、水木しげるは、何か特別なことをしたわけではありませんでした。

単に誰も「きちんと」やらなかったことを「きちんと」熱心にやったに過ぎません。

では、誰もやらなかったこととは何なのでしょうか。

それは、当時大衆＝通俗の中に無意識のうちに形成されつつあった〝妖怪〟概念の条件を的確に把握し、有効な手段を用いることで具体化し、娯楽作品の材料としてアレンジしプレゼンテーションする——ということです。

その有効な手段こそが水木しげるの〝発明〟であり、私たちの知る〝妖怪〟であるといえるでしょう。

その証拠に——。

水木以降、水木のスタイルを踏襲した多くの後続クリエイターたちが〝妖怪〟を創り出していくようになります。水木しげるの示した〝妖怪〟概念の具体化の方程式は大衆文化にしっかりと定着し、やがて多方面で流用され、〝妖怪〟は自己増殖をするかのように拡大再生産されていくこととなったのです。

結局——大勢の手によって〝妖怪〟文化は同時多発的に生産され、爆発的に拡大して、無理なく一般化することとなったわけです。

それもこれも、水木しげるの〝発明〟にコピーライト表示がされていなかったからに他なりません（それでも最終的に〝妖怪〟は水木しげるに回収されることになります。水木しげるは名前を消すことで消せない刻印を〝妖怪〟に彫り付けたのです）。水木しげるの〝発明〟がポピュラリティを獲得したのは偶然ではなく必然——用意周到な作戦だったのです。

通俗的妖怪の展開

さて——。

そうすると、どうやらその水木しげるの〝発明〟を検証し、手法を見極めることが、〝妖怪〟という言葉が現状指し示すモノゴトを巡る旅——通俗的〝妖怪〟概念を構成する諸要素を解きほぐす作業——の（現在での）終着点になるように思われます。

まず——。

きるでしょう。
通俗的〝妖怪〟は、どうやら必ず〝モノ〟として取り扱われているようです。娯楽表現の場に移植した場合は、「キャラクターとして扱われる」と、いい替えることがで

しかし、ただのキャラクターでは通俗的〝妖怪〟にはなりません。それはA～Dの条件を満たしている必要があるようです。そして、A～Dの条件を満たすために、作者を隠蔽するという手法が重要なポイントになっていることは前節で述べた通りです。

それでは、作者を隠蔽するというのは、実際にはどういうことなのでしょうか。

例えば『ゲゲゲの鬼太郎』に出て来る目玉親父は、紛う方なき水木しげるの創作です。『鬼太郎』物語が水木の作品であることは、世に広く知られている事実でしょう。

目玉親父は万人が認める水木キャラです。

しかし、鬼太郎の仲間達――一反木綿やこなき爺――はどうでしょうか。

一反木綿もこなき爺も、キャラクターとしては水木しげるの創作です。

あの独特の容姿も、性格も特徴も、水木しげる個人が生み出したものに他なりません。しかしそれは「昔からいるもの」「どこそこに伝えられているもの」として作中に登場します。

そして彼らは「作品の外」にも存在します。

まず、彼らにはそれぞれ原典があります。

民俗学の調査報告、江戸の随筆、絵巻や絵本――それだけではありません。水木しげる以外の人間が著した作品にも彼らは頻繁に（何の許可もなく）顔を出します。

それは漫画などの創作物に限ったことではありませんでした。雑誌の図解や記事（やがてそれらは「妖怪図鑑」へと発展して行きます）にも彼らは早い時期から登場していたのです。

こなき爺が©水木しげるであったなら、これは不可能な事態であったはずです（実際、こなき爺自体は©水木しげるではありませんが、現在こなき爺のキャラクターデザインは©水木しげるです。デザインの問題に就いては次章で述べることとします）。

もし——「ロボット図鑑」が作られて、そこに『鉄腕アトム』に登場するロボットが載せられることがあったならば、その本には確実に©手塚治虫と記されているはずです。いや、手塚治虫その人が描いたもの以外（あるいは手塚治虫が認めたもの以外というべきでしょうか）、その名で呼ばれることは決して認められないでしょう。

しかし、こなき爺は違いました。

どの「妖怪図鑑」にも、ほぼ間違いなくこなき爺は載っていましたし、掲載されている図像は水木デザインを概ね踏襲する形のものだったのです。でも、そこに水木しげるのコピーライト表示はありませんでした。

もちろん、こなき爺は徳島県の一地域（非常に限定されてはいるのですが）に伝えられていた口碑であり、それ自体に著作権は発生しません。たとえ自ら採集した情報でなかったとしても、記事として取り上げることになんら違法性はありません。

でも少なくとも蓑《みの》を纏《まと》い、腹掛けをし、特徴的な顔をしたあのこなき爺の姿形は、水木しげるのオリジナルなのです。それに就いては権利の主張があってしかるべきだったはずです。

しかし水木サイドはそれをしませんでした。

作者名は隠蔽されたのです。

その結果、こなき爺はあたかも水木以前からその姿であったかのように記事や図鑑などに掲載されることになったわけです。

いや――こなき爺に限らず、すべての〝妖怪〟が、いわゆる「版権フリー」のスタイルで表現の場に（後には研究の場にも）跋扈《ばっこ》することとなったのです。

やがてそこから様々な副産物――映画や演劇、その他様々な表象など――が、派生し始めることになります（これについても次章で詳しく述べたいと思います）。

こうして、水木しげるの発明した手法は水木しげる個人の手を離れ、通俗的〝妖怪〟は、あたかも自己増殖をするかの如く、広く深く浸透していくこととなったのです。

そして、通俗的〝妖怪〟概念の一般への浸透は、既存の民俗的言説にもある変化を与えました。

水木の名を冠することなく提供された〝妖怪〟は、そうした表現物のみならず、民俗それ自体にもフィードバックし始めたのです。

例えば――。

本来であれば「うちの村ではこんな怪しいモノゴトが起きる」という語られ方をしていたものが、「うちの村にはこんな妖怪が出る」というもの言いに、すり替わり始めたのです。民俗社会においても、〝モノ化〟が進行し始めたということでしょう。

語り直し／捉《とら》え直しされることによって、多くの〝怪しいモノゴト〟が、通俗的〝妖怪〟に回収されることになりました。「妖怪」という言葉が（学問的定義がなされぬままの形で）通俗語として市民権を得た——本当の意味での民俗語彙となったといっていいかもしれません（これはまた、多くの〝怪しいモノゴト〟が〝モノ〟化してしまった——ということでもあるのですが）。

通俗的〝妖怪〟の波及速度は驚くほど迅速で、浸透度も深いものでした。こと〝妖怪〟に関していうならば、井上圓了よりも柳田國男よりも、水木しげるの影響力は甚大だったということになるでしょうか。

もっとも前述のとおり、水木は先達がしたように既存の通俗的〝妖怪〟概念を書き換えようとしたわけではなく、形成されつつあったそれをそのまま利用し（井上や柳田の言説をも許容した上で）、よりわかり易い形でプレゼンテーションしただけ——なわけですから、これは半ば当然の結果ともいえます。

こうして、語り直し／捉え直しされた新しい民俗は、後に民俗学者によって採集されるまでになります（民俗学の一部で混乱が発生していたことは前に述べたとおりです。もちろん、そうした状況自体民俗学の研究対象となり得るものではあったわけですが、通俗的〝妖怪〟の波及浸透は、遡《さかのぼ》って過去の民俗自体を誤読／変容させるという厄介な状況を招き込んでしまったのでした）。

フィードバックすることによって、通俗的〝妖怪〟は民俗の一部を形成する文化となったのです。

こうした〝循環〟は過去にもあったことです。

例えば通俗的〝妖怪〟の重要な構成要素である〝化け物〟も、同じような経緯で形成された概念でした。採集された諸国の口碑が都市部で再構築され、再び各地に発信されて定着し、再度採集される——そうしたイメージの反復再生産の結果、〝化け物〟は醸造されたのです。

但し、江戸期における〝化け物〟のそれと、現代における〝妖怪〟のそれとの間には、決定的な差異があります。

メディアの発展と多様化です。

改めていうまでもなく、情報の伝達性は時代とともに著しく向上しました。大量の情報が正確に、しかも広範囲に同時に配信されるようになったのです。地理的条件に因る遅延や質・量の格差はほとんどなくなりましたし、発信／受信のインターバルも短いので、フィードバックのサイクルも江戸期のそれとは比べ物にならないほど速くなりました。

現代のメディアを通じて供給された〝妖怪〟概念の波及性は〝化け物〟のそれよりも遥《はる》かに高かったのです。

水木しげるは「娯楽の提供者」として常に最先端のメディアを通じて大衆に作品を供給し続けている人物です。時代時代における水木のメディア戦略が的確なものであったことは、現状の成果を見るに明らかなことでしょう。

作者の匿名性が通俗的〝妖怪〟概念の普遍化における重要な条件であったことは間違いのないことです。しかし、そうして生み出された〝妖怪〟も、メディアに乗って大量発信されない限りは、匿名にする意味さえない——ということになります。

発信者である水木しげるが常に最新メディアの第一線で活躍してきた人物であること、さらには大衆性を獲得し得るだけの質を持った作品＝ヒット作を生み出し続ける力を持っていたということが、通俗的〝妖怪〟概念の波及に拍車をかけたことも疑い得ない事実でしょう。

そうしてみると『鬼太郎』の大ヒットがなければ〝妖怪〟のビッグバンも起きなかったのではないか、という予測が成り立ちます。それはそうなのです。水木しげるの〝発明〟は『鬼太郎』という活躍の場が約束されていて初めて有効となるものではあったのです。

しかし。

視点を変えて見るならば、『鬼太郎』の大ヒットは通俗的〝妖怪〟概念の浸透・定着に支えられていた、ということもできます。

水木作品以外の場で〝妖怪〟が頻繁に語られるような状況を作り出すことは、『鬼太郎』人気を不動のものにするために是非とも必要な作業だったはずです。

これは、どちらが先でも、どちらが欠けても好ましいものではありません。『鬼太郎』の大ヒットと通俗的〝妖怪〟概念の確立はセットでしか成立しないものだったのです。否、セットで成立させるために予《あらかじ》め仕組まれたことだったと考えるしかないでしょう。

事実、雑誌に登場した当初は〝妖怪〟度数が異様に低かった『鬼太郎』物語の徹底した〝妖怪〟化と、その他の〝妖怪〟記事の露出は、きっちりと足並みが揃っています。それは、実に戦略的な展開だったといえるでしょう。

通俗的妖怪の戦略

『週刊少年マガジン』(講談社)誌上に『墓場の鬼太郎』が登場したのは、昭和四十年(一九六五)のことです。繰り返しますが、この段階で『鬼太郎』にいわゆる〝妖怪〟は登場していません。

翌年(一九六六)、実写テレビ化連動企画として、『鬼太郎』のレギュラー化に先駆け、貸本時代に描かれ、カルト的人気を持っていた『悪魔くん』全三巻(一九六三―一九六四/東考社)を下敷きにした新生『悪魔くん』の週刊連載が開始されます。この際水木は貸本版とまったく違うテレビ用のキャラクターとフォーマットを生み出します。

この、『悪魔くん』のマルチメディア展開こそが、実は通俗的〝妖怪〟の普及の重要な布石となるのです。

同年、水木は『週刊少年マガジン』のライバル誌である『週刊少年サンデー』(小学館)誌上に、後の「妖怪図鑑」や「妖怪画報」の前身にあたる『ふしぎなふしぎなふしぎな話』の連載を始めます。これは、前述のとおり藤澤衛彦が『妖怪畫談全集』で行った「江戸の化け物の民俗学的(風俗研究的)再生」を、よりキャッチーな形で展開したものです。

この連載で水木は、藤澤の仕事をベースにしながら、柳田國男/民俗学の成果をも取り込む形で、連載を展開して行きます。風俗学の通俗的展開によって作られたフレームで、江戸の化け物絵と民俗学的妖怪のブレンド実験がなされることになるのです。

ヌリカベやスナカケババ、アブラスマシなど、民俗語彙として蒐集された（「妖怪名彙」に収録された）〝名前〟たちには、次々とそれらしい〝形〟が与えられていきました。

同時に、鳥山石燕や竹原春泉《たけはらしゅんせん》（桃山人夜話として知られる『繪本百物語』〈一八四一〉の挿絵を担当した絵師）の描いた江戸の〝化け物〟たちには、それらしい〝物語〟が与えられました。

双方がよりキャラクター寄りに整理され、「古来より言い伝えられたモノども」として、少年週刊漫画誌上にプレゼンテーションされたのです。

水木の「漫画を描くより楽だと思ったので始めた」という述懐がどの程度真情に近いものなのかは量ることができませんが、これも、『悪魔くん』の展開同様〝下地作り〟の一環であったことは疑い得ないことでしょう。

そして『悪魔くん』のテレビ放映と前後して、『墓場の鬼太郎』が本格始動することになります。

この時期の水木しげるの活躍は、実に目覚ましいものです。『マガジン』『サンデー』に続いて、まず『ぼくら』（講談社）に貸本時代の代表作『河童の三平』全八巻（一九六一—一九六二／兎月書房）のリメイクである『カッパの三平』（一九六六／全七回）の連載を開始。少年誌以外にも、『中学一年コース』（学研）に『なまけの与太郎』シリーズ（一九六六／全八回）を、『漫画アクション』（双葉社）には長期連載となった『シリーズ日本の民話』（一九六七—一九六九／全二十回）を、さらに、それまで短編中心で展開していた『ガロ』（青林堂）にも、やはり貸本版をリメイクした長編『鬼太郎夜話』（一九六七—一九六九／二十二回）の連載を始めています。

そんな中、『墓場の鬼太郎』がいよいよテレビアニメ化（フジテレビ／東映動画〈現・東映アニメーション〉）され、タイトルも『ゲゲゲの鬼太郎』と改められて、ブレイクするわけです。

これらの雑多な連載は、一見したところ脈絡のない仕事ばかりのように思われますが、よくよく見ると、少年漫画誌、青年漫画誌、学年誌、マニア向け（貸本時代からのファンにも目配りが利いていたわけです）という、ほぼオールマイティな布陣になっていることが判ります。また、テレビアニメ化に呼応して、『鬼太郎』は『たのしい幼稚園』（講談社）などでも展開されましたから、まさに幼児から大人まで、素人から通人までをカバーする形で「水木ブランド」が確立したといえるでしょう。

それぞれの連載を通じて、水木しげるは媒体特性、対象に応じた自在なプレゼンテーションで通俗的〝妖怪〟概念の成立に関わる多様な要素を少しずつ、様々な角度から扱っています。今でいうならミステリやホラーとして扱われるもの、SFに材を採った伝奇オカルト的な題材から、シニカルな社会風刺まで、水木漫画の守備範囲はとても広くとられています。

ただ、それらはいずれも、通俗的〝妖怪〟概念を構成する要素と相通じるものばかりであることが判ります（例えばかつて〝化け物〟が反体制的な意思表示の表象ツールとして使われていたことを思い出してください。風刺漫画の名手である水木しげるはやはり〝妖怪〟を風刺のツールとしても有効に活用したのです）。

さらに、この頃の水木しげるは、自らの〝作風〟として「日本的＝民俗学的（柳田的）」風景・意匠を、徹底して描き出しました。

対象が変われど媒体が変われど、その点だけは変わることなく水木作品のカラーとして提供され続けたのです。SFもオカルトも風刺も、あまねく日本の原風景に還元され、通俗娯楽作品として供給されました。通俗的〝妖怪〟の条件である「前近代的」「民俗学的」「通俗的」の三点は、水木作品の場合——たとえ〝妖怪〟そのものを扱っていなくとも、ほぼ満たされていたわけです。

先に水木しげるの〝発明〟がポピュラリティを獲得したのは偶然ではなく必然——用意周到な作戦だと述べた所以《ゆえん》です。

すべては確信的〝戦略〟だったということです。

こうして、『鬼太郎』は大ヒットし、同時に通俗的〝妖怪〟概念は広く浸透して、〝妖怪〟ビッグバンが起こったのです。

ただ——この〝戦略〟には、共犯者がいました。

通俗的妖怪の増殖

事後共犯関係にあった人物は数多くあげられます。

ジャガーバックスやドラゴンブックスなどのジュブナイルシリーズを次々に上梓《じょうし》し、通俗的風俗史学の児童向け再生産ともいえる「オカルト系児童書」ジャンルを確立した佐藤有文。

後に心霊写真ブームで一世を風靡《ふうび》し、〝心霊研究〟の大衆化に貢献した中岡俊哉。

佐々木喜善、喜田貞吉、高木敏雄などの著作を編集し、自らも詩的な妖怪小説や妖怪ジュブナイルを著した山田野理夫《やまだのりお》など、数え上げれば切りがありません。

彼らの仕事はそれぞれ微妙に違う方向性を示しながらも、ある部分ではしっかり重なっていました。重なった部分こそが〝妖怪〟であり、その部分においては通俗的〝妖怪〟概念のルールは確実に遵守されていたのです。

とはいうものの――中岡俊哉をメインライターに迎えた秋田書店の『世界怪奇スリラー全集』全六巻（山内重昭《やまうちしげあき》＋斎藤守弘《さいとうもりひろ》著の『世界のモンスター』を含む）が世に出されたのは、昭和四十三年（一九六八）のことですし、いわゆる「妖怪図鑑」の嚆矢《こうし》として、驚くべきロングセラーとなった佐藤有文の『いちばんくわしい日本妖怪図鑑』（立風書房《りつぷうしょぼう》）が出版されたのは昭和四十七年（一九七二）十月、続編の『いちばんくわしい世界妖怪図鑑』が書店に並んだのは、さらにその半年後（一九七三）のことです。

いうまでもなく、他の便乗型「妖怪図鑑」のさみだれ的な出版はほとんどがその後続ということになります。いずれも水木を中心とした〝下地作り〟がすっかり終わり、通俗的〝妖怪〟が世に浸透した後の仕事なのです。

いわば〝仕上げ〟の事後共犯ということになるでしょうか。もちろん、彼ら事後共犯の多くは（表立ってこそいないものの）早い時期から通俗的〝妖怪〟概念の浸透に貢献していたものと思われます。「下地作り」をこつこつと続けていた仕掛け人達が、ようやく実った稲穂を刈り取り始めたのが七〇年代だった――ということになるでしょうか。

六〇年代の終わり頃から七〇年代前半にかけての〝妖怪〟関係書籍の出版点数の多さこそが水木しげるブランドを離れても〝妖怪〟が「商品」たり得るようになったという事実――通俗的〝妖怪〟概念が完全に定着したという事実――の何よりの証左となるでしょう。

ポイントになると思われる十冊を発行年代順に挙げてみましょう。

①『ものすごい怪物妖怪が全部でてる　妖怪大図鑑』大伴昌司（一九六六／朝日ソノラマ）
②『世界怪奇スリラー全集2　世界のモンスター』山内重昭＋斎藤守弘（一九六八／秋田書店）
③『ぼくら七月号付録　妖怪事典』構成／大伴昌司（一九六八／講談社）
④『週刊少年マガジン増刊　水木しげる日本妖怪大全』水木しげる　他（一九六八／講談社）
⑤『まんが王七月号付録　ビッグマガジンNo.7　妖怪』構成／阿奈一夫《あなかずお》（一九七〇／秋田書店）
⑥『ジャガーバックス　いちばんくわしい日本妖怪図鑑』佐藤有文（一九七二／立風書房）
⑦『世界怪奇シリーズ　妖怪大図鑑』佐藤有文（一九七三／黒崎出版）
⑧『とてもこわい幽霊妖怪図鑑』草川隆《くさかわたかし》（一九七四／朝日ソノラマ）
⑨『完全図解シリーズ　妖怪ミステリー』南條　武《なんじょうたけし》（一九七四／有紀書房）
⑩『小学館入門百科シリーズ　妖怪なんでも入門』水木しげる（一九七四／小学館）

並べて見ると判る通り、すべて児童書です。通俗的〝妖怪〟が、まず子供文化の一部に寄生する形で供給されていたことが判ります（もちろん例外もありますが、それについては後述します）。

この十冊を順に追う形で、通俗的〝妖怪〟の浸透度を眺めてみることにしましょう。

まず①の『妖怪大図鑑』はオールカラー、ドラマソノシート付きの低年齢者向け絵本です。

これは同年十月から開始された『悪魔くん』（NET〈現・テレビ朝日〉／東映）のテレビ放映を受けて作られたもので、内容も前半は実写版『悪魔くん』に登場した〝妖怪（怪物）〟の紹介で占められています。

ただ、放映開始直後の出版ということもあり、『悪魔くん』ネタだけで一冊を作ることは難しかったらしく、後半は河童、海坊主、天狗、鬼などのメジャーな〝化け物〟に始まり、フランケンシュタインの怪物、ゴーゴン、吸血鬼、オオカミ男、ミイラ男などの洋画系ムービーモンスターたちが、邦画からは四谷怪談、牡丹灯籠、雪女、本所七不思議などの怪談映画（そのもの）が〝妖怪〟として取り上げられています。

構成・解説文は大伴昌司。絵は南 村喬之《みなみむらたかし》。水木プロも数点のカットを寄せていますが、基本的には着ぐるみや造型、映像作品を元にしたリアルな作画になっています。

要するに映像化されたモノを中心にしたラインナップになっているのです。

掲載された〝妖怪〟中、映像化がなされていなかったと思われるものは、「濡《ぬ》れ女」「九尾の狐」「グレムリン」くらいでしょうか（河童や鬼の姿形は、映像作品がなくとも知られていたと考えるべきでしょう）。

こうしてみると、実写版『悪魔くん』は『ゲゲゲの鬼太郎』のまさに前哨戦《ぜんしょうせん》として放映された作品であるということが判ります。

ビジュアルがあるということは、この場合大変に有利なことでした。実写版『悪魔くん』のスチルやイラストは頻繁に雑誌のグラビアを飾るようになり、そこには常に「妖怪」の文字が記されました。主役である悪魔くんよりも「妖怪ガンマー」「ペロリゴン」の露出のほうが多かったものと思われます。

本家本元である掲載誌『少年マガジン』誌上でも、連載開始時には「ガンマー」以下四体の着ぐるみスチルが表紙を飾っています。

表紙以外にも『悪魔くん』は幾度か巻頭グラビアを飾り、二色ページでも「画報」として数度にわたり（テレビとはまた違った形で）取り上げられています。

「画報」では、テレビに登場したキャラクター以外に、漫画に登場するオリジナル妖怪、エキゾチックなタッチで描かれた〝西洋の怪物〟たちに加え、すでに馴染み深かった洋画のモンスターたちが客演することになりました。ユニバーサル映画やハマー映画のモンスターが、時に水木本人の作画で登場することにもなったのです。

この辺りの事情を正確に述べておきましょう。

『少年マガジン』における新生『悪魔くん』は、最初からテレビ化を見据えたフォーマットで設計されており、それまで断続的に連載されていた『鬼太郎』に代わり、昭和四十一年（一九六六）一月から短期連載が開始されました。しかしその後再び『鬼太郎』にスイッチ、十月のテレビ放映開始に伴って本格的に連載が再開されています（漫画中「ソロモンの笛」が二種類あるのは最初の連載から二度目の連載＝放映までの間に小道具のデザインが変更されたせいです）。

『悪魔くん』展開中にも『鬼太郎』テレビ化プロジェクトは休止してはいなかったわけです。水木ブランドとしてのパブリシティ展開は精力的に行われ、来るべき放映に向けて着々と準備が進められていたのです。

ちなみに『悪魔くん』の連載に挟まれる恰好《かっこう》になる昭和四十一年（一九六六）のマガジン版『鬼太郎』には、先に紹介したエポック『妖怪大戦争』が含まれています。

この回にはドラキュラ、フランケン（シュタインの怪物）、狼男の「ユニバーサルモンスタートリオ」（藤子不二雄『怪物くん』の従者でもあります）が敵役として登場、迎え撃つのは姿形を与えられた「こなきじじい」ら柳田〝妖怪〟軍団です。

彼らはそのままのデザインでライバル誌の『ふしぎなふしぎなふしぎな話』にも登場、やがて『悪魔くん』終了を受けて連載復活となった『鬼太郎』の準レギュラーとなり、テレビへと進出していくのです。

その間、『鬼太郎』と〝妖怪〟の「画報」は、幾度もグラビアページや二色ページに展開されていきます。

『悪魔くん』や『鬼太郎』、そして『ふしぎなふしぎなふしぎな話』にフィーチャーされた連中（主に藤澤衛彦が紹介した江戸期の〝化け物〟たちや、新たに形を与えられた民俗学の〝妖怪〟たち）はもちろん、漫画やテレビでは見ることのできなかった連中までもが〝妖怪〟として画報の中でカタログ的に並べられ、作品から乖離したステージで跋扈《ばっこ》し始めたのです（ちなみに「画報」の構成はほとんどが大伴昌司です）。

そして昭和四十三年（一九六八）の一月、満を持して『ゲゲゲの鬼太郎』のテレビ放映が開始されます。

そして〝妖怪〟は徐々に水木を離れ、〝妖怪〟だけで成立する市場となっていったのです。

そんな最中《さなか》に発売されたのが②の『世界のモンスター』です。発行は二月ですから、『鬼太郎』放映開始前に作られたものと考えていいでしょう。

これは先にも紹介した『世界怪奇スリラー全集』の第二巻として発売されたものです。全六巻の内容は、主に大陸書房などが引き継いでいた明治～昭和初期にかけての通俗的風俗研究系読み物のネタ――秘境、魔術、怪奇事件などから、心霊系記事、当時はまだ耳新しかった「空飛ぶ円盤」（いまでいうＵＦＯ、南山宏《みなみやまひろし》が担当）まで、後にオカルトと呼ばれる各ジャンルをほぼ満たすラインナップになっています（六冊中三冊を中岡俊哉が担当）。

そのうちの一冊が〝妖怪〟（タイトルはモンスター）に割り当てられたわけです。

「まえがき」で、著者はこう述べています。

妖怪。怪物……。

英語でいえば、モンスター。

日本では、化けもの、おバケともいう。

さて――そのおバケ、化けもの、モンスター、怪物、妖怪であるが、読者諸君も、あれやこれやずいぶん知っていることと思う。

「怪物フランケンシュタイン！」

「ドラキュラ！」

「オオカミ男！」

「半魚人ラーゴン！」

「コウモリ女！」

「お岩さま！」……と、いったぐあいに。（以下略）

文頭に〝妖怪〟が来ています。しかし、「さて」以降では〝妖怪〟が最後になっています。

発行当時は「妖怪」という言葉の露出が格段に増え始めた頃と考えられます。

しかし、受け手はともかく、戦略的に情報を発信している一部の者たち（大伴昌司など）以外の送り手たちにとって――それは「定義されぬまま」用いられている、よく解らない言葉にすぎませんでした。「おバケ、化けもの、モンスター、怪物、妖怪」と列記しているところからも窺えるように、著者は世に氾濫《はんらん》する〝妖怪〟的なモノをなんとか整理し、定義しようと試みたのでしょう。


例として挙げられているのは、先程から幾度も登場するユニバーサル映画の人気怪物（コウモリ女というのは何を指すのかは不明ですが）と、「四谷怪談」のお岩さまです（ただ、ユニバーサル映画『大アマゾンの半魚人』〈一九五四〉に登場する半魚人は「ギルマン＝Gill-Man／エラ男の意」であり、ラゴンは『ウルトラQ』『ウルトラマン』に登場する円谷怪獣なのですが――）。

著者はこれらの〝モンスター〟を、科学派、吸血派、変異派の三つに分類し（類例のない独自の分類！）、それぞれを物語風に紹介して行きます。映画があるものも粗筋の紹介ではなく、原作小説の要約（原典にあたったのかどうかは不明）風に書かれており、神話や伝説、昔話、実話猟奇事件や都市伝説などからも旺盛《おうせい》に材を採った、バラエティに富んだ内容となっています。

ただ、ここで注目したいのは、章と章の間に設けられたコラム企画「世界の妖怪・ゆうれい勢ぞろい」（このパートのみ斎藤守弘が担当）でしょう。

この記事は「妖怪図鑑」の体裁になっています。

しかし——そこに並べられた連中は、水木しげるのラインナップとは少々趣を異にしたモノどもなのです。しょうけら、あみきり、うわんなどの〝石燕系〟と同列に、とりかえっ子、いおう人間などの外国の〝妖怪〟＝「世界の妖怪」が、出身地を明記して並べられています。加えて、がしゃどくろ、かえんそ、なめかわずなど、原典の不明な日本〝妖怪〟も少なからず加えられています。図版も、石燕や水木をなぞるのではなく、オリジナルに近いデザインのものになっています。

このパートは、実は『世界のモンスター』刊行の前年（一九六七）九月に発行された『別冊少年キング』（少年画報社）に掲載された記事が下敷きになっています。当時水木の連載を持てなかった『少年キング』は、来るべき（半ば訪れていたというべきかもしれませんが）〝妖怪〟ブームを見越してか、ムービーモンスターを紹介する「世界の怪人大行進」（構成・梶井《かじい》敬太郎《けいたろう》）などの特集を精力的に組んでいたのです。

その段階での〝妖怪〟は（水木の提示するものを除けば）、まず洋画のモンスターであり、怪談映画の〝幽霊〟だったのです。

斎藤守弘という人はそんな中で、いち早く通俗的〝妖怪〟の方程式を読み取り、それを「世界」にまで広げた人物だった――ということができるでしょう（オンデマンド出版で発売された『妖怪ガロ』〈二〇〇五／青林堂〉誌上には、責任編集の山口敏太郎《やまぐちびんたろう》氏による斎藤守弘氏へのインタビューが掲載されています。同記事中には、斎藤氏本人の言葉で大伴昌司氏、佐藤有文氏、中岡俊哉氏などとの交流が語られています。大伴氏との「画報」制作における分担、水木しげる先生とは面識こそあるものの交流はほとんどなかったことなど、大変興味深い内容となっています）。

続く③『妖怪事典』は、雑誌『ぼくら』の付録で、6㎝×8㎝程度の、ポケットサイズの小冊子です。三十四ページにわたり六十四体の〝妖怪〟がコンパクトに紹介されています。これも構成は大伴昌司。イラストは笹川利之《ささかわとしゆき》、境木《さかいぎ》康男《やすお》とあります。

水木しげるのクレジットはまったくありません。しかしラインナップ、デザインともに、そこに収録されているのは水木〝妖怪〟のコピーです。

藤澤（石燕＋春泉）、柳田（「妖怪名彙」収録妖怪）、プラスアルファの布陣は確実に水木のチョイスですし、本来〝形なきモノゴト〟であった柳田〝妖怪〟の図像には、水木のデザインが流用されています。

なお、この付録小冊子の本誌である『ぼくら』誌は、水木がメインで活躍していた（『鬼太郎』絵物語を連載までしていた）講談社の漫画雑誌です。

因みに、同じ七月に発行された月刊漫画雑誌『まんが王』（秋田書店）付録も『カラー版妖怪図鑑』という小冊子でした。

　こちらはシングルレコードサイズ・本文二十四ページという構成で、大映映画『妖怪百物語』のビジュアルに加え、怪談映画の紹介記事、そして大巨人、がい骨武士などのオリジナル妖怪（？）に水木〝妖怪〟（の複製）を加えた図鑑という、実に雑多なラインナップとなっています。構成者は不明ですが、絵は岡崎甫雄《おかざきとしお》、杉尾輝利《すぎおてるとし》のクレジットがあり、水木のクレジットはありません。しかし、「妖怪のピクニック」と題された見開きには、「砂かけばばあ、ぬりかべ、子なきじじい、山びこ」の姿が、お馴染みのスタイルで（但しまったく違う筆致で）しっかりと描かれています。

　また、『ぼくら』は、二箇月後に発行した九月号付録として『世界モンスター大百科』を送り出しています。これはミニサイズの『妖怪事典』とは違い、ジャケットサイズの大判に格上げされていますが、内容は先に挙げた『少年キング』の「世界の怪人大行進」に、ＳＦ映画のモンスター（宇宙生物や宇宙人、ロボットなど）を加えただけのものに留《とど》まっています。ロボットや宇宙人をも〝モンスター〟として分類してしまうのには、いささか違和感を覚えますが、考えるまでもなくそれらは怪物であり、モンスターではあるのでしょう。

　こちらは講談社発行ですから、構成は大伴昌司。大伴は最終ページの分類・系統図の結びでこう述べています。

モンスターたちは、それぞれ、どんな関係にあるのだろうか? それを分類別にし、歴史的にならべてみたのが上の表である。1つのモンスターから、つぎの新しいモンスターが考えられる。そんなくりかえしの中で人気モンスターは生まれてきたのだ!

大伴がそれらムービーモンスターと通俗的〝妖怪〟の間に溝を感じていたことは間違いないことのようです。副題も「怪人・怪物のすべてがわかる決定版」となっており、〝妖怪〟の二文字は排除されています。

ただ、巻頭の「決定版世界モンスター地図」には明らかに〝妖怪〟と思われるものが混入しています。実際リード文の中には〝妖怪〟の文字も見えます。

リードには次のように書かれています。

怪物・怪人・妖怪など世界じゅうのゆうめいなモンスターたちがずらりせいぞろい!

この地図が、昭和四十二年(一九六七)『週刊少年マガジン』掲載の『悪魔くん』画報「悪魔と妖怪のひみつ50」(構成・大伴昌司、絵・水木しげる)中の「全国妖怪びっくり世界地図」の流用ということもあるのでしょうが——ここでの〝妖怪〟は、モンスターの下位概念として位置づけられていません。「世界の妖怪」に関しては、いまだ明確な指針が定まっていなかった——通俗的〝妖怪〟の方程式が適用できていなかった——らしい混乱した状況が窺《うかが》えます。

いや、むしろこれは「日本」の〝妖怪〟が水木しげるの方程式通りにでき上がってしまった、結果、と見るべきなのかもしれません。送り手側も受け手側も、無意識下で通俗的〝妖怪〟概念を受容してしまったのです。その結果、大伴昌司はその方程式から外れるモノを囲い込み隔離しようとしたわけですし、いち早くその方程式を見出《みいだ》した斎藤守弘は、逆に方程式に当てはめる形で「世界の妖怪」をプレゼンテーションしようとしたのでしょう（残念ながらこの二人の試みはその時点ではいずれも成功しませんでした。通俗的〝妖怪〟概念に沿った「世界の妖怪」のガイドラインが整理されるのは、さらに数年後——佐藤有文の著作においてのことなのです）。

その頃、『ゲゲゲの鬼太郎』の放映は既に三クール目に差し掛かっており、『鬼太郎』は知名度・人気ともに最高潮の時期だったといえるでしょう。当然ながら、「こなきじじい」も「すなかけばばあ」も「ぬりかべ」も、キャラクターとしてある程度は認知されているという状況です。それらは水木デザインで（しかも©表示なしで）掲載されなくてはならなかったのです。

付け加えるなら——同年三月には、いわゆる大映「妖怪三部作」の第一作に当たる、大映映画『妖怪百物語』が公開され（併映は『ガメラ対宇宙怪獣バイラス』）、年末には第二作『妖怪大戦争』が封切られています（併映は楳図かずお原作『蛇娘と白髪魔』）。

基本的に「妖怪三部作」は大映のオリジナル作品です。

それは大映の得意分野であった怪談、時代劇、特撮のノウハウをすべて活《い》かせる、新しい娯楽映画として企画されたものだったのでしょう（但し、後述するある事情から、結局は水木しげると切り離した企画にはなりませんでした）。

そうはいっても、この映画も『鬼太郎』のテレビ化に合わせた企画であったことは、まず間違いありません（後述しますが、映画化の際の妖怪デザインは『マガジン』の「画報」を参考に作られたようです）。

しかし、『鬼太郎』放映開始からわずか二箇月後の封切りですから、単に「ヒットしたから真似をした」便乗企画ではなかったらしい、ということも判ります。それは『悪魔くん』を皮切りに展開された一連の「戦略に乗った」企画だったというべきでしょう。

映画の効果は抜群でした。

当時において映画の告知・宣伝は雑誌展開が基本でしたから、『マガジン』以外にも多くの雑誌の誌面を〝妖怪〟のスチルが飾ることになったのです。映画のパブリシティはすべて通俗的〝妖怪〟のパブリシティ＝水木しげるのパブリシティとなったわけです。

その年、水木は『週刊少年キング』（少年画報社）に『妖怪百物語』（映画のシナリオに基づいたコミカライズ。後に『妖怪長屋』とタイトル変更）を短期集中連載する他、『週刊少年サンデー』誌上では『河童の三平』（『ぼくら』版をベースにした貸本版のリメイク。テレビ化に合わせて途中からオリジナルストーリーに路線変更）の連載を開始。さらに『ビッグコミック』（小学館）で大人向けの『世界怪奇シリーズ』『サラリーマン死神』の連載を立て続けにこなし、『宝石』（光文社）では『社会派ドキュメント劇画・鬼太郎のベトナム戦記』の連載を始めます。『少年画報』（少年画報社）にはそれまでのノウハウを活かした妖怪画・『水木しげる先生の日本の妖怪カラー大画報』の連載もスタートしています。前年を上回る、まさに大回転の活躍ぶりです。

さらに『鬼太郎』に加えて、『悪魔くん』の後継番組である『河童の三平妖怪大作戦』（NET〈現・テレビ朝日〉／東映）の放映も開始され、世は〝水木ブーム＝妖怪ブーム〟に酔うことになります。

そして同年十二月、本命である④『水木しげる日本妖怪大全』が刊行されます。

これは単行本ではなく、雑誌コード（『週刊少年マガジン増刊』）で出版された、書籍としてはイレギュラーなものです。巻末につげ義春《よしはる》の漫画五本が掲載されているものの（つげ義春は水木の有能なアシスタントでもあったわけですし）、ほぼ水木の単著といってもいいでしょう。これは元を辿《たど》れば同年九月に『週刊少年マガジン』誌上に掲載された画報「決定版日本妖怪大画集」を再構成し、単行本的に切り出したものでもあります。

元になった企画は実に五十ページにわたる大特集であり、

一五年にわたって水木先生がかきつづけた妖怪名画を特別大公開！

という惹句《じゃっく》がつけられた、まさに決定版でした。

ちなみに、特集時のカラー扉を飾ったのは、実写版『悪魔くん』の第一話に登場する「ガンマー」改め「百目」でした。

この「ガンマー」は（媒体によっては「ガン魔」などと表記されることもあったのですが）、徐々に「百目」、「妖怪百目」と表記されるようになり、最終的に「百目」に落ち着きました。

この変更は、通俗的〝妖怪〟の方程式——前近代的・民俗学的・通俗的＝匿名的——に沿うならば、カタカナ表記の「ガンマー」などという〝今風な〟ネーミングは相応《ふさわ》しくない、と判断されたためでしょう。「昔からいたんだ」という装いをする際に、それは邪魔になるだけだからです（ちなみに漫画版では最初から「百目」になっています）。

しかし別冊として切り出すに当たり、この「百目」はカットされてしまいます。昔からいたふりをするのに、テレビ化〝妖怪〟第一号である「ガンマー」は、あまりにも露出し過ぎていたせいでしょう。

後に百目は〝妖怪〟として定番化し、図鑑などにも載せられるようになります。

本来江戸の版画をモデルにした造型であることを考えれば、この扱いはむしろ当たり前のことなのですが（但し「百目」というネーミングは良くできた創作である可能性が高いようですが）、着ぐるみの造型が優れていたこともあり、実写「ガンマー」の与えたインパクトは中々拭《ぬぐ》えなかったようです。

いずれにしてもこの『日本妖怪大全』が「決定版」であったことは疑い得ない事実です。

掲載された九十八種類（表紙を入れれば九十九種類）の〝妖怪〟は、まさにスタンダードとして大衆に受け入れられ、紛れもなく〝定着〟したといえるでしょう。

因みに同書は二年後の昭和四十五年（一九七〇）、若干の増補改訂を加えたうえで、朝日ソノラマから箱入り上製本『水木しげる妖怪画集』として刊行され、さらに一部改訂を加えた新装版が、十五年後の昭和六十年（一九八五）に同社から再度発売されることになります。

さて、テレビアニメ『ゲゲゲの鬼太郎』と実写版『河童の三平妖怪大作戦』は、共に昭和四十四年（一九六九）三月いっぱいで終了します。大映の〝妖怪〟映画も三月公開の第三作『東海道お化け道中』をもって終わり、間をおかず水木の『週刊少年マガジン』『ガロ』での連載も終了します。

しかし、水木しげるの仕事量は相変わらず多かったようです。

連載が終了した『鬼太郎』は単行本化され、イベントなども頻繁に行われていました。関連グッズも増え、連載の数もほとんど減ることはありませんでした。『週刊少年サンデー』誌上の『河童の三平』は、テレビ終了後も六九年いっぱい連載が続き、翌年（一九七〇）には『週刊少年ジャンプ』（集英社）において貸本版『悪魔くん』のリメイク作品である『悪魔くん千年王国』がスタートします。

水木しげるは押しも押されもせぬ売れっ子漫画家となり、〝妖怪〟も抵抗なく大衆に根づいたのです。

大々的な展開こそなかったものの、〝妖怪〟記事はもはや一種の定番企画として提供され続けてもいたわけです。

とはいうものの——。

最初の〝妖怪〟ブームは、このあたりで終了した、と見るべきでしょう。

でも、どういうわけか〝妖怪〟の火は消えずに燻《くすぶ》り続けます。

その時代の〝妖怪〟状況を象徴するのが⑤『ビッグマガジンNo.7　妖怪』でしょう。

これは月刊漫画雑誌『まんが王』付録ですが、A4判で一九四ページもあり、奥付もついていますから、正しくは別冊付録と呼ぶべきでしょう（後半は怪奇漫画）。

収録されている〝妖怪〟は④+①②から抜粋した世界の〝妖怪〟+怪談というもので、イラストはすべてオリジナル（境木《さかいぎ》康雄《やすお》・杉尾輝利・まつよし大《だい》・南村喬之・山本耀也《やまもとてるや》のクレジットがあります）、表紙周りや冒頭ページ、記事中の一部に大映妖怪のスチルが使用されており、もちろん分布地図も載せられています。

要するに、それまでに出された各種「妖怪図鑑」の集大成――と、いうより、寄せ集めの焼き直しなのです。もちろん水木しげるのクレジットはありませんが、あきらかに水木デザインを引き写したカットを大量に確認することができます。

また、「世界」編のラインナップは、お馴染みのムービーモンスターに加え、悪魔、サルの手、ブロッケン妖怪など、いささかレヴェルにばらつきのある顔触れの他に、モズマ、白髪鬼などが加えられています。

モズマは②以外に典拠が求められないため（先行する文献資料が見当たりません）、あきらかに②を下敷きにしたものと考えていいでしょうし（但し、先に紹介した『妖怪ガロ』のインタビューでは斎藤氏の創作ではないという結論のようなので、どこかにあるのかもしれないのですが――）、白髪鬼の説明に至っては②の引き写しです。

匿名で発信された〝妖怪〟が、作者を離れ自己増殖を始めた結果といえるでしょう。

つまり――水木にとっては「活動しやすい環境が整った」ということになるわけです。

そんな中、水木しげるはコンスタントに仕事を続け、一九七一年十月にはテレビアニメ『ゲゲゲの鬼太郎』の第二部（カラー版）の放映が、二年半のブランクを経て開始されることになります。原作である『ゲゲゲの鬼太郎』も媒体を（ライバル誌の！）『週刊少年サンデー』（小学館）に移す形で新装再開、テレビ化に連動する形で（小学館の）幼年誌、学年誌での展開も軒並み行われ、グッズや関連書籍も安定した量が販売されることになります。

アニメの『鬼太郎』は翌七二年の九月まで一年間放映されました。

最初に述べたとおり、この段階で〝妖怪ブーム〟が再燃したということはありません。

ところが、『鬼太郎』終了の翌月、なぜか突然、⑥が出版されます。

この『いちばんくわしい日本妖怪図鑑』は、ある意味で④を凌駕《りょうが》する〝決定版〟「妖怪図鑑」であった――ということができるでしょう。

過去八年間にわたる各種〝妖怪〟「画報・図鑑」の成果を網羅的に吸収、整理し、けれん味たっぷりに纏めた佐藤有文の力量は、どうであれ認めざるを得ません。

そして、同書が他より頭ひとつ抜きん出ていた理由は、やはりその徹底した匿名性にあったと思われます。

掲載された〝妖怪〟に、佐藤有文個人のサインはまったくありません。同書奥付には「資料協力」の名目で斎藤守弘、土屋《つちや》不二雄《ふじお》、水木しげる、面谷《おもや》哲郎《てつろう》の名前がクレジットされていますが、彼らもまた、書かれている通り一資料提供者に過ぎず、〝妖怪〟には何のサインもしていないのです。

掲載されている子なきじじいは、明らかに水木がデザインしたキャラクターそのままの姿形なのですが、そこに©水木プロの文字はありません。何の断り書きもありません（ちなみにがしゃどくろは④の時点で水木も扱っています）。

また、佐藤は藤澤同様、石燕などの絵をそのまま使用しています。しかし、出典はおろか絵師の名さえも記されていません（かろうじて石燕だけは文中で紹介されています。但し、どういうわけか烏山石燕《からすやませきえん》と表記されており、この誤植はどれだけ版を重ねても訂正されることはありませんでした）。多量に使われている大映映画のスチルにさえ、クレジットは一切入っていないのです。

佐藤有文は、あくまで「純粋な紹介者」を装ったのでした。そしてその狙いは見事に的中したのです。映画のスチル――作り物の写真ですら、「昔からいた妖怪」の装いを持たせることに成功したのです。

これは、例えば水木しげるにはできないことなのです。

水木は〝妖怪〟に対して匿名性を貫くことはできますが、作品に対しては無記名というわけにはいきません。この時点で水木しげるは人気漫画家――表現者であり、創作者――として認知されていました。そうした状況下においては（それがどんな性質のものでも）、水木が描けば水木作品になってしまうのです。たとえ昔からいるような装いを持たせたところで、「昔からいるお化けを水木しげるが描いた」と、諒解されてしまうのです。

純粋な紹介者という意味で、佐藤有文の立ち位置は最適だったということです。

佐藤有文の仕事は、それまでの間に出揃った種々雑多な〝妖怪〟――江戸の化け物、民俗学の成果、個人の創作物、映画や漫画のキャラクターなどなど、近代的〝妖怪〟概念の条件には合致するものの、整合性を欠く多くのモノゴト――を、無理なく、何の説明もなしに横並びにしてしまう結果を招きました。図らずも佐藤有文は、熟成し一般に浸透した通俗的〝妖怪〟概念のアウトラインを再確認する作業をしたことになります。水木しげるとその共犯者達の目論《もくろ》みは、佐藤有文の手によって「外側から」補強されたのです。

同時に佐藤有文は、それまで少々持て余されがちだった「世界の妖怪」という枠組みをもほぼ完成させてしまいます。⑥の姉妹編である『いちばんくわしい世界妖怪図鑑』（立風書房）の登場によって、読者は「世界の妖怪」という概念を無理なく受け入れてしまったのです。

この場合の「世界」は「日本以外」という意味です。

水木の発明した〝手法〟を「日本以外」のモノゴトに当てはめる――斎藤守弘が早い段階で行っていたこの作業を、佐藤有文は徹底して行いました。

日本以外の国々に「昔からいる」モノども――佐藤有文のコンセプトは明快です。佐藤はここでネーミングをはじめ、多くの「創作的補強」作業を行いますが、その手つきも慣れたものでした。

佐藤は通俗的風俗研究の成果やオカルト研究の成果などを援用しつつ、名画や宗教画、民芸品など、ありとあらゆるガジェットを巧みに組み合わせて、〝前近代的〟装いを補強したのです。

さらに、その枠組みからこぼれ落ちるモノを、佐藤有文は捨て去ることなく、章立てをつくることで囲い込みで吸収しました。

それは、ひとつはムービーモンスターであり、もうひとつは〝悪魔〟でした。

ちなみに、『いちばんくわしい世界妖怪図鑑』の中に、たぶん一番ポピュラーであったはずの「フランケンシュタインの怪物」のイラストはありません。

フランケンシュタイン（「の怪物」はすでに消えてしまっています。怪物の創作者であるフランケンシュタインは、通俗においてすでに怪物の名称となっていたのです）に就いては、「怪奇映画ベスト10」というコーナーの中で扱われているだけです。

そこには、ユニバーサル映画の（一番有名な）スチルと、さらに古い映画（一九一〇年代というキャプションあり）のスチルが載せられ、「一八一六年に」「メアリー・シェリーによって」書かれた物語であるという説明が付されています（正しくは一八一八年）。さらに、あまりまともに紹介されることのなかった、ハマーフィルムのスチルなども、「その他のフランケン映画」的な扱いで取り上げています。

あくまで「真面目に」対処しているわけです。

当然のことながら、同じコーナーで「吸血鬼ドラキュラ」も扱われています。こちらはハマーのドラキュラ映画のスチル（七〇年代に入っても新作が公開されていたためでしょう）を中心に、ご丁寧にもムルナウの『吸血鬼ノスフェラトゥ』（一九二二／ドイツ映画）のスチルまで掲載するという念の入れようです。

ただ――フランケンシュタインとドラキュラの扱いは違います。ドラキュラに関しては、他のページでもしっかりと扱われているのです。何故なら、『吸血鬼ドラキュラ』はブラム・ストーカーの小説、または映画の題材（創作）ですが、吸血鬼自体は「昔からいる」モノだったからです。佐藤は、後にドラゴンブックス『吸血鬼百科』（一九七四／講談社）も著すことになります。

実に徹底しています。

ラインナップからSF的なモンスターが排除されていることも見逃せません。「近代的」「未来的」なモノが通俗的〝妖怪〟として相応しくないということは、いうまでもないことでしょう。

一方で、斎藤守弘の創作と思われる「モズマ」などは堂々と採用されています。これは「他媒体との暗黙の共謀」＝「発信者の匿名性の有効活用」作戦の一環であると共に、それが「前近代的装いを持たせることが容易なモノ」だったからに他なりません。

佐藤有文の〝基準〟は、まさしく通俗的〝妖怪〟概念に沿ったものだったわけです。

また佐藤は、〝悪魔〟に関しては〝妖怪〟とは似て非なるもの――というスタンスを示します。取り扱い方――紹介の〝手法〟は〝妖怪〟のそれと変わらないものなのですが、「世界の超悪魔」なる別章を立て、当時ほとんど知られていなかったと思われる、コラン・ド・プランシーの『地獄の辞典』（一八一八）などの図版を中心に構成、「キリスト教に敵対する者」として「組織」をもった一団であるという、独特の解釈を編み出すことで差別化を図っています。

佐藤は先に「世界の超悪魔100」という画報を『週刊ぼくらマガジン』(講談社)誌上で担当しており、この章はその発展形と考えていいでしょう。さらにこの章は翌年のドラゴンブックス『悪魔全書』(一九七四/講談社)へと進化することになります。通俗的なレヴェルにおいては、この〝悪魔〟解釈は当を得たものであった——といえるかもしれません。

佐藤有文は『いちばんくわしい日本妖怪図鑑』のカバー見返しで次のように述べています。

妖怪変化についてしらべはじめて十年——いろいろおもしろいことが、わかってきました。

日本には、九つの超能力をもった、およそ四〇〇種類もの妖怪がいます。この本では、妖怪変化のすべてを、たくさんの絵や写真をいれ、おもしろくわかりやすく、紹介してみました。

妖怪は、ただたんに、恐ろしくぶきみなものでないということが、わかってもらえるでしょう。

この言葉に嘘はありません。

水木しげるが『鬼太郎夜話』の中で〝妖怪〟を作中に取り上げ、通俗的〝妖怪〟概念の生成が始まったのが、昭和三十六年(一九六一)。それは、『いちばんくわしい日本妖怪図鑑』刊行の、およそ十年前のことなのです。

佐藤の著作は、例えば民俗学的に検証するならば誤謬《ごびゅう》と粉飾に満ちた資料的価値の低いものとなるでしょう。しかし、佐藤有文は別に「いいかげん」だったわけでも「適当」だったわけでもありません。佐藤は、「いいかげん」で「適当」なものを真面目に取り扱っただけだったのです。

通俗的であるという意味で、佐藤有文は〝妖怪〟の最適な紹介者であり、研究者でもあったということになるでしょう。

同じ佐藤の⑦『妖怪大図鑑』は、⑥の翌年に発行されたもので、内容的にはほぼ前作を踏襲するものです。この段階で⑥はまだ書店に並んでいました（『いちばんくわしい～』二冊は次々に版を重ね、実に長い間供給され続けたロングセラーです）。つまり絶版による「出し直し」などではないということです。また、第三者による焼き直しの後追い企画でもありません。児童書の「一品目」としてそれなりに需要があった結果、と考えるべきでしょう。

一方で、⑧『とてもこわい幽霊妖怪図鑑』は、企画としては完全に〝後追い〟ということができるでしょう。但し、内容的には佐藤の仕事の〝焼き直し〟ではありません。著者の草川隆は、佐藤有文とは似て非なる図鑑を構想したようです。

まず、そのタイトルからも判る通り、同書は〝幽霊〟と〝妖怪〟双方を扱っています。その結果、水木しげるから佐藤有文に至る先人たちが、徹底的に「キャラクターカタログ」として分類整理した通俗的〝妖怪〟を、本来の形——物語の文脈の中で語り直すという試みが行われることになったのです。

著者は、日本に留まらず、世界各地の伝説や怪談を分類し、大量の図版を添えて紹介するという形をとりました。

草川があくまで〝真面目〟に作業しただろうことは、端々の処理からも容易に知れます。読み物として質の低いものでもありませんし、物語の分類も至極納得のいくものではあります。〝妖怪〟に関しては二章が割かれ、「憑物」や「奇病」の章立てがあるなど、なかなかユニークな分類にもなっています。ただ、結果から述べると、この試みは成功したとはいえなかったようです。

草川は大きな見落としをしていたのです。

簡単に述べるなら、それは通俗的〝幽霊〟と通俗的〝妖怪〟の差異に対する無自覚——ということになるでしょうか。もちろん、通俗的〝妖怪〟のカテゴリに〝幽霊〟を放り込むことは容易なことです。しかし、それには一定の手続きが必要になるのです。逆に通俗的〝幽霊〟の文脈で〝妖怪〟を語ることも可能です。しかし、その場合〝妖怪〟は解体してしまうのです。

繰り返しますが、通俗的〝妖怪〟は、「前近代」的であり、「民俗学」的であり、「通俗」的なモノとして諒解される概念です。同書が出版された時点でその諒解事項が（不文律として）一般に浸透していたこともすでに述べました。

一方で通俗的〝幽霊〟とは、即ち「心霊科学的な文脈で語られる幽霊」です。これも以前に述べた通り、〝心霊科学〟は近代的なものであり、「前近代」的であるべき通俗的〝妖怪〟とは相容《あいい》れないものなのです。

加えて、民俗学的には（というより柳田國男的には）〝幽霊〟と〝妖怪〟は別物として区別されています。それが、それ程強い根拠を持たない定義であることは以前にも述べました。

しかし、他方でその柳田の定義がある程度人口に膾炙《かいしや》していたことも事実です。正しかろうが間違っていようが、通りの良い方が「通俗」足り得るのだとすれば、「通俗」的言説において〝幽霊〟と〝妖怪〟は区別されるべきものとなるでしょう。

さらに付け加えるなら、柳田の定義は〝心霊科学〟的幽霊観と、とても相性の良いものでもあるのです。民俗学にとっての〝幽霊〟は、〝妖怪〟を特殊化するために〝妖怪〟から切り離され、〝近代〟に組み込まれてしまった概念――でもあるからです。

事実、佐藤有文も中岡俊哉も〝幽霊〟は別扱いにするという姿勢を堅持していますし、また両者とも〝妖怪〟を離れて〝幽霊〟を語る際は、〝心霊科学〟の文脈を利用しています（両者とも、オカルトと〝妖怪〟の棲み分けに関しては神経質だったのです）。

つまり――〝幽霊〟を通俗的〝妖怪〟として扱おうとするなら〝心霊科学〟的要素はある程度排除しなければならないということになります。

また、〝妖怪〟を通俗的〝幽霊〟として扱おうとするなら、〝妖怪〟という枠を外すしかない、ということになるでしょう。「前近代」的装いや「民俗学」的粉飾を排除してしまったなら、通俗的〝妖怪〟は〝妖怪〟として成立しなくなってしまうのです。

当時、心霊科学＝オカルトは、かなり流行していました。

そんな中で草川は〝幽霊〟を「心霊科学」ではなく、怪談や伝説の文脈で語っています。

それ自体は何の問題もありませんし、むしろ本来的なあり方だったともいえるでしょう。〝心霊科学〟を排除することで、作中から〝近代〟が払拭《ふっしょく》されていることも事実です。

また草川は、佐藤の仕事に倣ったのか、実に多くの図版——昔の絵——を使用しています。それは本来、通俗的〝妖怪〟が「前近代」を装うためのツールだったはずです。また、分類に関しても民俗学と平仄《ひょうそく》を合わせようとした努力が窺えます。

こうしてみると著者の手法は〝幽霊〟を〝妖怪〟に引き寄せるためのものとなっていることがわかります。しかし、著者は〝幽霊〟を〝妖怪〟として扱おうとしたわけでは決してないようです。

同書においては、〝妖怪〟と〝幽霊〟は民俗学の区分をベースにして、しっかり区別されているのです。

同書のコンセプトは〝妖怪〟をそれまでと違った文脈で語る——佐藤有文の著作との差別化を図る——というものであったと思われます。そのために〝幽霊〟を持ち出したことも間違いのないことでしょう（おまけに「とてもこわい」という角書《つのが》きまで付いています）。しかしそうした試みとはちぐはぐに、〝手法〟だけは佐藤有文のそれを踏襲したものになってしまっていたわけです。

結果的に——草川の仕事は、「通俗的」でなくなってしまっているのです。通俗的なあり方にあまりにも無自覚であったがために、「妖怪図鑑」としてはやや精彩を欠く結果となってしまったといえるかもしれません。

ただ、同書には注目すべき点がひとつあります。

挿絵の一部に水木しげるが起用されていることです。

水木の妖怪画は他の挿絵とは違って、石燕などの「昔の絵」とまったく同じ用途――前近代である保証として使用されているように思われます。

つまり。

これは佐藤有文の登場によって、水木しげるがよりいっそう古典――スタンダードになってしまったという事実を示しているのです。水木の描いた〝妖怪〟は（水木しげるの署名があったとしても）〝本物〟として認知されるに至ったわけです。これ以降、現在に至るまで、そうした理解は変わっていません（ご存じの通り、最近では研究書に水木の絵が載ることも珍しくはない状況が訪れています）。

さて、続く⑨『妖怪ミステリー』は、ある意味⑧の対極にある〝妖怪〟図鑑ということができるでしょう。同時に同じ著者の『世界の妖怪図鑑』（有紀書房）も発売されており、佐藤有文の仕事をより卑俗に展開した、単なるエピゴーネンとして受け取られることが多いものでもあります。対象年齢層がやや低めということもあるのでしょうが、⑧とは正反対の、いうなればとても胡《う》散臭《さんくさ》い印象の仕上がりになっています（ラフなイラストやゆるいレイアウトなど、突っ込みどころ満載な体裁もそうした評価の理由のひとつとなっているようですが――）。

但し、この本にも注目すべき点はあります。

ラインナップがオリジナルだ、という点です。

『妖怪ミステリー』が取り上げている〝妖怪〟は、再生産を繰り返してきた（つまり流用・焼き直し・子引き孫引きがほとんどだった）それまでの「妖怪図鑑」のラインナップとは大きく違うものです。

目次には、「八岐《やまた》の大蛇《おろち》」、「茨田《まむた》の水神」、「宿儺《すくな》」、「あわわの辻」――など、それまでは取り上げられなかった〝妖怪〟が多く見られます。『古事記』『日本書紀』『今昔物語集』『宇治拾遺物語』など、古典から材を採った記事が三分の一を占めているのです。「妖怪図鑑」は、同じネタを共有することでそれらしさを演出してきた――匿名性を強調することで「前近代」を装ってきた――わけですから、これは特異なあり方といえるでしょう。

それまで、〝妖怪〟のイメージは、「前近代」とはいうものの、江戸時代、遡《さかのぼ》っても室町時代あたりに求められてきました。それはもちろん、「民俗学」的であろうとするならばその程度しか遡れないからです（通俗における民俗学のイメージという意味です）。そのセオリーは、現在でもある程度遵守されています。

しかしこの『妖怪ミステリー』においては、中世や古代までもが、通俗的〝妖怪〟の射程に入り得るものだということが示されているわけです。

但し、この発想自体は、別に南條武の独創ではありません。例えば佐藤有文も『いちばんくわしい日本妖怪図鑑』に「妖怪出現の記録」という章を設け、古代から近代に至るまでの〝妖怪〟的事件を年表として列記しています。そこにはイザナギの黄泉《よみ》下りも、スサノオの八岐大蛇退治も載っています。

ただ、八岐大蛇が〝妖怪〟だとは書かれていません。

佐藤の年表は富岡直方《とみおかなおかた》の『日本怪奇物語』（一九三五／二《に》松堂《しょうどう》書店・後に山田野理夫の手で『日本怪奇集成』と改題、一九七五年に宝文館出版より再版）に付された「猟奇年表」（改訂版では「日本怪奇年表」）あたりに触発されて作成されたのかもしれません。富岡の年表の作成には藤澤衛彦も関わっており、多分に「妖怪資料」的な要素を含むものとなっていることは事実です。

しかし佐藤有文をしても、神話に登場する異形や異神を通俗的〝妖怪〟としてしまうのは躊躇《ためら》われたのでしょう。

しかし南條に躊躇いはありませんでした。既に完成していた通俗的〝妖怪〟概念は、通俗であるが故に多少の矛盾を許容する「ゆるさ」をも内包していたのです。

ですから、これは南條の〝発明〟と捉えるべきではないのでしょう。『妖怪ミステリー』のラインナップは、この時期〝妖怪〟の枠組みが古代にまで敷衍《ふえん》されることに対して違和感を覚える者が少なくなっていた証左と考えるべきなのです。

ただ、付け加えるなら、これら古代・神代の怪物や神霊などは、現在においても〝妖怪〟のカテゴリからは少々はずれたポジションにいるモノとして理解されていることは間違いありません。但し、それらを総括するのに適当な概念――言葉がないため、〝妖怪〟が代用されていることも事実です。

そして。

同じ年、⑩『妖怪なんでも入門』が発売されます。

妖怪なんでも入門（1974）

④を下敷きにした『水木しげる妖怪画集』があくまで「画集」（絵に若干の説明が付されているもの）であったのに対し、この『妖怪なんでも入門』は紛れもない子供向け「妖怪図鑑」であり、さらには〝妖怪〟の入門書となっています。

同書が佐藤有文の『いちばんくわしい日本妖怪図鑑』の体裁をある程度踏まえたものであることは、その構成を見れば一目瞭然《りょうぜん》です。

目次を比較してみましょう。

妖怪なんでも入門

いちばんくわしい日本妖怪図鑑
妖怪チャンピオン
1　動物の妖怪
2　人間の妖怪
3　人獣の妖怪
4　妖怪出現の記録
5　百鬼妖魔
6　日本の妖怪地図

順番が異なっているだけで、構成はほぼ同じです。

ただ、大きく違う点がふたつあります。

ひとつは、『妖怪なんでも入門』が水木しげるの著作であるという点です。

この段階で〝妖怪〟は一過性のブームを終え、すでに定着していました。そして佐藤らの仕事の結果、水木しげるは〝本物〟として認知されていたのです。水木しげるの絵は水木が描いたというだけで〝妖怪〟としての強い説得力を持っていたということです。

もうひとつは、第1章の存在です。ここで、水木はほぼ初めて〝妖怪〟とは何かという問い掛けに、（『ゲゲゲの鬼太郎』の作者としてではなく）解答しているのです。

一部を引用してみましょう。

大昔の人々は万物にたましいのようなものが宿っているものと考えていた。すなわち、木には木のたましいがあり、石には石のたましいがあり、夜寝しずまったころ、踊りをおどったりしているかもしれないと考えていた。

妖怪のなかには、そうした大昔からいるようなものもあり、江戸時代の人が、作ったり感じたりしたものもまじっている。


前半は水木らしい精霊信仰やアニミズム礼賛を思わせる発言ですが、ここはむしろ「踊りをおどったり」という部分に注目するべきでしょう（水木はわざわざ「踊りをおどる木のたましいと石のたましい」というぞんざいなイラストを描き添えてまでいます）。

また、「作ったり感じたり」としている点、しかも「江戸時代の人」と限定している点も見逃せません。このくだりは、江戸期の〝化け物〟と民俗学的な〝妖怪〟の双方を指し示していると思われます。「感じたり」という部分に関して、水木は「すねこすり」を例に挙げ、それは一種の雰囲気であり、足がもつれるという現象に仮託した概念なのだと説明します。


しかし、目には見えなくても、なんとなくそういう妖怪がいると考えたほうが、そのときの気持ちをよく表現できる。

そんなとき、妖怪は誕生するのだろう。

実に素直、かつ核心を突いた発言です。

続いて水木は、〝幽霊〟を「うらみをいだいていて、その出現は人々を恐怖におとしいれる」と定義した上で、〝妖怪〟は「あいきょうもあり、うらみなどで出るのではない」と差別化します。そして「ざしきわらし」を例にとって、次のように述べます。

――人間の存在に関係なく、前からそこにいたのだという感じがある。

再び核心を突いた発言といえるでしょう。

さらに水木は鳥山石燕を（適当な肖像画を付して）取り上げます。

彼は、じゅうらいあったものに、自分の創作をくわえ、民衆に伝えられていたものを絵にし、うすい本ではあるが、十二冊ほどの妖怪の本を残した。

彼のほかにも、たくさんの妖怪の絵とか、幽霊の絵はあるが、それらのものは妖怪というより、ただこわがらすだけの絵で、べつになんの味わいもない。

――――

実に正確な記述です。続いて水木は柳田國男の『妖怪談義』を取り上げ、「これは、妖怪が生きている。しかし、残念ながら型はない」とした後、次のように述べます。

> 私は、昔の絵などを参考にしたり、創作したりして、「妖怪談義」のなかのものを絵にした。
> 「鬼太郎」のなかで妖怪を創作したものも三十ばかりあるが、妖怪は、ほんらい、怪獣なんかのように創作されるべきものではないと思う。
> 妖怪は、昔の人の残した遺産だから、その型を尊重し、後世に伝えるのがよい。

もはや何の説明も要らないでしょう。水木は自らの作法を開陳しているのです。

通俗的〝妖怪〟の成り立ちは水木のこの文に集約されています。

水木は「形のないものに形を与えた」「創作した」と述べていますが、どれを「創作」したのかは述べていません。そして本来的に「創作するべきでない」と結んでいます。

これは、すでに自らがスタンダードとなった自信があったからこそ言えることです。

水木しげるは、通俗的〝妖怪〟そのものに、Ⓒ水木しげるの刻印をしたことになります。

水木しげるの名前は、〝妖怪〟に関してはいまだ匿名です。たとえ水木しげるの署名があったとしても——現状その〝妖怪〟は水木が創ったモノとは思われないのです。それどころか水木の描いたモノはそれだけで「本物」だと認識されるようになってしまったのです（『妖怪なんでも入門』は『妖怪大百科』と改題され、二〇〇四年に小学館からソフトカバーで再版されたので、現在も読むことができます）。

七〇年代中盤以降、水木の〝妖怪〟は様々なシーンで再生産されていきます。
多くのクリエイターが、Ⓒ水木しげるの刻印がなされている〝妖怪〟を、それと知らずに使用し、通俗的〝妖怪〟概念は何の定義もされないままに益々一般化して行くことになります。この、無自覚に繰り返される再生産こそが、「起きていないのに起きている」〝妖怪ブーム〟の正体なのです。

さて、主に児童書を中心にして、通俗的〝妖怪〟が戦略的に浸透して行く過程を追って来たわけですが、同時期に刊行された児童書以外の通俗的〝妖怪〟文献にも目を向けてみることにしましょう。

まず――『講座日本風俗史』の執筆者の一人でもあった阿部主計の『妖怪学入門』（一九六八／雄山閣出版）あたりを皮切りに、山田野理夫『日本妖怪集』（一九六九／潮文社《ちょうぶんしゃ》）、上田《うえだ》都史《とし》『妖怪の話』（一九七〇／潮文社）、佐藤友之《さとうともゆき》『妖怪学入門　オバケロジーに関する12章』（一九七三／ホーチキ出版）、早川純夫《はやかわすみお》『日本の妖怪』（一九七三／大陸書房《たいりくしょぼう》）、粕三平《かすさんぺい》『お化け図絵』（一九七三／芳賀書《はがしょ》店《てん》）、山田野理夫『東北怪談の旅』（一九七四／自由国民社《じゆうこくみんしゃ》）、上田都史『現代妖怪学入門』（一九七四／大陸書房）、山室静《やまむろしずか》・山田野理夫・駒田《こまだ》信二《しんじ》他『四次元《よじげん》の幻境《げんきょう》にキミを誘う　妖怪魔神精霊の世界』（一九七四／自由国民社）などが挙げられるでしょうか。

最初に、水木と同世代であり、互いにつかず離れずの距離を保って活躍をしていた山田野理夫に注目してみましょう。この時期の山田野理夫の著作は、いわゆる「怪談」集として捉えるべきものです（拙著『妖怪大談義』〈二〇〇五／角川書店〉収録の山田氏との対談参照）。

怪談作家として活躍した山田野理夫は、通俗的〝妖怪〟のエッセンスを巧みに抽出し、作品に活かした人でもありました。山田は後に『母と子の図書室・お化け文庫』全十二巻（一九七六／太平出版社《たいへいしゅっぱんしゃ》）という子供向け創作民話集を刊行しますが、これは通俗的〝妖怪〟を素材にして民俗的物語を紡ぐ、「妖怪の再民話化」とでも呼ぶべきジュブナイル作品集になっています。また、山田野理夫は佐々木喜善とも交流があり、『遠野のザシキワラシとオシラサマ』（一九七四／宝文館出版）他、数冊の編者となり、出版に尽力しています。

粕三平『お化け図絵』は児童書の世界に野放図に氾濫《はんらん》していた、石燕、春泉などの図版、絵巻、画譜などを纏めたもので、正確には〝妖怪〟本ではありません。しかし帯には「画期的な化け物百科事典」とあり、結果的には大人向け「妖怪図鑑」的な捉えられ方をしたことは、いうまでもありません。当時、石燕の絵ですら、児童書に掲載されているものを除いて見ることができない状態だったので（渡辺書店版『画図百鬼夜行』はすでに絶版でした）、一部には好評を以て受け入れられたようです。版元である芳賀書店からは、同時に粕三平『浮世絵の幽霊』、宮次《みやつぎ》男《お》『日本の地獄絵』の二冊が刊行されています（まるでジャガーバックスに使用された図版の原典ばかりを纏めたようなラインナップではあります）。

残りの著作は、いずれも「妖怪とは何だろう」と考察したたぐいのものです。

上田都史、早川純夫は共に俳人です。阿部主計は文筆家、佐藤友之はジャーナリストです。彼らはみな、民俗学者でも風俗史学者でもありませんし、通俗的〝妖怪〟の送り手でもありません。発信された〝妖怪〟を受容する側の人間の論考、随筆ということになるでしょう。

しかし、残念ながら古典籍に材を採り考察を加えるという伝統的な手法からは、新しい視座を見出すことは難しかったようです。

ただ、いずれも〝妖怪〟をモノとして捉えているところは見逃すことができません。上田の分類は動物のそれに擬《なぞら》えられるものですし、歴史の中にこそ妖怪はあるとする早川ですら、文中の〝妖怪〟は事件ではなくキャラクターを指す言葉として使われています。

世代的に少し上となるのだろう阿部にしても、その点はあまり変わりがないようです。江馬務の『日本妖怪變化史』に影響を受けて書かれたと思われる阿部の『妖怪学入門』は、「おばけ」を〝幽霊〟、〝妖怪〟、〝変化〟の三種類に分類し、時代を追って紹介して行きます。

この時点で〝妖怪〟がモノとして捉えられていることはいうまでもありません。

しかし、大正を生きた江馬と違い、阿部の視野には〝現代〟が常に映っています。空飛ぶ円盤や交霊術、ゴシック・ロマンに映画のモンスター、果ては超能力までを、古式ゆかしい「おばけ」で御すことは不可能だったようです。

タイトルには「学」とあるのですが、論を立てることなく終わってしまっているところが残念ではあります（同書は一九七一年に改訂増補の軽装版、一九八七年に雄山閣ブックス版、二〇〇四年に新装版が、それぞれ雄山閣出版〈現・雄山閣〉より発売されています）。

同じ『妖怪学入門』でも佐藤のそれは完全に妖怪カタログの体裁になっています。

ただ、ラインナップはかなり乱暴なものです。著者が通俗的〝妖怪〟概念を少々履き違えて理解していたことは、まず間違いないでしょう。

そこには何と「ピノキオ」や「かぐや姫」、「ゲゲゲの鬼太郎」、「黄金バット」、果ては「ニャロメ」や「未来のサル(20世紀フォックス映画『猿の惑星』の猿)」までが並べられています。

とはいえ、佐藤が特別〝妖怪〟に疎かったとは思えません(むしろ逆でしょう)。これはごく普通の大人の感覚だったに違いないのです。送り手以外、誰も〝妖怪〟のことなど真面目に考えてはいなかった——からです。

通俗的〝妖怪〟は、「通俗」なのです。決して鹿爪《しかつめ》らしく考察されるような対象ではありません。従ってニャロメもネッシーもママゴン(教育ママを怪獣に擬《なぞ》らえて揶揄《やゆ》した言葉)も、要するに〝妖怪〟だろうという感覚は、実はとても真っ当なものなのです。

しかし。

それでも佐藤の『妖怪学入門』を読んだほとんどの人間は、やはり何らかの違和感を持ったはずです。ネッシーと小豆洗いの違いがどこにあるのかは解らないし、所詮《しょせん》同じようなものだろうとも思うけれども、でも何か違う——と。

通俗的〝妖怪〟はきちんと定義されて提示されたものではありません。

謂《い》わば大衆自らが無自覚に作り出したものでもあるのです。その仕組みを察した者が、その仕組みを利用して展開したというだけのことです。ですから「桃太郎も宇宙人も妖怪だ」という佐藤の主張は間違ってはいません。間違ってはいませんが、(その部分に関しては)到底受け入れられるものでもなかったはずです。

残る『妖怪魔神精霊の世界』は、要するに大人向け「世界妖怪図鑑」です。

エリア別に章を立て、それぞれのオーソリティが得意分野を執筆するという、贅沢《ぜいたく》な体裁になっています。また、こちらは佐藤有文が仕切り直した「世界の妖怪」の枠組みを綺麗《きれい》に踏襲しており、「妖怪図鑑」と呼んで差し支えのないラインナップがなされています。

執筆陣としては日本・朝鮮・台湾パートを山田野理夫、中国を駒田信二（作家）、インドを中村瑞隆《なかむらずいりゅう》（立正大学教授）、オリエントを矢島文夫《やじまふみお》（京都産業大学教授）、スペイン、ラテンアメリカを三原幸久《みはらゆきひさ》（大阪外国語大学助教授）、イギリス・ドイツ・北欧を山室静（日本女子大学教授）、ロシアを大木伸一《おおきしんいち》（ロシア民俗研究家）、アメリカ・インディアン・アメリカ黒人を皆河宗一《みながわそういち》（明治大学教授）が担当しています（肩書き・所属はすべて当時）。

それぞれの国のカラーに応じて、〝妖怪〟ではなく「魔神」「精霊」「幽鬼」「変化」など、呼び方を変えているところが良心的といえるでしょう。ただ、地域別の分類の後、同書は次の二章を設けています。

童話に出てくる妖精と魔法使いたち／神宮輝雄《じんぐうてるお》（青山学院大学助教授）

SFに出てくる妖怪と魔神たち（カバーでは「SFに出てくる魔物・怪人」）／福島正実《ふくしままさみ》（SF作家・評論家）

前者では「ピーターパン」や「ムーミントロール」「ホビット」など、ファンタジーや児童文学に登場するキャラクターが取り上げられています。

フィクションであっても、有名な「妖精」や「魔法使い」には違いありませんし、これは通俗的な「世界の妖怪」のガイドラインから、そうはずれたものでもありません。

しかし後者はどうでしょう。

SFは、前近代的なものではあり得ません。もちろん〝妖怪〟という言葉の原義に立ち返るならそこには何の齟齬《そご》もないということになるわけですが、通俗的〝妖怪〟理解を基準にして読む限り、〝SF〟と〝妖怪〟との間にはどうしても違和感が発生してしまいます。

ただ、この章は本来、佐藤有文が『いちばんくわしい世界妖怪図鑑』に別枠で提示したムービーモンスターの章に相当するようなものであったと思われます。「フランケンシュタインの怪物」も「ゴーレム」も、元は小説で描かれた〝モンスター〟です。そして、それらが登場する小説は、ゴシックホラー小説でありつつ、SF小説と捉えることも可能なものではあるのです（ジャンル名――ラベリングは時代によって変遷するものです）。

フランケンシュタインの怪物をどう扱うかという問題は、〝妖怪〟の送り手たちにとって常に厄介なものだったはずです。「フランケン」は、ゴシックホラー小説の名作でもあり、人気ムービーモンスターでもあり、『怪物くん』の従者でもあり、『鬼太郎』と戦う西洋妖怪でもあり、地底怪獣と戦う人造人間（『フランケンシュタイン対地底怪獣』〈一九六五／東宝〉）でもあったのです。

有名であるが故に無視することはできないものの、いざ分類しようとするとどこにも入れられないモノ――だったわけです。

特に、通俗的〝妖怪〟概念が世に浸透してから後は、いっそうその特殊性が際立ってしまった感があります。

しかし、SFの文脈で読み解くならば、「フランケンシュタインの怪物」は「人造人間」と斯界《しかい》に通暁していた福島正実は、実に丁寧にチョイスをし、解説を加えています。

いうことになります。かの怪物を採用基準とするなら——ロボットもアンドロイドも採用しなければならなくなります。その結果、「サイボーグ」「ミュータント」「合成人間」「火星人」といった、およそ〝妖怪〟的印象をもたないモノも選ばれてしまっています（福島は冒頭で伝統的妖怪のようなものは排除する旨を明記しています）。

こうしてみると、通俗的〝妖怪〟の生成に関わっていなかった識者や送り手たちは、いずれも〝妖怪〟という言葉を持て余していたように思えます。しかし、先に挙げた児童書においては、そうした戸惑いめいたものは一切見当たりません。大人たちがあれこれ苦慮している間にも、子供たちを中心にした娯楽の場面で〝妖怪〟は浸透し、拡大し、市民権を得ていたということになるでしょう。

さて、阿部主計版と佐藤友之版、まったく違った二つの『妖怪学入門』と『妖怪魔神精霊の世界』に、共通した話題がたった一つだけあります。

それは「ゴジラ」です。

三者とも、「ゴジラ」を〝妖怪〟として——あるいは〝妖怪〟に準ずるものとして取り上げているのです。

一方、当時の児童向けの〝妖怪〟本の中で〝怪獣〟を取り上げているものはまったくありません。児童書の世界——通俗的〝妖怪〟の発信者たちの間では、〝怪獣〟は完全に区別されていたようです。

その差はいったい何に由来するのでしょう。

通俗的妖怪と怪獣

これまでに大勢の水木しげるの事後共犯者たちの軌跡を眺めてきました。

彼らは、主に子供たちをターゲットにして、それぞれが、それぞれの仕事を糧にする形で〝妖怪〟という市場を開拓して行きました。それは主張するのでも啓蒙するのでもなく、あくまで受け手側の反応を基準にして、半ば勝手に——水木が示した〝手法〟を手掛かりに——展開されたものでした。

さて、ここで一旦《いったん》立ち返り、水木しげるの〝手法〟を完成させる手助けをした、真の意味での共犯者を探ってみることにしましょう。

それは、大伴昌司です。

いうまでもなく『少年マガジン』誌上で展開された〝妖怪〟画報の多くは大伴の構成になるものです。

また大伴は、①などの絵本、③などの雑誌付録も手掛けています。

その中には③のように水木しげるの関わっていないものも多く見られます。初期〝妖怪〟企画のほとんどに大伴昌司は関わっていたといっていいでしょう。

しかし、大伴昌司は、主に〝怪獣〟サイドで評価されている人物です。

大伴といえば〝怪獣〟というのが、一般的な評価なのでしょう。

その通り——大伴昌司は〝怪獣〟の仕掛け人です。

通俗的〝妖怪〟は、その黎明期《れいめい》に〝怪獣〟の仕掛け人の手で〝怪獣〟を雛型《ひながた》にして設計されたものだったと考えられるのです。

通俗的〝妖怪〟概念は大衆が作り上げたものだと筆者は繰り返し述べてきました。そしてそれは水木しげるとその共犯者たちの暗黙の共同作業によって具体化されることとなったのだとも述べました。大衆が無意識のうちに作り上げていたものと提示されたモデルとが合致していたからこそ広く深く浸透したのだ——とも述べました。

そうなのだとしたら、この設計者がいる——という結論は、いささか矛盾するものなのではないかと、そう思われることでしょう。

しかし矛盾はしないのです。

〝妖怪〟と〝怪獣〟の関係は、神道と仏教のそれに似ています。神道は、古くから日本にあった、一種の民族宗教と考えることができます。もちろん、為政者などによる意図的な操作や外部からの干渉は幾度もあったのでしょうが、基本的に神道的な世界観はこの国に住む者たちが長い時間をかけて生活の中で培ってきたもの——と考えて良いでしょう。

一方仏教は世界宗教です。日本に渡来した段階で教義体系もでき上がっていました。神道の宗教としての枠組みは、この仏教のスタイルを基にして、仏教渡来後にでき上がったものと考えられます。

通俗的〝妖怪〟は、〝怪獣〟と出合うことでその輪郭を明瞭《めいりょう》にすることに成功した――といえばわかり易いでしょうか。

本邦特撮テレビ番組の先駆けである『ウルトラQ』（TBS／円谷プロダクション）がスタートしたのは、昭和四十一年（一九六六）一月のことでした。

初回から三十％を超す高視聴率だった『ウルトラQ』の後を受けて、引き続き同年七月より『ウルトラマン』（TBS／円谷プロダクション）が、その一週間前には『マグマ大使』（フジテレビ／ピー・プロ）がスタートします。翌昭和四十二年（一九六七）には『キャプテンウルトラ』（TBS／東映）『ウルトラセブン』（TBS／円谷プロダクション）『怪獣王子』（フジテレビ／日本特撮）『ジャイアント・ロボ』（NET〈現・テレビ朝日〉／東映）と、「怪獣」ものは次々とお茶の間に送り出され、いずれも大成功を収めました。

実写版『悪魔くん』（NET〈現・テレビ朝日〉／東映）がスタートしたのは、まさにその〝怪獣ブーム〟の真っ只中《ただなか》――昭和四十一年（一九六六）十月のことです。

実写版『悪魔くん』は、後に『仮面ライダー』（NET〈現・テレビ朝日〉／東映）シリーズを生み出し、第二次〝怪獣ブーム〟を〝変身ブーム〟に塗り替えてしまった、東映の名プロデューサー・平山亨《ひらやまとおる》が最初に手がけたテレビ番組としても知られます。

平山は、偶然貸本漫画の『悪魔くん』に触れ、その「形容しがたい」タッチと、「大人をコキ使って」（DVD解説書インタビューより）体制に立ち向かう子供という設定に激しく魅かれたのだそうです。

前述のとおり、貸本時代の水木作品には、『鬼太郎夜話』以外ほとんど〝妖怪〟は登場しません。貸本版『悪魔くん』は（本来の隠秘学という意味での）オカルト的粉飾に彩られた傑作ですが、〝怪物〟や〝悪魔〟は登場するものの、やはり〝妖怪〟は一切登場しません。

ただ、通俗的〝妖怪〟を構成する要素が（水木の資質として）ふんだんに含まれていた——というだけです。

平山亨を虜《とりこ》にした『悪魔くん』は、〝妖怪〟漫画ではなかったのです。

程なくして『マガジン』編集部を訪れた（前出資料に依れば「表敬訪問」だったそうです）平山プロデューサーは、当時の『マガジン』編集長・内田《うちだ》勝《まさる》に水木漫画の魅力を熱く語ることになります。

当時、少年漫画誌は市場獲得のための熾烈《しれつ》な闘いを繰り広げていました。

その競争の中で六〇年代の『マガジン』は少年漫画以外の描き手（つまり貸本漫画業界）の中から名匠を引き抜いて看板として登用するという、いわゆる〝劇画〟路線を打ち出します。もちろん水木もその中の一人でした（その路線が功を奏して、七〇年代には『朝日ジャーナル』『平凡パンチ』と並んで大学生の三大愛読書などと呼ばれることになります。つまり購買層の拡大——漫画雑誌の脱・児童書化に貢献したのです）。

当然、二人は意気投合します。

不定期連載中だった『鬼太郎』に続き、『悪魔くん』の少年誌展開を企画していた『マガジン』側は、テレビ化に向けて強い意欲を示すことになります（平山らが訪れた段階でマガジン版『悪魔くん』のパイロット原稿は完成していたのだともいわれます）。

そして平山は、水木の許に出向きます。

一話完結の対決モノ路線は、水木のほうから提示されたようです。これは、週刊誌連載のノウハウを摑《つか》みつつあった水木の体験的な提案であったものと思われます。

そして、悪魔くんの敵は〝妖怪〟に定められました。

実写版『悪魔くん』ＤＶＤ（東映ビデオ）のインタビューで平山はこう答えています。

妖怪を巨大にするというヒントになったのは水木しげる先生に聞いた「妖怪見越し入道」の話。（中略）妖怪も大きくなれるシチュエイションなら巨大に描くのも手法と思い立ったのだ。

それが〝怪獣（特撮）ブーム〟に便乗した企画であったことはまず間違いありません。「あちらが怪獣ならこちらは妖怪だ」という対抗意識も、当然のように強くあったものと思われます。しかし、視聴者に対し「こっちは怪獣じゃなくて妖怪なんです――」と説明するのは難しいことです。

そもそも通俗的〝妖怪〟が浸透してしまっている現在と違い、その時点で〝妖怪〟がどんなものなのかを説明できる者など、誰ひとりいなかったのです。受け入れて貰《もら》うためにはまず観てもらわなければいけません。そして観てもらうためには〝怪獣〟を装うことが一番効果的だったのです（実際、『悪魔くん』に少し遅れる形で平山が手がけた横山光輝《よこやまみつてる》原作の『仮面《かめん》の忍者赤影《にんじやあかかげ》』でも、平山は〝怪獣〟路線に見せかけるというスタイルを踏襲し、成功を収めています）。

ブラウン管に登場した最初の〝妖怪〟――「妖怪ガンマー」は、まさに〝怪獣〟に擬態するという形で世に送り出されたといっても良いでしょう。

巨大化した「ガンマー」が東京タワーをへし折る、そんなビジュアルも提供されました（作中そのようなシーンはもちろんありません）。また『悪魔くん』に登場する〝妖怪〟や〝悪魔〟の半数は――「大海魔」も「水妖怪」も「ペロリゴン」も――（筋書きや設定に関係なく）巨大だったのです。

断り書きがない限り、それはどう見ても〝怪獣〟でしかありませんでした。

いや、それらはすべて〝怪獣〟だったのです。

その証拠に彼らは「怪獣図鑑」にも掲載されました。

「怪獣図鑑」「怪獣画報」が、大伴昌司の独擅場《どくせんじょう》であったことは周知の事実です。

紀田順一郎の盟友でもあった大伴は、怪奇小説をこよなく好み、また怪奇映画にも通じた人物でした。彼は『ゴジラ』に始まる本邦の〝異形〟の映像に魅かれ、それらを精力的に紹介しバックアップした人物です。

大伴は、昭和四十一年（一九六六）、「決定版ウルトラQのすべて」で『マガジン』誌上にデビューします。以降、巻頭口絵ページの企画構成を担当し、昭和四十八年（一九七三）に急逝するまで、最盛期には毎週「画報」を送り出し、それは『マガジン』の名物コーナーになりました。

因みに昭和四十二年（一九六七）に掲載された「トップ画報人気五大怪獣ウルトラ図解」（構成・大伴昌司／絵・遠藤昭吾《えんどうしょうご》）は、五体の〝怪獣〟の「解剖図」を載せていますが、そのラインナップは、火炎怪獣ゴジラ（東宝映画）、ロボット電波怪獣ガラモン（ウルトラQ）、妖怪の王者百目（悪魔くん）、黄金怪獣ゴルドン（ウルトラマン）、宇宙大怪獣ギララ（松竹映画）となっています。

そこで〝妖怪〟は〝宇宙怪獣〟などと同じく、〝怪獣〟の下位概念として扱われているのです。

やがて、大伴の手で『マガジン』を中心にして展開することになる初期の「妖怪図鑑」や「妖怪画報」も、「怪獣図鑑」「怪獣画報」の応用、またはパロディ（大伴昌司のセルフパロディ）として成立したものだったのです。通俗的〝妖怪〟は、当初〝怪獣の亜種〟として子供たちにプレゼンテーションされたのでした。

しかし、この〝怪獣〟という概念も最初から確固たるものとして成立していたわけではありません。『ウルトラQ』が開始された一九六六年当時には既に一般的な言葉として通用していたようですが、〝妖怪〟同様、最初は「通じるようで通じない」言葉だったのです。

本来、「怪獣」という言葉は、そのまま「怪しいけもの」という意味の言葉でしかありませんでした。「異獣」や「珍獣」などと同様、〝普通あまり見かけない動物〟という意味合いで使われていたようです。

今でいうならUMAか、変種・珍種といったニュアンスに近いでしょうか。江戸時代にはパンダも〝怪獣〟と呼ばれていた可能性があります。

それは、間違いなく〝動物〟のことでした。「怪物」が動物以外のモノ（例えば人間や神霊など）も含み得る言葉であったのに対し、「怪獣」は文字通りけもの――〝動物／生物〟を指す言葉だったのです。

ところが、現在わたしたちが知っている「怪獣」は少々違うモノを指し示しています。私たちが現在使っている「怪獣」という言葉は（「妖怪」という言葉同様）、実は正確に英訳することが不可能な言葉でもあるのです。モンスターやクリーチャーなどと訳されることが多いようですが、いずれもニュアンスを異にしています。「怪獣」は日本独自の、特殊な概念を指し示す言葉だということです。

日本の怪獣第一号といえば、誰しもが『ゴジラ』（一九五四／東宝）を挙げるでしょう。それに就いて異を唱える人はあまりいないと思われます。我が国の怪獣の歴史は、ゴジラから始まると、多くの人は認識しています。

ならば、それが何よりの証拠となります。〝怪獣〟がモンスターであるならば、ゴジラ以前にもそれはたくさんいたことになるからです。

江戸や明治の文献や、大正から昭和初期にかけて流行した秘境探検ものにも〝怪獣〟はたくさん出て来ます。しかし、それは所詮ジャングルに棲《す》む未知の動物であり、生き残りの古代生物でしかありませんでした。そうしたもの――例えば〝恐竜〟――は、やがて〝怪獣〟のカテゴリからパージされていきます。

日本における〝怪獣〟は、やはりゴジラなのです。

それでは〝怪獣〟とはいったい何なのでしょうか。

〝怪獣〟第一号であるゴジラも、最初から〝怪獣〟と呼ばれていたわけではありません。

脚本の上でも、当初ゴジラは〝化け物〟であり、〝怪物〟であり、〝魔物〟であり、〝巨大生物〟でした。しかし、公開されるにあたって、プレスのたぐいは「水爆大怪獣」で統一されています。

その段階で〝怪獣〟が意図的に選択されたようです。

作中ゴジラは大戸島《おおとじま》に古くから伝えられる〝魔物〟として登場します（その伝説上の怪物と作中の生物が同じものであるのかどうか、作中では不明です）。人を喰《く》い、生贄《いけにえ》を欲するその〝魔物〟は昔話の猿神や鬼同様の〝神霊〟であり、いまでいう〝妖怪〟と大差のないモノです。

しかしゴジラはそれらとは「違う」のだと映画は主張します。ゴジラは、「ジュラ紀の生物」であり「水爆実験の申し子」であると、作中では結論づけられるのです。

ゴジラは作中では明らかに〝生物〟です。自然科学の範疇《はんちゆうがい》外にいる〝神霊〟や〝妖怪〟ではありません。だからこそ〝怪獣〟という言葉が選択されたのでしょう。

しかし。

ゴジラはものを喰い、殺せば死ぬ〝生物〟ではありますが、生態系の中で繁殖し、種を保っている〝生物〟ではありません。物語の終りに志村喬《しむらたかし》演じる生物学者山根《やまね》博士は「あのゴジラが最後の一匹だとは思えない」と独白します。その予言通りゴジラは再び銀幕に復活し、以降五十年にわたり暴れ続けることとなるわけですが――。

しかし――山根博士の言葉がどのような意味をもって吐かれたものであったのかはおいておくとして――二代目以降のゴジラは最後まで「一個体」として描かれ続けます。

第二作『ゴジラの逆襲』（一九五五／東宝）で氷漬けにされた第二のゴジラはどうやら死んではいなかったようで、以降も（まるでハマー映画のドラキュラのように復活して）何度も日本を襲います。

ゴジラの息子はミニラという別の〝怪獣〟であり、ゴジラではないのです。

平成に入ってから登場した新生ゴジラは、どうやら本当に一頭しかいない（ゴジラザウルスなる生き残りの恐竜一頭が変異したものという設定）ようで、同種の別個体はベビー／ジュニアと呼ばれます。

代替わりしようと仕切り直されようと、ゴジラは常にゴジラ一体しか存在しないのです（二〇〇〇年代以降のシリーズはそもそも一作ごとに世界観が変わるスタイルに切り替わります）。これは、ゴジラが〝生物〟であるのならあり得ないことです。〝生物〟は種としてあるもので、数が減れば遠からず絶滅するだけです。もちろん一頭だけで棲息《せいそく》することはできません。

一種一個体しかいない〝生物〟などは、どう考えてみてもリアリティのない存在でしかありません。

故にゴジラは〝怪獣〟なのです（当然のように、ハリウッドで作られた『GODZILLA』〈一九九八／トライスター／東宝〉でのゴジラは、卵を産んで繁殖する〝生物〟として描かれています。〝怪獣〟という特殊な概念は、やはり翻案することが難しかったのでしょう）。

ゴジラ以降に続々と登場する数多《あまた》の〝怪獣〟は、遍く「一種一個体」です。稀に雌雄のつがいで登場するものや、群れを成すものも登場しましたが、それらは極めて例外に近いケースといえるでしょう（例えば日活唯一の〝怪獣〟・ガッパが挙げられる程度です。ラドンやモスラのように二世がいたり、双子だったりするケースはありますが、それにしても絶対数は少な過ぎます）。バラゴンもアンギラスも一頭ずつしかいません。「怪獣島」に収容されている〝怪獣〟たちは、すべて種類が違います。

最初からそういう設定ではなかったのでしょうが、〝怪獣〟の名前は、やがて種の名称ではなく、個体名として認識されるようになっていきます。

例えば『帰ってきたウルトラマン』（一九七一）に登場する怪獣・デットンは、『ウルトラマン』に登場するテレスドンの「弟」として紹介されていました。ぬいぐるみが再利用されたことによる形状の類似によるものなのでしょうが、同種ではなく兄弟とされた時点で「一種一個体」と認識されていたことは確実です（また同作品にはキングザウルス三世という名称の怪獣も登場しますし、シーゴラス・シーモンスと雌雄で名が違っているケースも見られます）。

こうした〝怪獣〟概念は、もちろん第一次〝怪獣ブーム〟の際に（誰が決めたというわけでもなく）形成されたものと思われます。その〝怪獣〟概念の徹底化が行われた「後」に作られた作品群をして、〝第二次怪獣ブーム〟と呼称すると考えるべきなのでしょう。〝怪獣ブーム〟の場合、第一次と第二次を分かつのは時間のインターバルではなく、送り手側の〝怪獣〟概念の徹底化「前・後」、ということになるでしょう。

因みに『モスラ』（一九六一／東宝）の公開当時のポスターに「怪獣」の二文字は見当たりません。そこには「巨卵から大蛾へ」と記されているだけです。モスラは「大きな蛾」に過ぎなかったのです。しかし三年後の『モスラ対ゴジラ』ポスターには「怪獣の世界タイトルマッチ」という惹句が窺えます。本来昆虫（的な生物）であるはずのモスラを取り入れることで、〝怪獣〟の枠組みはより特殊なものへと変容していったものと思われます。

モスラを加えたことによって〝怪獣〟の概念は一気に拡大し、特殊化したのです。

当初、〝怪獣〟はほとんどが古代生物（あるいはその変種）だったわけですが、その特殊な輪郭が明らかになるにつれ〝恐竜〟（この場合翼竜、海竜なども含む古代生物）や〝変種動物〟（要するにサイズが大きいだけの動物）との差別化を図らざるを得なくなってしまったのでしょう。

やがて〝宇宙怪獣〟という新手を登場させることによって、その差別化は完成します。

昭和三十九年（一九六四）に登場するキングギドラは、〝生物〟としてのフォーマットを完全に無視したものです（三つ首、有翼、前脚はなく尾は二股《ふたまた》、おまけに口から物質を破壊する〝光線〟を発射する——これはもう〝生物〟ではあり得ません）。

すでに神話に登場する〝怪物〟や〝魔神〟としか思えない有り様ですが、しかしキングギドラはそうした霊的な存在ではなく、やはり殺せば死ぬ〝生物〟――但し地球の〝生物〟ではないのですが――として描かれます（ちなみにゴジラが吐き出す通称「放射能」ですが、あれは本来、高濃度の放射性物質を含む／放射線を発する高熱の「息」であったものと思われます。決して光線を発射していたわけではないのです）。

限りなく〝生物〟としてあり得ない容姿と能力を備えているにもかかわらず、あくまで〝生物〟として描かれるモノこそが〝怪獣〟ということになるでしょうか。

なぜ、そこまで〝生物〟であることに拘泥しなければならなかったのでしょうか。ファンタジーに登場するドラゴンも退治することは可能です。日本神話に登場する八岐大蛇《やまたのおろち》も退治されます。

しかし、〝怪獣〟はドラゴンや八岐大蛇であっても――いけなかったのです。

ゴジラの直系の祖先としては、例えばその容姿などからレイ・ブラッドベリ原作の映画『原《げん》子《し》怪獣《かいじゆう》現《あら》わる』（一九五三）あたりが挙げられることも多いようですが、生みの親である円谷《つぶらや》英二《えいじ》がインスパイアされたという意味では、やはり『キング・コング』（一九三三）を挙げるべきでしょう。

キング・コングは、南の島の住民たち＝未開の地の人々に崇拝される神聖な存在として登場します。しかし異分子である来訪者＝文明人たちにとって、コングはただの巨大なゴリラでしかありません。

博物学的対象＝珍獣である巨大ゴリラは当然捕獲され、都市に持ち込まれて見世物にされるわけですが、そこで非文明＝前近代は文明社会＝近代に牙《きば》を剝《む》くことになります。作中、コングは明らかに〝前近代〟の象徴として描かれているようです（コングは古代生物ではないものと思われますが、恐竜と戦うシークエンスがその原始性を象徴しています）。『キング・コング』は近代／前近代の対立を根幹に置いた構造を持つ物語なのです。

しかし、ここで注意しなければいけないのは、〝前近代〟を背負ったキング・コングが、結局巨大なゴリラとして死んでしまうという結末です。

コングは、〝前近代〟そのものではないのです。コングの神性は捕獲された段階で失われています。キング・コングは、「近代によって捉え直された前近代」でしかありません。魔法も使えなければ奇跡も起こせない、ただの〝大きな動物〟なのです。〝前近代〟の持つ呪術的世界観を、『キング・コング』は否定も肯定もせず、ただ「剝奪《はくだつ》」し「破壊」します。『キング・コング』は〝神〟を〝獣〟として殺害することで〝前近代〟を近代として語り直す物語――神殺しの物語なのです。

つまりコングは前近代においては〝神〟でなくてはならず、近代においては〝獣〟として死ななければならない存在――ということになります。このアンビバレントな在り方こそが、〝怪獣〟の本質として受け継がれているのでしょう。

だからこそ〝怪獣〟は近代的存在でなくてはならないのです。

ゴジラもまた、〝前近代〟を背負っています。

ゴジラは大戸島に古来より伝わる"魔物"でもあり、生き残ったジュラ紀の"生物"でもあるのです。

しかしゴジラを呼び覚ますのは祈りの声でも生贄の悲鳴でもありません。

ゴジラは水爆実験という、極めて〝近代的〟な事情によって出現します。

そういう意味で、ゴジラは紛う方なき近代の申し子です。ゴジラは、近代が呼び覚ました〝前近代〟なのです。

ゴジラは、コング同様〝神〟として現れ〝獣〟として殺害されます。しかしコングにしてもゴジラにしても、姿を現した段階で「神性」は消滅しています。残されているのは「神の如き」破壊力だけです。〝怪獣〟は、どうであれ〝生物〟を超えていなければならず、それでいてなお〝生物〟でなくてはならない「近代的」存在――ということができるでしょうか。

やがて――映画からテレビへと進出した〝怪獣〟は爆発的に種類を増やすことになります。映画と違い、毎週放送される『ウルトラマン』には、毎回新しい〝怪獣〟に出てもらう必要があったからです。一種一個体である以上、毎週数種類の〝怪獣〟が生産されることになります。

この「種類の多さ」を利用したプロモーションが、やがて「怪獣図鑑」へと結実します。解剖図、足跡・身長・体重など、添付される、作品の中では語られない様々なデータ――大伴らが仕掛けたプロモーション――は〝怪獣〟の近代性＝生物性を保証するとともに、その多様性＝キャラクター性を十二分にアピールできる、最適な手法だったといえるでしょう。

「怪獣図鑑」は、もちろん「動物図鑑」のパロディです。数値化することは（どんなにべらぼうな数値であっても）すなわち実在性の保証となり得るものでしたし、解剖図は（どんなにいい加減なものであっても）生物「感」を出すのに有効です。

近代的存在であるべき〝怪獣〟に、それらは必要なものだったのです。その、「作品を外側から補強する」試みは見事に当たり、〝怪獣〟は一世を風靡することになります（カタログ的にキャラクターを並べるという手法は、江戸期の〝化け物〟カタログ＝博物学的手法の命脈を継いでいるということもできるかもしれません）。

通俗的〝妖怪〟のプロモーションは、その怪獣ブームの真っ只中に開始されたことになります。

先に述べた通り、〝妖怪〟は当初〝怪獣〟に擬態することで世に出されました。それはある程度受け入れられたといっていいでしょう。

しかし、一過性の流行と思われていた〝怪獣〟ブームは一向に衰えを見せませんでした。

そこで、〝怪獣〟が〝恐竜〟との差別化を図ったのと同じように、〝妖怪〟も〝怪獣〟と差別化することを余儀なくされたのです。〝怪獣〟から〝妖怪〟を分離する作業こそが、通俗的〝妖怪〟黎明期の――『ゲゲゲの鬼太郎』をヒットさせるための――第一命題であったといえるでしょう。

その作業をしたのも、大伴昌司その人でした（確認こそできませんが、斎藤守弘氏の参画もあったようです）。まさに水木しげるの共犯者――です。

最初に試みられたのは、〝怪獣〟とは似て非なるものとして一定の人気と知名度を保っていた、洋画のムービーモンスターとの「習合」でした。

前節で紹介した、大伴昌司編『ものすごい怪物妖怪が全部でてる　妖怪大図鑑』（一九六六／朝日ソノラマ）を、思い出してください。実写版『悪魔くん』に登場する怪獣めいたキャラクターに付け加えられたのは、吸血鬼ドラキュラであり、フランケンシュタインの怪物であり、狼男でした。

大伴昌司は、〝妖怪〟を〝怪獣〟の一種として売り出すのと同時に〝怪獣〟から分離するための布石をすでに打っていたわけです。その布石に気づき、戦略に「乗った」者は多かったようです。

そして、その試みはある程度は成功したといえるでしょう。

日本産でない上に『ゴジラ』より古い歴史を持つ彼らは、もちろん〝怪獣〟ではありませんでした。ユニバーサルの古典的なモンスターのみならず、海外で生産される〝怪物〟たちの多くは、日本独自の概念である〝怪獣〟の文法からは大きく外れていたのです。ドラキュラは元より、大アマゾンの半魚人も蠅男《はえおとこ》や透明人間《とうめいにんげん》も〝怪獣〟ではありません。それら海外のモンスターたちは、最初から、明らかに〝怪獣〟として認識されてはいなかったのです。

彼らムービーモンスターたちは『鬼太郎』本編にも登場しました。また『鬼太郎』に遅れること三箇月——昭和四十三年（一九六八）四月にテレビ放映が始まった『怪物くん』（ＴＢＳ／東京ムービー・スタジオゼロ）の影響もあったと思われます。

『怪物くん』の作者である藤子不二雄Ⓐは映画に造詣《ぞうけい》が深く、モンスタームービーのマニアでもありました。作者のマニアックさも相まって『怪物くん』関連の画報は多くムービーモンスターを扱ったものでしたし、彼らの独特の容姿や豊富なスチル写真は、前節で紹介した児童向けの「妖怪本」を筆頭に、多方面で、多量に使用されたのです。

しかし、その蜜月《みつげつ》はやがて破綻《はたん》します（但し、このほんの一時期の接近が、後々大いなる混乱を引き起こします。それは「世界の妖怪」という概念が成立するまで続くことになります）。

彼らは水木の提示した〝手法〟に完全に沿うものではなかったのです。

モンスターは〝怪獣〟ではありませんでしたが〝妖怪〟でもなかったのでした。

その差異に最初に気づいたのは、やはり〝怪獣〟のプロモーションを担当していた大伴昌司その人であったはずです。

と――いうよりも、大伴は最初から気づいていたのでしょう。前掲書において、大伴は日本の「怪談映画」も取り上げているのです。

大伴昌司が海外のムービーモンスターたちと並べる形でチョイスした邦画は（もちろん〝ゴジラ〟でも〝ウルトラ怪獣〟でもなく）『四谷怪談』や『牡丹灯籠』といった、名作怪談映画だったのです。〝妖怪〟は和風なのだ――と、つまり〝妖怪〟は「前近代」的なものなのだと、大伴は見抜いたのでしょう。

そして大伴は、水木〝妖怪〟の「匿名性」にいち早く着目し、〝妖怪〟の「和風」で「前近代的な装い」を徹底することで〝怪獣〟との差別化を図ったものと思われます。

その結果——通俗的〝妖怪〟の徹底した「匿名」化と「和風」化、つまり「前近代」化が進められたのでしょう。

前述の通り〝怪獣〟は「近代的でなくてはならない」存在でした。一方〝妖怪〟は、「前近代的でなくてはならない」モノだったのです。

例えば、〝怪獣〟には欠かせない身長体重などの生物学的データは〝妖怪〟にはほとんど付されなくなっていきます（後に水木しげるがパロディ的に作成するまで、解剖図のある〝妖怪〟は、ガンマー、ペロリゴン程度のものでした）。

代わりに添えられたのは出身地や故事来歴などの文化的「正統性」であり、「歴史」を保証するための（作中では語られない）物語だったのです。

〝怪獣〟を作品の外側から支えたのが「理系」のデータであったなら、〝妖怪〟を作品の外側から支えたのは、そうした「文系」のデータだったわけです。こうして〝文化〟から湧き出た通俗的〝妖怪〟キャラクターは作品の外で再度〝文化〟と接続していくことになるのです。

〝怪獣〟は「近代として捉え直された前近代」です。一方通俗的〝妖怪〟は「前近代を装った近代」なのです。〝妖怪〟は〝怪獣〟の裏返しとして市民権を得た——ということもできるかもしれません（受け手であった阿部主計や佐藤友之の混乱の元凶は、まさにここにあったのでしょう）。

こうして〝怪獣〟から切り出された通俗的〝妖怪〟は、前節で列記した事後共犯者たちの旺盛な活動によって、静かに、しかし爆発的に増殖し、通俗的〝妖怪〟概念は何の定義もされぬまま、説明なしに通用する概念＝言葉となったのです。

通俗的妖怪とは何か

ここで、当初の問いに立ち戻ってみましょう。

本稿は〝妖怪〟とは何かを定義するために書かれたものではありません。現在「妖怪」という言葉がいったい何を指し示すために使われているのか――「妖怪」という言葉が領域化する対象は何なのかを探るために書かれたものです。

何の躊躇いもなしに〝妖怪〟〝妖怪〟と連呼する送り手と、なんの疑問も持たずにそれを享受する受け手との間にある「諒解事項」とは何なのか――それを考えて行く上で、筆者は三つのキーワードを提示しました。


卑俗なもの。

古臭いもの。

民俗学が扱うもの。


この三つのイメージが、本来自由であるべき通俗的〝妖怪〟観を規定してしまっているのではないかという疑問を持ったからです。

それは、日常的なレヴェルにおいては、概ね当たっていたようです。

私たちが〝妖怪〟と聞いて思い浮かべるモノゴト、あるいは〝妖怪〟と言った時に指し示しているモノゴトは、どうやら次の条件に当てはまるモノゴトであるようです。いや――次の条件に当てはまるモノでしかないようです。

A・妖怪は〝前近代〟的である。
B・妖怪は〝(柳田)民俗学〟と関わりがある。
C・妖怪は〝通俗的〟である。

この条件が満たされている場合、私たちはその対象を〝妖怪〟あるいは「妖怪的」と判断しているようです。

つまり――私たちの知る〝妖怪〟＝通俗的〝妖怪〟は、必ずしも「不思議」である必要もないし、「怪しく」ある必要もない、ということです。

例えば古惚《ふるぼ》けた日本家屋に壊れた神棚を見つけた時、神木に注連縄《しめなわ》が張り巡らされているのを見つけた時、私たちは通俗的なフィルターを通して「何か妖怪っぽい」と規定してしまいます。それはその風景がA〜Cの条件を満たしているからに他なりません。

そして、その条件を満たしたキャラクター＝モノを、私たちは主に〝妖怪〟と呼んでいるのです。いや、「妖怪」という言葉を接続した瞬間、〝モノ〟を指し示さない言葉もまた「モノ化」してしまうのです。

例えば――足許《あしもと》がおぼつかない酔漢をして「妖怪・千鳥足」と名付けた時、「千鳥足」という「歩き方を表現する言葉」は瞬時にして「チドリアシ」というキャラクターとして「モノ化」してしまうことでしょう。「幽霊」や「悪魔」では、こうはいきません。

また、都市伝説に登場するキャラクターが、キャラクターでありながらどこか〝妖怪〟とズレた印象を与えるのは、A～Cに当てはまりにくいものだったからに他なりません。

ただ――二十一世紀の現在において、昭和という時代がすでにして〝前近代〟に組み入れられつつあるということを失念してはならないでしょう。「昭和ノスタルジー」などという言葉が流行する以上、昭和が「懐かしい時代」＝古い時代として受け取られていることは間違いありません。

昭和自体がA～Cの条件に合致したものになりつつある、ということです。

例えば――都市伝説／学校の怪談としてよく知られる「トイレの花子さん」などは、すでにして〝妖怪〟としてカウントされつつあるのが現状です。「花子さん」は都市伝説などという言葉が生まれる遥か以前から語られていた「怪談」です。「花子さん」は幾度も映像化されていますが、「花子さん」の出現するトイレは、「昭和中期以前」のスタイルで描かれることが多いようです。「花子さん」が出現すると同時に、水洗式の綺麗なトイレが木戸のついた古びた便所に変わる――というシークエンスに覚えのある方も多いことでしょう。赤マントや口裂け女、人面犬などは、すでにノスタルジー的な文脈で語られつつあるモノどもということができます。

そう——。

A〜Cの条件をさらに簡潔に言い表すなら、それはこの一言に尽きるでしょう。

——〝妖怪〟は懐かしいモノである。

前近代的で、民俗学的で、通俗的である——それはすなわち、（日本人にとって）懐かしいものであるはずなのです。

実際の記憶にあるかどうかは別にして、一般的に懐かしさを覚えるだろう日本的な風景とはいったいどのようなものでしょう。木造の学校でしょうか。藁葺《わらぶ》き屋根の家が建つ寒村の風景でしょうか。長閑《のどか》な田園風景でしょうか。樹木が生い茂る山中でしょうか。人によって思い浮かべる風景は様々でしょう。

しかし、いずれにしろ（前近代的というのですから）今、目の前にある風景とは異なったものであるはずです。

〝妖怪〟は、A〜Cの条件を満たす（それぞれの）そうした場所——現実には存在しない観念上の故郷《ふるさと》、観念上の思い出——それぞれの原風景の中に住んでいる（に相応しいだろう）モノどもなのです。

つまり、最大公約数的な日本人の原風景に合致するものほど、〝妖怪〟としての認知度が高くなるということもできるでしょう。

しかし、「いや、妖怪は実在する、だから現代妖怪というのもいるんだ」——と主張する人もいらっしゃるでしょう。それ自体は（真偽のほどは別として）何ら構わないことです。

問題なのはその実在する「何か」を、なぜ妖怪と表現しなければならないか、というところです。未知の動物ならUMAと呼んでも構わないでしょう。スーパーナチュラルな存在だというのならば、霊でも悪魔でも構わないはずです。

それでもそれは〝妖怪〟なのだというのであれば、それは必ずA〜Cの条件をどこかで満たしている〝モノ〟であるはずです。そうでないのなら、それは〝妖怪〟と呼んでも構わないけれども敢えて〝妖怪〟と呼ばれる必然性のないモノ——といえるのではないでしょうか（UMAやUFO、件《くだん》に代表される予言獣＝幻獣などと〝妖怪〟との関係については、機会を改めて考えてみたいと思います）。

さて——。

結論として、「妖怪」という言葉は現状明確には何も指し示していない、ということになってしまいました。それは、ただ、ある条件を満たす印象をもたらすモノゴトに対して適用されるだけの言葉でしかないのです。「妖怪」という言葉が指し示す対象は、江戸から現代に至るまでの長い時間をかけて、様々な紆余曲折《うよきょくせつ》を経たうえで、（通俗語としては）ようやく——そこに落ち着いたのです。

もっとも、言葉は常に変化していくものです。特に通俗語は何の手続きも経ずに大きく変わってしまうものです。事実、通俗的なオカルト概念の浸透は通俗的〝妖怪〟のあり方を常に脅かし続けています。通俗的〝妖怪〟のオカルト的解釈が、新たな都市民俗を生み出してしまうような状況はいくらでも確認できます。

したがって、今後それは再び変わってしまうのかもしれません。

ただ、現在私たちが日常的に使用している〝妖怪〟という言葉は、どうやら民俗学の学術用語として使用される「妖怪」とはまったく違うレヴェルで機能している——ということだけは確実なようです。

次は、現在私たちが何を見た時に〝妖怪〟と感じるのか——ということについて、もう少し具体的に考えてみることにしましょう。

妖怪の形について

私たちは〝妖怪〟を知っています。詳しく知らずとも、知っているはずです。

それでは、私たちは何かを目にした時、いったい何をして〝妖怪〟だと判断しているのでしょう。

私たちが「なんとなく」〝妖怪〟と認識してしまうモノ、その背後には前章で述べた通り、いくつかの条件がありました。その条件を満たす〝形〟〝デザイン〟とは、どのようなものなのでしょうか。そしてそれはどのように〝作られて〟いるのでしょうか。

前章で挙げた条件は具体的にどのような形で現され、私たちはそれをどのようにして受容しているのか――その点について考えてみたいと思います。

受け継がれるスタイル

それでは、〝妖怪〟の形について、具体的な例を挙げながら考えていくことにしましょう。

まず、次のイラスト❶をご覧ください。

❶角川映画（2005）

身に付けた藁《わら》束のような衣裳は雨具の「蓑《みの》」でしょうか。

天然木で作ったような長い「杖《つえ》」を手に持ち、腰には徳利《とつくり》のようなものをつけています。

体に対して頭が異様に大きく、顔面は左右に伸びていて、頭頂部が異様に尖《とが》っています。

さて、これは何でしょうか。

衣服を纏《まと》っているので、どうも動物ではないようです。でもフォルムは人間のものではありません。こんな頭の形の人間は、まずいないでしょう。しかし――デフォルメされた人間である可能性はあります。ギャグ漫画の登場人物などには、もっと極端なフォルムを有するキャラクターもたくさんいます。

アニメの『サザエさん』のキャラクターはもっと頭が大きく、体はさらに細長く描かれています。赤塚漫画のキャラクターなども二頭身から三頭身程度の体形です。

そうなら――頭が尖っていることも取り分け問題にはならないでしょう。例えば有名な赤塚キャラの「レレレのおじさん」などは、耳が左右に伸びていて、鼻もありませんし、眼は黒目だけ、腕の関節も多く、頭頂部は平らです。また、漫画的手法では、人間以外のモノも衣服を着るケースが多いので、あるいは人間ではない、他のモノなのかもしれません。ハムちゃんずにも服を着たメンバーがいます。あるいは、『ドラえもん』のようなロボットなのかもしれません。

しかし、この絵はデフォルメされたものではなく、ある程度リアルに描かれたもの――であるようです。デフォルメされていないのだとしたら、例えば地球外生命体であるかもしれません。地球外生命体なら、フォルムが違っているのは当然のことです。『スター・ウォーズ』に出てくるヨーダや、『E．T．』などは、似たような顔形をしているように思えます。でも、どうもそれも違うようです。似てはいますが、わたしたちは❶のイラストを見て、すぐに〝宇宙人〟だと思うことは――あまりないように思います。

結論から述べるなら、これは〝妖怪〟です。

前頁のイラストは、平成十七年（二〇〇五）に公開された角川映画『妖怪大戦争』に登場する〝妖怪〟「油すまし」のデザイン画です。つまりそのまま「リアル」に映像化されることを前提にして描き起こされたものなのです。

実際の映画では、特殊メイクで扮装した役者さん（竹中直人《たけなかなおと》さんが演じました）にＣＧ加工を施し、イメージ画に近づけています。頭頂部の尖りは毛髪で表現されました。

続いて、次の写真❷をご覧ください。これは、イラストではありません。

❷中洲プロ・トワーニ（2000）

もちろん作り物ではありますが、実際に「在るもの」を撮影した写真です。

❶に似ていることは間違いありません。「杖」の代わりに木の枝らしきものを持っていること、頭頂部が尖っていないこと、徳利のようなものを提げていないことを除けば、ほぼ同じものと言っていいでしょう。

こちらは、いったい何に見えるでしょうか。写真ですから、デフォルメされた漫画のキャラクターではないものと思われます。着ぐるみのようですし、ならば〝怪獣〟でしょうか。それともヒーローと戦う〝怪人〟や〝宇宙人〟のたぐいなのでしょうか。

やはり、そうは見えません。

これは、『さくや妖怪伝』（二〇〇〇／中洲プロ・トワーニ）という映画に登場する、「化け地蔵」という〝妖怪〟です。

続いて、写真❸をご覧ください。

❸大映（1968）

❷と同じような写真ですが、❷よりさらに❶に似ているようです。

それもそのはずです。

❶はこの❸のイメージを損ねないように、わざわざディテールを踏襲する形でデザインされたものなのです。

また❷は❸に対するオマージュの意味から創られたキャラクターです。

❸は、前章で紹介した大映映画『妖怪百物語』『妖怪大戦争』に登場する〝妖怪〟、「油すまし」です。この写真は、これも前章で述べた通り、多くの媒体で使用されました。例として佐藤有文の『いちばんくわしい日本妖怪図鑑』の当該ページを挙げてみましょう（❹-a）。

石燕の絵、江戸末期に描かれたと思《おぼ》しき化け物絵（共に野寺坊《のでらぼう》）の横に、映画のスチルが掲載されています。

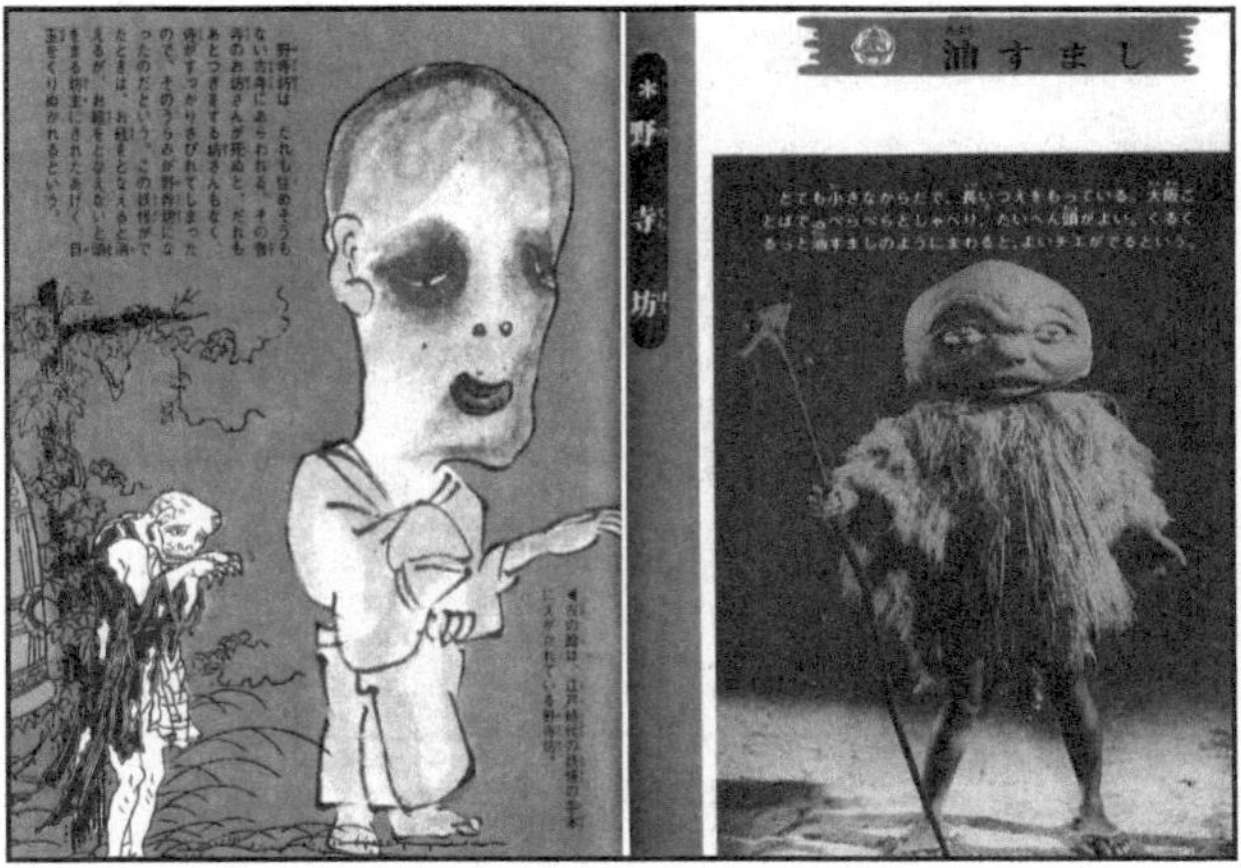

❹-a いちばんくわしい日本妖怪図鑑（1972）

付されている説明を引いてみましょう。

とても小《ちい》さなからだで、長《なが》いつえをもっている。大阪《おおさか》ことばで、ぺらぺらとしゃべり、たいへん頭《あたま》がよい。くるくると油《あぶら》すましのようにまわると、よいチエがでるという。

これはどうやら映画中の油すましについて書かれた説明のようです（大阪弁、頭が良いなどは映画の中の設定です）。しかし「くるくるまわるとよいチエがでる」というくだりは、民俗学的な「香りづけ」のために施された、佐藤の創作と思われます。

同氏が六年後に出版した『ワニの豆本 お化けの図鑑 妖怪がとび出す』（一九七八／KKベストセラーズ）にも、この「油すまし」は掲載されています（❹-b）。

こちらは、映画のスチルと、スチルを元にして描かれたと思われるオリジナルのリアル系イラストの双方が同時に掲載されています。

❹-b ワニの豆本 お化けの図鑑 妖怪がとび出す（1978）

ただ、説明文のほうはさらにエスカレートしています。

> 子どものような小さなからだで、丸坊主の姿。全身をくるくる回転させると、超天才的な知恵がひらめく。また、長いツエは遠くの物音《ものおと》をキャッチする超高感度の魔法のツエ。妖怪の情報屋。

くるくる回る云々《うんぬん》の説明は中岡俊哉が採用している他、多くの類似書で流用されました。

また、大映版『妖怪大戦争』の中で、油すましは妖怪軍団の参謀格として活躍します。頭が良いという説明は、そのあたりに由来するものなのでしょうが、こちらでは「超天才的」にまで発展しています。

ただの長い杖が「遠くの物音《ものおと》をキャッチする超高感度の」アンテナになっているという追加説明は、どうやらビジュアル――杖の形状からの発想のようなのですが、このいささか突飛な解説は、一部児童書から受け継がれたものです。

例として『日本の妖怪大百科』（一九七五／勁文社《けいぶんしゃ》）を挙げます（❹-c）。構成・竹中清《たけなかきよし》、イラスト・あひるやのクレジットがあります。同書において、「油すまし」は表紙にまで登場しています。容姿はかなりデフォルメされていますが、概《おおむ》ね同様の形になっているようです。

説明文を引いてみましょう。

❹-c 日本の妖怪大百科（1975）

頭《あたま》でっかちで短足《たんそく》。ユーモラスな姿《すがた》をした妖《よう》怪《かい》だ。大《おお》きさは子《こ》どもぐらいで、丸坊主《まるぼうず》。手《て》には長《なが》いツエを持《も》っている。妖怪一《ようかいいち》の情報屋《じょうほうや》で、手《て》に持《も》ったツエで遠《とお》くの音《おと》をキャッチ。何《なん》でも知《し》っている。頭《あたま》も良《よ》くて、くるっと一回転《いっかいてん》すると必《かなら》ずいいチエが浮《う》かぶんだ。

ただ、かなりのいたずら好《ず》きで、突然現《とつぜんあらわ》れて人を驚《おどろ》かす。でも、気《き》はいいやつだから、友《とも》だちになると、いいことを教《おし》えてくれるぞ。

❺-a おばけシリーズ　油すまし（日東科学）／日本妖怪系図　油すまし（NITTO）

記述は概《おおむ》ね佐藤有文の❹-aを基本にしているように思えますが、「頭でっかち」「ユーモラス」「丸坊主」など、どうも容姿についての説明が多く附加されているようです。つまり〝形先にありき〟なのです。

油すましは〝妖怪〟なんだろうから、その図像を目にした者が〝妖怪〟だと思うのは当然のことだし、油すましはそういう形をした〝妖怪〟なんだろうから、その姿形に就《つ》いて説明をするのは当たり前のことだろう――と、思われる方も多いことでしょう。

たしかに油すましはある意味でとても有名な〝妖怪〟ということができます。

プラモデルも二種類発売されていますし、『妖怪百物語』のキャラクターとして、あるいは水木グッズとしてソフトビニール人形やレジンキャストフィギュア、カプセル・トイなども数種類発売されています。

❺-b さまざまな「油すまし」フィギュア

食玩《しょくがん》にもなっていますし、大型のリアルフィギュアまで発売されています（❺-a／b）。商品化の度合いは、かなり高いといえるでしょう。

これら油すましのフィギュア類を比較してみると、頭が丸いか尖っているかという僅《わず》かな差こそありますが、どれもほとんど同じ形をしていることが解ります。

大きな頭、眠たそうな眼、石地蔵のような質感の肌、そしてコスチュームと、デザインはみな一致しているといって良いでしょう。

これだけの多くの量の商品が出回っていて、それらがすべて同一のビジュアルであり、それらことごとくに「妖怪・油すまし」と記されているのだから、当然見る者はこのデザインを〝妖怪〟と感じるだろう――という意見も、もちろんあるでしょう。

この「油すまし」は、『ゲゲゲの鬼太郎』にも登場します。

❻-a 新編ゲゲゲの鬼太郎
吸血鬼ラセーヌ（1986）

テレビアニメでは昭和六十年（一九八五）にスタートした第三部から（初めはゲスト待遇でしたが、『鬼太郎地獄編』シリーズではレギュラーに昇格）、原作漫画ではその翌年（一九八六）『週刊少年マガジン』で連載が開始された『新編ゲゲゲの鬼太郎』から「ゲゲゲの森の村長であり、話のわかる将棋好きの老妖怪」という役柄をふられ、準レギュラー的な形で登場しています（❻-a）。

ここでもデザインはほぼ同じです。蓑の下に江戸時代の旅装束のようなものを身につけている以外、ほとんど変わりはありません。頭も尖っていますし、どうやら今まで見てきた「油すまし」と「同一人物」であるようです。

さて——こうなると「油すましというのはこういうモノなんだろう」と思いたくなってきます。これだけ多くの図像が、様々な人間の手で描かれ、形にされている以上、それも仕方のないことです。しかし、少し待ってください。これらの図像や造型物は、すべて二通りに振り分けることができるのです。

①大映映画のキャラクターの再生産
②水木しげるのキャラクターの再生産

❻-b 大映妖怪百物語資料（1968）

❻-c 妖怪事典（1968）

フィギュアの半数は大映映画のスチルやシークエンスを立体化したものです。「妖怪図鑑」に載っているものも、大半は大映キャラクターの流用か模倣です。

　では——ここで、その本家・大映映画『妖怪百物語』のキャラクターを製作するにあたって描かれたデザイン画を見てみることにしましょう（❻-b）。

　この絵を元にして造型された着ぐるみが、❸であり、さらにその❸を元にして他の多くの「油すまし」図像は作成されているわけです。

　では次に、『妖怪百物語』公開と同じ年に世に出された、大伴昌司構成の『ぼくら』七月号付録『妖怪事典』（一九六八／講談社）に載っている「油すまし」の絵をご覧ください（❻-c）。

　まったく——同じものです。

どちらかがどちらかを模倣したか――あるいは両方が同じ手本を元にして描かれたものでない限り、ここまで一致するということはあり得ない――と、考えて差し支えないでしょう。因みに、これはいずれも水木しげるとは（表面上）無関係に描かれたものです。

この二つには、当然オリジナルが存在します。

❻-dは『鬼太郎』のテレビ放映が始まる前年（一九六七）に『週刊少年マガジン』に掲載された、画報「墓場の鬼太郎 大妖怪ショッキング画報」（絵と構成／水木しげる）のページ上下に並べられた妖怪ミニカタログ「日本妖怪集」の一コマです。

❻-d 墓場の鬼太郎 大妖怪ショッキング画報（1967）

これが❻-bと❻-cのオリジナル図像と考えられます。つまり（❶❷もまた❸に回収されてしまう以上）、これがすべての「油すまし」図像の元ということになるでしょう。

説明を引きます。映画が作られる前のものですから、当然「映画の説明」はできません。

> 熊本県の山道に出る妖怪で、「油すましなんているもんか。」というと、「ここにいるぞ！」といってあらわれる。

❻-cの説明も、概ね同じです。頭が大きいだの杖を持っているだの、くるくる回るだの、頭が良いだのといったことはまったく書いてありません。

それらが映画の説明であったことは明白です。

さらに。

よく見てみてください。❻-dは、やはり頭が尖っているように見えます。

しかし、どうやらそれは錯覚であるようです。

実は、この図像が描かれる半年ほど前、「油すまし」は同じ『週刊少年マガジン』に連載された『悪魔くん』において、すでに漫画にデビューを果たしているのです。

その時のデザインを見てみましょう（❼-a）。

❼-a 悪魔くん（少年マガジン版）
なんじゃもんじゃの巻（1967）

ご覧の通り、頭は尖っていないようです。

のみならず、この「油すまし」は髷《まげ》を結っているようです。

そこで再度、❻-dを見てみましょう

頭は尖ってはいない、ということが判ります。

実は、❻-dのイラストは、頭頂部の輪郭線と背景の樹木の輪郭線が交わる部分に、輪郭に付けられたタッチの線――実は髪の毛――が被《かぶ》り、輪郭の外にある小さな突起――実は髷――が輪郭線に吸収されたために、「尖って見えている」だけなのです。

この錯覚を、❻-bと❻-cは〝頭頂部の尖り〟としてトレスし、❸に至っては、そのまま立体造型化してしまった――というわけです。

その結果、「油すまし」の頭はまるで栗のように尖ることになったのです。

このスタイルが普及したことを受けて、やがて水木自身、尖った頭の「油すまし」を描くようになります（❻-a参照。但《ただ》しビッグゴールドに発表された『鬼太郎霊団』〈一九九六／小学館〉で、オリジナルデザインに戻されます）。

それでは、漫画のキャラクターとしてではなく、「妖怪画」として水木が描いた「油すまし」図像を見てみることにしましょう。

この〝尖り頭〟が本来のデザインではないらしいことが判ります。

❼-bは、『日本妖怪大全』（一九九一／講談社）や『妖鬼化《むじゃら》』（一九九九／ソフトガレージ）、『水木しげるプライベートBOX 妖怪世界遺産』（二〇〇二／講談社）など複数の妖怪画集／妖怪図鑑に採用されている（着色ヴァージョンが掲載されているものもありますが、図柄は同一です）、平成十九年（二〇〇七）現在において、「妖怪画」として描かれた水木版「油すまし」の最終形態といえる図像です（初出は一九七五年）。

髷や髪の毛はありませんが、頭も尖っていません。

❼-b 日本妖怪大全（1991）ほか

因みにアニメ（第三部）に登場する「油すまし」は、この図像を元にデザインされたものと考えられます（アニメ開始時に油すましは漫画『鬼太郎』には登場していません。第三部アニメでは原作に登場しない水木〝妖怪〟が大挙して登用されており、その際デザインの参考にされたのは当時出回っていた水木の「妖怪図鑑」や「妖怪画集」だったのです。油すましデザインの元はこの❼-bだったと考えられます）。

従ってアニメのキャラクターを元に造型されたフィギュアは、すべて頭が丸くなっているのです。

フィギュアが二系統に分かれるのは、そうした事情によるものです。

もちろんアニメを経由せず、この絵を直接立体化したフィギュアも頭は尖っていません。尖った頭は、水木の絵を元にして「油すまし」を新たに描き起こした人物――この場合は大伴昌司の使ったイラストレーターや大映映画のスタッフ――の解釈によるものと考えるべきでしょう。

前章で説明した通り、〝妖怪〟の図像は「匿名」で提供されます。「油すまし」も、もちろんそうでした。大映映画は〝妖怪〟映画を企画した際、まず資料として出回っている〝妖怪〟図像を蒐集《しゅうしゅう》したに違いありません。当時、その多くは水木によって世に出されたものだったはずです。石燕などをリメイクした伝統的デザインのものと、水木のオリジナルデザインのものの区別は表向きされていませんし（戦略的にされていなかったというべきでしょう）大映サイドが「油すまし」の図像をそのまま立体化してしまったことも、ある程度やむを得ないことではあったでしょう。

無断使用、あるいは剽窃《ひょうせつ》という言葉は、この場合当てはまりません。もちろん大映側に悪意はなかったでしょう。しかし、結果的に大映サイドは水木しげるの存在を無視することができず、シナリオのコミカライズを水木に依頼することになります。『週刊少年キング』に短期連載された『妖怪百物語』は、映画パンフレット『妖怪百物語』（大映映画宣伝部）として冊子化されるに至りました（但し、水木しげるの単行本には長く収録されませんでした）。この漫画の中で水木は、映画のスチルから〝妖怪〟を描き起こしています。水木オリジナルの「油すまし」は作中に登場していません。もし映画の企画段階から水木が参加していたならば、少なくとも「油すまし」の頭部の尖りは「なかった」ということになるのでしょうか（❷の写真が「油すまし」ではなく「化け地蔵」なのは、もちろん水木の著作権を考慮した結果です）。

さて――。それでは、妖怪「油すまし」のオリジナルの容姿は、いったいどのようなものなのでしょう。❼-aのように髷を結った不気味な老人の姿が本来の姿なのでしょうか。

ここで、水木が描いた最初の「油すまし」図像を見てみることにしましょう。下図❼-cが、最古の「油すまし」図像と思われるものです。

この絵は、再三話題にしている『週刊少年サンデー』(小学館)連載『ふしぎなふしぎなふしぎな話』の第二十七回として描かれたもので、大映のスタッフが参考にしたと思われる❻-dよりも半年ばかり前の、昭和四十一年(一九六六)十二月に発表されています。

原稿からではなく掲載誌からの転載なので、線が潰《つぶ》れてしまっていて判りにくいと思われますが、この図像での「油すまし」は、どうやら髷を結っているようです。

一方、構図は❼-bと大変よく似ています。

❼-c ふしぎなふしぎなふしぎな話（1966）

❼-bでは画面手前にいる老婆と子供が、画面奥にいるのが確認できます。他の図像との相違点は（これも小さくて判りにくいと思われますが）腰に徳利のようなものを提げているというところくらいでしょうか。

さて――。

実は、この絵を「油すまし」たらしめているのは、大きな頭でも、眠たそうな顔でも、杖でも蓑でもありません。

何を隠そう――この、たいそう小さく描かれた「老婆と子供」と「徳利」こそが、この「油すまし」画像にとって〝最も必要な要素〟といえるものなのです。

そもそも「油すまし」は、柳田國男が「妖怪名彙」に載せた、形のない〝妖怪〟民俗語彙《ごい》のひとつでした。

水木は前出の『妖怪なんでも入門』で、

――私は、昔の絵などを参考にしたり、創作したりして、「妖怪談義」のなかのものを絵にした。

と述べていますが、「油すまし」はまさにそれだったのです。水木が読んだだろう「妖怪名彙」の原文を載せます。

アブラスマシ　肥後天草島の草隅越といふ山路では、かふいふ名の怪物が出る。或時孫を連れた一人の婆様が、こゝを通つてこの話を思ひ出し、こゝには昔油瓶下げたのが出たさふだといふと、「今も出るぞ」といつて油すましが出て來たといふ話もある（天草島民俗誌）。スマシといふ語の意味は不明である。
（傍線引用者）

水木は、この文章を「絵」に描き起こしたのです。

しかし、柳田いうところの「怪物」が何者なのか、どんな形をしているのか、文中容姿については一切記されていません。

では、柳田が引いている『天草島民俗誌《あまくさとうみんぞくし》』（一九三二／郷土研究社）の原文に当たってみましょう。『天草島民俗誌』は、浜田隆一《はまだりゅういち》という郷土史家が記したものです。

（八五）油ずまし

栖本村字河内と下浦村との境に草隅越と言うところがある。ある時、一人の老婆が孫の手を引きながらここを通り、昔、油ずましが出おったという話を思い出し、「ここにゃむかし油瓶さげたとん出よらいたちゅぞ」と言うと、「今も――出る――ぞ――」といって出て來た。

ここでは「怪物」とすら書かれていません。

確実なのは、出会ったのが「老婆と孫」であるということ、そして「油瓶《あぶらびん》をさげ」ているということの二点だけです。

「妖怪名彙」文中にある「怪物」という表現は、どうやら柳田の感想のようです（まず、原典では名前が「油ずまし」になっています。柳田の誤記か誤読、あるいは浜田の誤記である可能性もあります）。

水木しげるは、そのまま、「油瓶を下げた」「怪物」に出会った「老婆と孫」の絵を描いただけだったのです。

ちなみに先に引用したのは単行本である『妖怪談義』に収録された「妖怪名彙」の文章なのですが、その前の段階――雑誌『民間傳承』に掲載された「妖恠名彙」コーナーの「アブラスマシ」の稿の末尾には「イマニモ阪の條參照」という一文が付け加えられています。

イマニモ阪（坂）とは何でしょうか。

これは、やはり熊本県にある「怪しい場所」とされます。柳田國男監修の『綜合日本民俗語《そうごうにほんみんぞくご》彙《い》』（一九五五―一九五六／平凡社）などに拠《よ》れば、その坂で「ここには過去に大入道が出たそうだ」という話をすると、「今にも」と言って出てくる――という伝説のある場所のようです。

たしかに、「油すまし」の話に似ています。

ところが、柳田は両者の類似性を示唆する一文を、単行本化の際に削除してしまいます。柳田は「油すまし」と「今にも阪（坂）」の間に、結局共通項を見出《みいだ》さなかったのでしょう。たしかに、「今にも阪（坂）」は何か怪しいモノが出てくる〝場所〟の名称です。一方、「油すまし（ずまし）」は、出てくる〝モノ〟それ自体の名称のようです。

また、柳田は「妖怪名彙」を単行本『妖怪談義』に収録するにあたって、大まかな類似性を以《もっ》て配列するという作業をしていますが（但し厳密な分類ではありません）、「油すまし」は次の位置に「配置」されています。

ツルベオトシ
フクロサゲ
ヤカンヅル
アブラスマシ
サガリ

ツルベオトシは「樹上から落下してくる」という怪です。フクロサゲは「樹上から袋がぶら下がる」怪、ヤカンヅルは「樹上から薬缶《やかん》がぶら下がる」怪、サガリはやはり「樹上から馬の首が下がる」怪です。

並べてみると、〝下がりモノ〟ばかりです。

柳田は「油すまし」を（編んだ段階で）「油瓶が下がる」怪と位置づけていたという可能性もあります。

出典となる浜田の文章における当該箇所は、「油瓶さげたとん出よらいたちゅぞ」と方言で記されています。

「出らいたちゅぞ」というのは、どちらかというと「丁寧な言い方」なのだそうで、標準語に直すなら「出ていらしたそうだ」というようなニュアンスなのだそうです。しかし「油瓶さげたとん」に関しては、「油瓶を下げたモノが」なのか「油瓶が下がるような」なのか、判然としません。

ですから、「油すまし（ずまし）」が「下がる」怪であった可能性も消えたわけではありません。

ちなみに筆者は以前地元の方から、採集地近辺で、「夕方に油瓶を提げて出るのは〝狸〟だろう」という証言を得ています。夕暮れにその辺りで行き合う者で、油瓶を提げている（どのように提げているのかは不明）者がいたら、それは大抵狸の化けたモノだから気を付けろ――という謂い伝えがあったのだそうです。

いずれにしろ柳田は、「油すまし」を油瓶を下げた「モノ」か、油瓶のような「モノ」が下がる怪だと「判断」したようです。

その判断こそが、「今にも坂」の一文を削った動機であり、「怪物」の二文字を挿入せしめた理由でもあるでしょう。

しかし、水木は柳田の文章からそうした可能性は汲《く》み上げませんでした。むしろ、柳田が記した「怪物」の二文字に反応し、❼-cを描き上げたものと思われます。そして、柳田が「今にも坂」との類似性を示唆する一文を削除したように、水木は「油瓶」を絵の中から削除してしまいます。

油瓶が描かれているのは最初の一枚にあたる❼‐cだけなのです。その❼‐cにおいても、絵には描かれているものの、説明文の方に油瓶はありません。それどころか、水木の記す「油すまし」の説明文の中に「油瓶」に関する記述は（現在に至るまで）ただの一度も登場していないのです。水木の解説は常に、「今も出るぞ」という「今にも坂」系の説明が語られ、後に「油」というキーワードから連想できる事項（油に関連した名称の〝妖怪〟との関わりや、油を大切にしろというメッセージがこめられているのではないか、など）をつけ加える、というスタイルになっています。

平成十六年（二〇〇四）、この熊本県天草に「油すましの墓」なるものがあるという報道がなされました。

現地調査に入られた化野燐さんの報告によれば、それは「すべり道の油すましどん」と呼ばれる地蔵尊らしき石像の一部で、なぜそう呼ばれているのか、どのような謂い伝えがあったのかは、残念ながらわからない——というのが真実でした。

少なくとも墓ではないようですが、浜田隆一が「油ずまし」の口碑を採集したポイントのすぐ近くでもあり、同伝説と何らかの関連性を持った遺物である可能性は捨て切れません。

そこに果たして何が伝わっていたのかは不明というよりないわけですが、少なくとも今まで見てきたような姿形の〝妖怪〟は——天草にはいません。

民俗学的見地に立つならば、水木しげるの絵は「正しい民俗を伝えている」とはいいにくいものでしょう。

しかし、水木は柳田の文章をできるだけ忠実に描き起こしていますし、説明文についても原拠を離れたいい加減なものを付しているわけではありません。

それでも、やはりそこには個人の「解釈」が介入していることは確実ですし（まずもって柳田自体にもそれは大いにあるわけですが——）、何よりも、あの「姿形」は水木のオリジナルであり、天草の民俗とは無関係であることは確実です。また、水木から離れて独り歩きを始めた後の〝妖怪〟「油すまし」に付された説明などは、（学問的には）ことごとく「創作」「虚偽」「捏造《ねつぞう》」「誤《ご》謬《びゅう》」ということになるのでしょう。

しかし——それでも私たちは、あの姿形から〝妖怪〟を感じてしまいます。

そうでなくては（どれほど優れたデザインであっても）これだけ〝妖怪〟として受け継がれることはなかったでしょう。

伝えられるもの、創られるもの

前節で筆者は、「油すまし」はある意味でとても有名な〝妖怪〟だ、と述べました。

数ある〝妖怪〟の中でも「油すまし」は〝有名妖怪〟と呼んで差し支えない風格を備えています。

もちろん、〝妖怪〟自体に興味のない方は、「油すまし」と聞いても「知らない」とおっしゃることでしょう。

でも、「油すまし」という語感は、どこかしら「妖怪っぽい名前」として受け取られているようですし、何よりもあの（今まで繰り返し見てきた）姿形が決定的に〝妖怪〟的であることは疑いようがないことのようです。

ほとんどの人が——取り分け〝妖怪〟に詳しくない人でも——油すましのビジュアルを目にした際に「ああ、妖怪だ」と認識されるようです。

そういう意味で、「油すまし」は実にポピュラーな〝妖怪〟なのです。

いや、河童や天狗、鬼なんかは油すましなんかよりもっとポピュラーだろう——という声が聞こえてきそうです。

たしかに、「油すまし」は知らないけれど河童や天狗や鬼は知っている、という人が大多数だと思われます。〝妖怪〟に興味のない方も河童や天狗や鬼はご存じでしょう。

でも、よく考えてみましょう。

河童、天狗、鬼などは〝妖怪〟という括《くく》りで捉《とら》えられる以前に、それぞれがキャラクターとして広く認知されているモノなのです。

ひと目見て「妖怪だ」と思う前に、「河童だ」「天狗だ」「鬼だ」と認識されてしまいます。頭のお皿と甲羅がある、鼻が高くて羽がある、角がある、そうしたそれぞれの特性は、〝妖怪〟である前に「河童」、「天狗」、「鬼」それぞれを明確に指し示しているからです。

ところが「油すまし」の場合は、油すましという名前を知らなくても、とりあえず「妖怪だ」と判断されてしまいます。

油すましは「妖怪だ」と思われ易い姿形をしていると考えることができるわけです。

実は、そこが肝心なところなのです。

さて、油すまし以外にもひと目で「妖怪だ」と判じられる姿形をしたモノがあります。先に挙げた「河童」、「天狗」、「鬼」に類するモノを除外するとしても、例えば、

●からかさお化け
●ちょうちんお化け
●ろくろ首
●一つ目小僧（三つ目小僧）
●大入道（三つ目大入道、見越し入道）
●化け猫

などは、ポピュラリティの高い〝妖怪〟といえるでしょう。

これらの図像を目にした時、日本人の多くは「妖怪だ」あるいは「お化けだ」と認識するはずです。お化け屋敷のポスターや児童書の表紙などで、現在でも頻繁にその姿を見ることができるでしょう。もちろん、これらも河童や天狗同様、それぞれ「ろくろ首だ」「一つ目小僧だ」と認識されもするわけですが、それらは一様に〝お化け／妖怪〟の一種としてグループで捉えられることの方が多いようです。

並べられた名前をよく見てみると判りますが、「からかさお化け」も「一つ目小僧」も、河童や天狗のような特殊な固有名詞ではありません。

それぞれが、「からかさ＋お化け」「ちょうちん＋お化け」「ろくろ＋首」「一つ目＋小僧」そして「大＋入道」に「化け＋猫」と、普通の名詞に状態の異常を表す言葉や、ズバリ「お化け」を繋《つな》げただけのものでしかありません。

ならば別に「五つ目小僧」でも「大女」でも「ゲタお化け」でも構わない、というようなものですし、現にそうしたお化けもいることはいるのですが――やはりこの組み合わせこそがポピュラーなもののようです。

なぜかといえば、その図像が広く〝お化け〟として認知されているからに他なりません。

これらはすべて、江戸後期に〝化け物〟〝お化け〟の代表的キャラクターとして、広く人口に膾炙《かいしゃ》したモノどもなのです。

彼らは、黄表紙や戯《ざ》れ絵、双六《すごろく》やおもちゃ、見世物や遊具など、当時のメディアに乗っても囃《はや》された「キャラクター」たちなのです。

残念ながら五つ目小僧や大女やゲタお化けではそれ程人気が取れなかったというわけです。

一方で一つ目小僧や大入道やからかさお化けは、著作権フリーの人気キャラとして様々な場面で大いに活用され、明治、大正、昭和、平成と再生産され続けました。

彼らは謂わば筋金入りの〝定番お化け〟、誰でも知っている〝スタンダードな化け物〟だったというわけです。

そうした背景を持っているせいか、彼らは〝妖怪〟というより〝お化け〟と呼ばれることが多いものでもあります。〝化け物〟が〝妖怪〟というカテゴリに吸収されてしまう昭和後期以降は、躊躇《ちゅうちょ》なく〝妖怪〟キャラとしても扱われるようになったというわけです。

これらの〝妖怪〟を、仮にA群とします。

A群の〝妖怪〟たちが「お化けといえば」的な定番として定着した理由は、メディアミックス的な商業戦略に乗った「キャラ」となったからに他なりません。もっともA群の〝妖怪〟たちは純粋な創作キャラではありません。元を正せばそれぞれに民間伝承のようなものがあるのです。

しかし、そうした各地に残る口碑が全国区に広く伝播《でんぱ》し、浸透して残ったとは考えにくいようです。大入道などは「見越し」「高坊主《たかぼうず》」「次第高《しだいだか》」など、各地に元となったであろう様々な伝承が残っているわけですが、そうした土地や民俗と結び付いた個々の伝承＝現象と、キャラクターの大入道は、容姿性質共に、必ずしも同一ではありません。一つ目小僧などの場合は大変に単純な特徴を持った容姿ですから、ビジュアル自体に大差はないものの、やはり各地に伝わるそれの性質をきちんと受け継いでいるとは思えません。

中でもからかさお化けやちょうちんお化けなどは、いわゆる〝お化け〟としては知れ渡っているものの、まともな謂い伝えなどは皆無といっていいものです。

A群の〝お化け／妖怪〟は、やはり民俗や伝承とは切り離されたキャラクターとして生産／消費されていたモノたちと考えるべきでしょう。

さらに、こうした来歴を持ったA群とは別個に、〝妖怪〟としてポピュラリティを獲得しているモノどももいます。例えば、

●ぬりかべ
●いったんもめん
●こなきじじい
●すなかけばばあ
●ぬらりひょん

なども、やはりひと目で〝妖怪〟として認識されるもののようです。

これらは、いうまでもなく『ゲゲゲの鬼太郎』にレギュラー（または準レギュラー）として登場する〝妖怪〟たちです。

それぞれに漫画やアニメーションを通じて、様々な媒体で繰り返し〝妖怪〟としてプレゼンテーションされてきたわけですから、〝妖怪〟として認識されるのは当然のことといえるでしょう。『ゲゲゲの鬼太郎』に登場したキャラクターは、ほぼ無条件で〝妖怪〟として受容されているに等しいわけですが、取り分け露出の多いレギュラー妖怪たちは、すでに「代表的〝妖怪〟」の風格を備えているといってもいいようです。

これらの〝妖怪〟を仮にB群とします。

このB群は先に説明した通り『ゲゲゲの鬼太郎』を通じ、昭和の定番〝妖怪〟として水木しげるによって世に広められたものどもです。

A群と違い、ぬらりひょんを除くすべてに民間伝承が（正確には民俗学者が民間伝承として採集した記録が）残っています。というよりも、その伝承（記録）を元にして構築されたキャラクターたち、といった方が正確でしょう。

これらは本来明確な図像を持たない民間伝承＝柳田國男が紹介した〝妖怪〟に、水木しげるが形を与えたものどもです。ぬらりひょんを除き、デザインは水木しげる個人の手によるもので、そういう意味では、様々なクリエイターに依《よ》って手を加えられ、謂わば民意を反映する形で次第にでき上がって行ったA群とは、明確に区別されるべきものでしょう。

ぬらりひょんのデザインに関しては、水木以前に遡《さかのぼ》ることになります。鳥山石燕の『画図百鬼夜行』シリーズにも、狩野《かのう》派の絵巻にもその姿を見ることはできるからです。但し、残念ながらぬらりひょんは、江戸期においてそれ以外の場面で活躍することはできませんでした。商品化されなかった＝キャラクターとしての商品価値がほとんどなかった、ということです。

つまり、ぬらりひょんは（その他の多くの化け物同様に）、A群に入ることのできなかったマイナーお化け、負け組だったわけです。

負け組だったぬらりひょんに光を当てたのは藤澤衛彦と水木しげるでした。

先に記したとおり、藤澤は著作『妖怪畫談全集・日本篇上』（一九二九）でぬらりひょんの図像を取り上げ、キャプションに「怪物の親玉」と記しています（根拠は不明）。

それを受ける形で、水木も「妖怪図鑑」などでぬらりひょんを「妖怪の総大将」として繰り返し紹介したのです。

しかし、それだけで一般性が獲得されたわけではありません。

ぬらりひょんをポピュラーな〝妖怪〟に押し上げたのは、やはりメディアの威力と考えるべきでしょう。

テレビアニメ『ゲゲゲの鬼太郎』（第三部）においては、登場する〝妖怪〟キャラの設定を原作漫画から採るだけでなく「妖怪図鑑」を下敷きにして新たに「作る」という方式が採られました。その結果、ぬらりひょんは悪い妖怪の総大将＝敵の「ボスキャラ」として準レギュラー化することになります。

結果、それまで一度ゲストで登場しただけの冴《さ》えない負け組〝妖怪〟だったぬらりひょんの露出は飛躍的に増し、知名度も格段にアップした――というわけです。

ぬらりひょんは、デザインこそA群同様に江戸期に作られたものなのですが、やはり「鬼太郎組」として昭和に入ってから認知されたものである以上、B群に配置されるべきもの――と考えます。

さて、本題に入る前にここでひとつ、注意をしておかなければならないことがあります。

A群、B群を通じ、水木〝妖怪〟のオリジナル――あるいはすべての〝妖怪〟図像のオリジナルとして挙げられることが極めて多い、鳥山石燕『画図百鬼夜行』シリーズに描かれているモノが少ない――という点です。

件《くだん》の「ぬらりひょん」以外で石燕が描いているモノは、「ろくろ首」と「大入道（見越）」しかありません。

からかさお化けに相当するのであろう「骨傘《ほねからかさ》」や、ちょうちんお化けに相当するものと思しき「不落々々《ぶらぶら》」は収録されているものの、名称、形態ともに一般に認知されているそれとは異なったものになっています。

また、一つ目の化け物としては「青坊主《あおぼうず》」が挙げられます。これは石燕以外の場面で「目一つ坊」などと表記されているモノとほぼ同じ容姿なのですが、民間伝承における青坊主はいわゆる一つ目小僧とは違った容姿（もちろん具体的な図像はありません）で語られるものですし、これをして一つ目小僧とすることはできません。

また、石燕の「青坊主」は、後に水木しげるが「見上げ入道」の〝形〟として採用し『ゲゲゲの鬼太郎』に登場させていますし、逆に大映映画では一つ目ではない「青坊主」が用意されたため（一つ目小僧、泥田坊《どろたぼう》などと差別化するためと思われます）一般への浸透度は著しく低いものとなってしまいました。

実は、石燕の描く〝化け物〟の多くは、マイナーなものなのです。

もちろん、先に別格として挙げた「河童」「天狗」「鬼」をはじめ、「猫又」「狸」「狐火」「幽霊」など、メジャーなところはとりあえず押さえられてはいます。しかし、二百を超す収録項目の多くは、よく知られていないローカルなモノや古文献に拠ったモノであり、さらに半数以上が石燕の創作――なのです。

今までにも度々述べて来た通り、石燕は狩野派に伝えられる〝化け物〟図像と、俗に「百鬼夜行」と呼ばれる土佐派の怪物絵を統合し、一体ずつ切り離して名付けをするという、後世の通俗的妖怪概念の生成に欠くことのできない「偉業」を為《な》し遂《と》げた人物ではあります。

石燕の『百鬼夜行』シリーズなくして、江戸の化け物文化の繚乱《りようらん》、延《ひ》いては現代の通俗的妖怪の大成はなかった——こうしたもの言いに関しては、たしかにその通りというしかありません。しかし、少なくとも石燕が（その端緒を作った功績はあるとはいえ）江戸の〝化け物〟文化を牽引《けんいん》したという事実はないのです。

石燕の『百鬼夜行』シリーズの刊行と、〝化け物〟をキャラクターとしてフィーチャーした読み物・黄表紙の流行時期は、ほぼ重なるということは先に述べました（『画図百鬼夜行』は一七七六年刊、最終シリーズの『百器徒然袋』は一七八四年刊。黄表紙は一七七五年から一八〇六年までに刊行された草双紙を指します）。

でも、重なるとはいうものの、石燕は黄表紙流行の最中に亡くなってしまいます（一七八八年没）。〝化け物〟が活躍する黄表紙は石燕の死後、むしろ頻繁に描かれるようになるのです。

一方、石燕がメジャーな〝化け物〟——鬼、天狗、河童、見越など——を収録したのは最初のシリーズである、『画図百鬼夜行』——黄表紙の刊行が始まると同時に出された本——なのです。つまり、石燕の描いたメジャー妖怪はA群がキャラクターとして確立する以前に描かれているということになるのです。

それは、ろくろ首の頸《くび》の細さからも窺《うかが》い知ることができます。

ろくろ首（石燕の表記は飛頭蛮）は、もともと首が抜けて飛び回るモノ——抜け首——と考えられていました。抜けた首と胴は目に見えぬ細い糸（魂の緒のようなもの）で結ばれており、それが切れてしまうと死んでしまう——そうした言い伝えもあったようです。

首（飛び回る頭）と胴体を結んでいるのは、長く伸びた頸ではなく、その「緒」の絵画的表現だったわけです。

ところが、石燕以降、ろくろ首の頸はどんどん太くなって行きます（見世物などの他媒体との兼ね合いが主たる理由として挙げられるでしょう）。

どうであれ、メジャーな〝化け物〟としてのろくろ首は、「首が抜けて飛び回る怪」ではなく、「頸がするすると伸びる女のお化け」なのです。

石燕が描き記した「飛頭蛮」は、メジャーデビューする直前の姿、ということになります。太い頸のろくろ首や、やはり見世物などの影響で蛇腹《じゃばら》のろくろ首と化した見越し——後の大入道が活躍を始めようとしているまさにその時——。

石燕は、誰も知らない〝化け物〟ばかりを描き続けていたということになるのです。

もちろん、狩野派・土佐派の絵巻に記された異形《いぎょう》を題材にしている以上、どこかで見覚えのある姿形をしたモノが多く描かれていたわけですし、「殺生石《せっしょうせき》」や「鬼童《きどう》」など有名な題材を絵にしたモノや、「野槌《のづち》」や「野衾《のぶすま》」など、いわゆる民間伝承や説話に材を採ったようなモノども少なからずあるわけですが、それらは残念ながらA群——メジャーな〝お化け〟とはなり得なかった、と考えるしかありません。

つまり――石燕の描いた異形どもは、ずっと下って、『ゲゲゲの鬼太郎』の敵キャラとして採用された時点で漸《よう》く表舞台に出たのだ――と、考えるべきなのです。「毛羽毛現《けうけげん》」も「泥田坊」も、鬼太郎と闘うことでようやく〝妖怪〟として認知されたわけです。

但し、「ぬらりひょん」のように準レギュラーとなれなかったゲスト妖怪たちは、B群に入ることも叶《かな》いませんでした。見たことはあるが名前は知らない、名前は聞いたことがあるがどんなものか知らない、その程度の「二軍」扱いです。

さらに、鬼太郎と対戦もせず、水木版「妖怪図鑑」にも載せられなかった連中に至ってはいまだに名前も、形も知られていない、一部のマニア以外には〝妖怪〟として認知すらされていない存在――なのです。

石燕の描いた異形どもの多くは、いまでもマイナーのままだ、ということです。

さて――。

ここで漸く、問題の「油すまし」に就いて考えてみることにしましょう。

本節の冒頭で述べた通り、油すましは〝妖怪〟としては「有名な」部類に入るものと思われます。鬼太郎と一戦交えただけの石燕〝妖怪〟よりも、その認知度は高いはずです。

ところが、油すましはA群にもB群にも分類できないのです。

前節で詳しく記した通り、浜田隆一が『天草島民俗誌』に「油ずまし」の報告記事を掲載したのは昭和七年（一九三二）です。採集した時期までは確定できませんが、それを大きく遡るものではないはずです。

私たちは、口碑伝承――取り分け民俗学者が採集したそれを、その地方に「ずっと昔から伝わっていたものだ」と思い込んでいる節があります。しかし、実際はそうではありません。例えばB群筆頭株の「こなきじじい」の元になった伝承などは「採集された時点ででき上がった」に等しい言説だったようです。

民俗誌に記されている口碑伝承や習俗風習は、少なくとも採集されたその時点で伝わっていた――信じられていた、行われていた――といえるものではあるのでしょうが、いつから伝わっていたのか――いつから信じられていたのか、いつから行われているのか――ということまでは判らないと考えるべきものです。

「油すまし」についても、まったく判らないというよりありません。

名前の似た遺物が伝承地採集地の近くに残っていたということまでは判りましたが、それがいつからそう呼ばれていたのかも、それがいつ制作された石像なのかも判らない以上、「これが油すましだ」、と断定することはできません。

昭和の初め頃、天草地方に「油すまし」（またはそれに近い名称の何か）が伝えられていたことは確かなのでしょう。

しかしその伝承が江戸時代まで遡れるものかどうかははなはだ疑問です。

もちろん可能性は十分にありますが、少なくとも江戸期の文献に「油すまし」の記述はありません。縦《よし》んば伝わっていたのだとしても、それは記述されることがなかった――つまり、都市部に情報として伝えられることがなかった、ということになります。

ならば、「油すまし」が江戸の〝化け物〟としてカウントされなかったことだけは確実だということです。

当然、A群からは除外されます。定番どころか誰一人知らなかったのですから、これは当然でしょう。

しかしB群には入るのではないか――という向きもあるでしょう。

たしかに、ぬらりひょんを除くB群の〝妖怪〟たちは、全員「油すまし」と同じ、柳田國男の「妖怪名彙」出身の〝妖怪〟たちです。

彼らもまた、江戸期にはまったく知られておらず（誕生してもおらず）、水木しげるによって姿形を与えられ『ゲゲゲの鬼太郎』のレギュラー妖怪に抜擢《ばってき》されるまでは――マイナーそのものだったのです。

そして「油すまし」も、ほぼ同様の経歴ということができます。

ただ――「油すまし」の場合は、ひとつだけB群の〝妖怪〟たちと異なっている点があります。油すましは『ゲゲゲの鬼太郎』に登場することで有名になった〝妖怪〟ではない、という点です。

いや、「油すまし」は『鬼太郎』に出ていたはずだ、という向きもいらっしゃるでしょう。

前節で詳しく述べた通り、たしかに油すましは『鬼太郎』に準レギュラー扱いでたびたび登場しています（テレビでは一九八五年スタートの第三期以降、漫画では一九八六年連載開始の『新編ゲゲゲの鬼太郎』以降）。

しかし、原作漫画、テレビアニメを通じて油すましの登場回数は大変に少ないものです。しかも、「敵のボスキャラ」というオイシイ役どころで、テレビという華々しい舞台に返り咲いた「ぬらりひょん」に比べ、「油すまし」の場合は極めて地味です。

テレビでの油すましは、いわゆる「ちょい役」です。唯一のレギュラーとなる『ゲゲゲの鬼太郎・鬼太郎地獄編』（第三部『鬼太郎』終了後、一九八八年二月より放送時間枠を変更して続けられたシリーズ。全七回）においても、他の古株レギュラーたちに比べると「キャラの立っていない」（目玉親父、こなきじじいとキャラが被っている感は否めません）ほとんどオマケ的な役どころに過ぎませんでした。準レギュラーとはいうものの、対戦相手となった妖怪たちよりも目立たず、「油すまし」を中心にしたエピソードは一本も作られていません。

「ぬらりひょん」は第四部のアニメにおいても（第三部ほどではないにしろ）、それなりに目立つ活躍をすることになるわけですが、「油すまし」の方はフェードアウトしてしまいます。

原作における油すましも同様で、「ゲゲゲの森の村長」「将棋好き」などの「使える」属性を与えられていたにもかかわらず、「いつの間にかいていつの間にか消えた」その他多くのサブキャラクターの中の一人に過ぎない扱いになっています。

B群の妖怪たちとは明らかに一線を画しています。

「油すまし」は、『『鬼太郎』に登場してメジャーになった妖怪」ではなく、「メジャーになったから『鬼太郎』にも顔を出した」という、実に稀《まれ》な経歴を持つ〝妖怪〟なのです。

もっとも、映画の影響は大きいといえます。

前述の通り「油すまし」は大映映画『妖怪百物語』『妖怪大戦争』を通じて、最も多く露出した〝妖怪〟です。

しかし、長期間にわたり様々なメディアで繰り返し供給され続ける『鬼太郎』ファミリーと違い、映画の上映期間は限られています。前宣伝や二番館上映、テレビ放映、ソフト発売時の広告などを含めても『鬼太郎』ファミリーの露出期間とは比べ物にならないほど短いものだったといえるでしょう。

実際、大映のいわゆる『妖怪三部作』には油すまし以外にも多数〝妖怪〟キャラクターが登場します。その多くは（水木を通じて供給された）石燕〝妖怪〟とA群の定番〝化け物〟によって構成されているわけですが、それでいて、その中から「油すまし」並みにメジャーになったと思われる〝妖怪〟は、A群の「からかさお化け」くらいのものなのです。

A群は、要するに映画が上映される以前からメジャーだったわけで、その辺りからも「油すまし」がいかに特異な存在かということが知れるでしょう。

これも詳述しましたが、水木デザインである油すましが大映妖怪映画にキャスティングされた主たる理由は〝勘違い〟でした。

水木は、「油すまし」を石燕の記した〝化け物〟――著作権フリーのキャラクター――たちの中に、（戦略的に作者名を伏せるという形で）混入させる形でプレゼンテーションしました。その巧妙な手口を大映のスタッフたちは見抜けなかったわけです。つまり、キャスティングの段階で「油すまし」は他の〝化け物〟たちと同列に扱われていたはずなのです。

しかし、数ある石燕の〝化け物〟たちを差し置いて、「油すまし」はほぼ主役といっていいほどの主要キャラとして抜擢されます。

ここで、大映映画『妖怪百物語』に登場する主たる妖怪を並べてみましょう。

●油すまし（水木デザイン）
●土ころび（水木デザインを元にしたオリジナル）
●からかさお化け、一つ目小僧（A群）
●ろくろ首（A群／石燕）
●ぬっぺっぽう、泥田坊、狂骨《きょうこつ》、大首（石燕）
●ぬらりひょん（石燕／B群）
●青坊主、おんもらき、牛鬼《うしおに》（石燕・但しデザインはオリジナル）
●一角大王、とんずら、馬鬼（オリジナル）

「土ころび（槌転び）」は、石燕の絵にはなく、ビジュアルとしては水木が柳田の記述を元に描き起こした絵（この段階では『鬼太郎』には未登場）があるのみでしたから、油すまし同様大映スタッフが〝勘違い〟採用した可能性が高いものなのですが、実際に造型されたそれは水木のデザインにアレンジを加えたオリジナルに近いものとなっています（よく出来た造型であり、水木は後にこれをイラスト化し、自著『妖怪百物語』〈小学館〉の表紙に用いています）。

「ぬっぺっぽう」や「泥田坊」など、石燕のオリジナルにほぼ忠実な造型をなされたものもありますが、石燕の図像を元にしているとはいうものの、ぬいぐるみの造型的に無理があるために改変が加えられたものや、前述の「青坊主」のように意図的にデザインの変更がなされたもの、できてしまった造型に後から名づけをしたものなど、結果的にはバラエティに富んだ顔触れになっています。

しかしその中で、唯一水木のデザインをほぼ忠実に立体化した「油すまし」のみが、スターダムにのし上がる結果となったことに関しては、一考する価値があるでしょう。

繰り返しますが、「油すまし」はA群の〝お化け〟のような歴史的積み上げもなければ、B群の〝妖怪〟たちのように『鬼太郎』の後押しがあったわけでもないのです。

「油すまし」はほぼ自力で〝妖怪〟としてのポピュラリティを獲得したという、希有《けう》な存在なのです。それでは、少し遠回りすることになりますが、「一目で〝妖怪〟を喚起させる」この卓抜したデザインの秘密を探ってみることにしましょう。

キャラという仕掛け

筆者は以前、多田克己さん、村上健司《むらかみけんじ》くんとの鼎談《ていだん》『妖怪馬鹿』（二〇〇一／新潮社）において「油すまし」のデザインのモチーフは「よく判らない」と述べたことがあります。

その結果、複数の読者から情報が寄せられました。

結論からいうなら、それらの情報は正解でした。

「油すまし」の頭部デザインは、文楽人形の首《かしら》である「蟹首《かにくび》」の一種をモチーフにして描かれたもののようです。水木は、昭和三十九年（一九六四）発行の『日本の〈首〉かしら』（斎藤清《さいとうせい》二郎《じろう》／岩崎美術社《いわさきびじゅっしゃ》）という本に掲載されている写真をモチーフにして、「油すまし」や「たんころりん」、「穴ぐら入道」など、いくつかの〝妖怪〟を絵画化しています（この点については第二回「怪大賞」京極奨励賞を受賞された今井秀和《いまいひでかず》さんの論考「現代妖怪図像学」上でも指摘されています。同文の一部が『怪』0018号に掲載されておりますので、ご参照ください）。

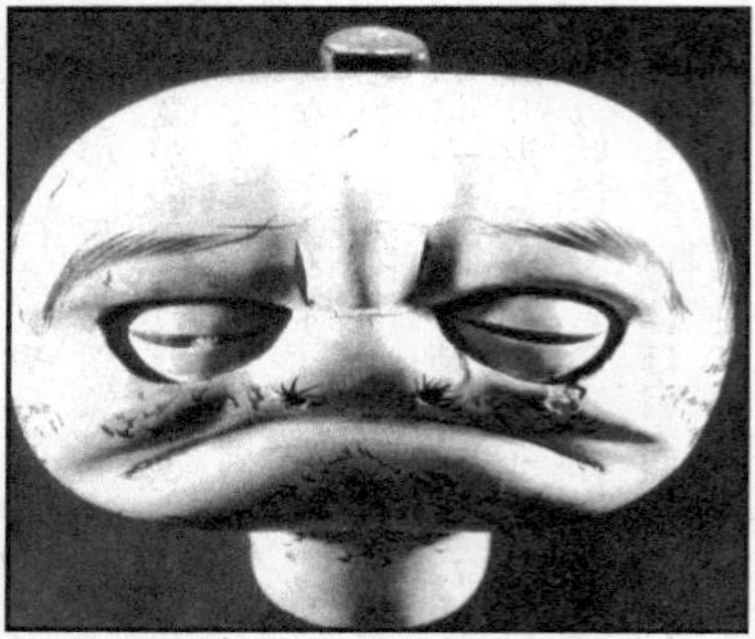

日本の〈首〉かしら（1964）

さて、上の写真が「油すまし」の頭部のモチーフとなった「蟹首」と呼ばれる人形の頭です。初期の「油すまし」デザインに髷があしらわれていたのは（延いてはその髷が〝尖り頭〟になってしまったのは――）、このモチーフ自体に髷があったからに他なりません。

この首を頭部に据えて、蓑、杖などのガジェットを組み合わせることで、水木しげるは「油すまし」という〝妖怪〟を生み出しました。

筆者は以前別の場所で、水木しげるの凄《すご》さは天才的なコラージュのセンスにある、と書いたことがあります。

コラージュのセンスとは、言い換えれば組み合わせの妙ということでもあります。「油すまし」の場合もその例に漏れるものではありません。この頭部の下に蓑がないのは、今やかえって不自然な気さえします。

民具として一般的なものであり（それでいて現在では目にする機会がほとんどなく）、また異人の表象としても多く使われる蓑を選んだ選定眼はさすがというよりありません。

ディテールやフォルムの問題も含め、そうした「油すまし」を構成する要素の検証は先に譲ることとし、ここではもう少し違った観点から検証を加えて行きたいと思います。

まず、見るべきは頭部のモチーフとされた「蟹」と呼ばれる人形の頭部です。

この「蟹」というのは、甲殻類の蟹ではありません。蟹をモチーフにして作られたのだとしても、蟹を表したものではないはずです。

たしかに蟹に似てはいますが、これはデフォルメされた人間の顔です。異相ではありますが決して〝怪物〟の頭ではありません。むしろ滑稽《こっけい》な「間抜け面」を表現したもののようです。これは端役で登場する下級武士の役などに使われた頭なのです。浄瑠璃《じょうるり》芝居を見ている観客は、この顔の人形を見て「人間」だと理解していたはずです（今井秀和さんは「現代妖怪図像学」において、この首が「蟹」と呼称されていることを受け、オリジナルイメージが平家蟹の甲羅などに求められるのではないか――という論を展開していらっしゃいます。その可能性はあると思われますが、この頭が文楽の中で「人間」として扱われていることに違いはありません）。

秘密の一端は――そこにあるのです。

さて、「油すまし」だけで話を進めると多少わかりにくくなるおそれがありますので、ここで別の例を挙げて説明しましょう。

まず、写真1をご覧ください。

●写真1

これは、置き物の写真です。店舗などによく置かれているものですし、ほぼ全国的に普及していると思われるものですから、目にされたことがある方も多いことと思います。

これは何ですか——と問われたら、ほとんどの方が迷いなく「狸でしょう」とお答えになるはずです。

もちろんそれは正しい回答です。

この置き物は、俗に「信楽焼《しがらきやき》の狸」として広く知られているものだからです。

でも——これはたしかに「信楽焼の狸」ではあるのですが、陶磁器の置き物なのですから正確には「狸」ではありません。

それでは、日本で「狸」と呼ばれている動物の写真を見てみることにしましょう。

写真2は、ホンドタヌキ、いわゆる標準的な狸の写真です。写真1は、たしかに写真2に似てはいますが、決して写実的にその姿を引き写して作られた造型物ではないようです。

●写真２

「信楽焼の狸」は、直立しています。

実際の狸は、写真のとおり四足歩行する動物です。以前、仁王立ちになるレッサーパンダが評判になったことがありましたが、評判になるということは一般的な姿勢ではない、ということでしょう（威嚇・警戒する際にレッサーパンダは立ち上がる習性がある、という説もありますが）。狸も、平素から立ち上がって二足歩行をする動物ではありません。

また、突き出た大きなお腹と、大きな陰嚢《いんのう》も特徴的です。

俗に「狸の金玉八畳敷き」などといいますが、それはもちろん巷説《こうせつ》です。江戸期の戯作《げさく》などで扱われた狸や、また明治期以降に蒐集された「民話」などで活躍する狸は、陰嚢を広げて化けたり人を化かしたりするわけですが、実際の狸はもちろんそんなことはしません。

さらに「信楽焼の狸」は笠《かさ》を被り、通いの帳面と酒徳利を持っています。当然ですが、野生の狸がそんなものを持っているわけもありません。

しかし、直立、巨大な腹と陰嚢、笠、帳面、徳利といった属性はすっかり「信楽焼の狸」のデフォルトとなっているようです（もちろん別の持ち物を持っている「信楽焼」の狸も多数確認されますし、牝《めす》狸の置き物の場合はまた別の属性が与えられているわけですが——）。

とはいえ、写真1的な意匠の図像や立体物が、一般に「狸」として認識されるものであることは間違いありません。

と、いうより。

もしかしたら、写真2を見て、即座に「狸です」と答えられる人は意外に少ないのではないでしょうか。似たような動物はたくさんいます。ホンドタヌキより、動物園にいるアライグマやアナグマなどの方を目にする機会は多いと思われます。狸の場合、実物よりもデフォルメーションされたキャラクター＝「信楽焼の狸」を目にすることの方が遥《はる》かに多いのです。

ところが。この「信楽焼の狸」には「作者」が存在します。

現在も信楽町で狸の置き物の製造販売をされている「たぬきや総本家狸庵《りあん》」初代、陶芸家の藤原銕造《ふじわらてつぞう》（一八七六―一九六六）という方が、この「信楽焼の狸」のデザインをした人物です。

もちろん、それ以前から狸の置き物自体はたくさん作られていました。信楽焼で狸の像が作られたという江戸期の記録も残っているようですし、常滑焼《とこなめやき》や清水焼《きよみずやき》にも狸をモチーフにした置き物はあったようです。しかし決して「信楽焼といえば狸」というわけではありませんでした。確認することこそできませんが、形態も別に写真1のようなものがスタンダードだったわけではないようです。

写真1は©藤原銕造、だったわけです。現状では、信楽焼でなくても、あるいは焼物でないものまでも、写真1のような形さえしていれば、それは「信楽焼の狸」といわれてしまうようです（正しくは「藤原銕造の狸」とするべきなのでしょうが）。

信楽町の「たぬきや総本家狸庵」の公報資料によれば、藤原さんが狸を作り始めたのは、どうやら昭和十年（一九三五）以降のことのようです。藤原さんは元々清水焼の修業をされていた方で、ある仕事をきっかけに信楽焼に転向されて、その後、写真1のような狸の置き物を考案し、生涯作り続けた方なのだそうです。

その藤原＝信楽狸が全国に広く紹介されることになったのは昭和二十六年（一九五二）のことです。昭和天皇が信楽行幸をされた際、旗を持たせた狸の置き物を沿道に並べてお迎えしたところ、お喜びになった陛下が「をさなどき　あつめしからになつかしも　信楽焼の狸をみれば」と歌をお詠みになり、それが全国的に報道された――という逸話が、藤原＝信楽狸の全国デビューのきっかけとされているのです。

つまり写真1の狸が、当たり前に狸として認知されるようになったのは、昭和二十六年以降ということになるわけです。藤原さんの狸像は、僅か六十年たらずの間に信楽焼を代表するデザイン／商品として認知されただけでなく、「本物の狸よりも狸らしい狸」として社会に浸透してしまった――生物の狸より認知度が上がってしまった――ということになります。

とはいうものの、前述の通り藤原さんが狸を作り始める前から狸の置き物それ自体は存在していました。陛下の詠まれた歌からもそれは窺い知ることができます。

突き出した腹と巨大な陰嚢（雄の場合）は、ほぼ共通していたようですが、頬被《ほおかむ》りをしたものや、法被《はっぴ》を着たもの、鉢巻きを締めたもの、算盤《そろばん》を持ったものなど様々な狸が考案され、また今も作られています。

藤原デザインは、今でこそスタンダードなものですが、それらのヴァリエーションのひとつに過ぎなかったわけです。

巨大な腹と陰嚢は、中国の山猫からその霊性の多くを引き継いだ本邦の狸が、狸として獲得した本邦オリジナルの属性です。巷説として広く流布しているため、腹鼓と八畳敷きを外して本邦の狸は狸足り得ないでしょう。

帳面や徳利といった小道具も、藤原さんの創造したものではありません。

それらは狸（豆狸《まめだ》）と酒の深い関わりから生まれた属性です。酒どころの灘《なだ》では「酒蔵に豆狸が棲《す》んでいると良い酒ができる」として、狸を縁起物のように扱っています。また、それらは豆腐小僧などの、いわゆる「お遣いをする小僧妖怪」たちの小道具でもあります。

狸（豆狸）は、「お遣いをする小僧妖怪」の属性も持ち合わせていたのです。

藤原銕造さんは、それまでに培われて来た「狸を巡る属性」の中から、最適なものを選び取り、最適な形で組み合わせる仕事をされたわけです。狸を象徴する多様な文化的イメージを取捨選択し、ひとつの形に纏《まと》め上げたものが写真1ということになるでしょう。

写真1は狸そのものではなく、狸を取り巻く情報の具現化だったのです。

こうした有り様――テクニックは、古くから使われているものですし、最近でも通用しているものです。

卑近な例を挙げましょう。

一時、メイド喫茶、などという喫茶店が流行しました。

ウエイトレスがメイドの恰好《かっこう》をし、メイドのような態度で接客をするという喫茶店です。流行はすぐに廃れてしまうものですが、メイドキャラ、というスタイルは残っているようです。メイドキャラ自体は、喫茶店ができるずっと前からあったもののようですが、ここで問題にすべきはその〝キャラ〟という概念です。

「キャラ」という言葉はいうまでもなく「キャラクター」の略です。

「キャラクター」は、和訳するなら〝個性〟〝人格〟ということになるのでしょうか。しかし英語本来の語義とはズレがあると思われるので、英和辞典ではなく、外来語辞典（最新カタカナ語辞典〈一九九四／講談社〉）を引いてみることにします。

キャラクター [character]
1／性格、人格、持ち味　2／強烈な個性や独特な持ち味を備えた（劇中の）登場人物。芝居の役柄　3／コンピューターの数字、文字、記号
（括弧内補足引用者）

何冊か引き比べてみましたが、概ねこうした記述に落ち着いているようです。さて、3はとりあえずあまり関係ないようですが、注目すべきは2のようです。「○○に出て来る△△というキャラは」という風に使う場合は、2に該当するわけです。キャラクターグッズ、というような場合も2の意味です。この場合は個性や人格ではなく、小説や漫画など特定の作品の登場人物（人物とは限りません）そのものを指し示しているわけです。

そこで、メイドキャラに立ち戻ってみましょう。

メイド喫茶でメイドの恰好をして接客をしている人物はメイドさんという〝個性《キャラクター》〟を持っているわけではありません。メイド的〝人格《キャラクター》〟、というわけでもないでしょう。その人の内面と、メイドという属性は（ほとんど）無関係なものと考えられます。

また、メイドというのは職業なのであって、創作物の中の登場人物《キャラクター》ではありません。登場人物の場合もあるかもしれませんが、メイド喫茶の接客係が特定の登場人物を模したものとは思われません。メイド喫茶の接客係は、メイドらしきコスチュームを制服として着用し、メイドらしき言葉遣いや立ち居振る舞いを（仕事として）しているだけの人です。

それをして、私たちは〝メイドキャラ〟と称しているわけです。

本来、外見（服装や言葉遣い、立ち居振る舞い）というのは、その人の内面に依って規定されるものです。〝個性〟や〝人格〟が外見を（ある程度）決めてしまうのは当然のことでしょう。

同じ制服を着ていても、着こなしがちょっと違う、見え方が少し違う——その差違こそが〝個性〟として認識されます。その人の人格性質《キャラクター》が、外見的特徴《キャラクター》を生み出していることは間違いないでしょう。

内面が外見を規定する、これが本来の形です。

しかし、小説や漫画などの登場人物は、基本的に内面がありません。もちろん、あるように書かれ描かれてはいますが、それは架空のものです。架空のものなのですが、架空と知れてしまっては——実は嘘と解ってしまっては——作品が成立しません。

書き手はできるだけ〝本当っぽく〟人物造型をしなければならなくなります。

そこで殊更《ことさら》誇張された人格性質《キャラクター》、延いては外見的特徴《キャラクター》の描写がなされることになります。2に記される「強烈な」個性や「独特な」持ち味を備えた登場人物の、〝強烈〟〝独特〟という表現は、そうした事情を勘案した結果の表現だと思われます。

小説や漫画などの場合、外見的特徴（言葉遣いや立ち居振る舞いを含む）の描写は、その登場人物の内面（人格、個性）描写と、同等、あるいはそれ以上のボリュームを持っているのです。

問題のメイドキャラはどうでしょう。

メイドキャラは、外見的特徴しかありません。この場合、内面は関係ないのです。外見的特徴こそが存在そのものを規定する――。

これが〝キャラ〟です。

さらに踏み込んで、外見が内面を規定する、という逆転した現象も起き得ることと思われます。服装や言葉遣いがその人の内面性までをも左右してしまうようなことは、ままあることなのでしょう。しかし、私たちが〝キャラ〟と呼んでいるケースのほとんどは、そこまで徹底してはいないと考えて良いでしょう。

猫の耳をつけるだけで、あるいはメガネをかけるだけで――〝キャラ〟は成立してしまいます。

兄や姉のいない妹キャラ、も成立してしまいます。どうであれ、猫耳を装着した人物の内面性と猫耳というアイテムは、あまり関係がありません。

もちろん、猫耳をつけてしまうような個性の持ち主だったからつけたのだ——というようなことはあるでしょう。しかしどのような動機でつけられたのだとしても、取り敢《あ》えず猫耳をつけている人物は（外から見る限り）個性《キャラクター》に関わりなく猫耳キャラになってしまうのです。

ですから、外見が内面を規定するのではなく、「内面と乖離《かいり》した外見が存在を規定する」とした方が、より正確な言い方になります。いずれにしろ、内面が外見を規定するという本来の形は無効になっているわけです。

信楽焼の狸は、要するに狸キャラなのです。

狸そのもののキャラクター（この場合は種としての動物学的特性）とは、関係がないわけです。

これ以降、文中では「キャラ」という言葉と「キャラクター」という言葉を使い分けることにしますので、御注意ください。

さて、サンリオのキャラクターのひとつに「キティちゃん」という有名な〝キャラ〟があります。キティちゃんは、信楽焼の狸以上に露出が多い、まさに国民的キャラクターなので、知らないという方はまずいらっしゃらないでしょう。

キティちゃんは、耳や髭《ひげ》などの形状から「猫」をモチーフとしたキャラクターであることは間違いないものと思われます。いずれにしても動物の猫をデフォルメーションし、簡略な線で描き表したもの——ではあるでしょう。

しかし形態上猫の属性は生きていますが、キティちゃんは猫ではありません。猫は直立歩行しませんし、キティちゃんは鼠を追いかけたりしません。

キティちゃんは猫をモチーフに作られたものですが、猫の個性《キャラクター》は持っていないのです。キティちゃんは、猫〝キャラ〟のキャラクターなのです。

そこで、考えてみましょう。

キティちゃんは簡略な線で表現し得るマスコットキャラクターです。もちろん、それはリアルなものではありません。では、リアルなキティちゃんというのは、どのようなものと考えるべきなのでしょうか。

当たり前に考えれば「リボンをつけた白い猫」ということになるはずです。生物学的特性はこの場合無視されるとしても、外見的特性は引き継いでいるわけですから、どうあってもそれが正しい形と思われます。

しかし、実際にはそうではありません。

キティちゃんは、リアルにしてもあのままなのです。

キティちゃんは人気キャラですから、立体造型物も多数発売されています。縫いぐるみやストラップなど、種類を把握するのが不可能なほど多量に作られています。

しかし、リアルな猫の形のものはひとつもありません。

アトラクションに登場する着ぐるみさえも（かなり巨大ではありますが）図像と同じ形です。これは、すべてがきっちり同じでなくてはいけないのです。

キティちゃんは猫のキャラクターではなく、猫〝キャラ〟のキャラクターだから——に他なりません。

着ぐるみのキティちゃんの目は点ですし、口はありません。髭も貼り付いています。しかし実際の猫同様、肌は白い短毛で覆われていますし、衣類は実際に布で作られた本物です。靴も履いています。何より、現実に存在し、子供たちの中で踊りを踊ったりしているわけです。

これが「リアルキティちゃん」なのです。

キティちゃんという〝キャラ〟を全く知らない人が突然その姿を見たら、果たしてどう感じるでしょう。形状から「猫のようだ」とは思うでしょうが、人によっては怖がるかもしれません。絵に描かれたキティちゃんを怖がる人は多分（ほとんど）いないでしょうが、縫いぐるみのキティちゃんは充分怖いものとなり得るはずです。

縫いぐるみのキティちゃんが可愛く見えるのは、私たちがそれを〝キャラ〟として認識しているからに他なりません。

ここで、次の図式を掲げておきます。

猫（動物）／リアル
↓
キティちゃん（キャラクター）／非リアル
↓
キティちゃん（キャラ）／リアル

現実の猫をモチーフにして創られた「キティちゃん」というキャラクターは、もちろんリアルなものではありません。しかし、そのキャラクターを〝キャラ〟として捉え直した時、そこから「リアルキティちゃん」という存在が、現実の世界に紛れ込んでくるわけです。

解り易くするため、キティちゃん以外にも例を挙げておきましょう。

藤子・F・不二雄の代表作、『ドラえもん』に登場する、やはり国民的超人気キャラクターであるドラえもんは、「未来の世界の猫型ロボット」であるとされます。

耳こそありませんが（本来は耳に相当する部位があったとされます）、猫を象《かたど》ったロボットだということは、間違いないようです。

昨今は漫画やアニメを実写映画としてリメイクするのが流行のようですが、では『ドラえもん』を実写映画にした場合、ドラえもんはどのように表現されるでしょう。

耳のない、脚先の丸い、金属質の巨大な猫——。

普通に引き写すならば、そうなってしまうはずです。

しかし、まずそんな不気味なものは作られないでしょう。

のび太くんもジャイアンも人間の子供が演じることになるのでしょうが、ドラえもんだけは漫画やアニメと同じ形状——それがそのままリアルに表現されたもの——が、採用されるはずです。

ドラえもんは省略され誇張された漫画的表現——記号で構成されています。のび太たちも同様です。

しかしのび太たち人間は、実写化される場合ほぼ間違いなく記号から元の形に戻されてしまいます。でもドラえもんは、多分記号のまま立体化され、「キャラ」としてリアルな空間に登場することになるでしょう。

ここで先ほどの図式を狸に当て嵌《は》めてみましょう。

狸（動物）／リアル

←

狸（民話・戯作などで作られたキャラクター）／非リアル

←

狸（信楽焼の狸＝キャラ）／リアル

私たちは、リアルな風景の中に信楽焼の狸が置かれているのを認めた時、なんの違和感も持たずに「狸が（置かれて）いる」と理解しています。信楽焼の狸は単なる〝空想上の狸〟の像ではありません。縫いぐるみのキティちゃんや実写化されたドラえもん同様、狸〝キャラ〟として実在しているのです。

さて〝妖怪〟とも「油すまし」とも関係のない話を長々と続けてきたわけですが、ここで話を本筋に戻そうと思います。

図版3をご覧ください。

●図版3

　これは、水木しげる描くところの漫画『河童の三平』の中で活躍する、タヌキ（長編アニメーション映画『カッパの三平』〈一九九三／にっかつ〉では黒麿《くろまろ》と名付けられていますが、原作漫画ではどのバージョンでも一貫してただ「タヌキ」と呼ばれます）というキャラクターです。

　人語を解しますが、化けたりはしません。〝妖怪〟ではなく、〝動物〟の狸です。

　水木漫画における動物の狸（写真2）はすべて図版3のように表現＝記号化されるものと考えられます。

　実際、色こそまちまちですが、似たようなフォルムの狸は他の水木作品にも頻繁に登場します（次ページ図版4）。これらの狸たちは、作中に登場する人間（サラリーマン山田などと称されるキャラクターなど）と、同じレヴェルで記号化されているものと考えられます。

　これはいうまでもないことですが、記号化のレヴェルは漫画家によって様々です。非常にリアルな画風の作家もいれば、そうでない作家もいます。作品の質によって描き分ける作家もいます。

●図版４

ただ、ほとんどの場合、作中での記号化のレヴェルは一定に保たれているといっていいでしょう。『ドラえもん』にやたらと写実的な人物が登場することはありませんし、バイオレンス劇画に二頭身の丸っこいロボットは登場しません。

そもそも四コマ漫画の『サザエさん』に精密に描き込まれた正確なパースの背景は必要ありませんし、逆に『ゴルゴ13』の背景が『サザエさん』のような簡略なものであってはストーリー進行に支障を来し兼ねません。

作品の中での記号化のレヴェルは、統一されているものです。そうでないと、やはりおかしなことになってしまうものなのです。

ところが——例外的な作風の作家がいます。

それが、水木しげるです。

水木作品は「背景が細密画のようにリアルだ」と評されることが多いのですが、実際に水木作品の背景は異様なまでに写実的です（図版5）。まるで細密画のように執拗に描き込まれた背景は、写真と見紛うばかりの完成度です。

しかし、この背景の中に配置される登場人物は、先に挙げた通り、大いに記号化された、およそ写実的ではないフォルムのものたちなのです。

●図版５

通常、この組み合わせはあり得ません。

無理に組み合わせてもバランスを欠く結果になるだけでしょう。

しかし水木作品では、この組み合わせが奇跡的に融合し、のみならず効果的に機能しているわけです。

これはもちろん構図やタッチ、モチーフの選択眼や造型力などを総合した、水木しげるの圧倒的な画力のなせる技——一種の力技ではあるのですが、本稿は水木大先生の力量を讃《たた》えるために書かれるものではありませんので、画家・水木しげるの才能に就いての記述は別の場所で行うとして——。

問題にすべきは、このリアル／非リアルの唐突且《か》つ違和感なき組み合わせというテクニックが、どのような効果を生んでいるか、という点です。

これは、謂《い》わば実風景の中に置かれた信楽焼の狸と同じ状態——と、いうことができるでしょう。つまり、水木作品のキャラクターは、作中で既に〝キャラ〟化している、〝キャラ〟として扱われている、ということにもなるのです。〝キャラ〟として扱われているからこそ、写実的な背景の中に配置されてなお、そのキャラクターは作中リアリティを損なわずに受容される——という仕組みになっているわけです。水木漫画においては、

狸（動物）リアル
↓
狸（漫画のキャラクター）非リアル

という図式が、背景をリアルな表現にすることで、

狸（動物）リアル
↓
狸（漫画のキャラクター＝キャラ）非リアル＝リアル

という図式に置き換わってしまっているのです。ところが――。

ここで、図版6をご覧ください。

図版6は、『ゲゲゲの鬼太郎／妖怪花《ようかいか》』（一九六九／『月刊別冊少年マガジン』掲載・初出時のタイトルは『妖怪あしまがり』）という作品に登場する、「あしまがり」という〝妖怪〟です。

「まがる」というのは「まとわりつく」というような意味の方言で、「あしまがり」は、足に綿のようなものがまとわりつき、歩行を阻害する怪とされます。図の〝妖怪〟は、その綿のようなものを操るモノという設定です。

●図版6

ただ、この絵はどう見ても狸のようです。しかも信楽焼の狸（写真1）に酷似しています。

作中、説明や指摘は一切ありませんが、これが狸（の〝妖怪〟）であることは、まず間違いないと思われます。実際、アニメ第三部に登場した際は「狸妖怪」と呼称されていました。

しかし。

図版6と、図版3や図版4の狸（動物）とを比較してみましょう。

●図版7

●写真8

その差は歴然としています。

同じ狸であるにもかかわらず、図版6は実に写実的なタッチで描かれています。「あしまがり」は登場人物（人間ではありませんが）であるというのに記号化がなされていないのです。

さらに解り易い例を挙げてみましょう。

図版7をご覧ください。『墓場の鬼太郎／妖怪《ようかい》獣《じゅう》』（一九六七／『週刊少年マガジン』連載・全十回）に登場する、「刑部《ぎょうぶ》狸《だぬき》」という〝妖怪〟狸の絵です。

これも「あしまがり」同様、大変リアルなタッチで描かれています。

この、「刑部狸」のデザインの下敷きになったと思われる造型物は、ほぼ特定できます。雑誌『画報・伝説と奇談』第十九号・旅と伝説（一九六〇／日本文化出版社）に掲載された写真がそれです（写真8）。

写真には「八豊雲陀《はっぽううんだ》中女《しんにょ》」の像とあります。掲載誌のキャプションには（四国《しこく》宇和島《うわじま》の）狸祭りの際に担ぎ出される像、とのみ記されています。

この像がどのような伝説由来を持ったものなのかということは後に譲るとして、ここで注意すべきなのは、刑部狸もまた記号化されないリアルなタッチで描かれている、という点です。

ここで、「油すまし」を思い出してください。

『悪魔くん』に登場した「油すまし」は、作中、他のキャラクターとほとんど変わらないタッチで描かれているように思えます。記号化のレヴェルは同じなのだと、誰もが思ってしまいます。

●図版9

実際、作中で「油すまし」の相棒として登場する「小豆洗い」（こちらは、竹原春泉の『絵本百物語』〈一八四一〉のデザインです）との組み合わせには何の違和感も感じられません（図版9）。

しかしモチーフになった「蟹首」の写真と見比べた時――それが実は、恐ろしくリアルに描かれていたものであるということに気づくはずです。

これらの〝キャラ〟は単に「置き物や人形の首を参考にして描いた」というようなものではないのです。〝妖怪〟を生み出すための高度なテクニックが、そこには隠されているのです。

漫画的表現——記号化はされているものの、背景の表現レヴェルを著しく変えるというテクニックによって作中既に〝キャラ〟としてリアルな存在となっている〝人間〟や〝動物〟。そして記号化されず、背景同様にリアルなタッチで描かれる〝妖怪〟——。

水木漫画の作中リアリティは、どうやら二種類の基準を混在させるという形で保証されているようです。そしてその二種類の基準値を自在に「ずらす」ことで、水木しげるは私たち読者の現実にも異相を生じさせることに成功したのです。

ここに——水木漫画が通俗的〝妖怪〟を生み出し得た、もうひとつの秘密があると、筆者は考えます。

リアリティの罠

整理してみましょう。

図Iをご覧ください。グレーのエリアには「リアル」と記されています。これは、私達が暮らす〝現実世界〟を示します。真ん中の白地の部分は「非リアル」、これはそのまま、〝現実ではない〟世界（漫画やお話の中の世界）ということです。

最初に上段❶の枠をご覧ください。

Aは、人間の男性の写真です。丸い眼鏡をかけ、ちょっと前歯が覗《のぞ》いています。この人物は現実世界に存在するわけですから、創作された〝キャラ〟ではありません。

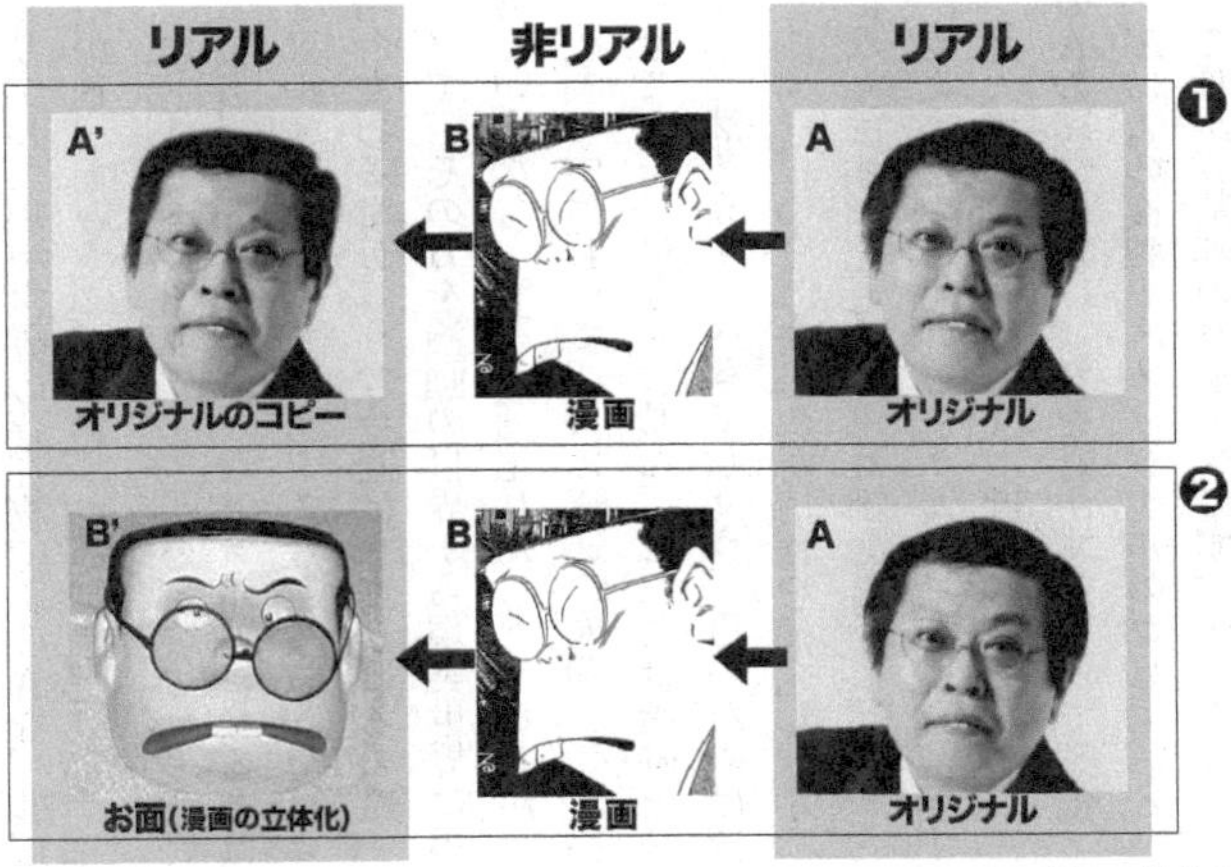

●図Ｉ　　B'＝張り子制作／荒井良

Ｂは正式な固有名詞はないのですが、俗に「サラリーマン山田」、あるいは「メガネ出っ歯」などと呼称される水木漫画の登場人物です。

このキャラは作中では普通の人間として扱われます。

※但し――この有名なキャラＢは、写真Ａの人物をモデルにして作られたキャラではありません。Ｂは、一説には桜井《さくらい》昌一《しょういち》氏をモデルにして作られたキャラといわれていますが、縦《よし》んばそうであったとしても、作中に桜井昌一氏個人、あるいはそのキャラクターを投影した人物として登場している例は大変に少ないため、作者が参考にしたのはあくまで桜井氏の外見的特性だけであったか、あるいはキャラとして完成後に桜井氏から切り離したものと考えられます。本稿では便宜的にＡをＢのモデル＝オリジナルとさせていただきます。

Ｂは、Ａの漫画的表現と考えられます。

リアル＝現実世界の存在物であるAを、非現実＝漫画の世界に引き写すために記号化したものがB、ということです。

ただし、記号化のレヴェルやテクニックはクリエイターによって様々ですから、Aを記号化しても必ずしもBのようなフォルムになるとは限りません。もっと簡略化され、可愛らしくデフォルメされたりするケースも当然あるでしょうし、反対にもっとリアルなタッチで描かれる場合もあるでしょう。今回は水木しげるの絵＝漫画的表現を例に挙げたということです。

さて、そのBを漫画の世界から現実世界に再度引き写し直したらどうなるでしょう。わかり易くいうなら「実写映画化したらどうなるか」ということになるでしょうか。

漫画の中において、Bは普通の人間として存在しているわけですから、現実世界においてもそうでなくてはなりません。私たちは漫画を読む時、彼を普通の人間として認識しているのです。当然そうするべきでしょう。そのためには、現実の人間＝キャラクターとしての属性を与え直す――つまり失われた情報を補充し、オリジナルであるAを復元する、という作業が必要になります。記号化された部分を元に戻す、ということです。

ただ、必ずしもオリジナル＝モデルを復元することができるとは限りません。

従って、A'は、極めてAに近いものですが、Aそのものではありません。キャラクターとしてのAの属性情報は、Bを経由することで劣化・変質しているからです。

A'はAの複製――オリジナルのコピー、ということになるでしょう。

これが、基本のパターンです。

次に、下段❷をご覧ください。

❷も、AからBまでは❶と一緒です。ただ、非現実から現実世界に「引き写し直す」場合の方法が、❶と❷ではまるで違っています。❶の場合はAに「戻す」という作業が行われたわけですが、❷の場合そうした作業は行われていません。

Bは、本来Aが持っていたアナログなキャラクター情報を捨象したり誇張したり変形したりすることで成り立っています。一旦《いったん》抽象化され、情報が整理されてデジタル化しているわけです。そうした作業の途中で、BはBとしての属性も獲得しています。❷は、そうしたBが新たに獲得した属性を捨てず、かつ失われたAの属性を復元することもせずに、「Bのまま」現実世界に引き写そうという試みなのです。

つまり、キャラクターとしてのAは捨てられ、Aから派生した〝キャラ〟としてのBを取った、ということになります。B'の写真は張り子のお面ですが、アニメのフィギュアなどと思っていただければわかり易いでしょうか。

アニメの「リアルフィギュア」は、いかに「アニメの形のままリアルに作るか」に眼目が置かれています。いくらリアルでもアニメから離れてしまってはいけません。アニメ的表現＝平面的な表現処理をできるだけ温存して立体化しなければいけないわけです。「実際にこんな髪形はあり得ないから」といって、変えることは許されません。

従ってB'は、同じBの「現実化」であるにもかかわらず、A'とはまったく違うものになっているわけです。

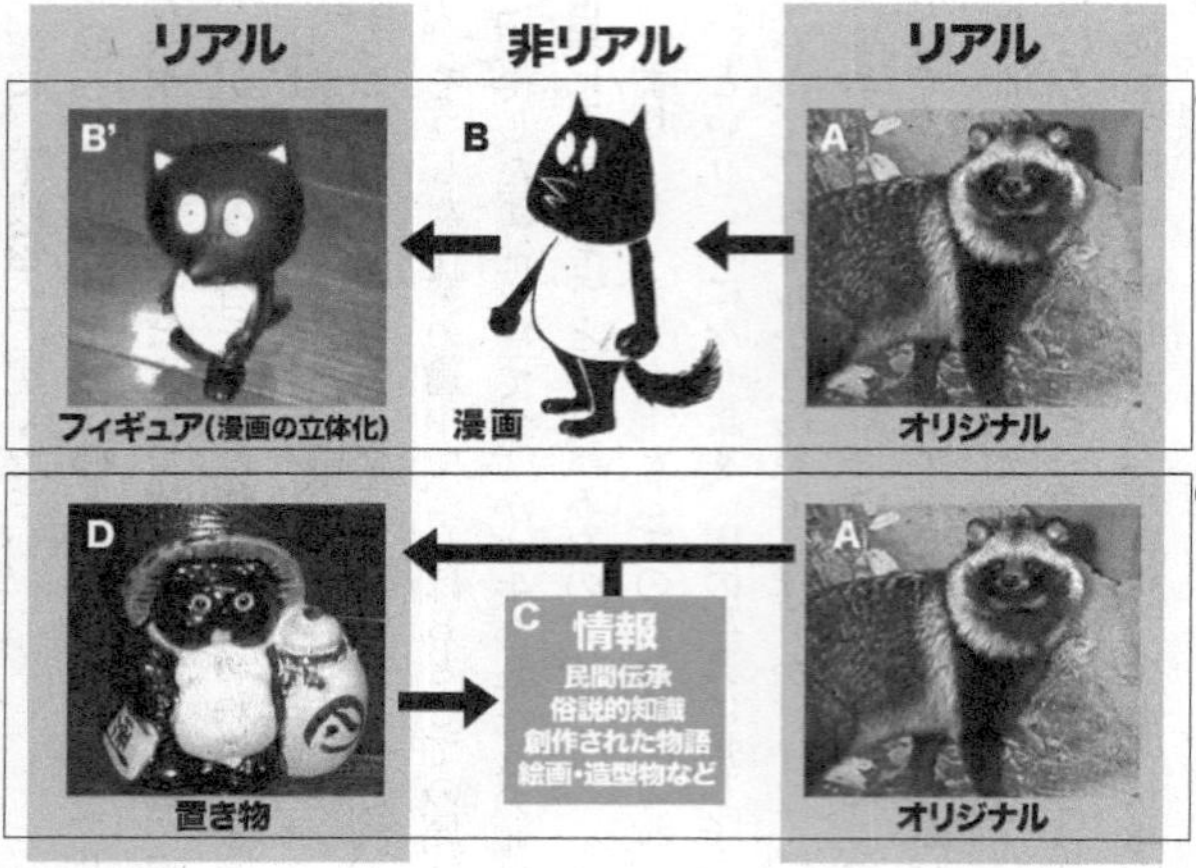

●図II

次に図IIをご覧ください。

図II上段❷は、図I下段❷と全く同じ図式です。

オリジナルとなるAは、動物の「狸」です。

作中で動物の「狸」として扱われているBは、もちろんAから生成された、〝キャラ〟に他なりません。

但し、これを現実化する際、図Iの❶のように、BがAへ先祖返りすることは、まずありません。

ほとんどの場合〝キャラ〟のままとして扱われ、B'が作り出されます（記号化が写実的なレヴェルであるケースは別です）。

動物の場合、外見的特性がよほど顕著でない限り、個体識別は容易ではありませんし、仕草や習性などの行動属性は一見しただけではわかりません。

人間と違ってキャラクター＝個性／人格をオリジナルAの容姿に求めにくいため、どうしても外見的特性に特化した〝キャラ〟にアイデンティティを求めがちになるのでしょう。B'は、『河童の三平』に登場する「タヌキ」というキャラクターであると同時に、狸という種全般を表す〝狸キャラ〟でもあるわけです。

さて、そこで下段❸をご覧ください。

Dは、前節で詳しく紹介した「信楽焼の狸」です。

Dは、Bを忠実に立体化したB'と違って、Bに相当するものがありません。Dは平面図像を立体に起こしたものではないのです（もちろんデザイン案などが描かれた可能性はありますが、それは立体を作るためだけに描かれたものであり、それだけで成立しているBとは質の違うものでしょう）。

かといって、Aをそのまま引き写したものでもありません。

Dは、いわばB同様、Aから直接発生したデザインなのです。

しかし、前節で指摘した通り、DはAがダイレクトに変化したものではないのです。

Dは、Aそのものではなく、Aにまつわる周辺情報を具現化したもの、と考えられます。つまり、Aとの間にC（民間伝承、俗説的知識、創作された物語、絵画・造型物など）が介在していることになります。

厳密にいうなら、A↓Bの変換の際にも、Cは少なからず介在しているわけですが、A↓BにおいてCの介在は必須《ひっす》条件ではありません。C的な情報を排除しても、A↓Bは成立してしまいます。

しかしA→Dにおいては、Cの介在は「欠くべからざる条件」となるのです。

補足するなら、Cの中の「戯画」は「Bに相当する」と考えることも可能でしょう。物語の挿し絵や戯れ絵は、現代でいうなら漫画に相当するのでしょうから、そうした指摘は至極当然のものです。

但し、DはB'と違って、その戯画を「忠実に立体化する」という目的で作られたものではありません。Dは、あくまで「Aから生成された」ものなのです。ただ、オリジナルであるAの属性＝キャラクターよりも、それを取り巻く周辺情報Cの方が強く影響してしまっている、というだけに過ぎません。

また、DからCに向けて矢印が出ているところにもご注目ください。

しかしDは、Dとして成立後（情報として、情報であるところの）Cに対し、なにがしかの影響を与えることになります。

それ以前にDは、大きな意味でAを取り巻く周辺情報のひとつ——ビジュアル情報としてのCでもあります。Dは、そういう意味ではCの一部に過ぎないのです。

こうした在り方はB→B'においてはほとんど見受けられません。B'は、成立後に元となるBに影響を与えることはないでしょう。（ただ立体化を前提にした設計がBの段階でなされているという現状が、すでにしてB'→Bという逆流構造になっていると見做《みな》すこともできるかもしれません）。

ここで、❸のヴァリエーションとして❹を挙げておきましょう。

図Ⅲをご覧ください。

●図III

Eは、度々取り上げている水木版「油すまし」の素材となった、文楽の頭です。

これは、D同様、デフォルメした絵画を立体化したものではありません。Eは人間の頭部を模《かたど》って作られたものです（本稿においては、前に述べた理由から、この「蟹首」を人間を模したものと規定しています）。Eもまた、Aから直接発生した立体物であると思われます。

ただ、その生成の過程にCのような周辺情報はたぶん介在していません。

Eは、❶❷におけるBと同様、オリジナルであるAを元にして、クリエイターが作り出したフォルムということができるでしょう。

※Aは似た人物の写真を便宜的に入れたものです。

Eは、オリジナルであるAというキャラクターの属性を恣意的に取捨選択し、形態を誇張することでその属性を外見に集約して表現した、〝キャラ〟なのです。

ただ、Eは直接立体物として製作されているため、非現実的フィールドに属する部分はありません。図I、図IIで示した❶❷❸のように、リアルと非リアルを往還する運動を見ることはできません。

さて――❶から❹までの四つのスタイルの中で、「リアル」に属するのは、

◎オリジナル／オリジナルのコピー＝A、A'
◎キャラ＝B'、D、E

の五つであり、「非リアル」に属するのは

◎キャラクター／キャラ＝B
◎オリジナルの周辺情報＝C

の二つ、ということになります。また、リアルと非リアルを巡る振幅のパターンとしては、❶❷❸の三種類を確認することができました。

厳密に考えるなら、非現実のフィールドの中でも、漫画→アニメ（静止画→動画）のような変化は確認できるわけですし、Cとしてひと括《くく》りにしてしまった周辺情報も、それぞれの関係性を含めてさらに細かく分類検証する必要があるのでしょうが、本稿において大きく関わってくるものではないと考えられるので、ここでは割愛させていただきます。

そうしたことを前提にして――いよいよ〝妖怪〟に就いて考えてみることにしましょう。

図Ⅳをご覧ください。

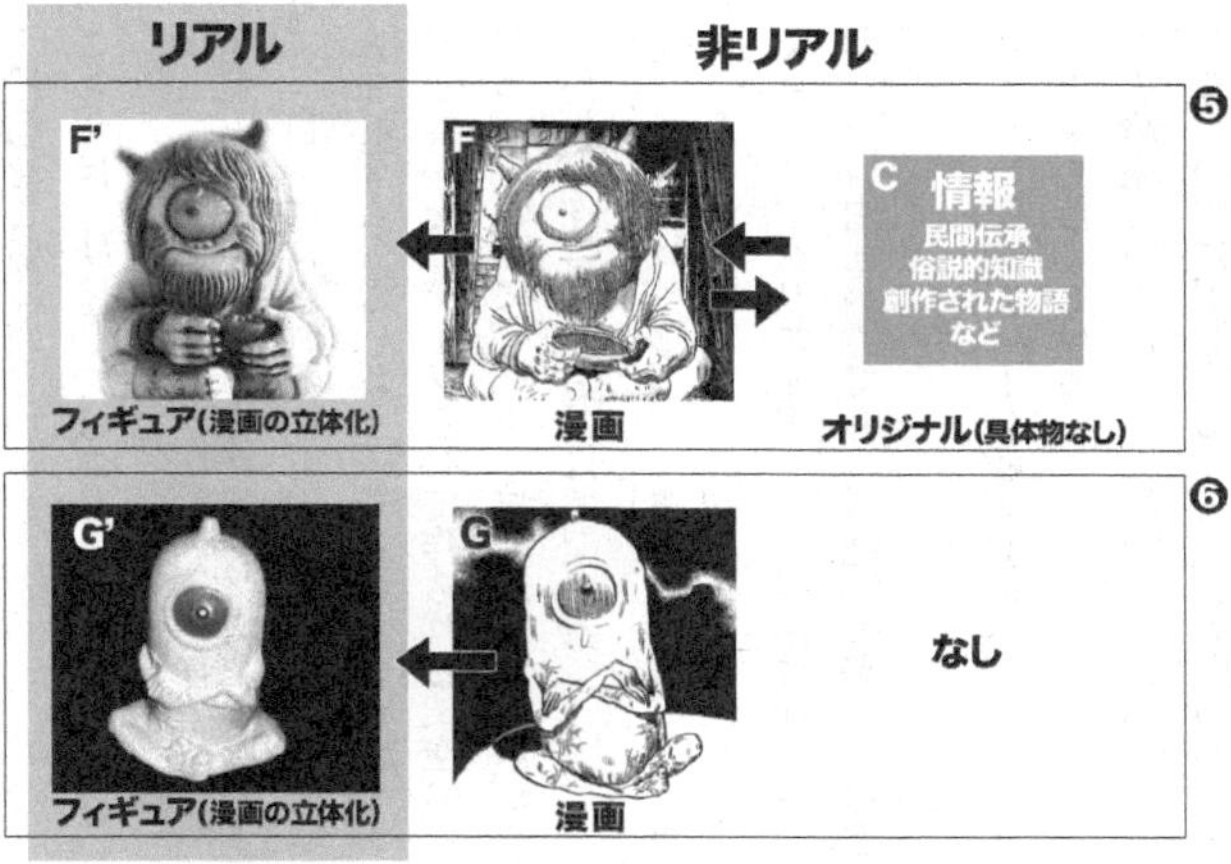

●図Ⅳ　F'＝やのまん「水木しげる大百怪」／G'＝サンガッツ本舗「水木しげる奇怪漫画ソフビ列伝」

〝妖怪〟は現実に存在するものではありません。従ってオリジナルとなるAはないということになります。

従って〝妖怪〟の姿形は、上段❺のように周辺情報Cによって構成されることになります。

周辺情報といっても〝妖怪〟の場合は中心となるAがそもそも欠落しているわけです。もちろん中には、先程のタヌキを始め、カワウソやイタチなど、「オリジナル」となり得る対象Aが存在する場合もあります。

しかしそうした場合も、Aのキャラクターよりも Cの情報の方が優先的に採用されることは間違いありません。そうでなくては〝妖怪〟にならないからです。Aを優先してしまったのでは、単なる「動物」キャラになってしまいます。

下段❻をご覧ください。

こちらは〝妖怪〟ではありません（ちなみにGの図像は水木作品『ベーレンホイターの女』に登場するサイボーグです）。

通常、人間や動物などの実在するモデルを必要としない架空のキャラクターは、このGのように「自由に作られる」ものなのです。

Aを必要としない以上、Gそのものがオリジナル――ということになります。もちろん、実在する何かをモチーフとして作られる架空のキャラクターも多くあるわけですが（猫→ドラえもんなど）、その際に、モチーフの周辺情報Cが必要以上に重要視されることはありません。

しかし、〝妖怪〟の場合は別です。

情報＝Cをオリジナルに据《す》えて生成された形象Fは、G同様に実体としてのオリジナルを持ちません。つまり、Fは最初に与えられた形――図像としてはオリジナルであると考えることができます。クリエイターが「自由に作れる」という意味では、FもGと同じです。

但し、自由といっても〝妖怪〟の場合、Cと合致しているということが最低条件となってしまうのです。

そういう意味で、Fは❸のD同様、広い意味でCの一部を構成する要素のひとつ――と捉えることも可能でしょう。

周辺情報Cの中には、「戯画」などのビジュアル情報も含まれるからです。

FをCの中に配置することは強《あなが》ち間違っているとはいえないように思えます。

実際、Fの生成はC全体にも影響を与えます。Fが〝妖怪〟として認知されると同時に、周辺情報にも書き換えが行われることがあるからです。

それでも、FがCの中のビジュアル情報と一線を画するものと考えられるのは、Fが、最初から〝キャラ〟として作られているからに外なりません。例えばCの中の「戯画」は、あくまで欠落した中心Aを説明する情報でしかありません。しかし、Fは欠落した中心そのもの、オリジナルとして生成されるものなのです。だからこそ、FはそのままのF'としてリアルに引き写されることになるわけです。

但し――一線を画するとはいえ、周辺情報Cの中に先行して「戯画」などのビジュアル情報がある場合、Fは作りにくくなります。

と――いうよりも、成立しません。

Fはオリジナルとして作られるという性質を持っています。

加えて、先に述べたとおり、FはCと合致していることが条件となります。先行するビジュアル情報があるにもかかわらず、オリジナルとしてのFを作ろうとするなら、当然Cの中の図像を無視することになってしまいます。構成要素となるCの中にビジュアル情報が含まれている限り、オリジナルとしてFを作ることはできなくなってしまうのです。「Cと合致していること」という条件が満たされないことになってしまうからです。

そこで、先行してCに図像情報が存在する場合、その情報をそのまま引き写す形で、C'が作られることとなります。

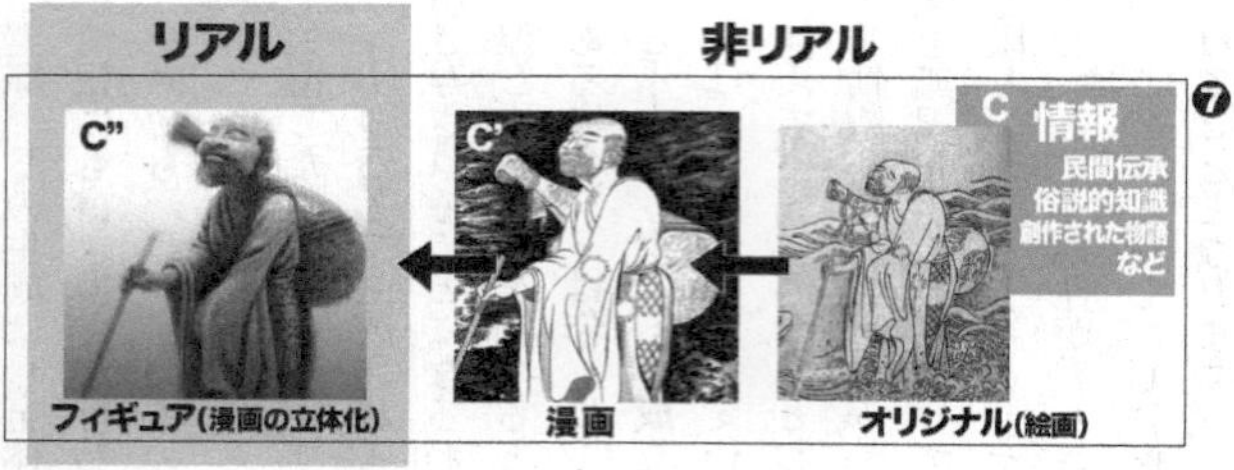

●図V

C"＝やのまん「水木しげる大百怪」

図Vをご覧ください。

❼は❺同様、周辺情報Cをオリジナルとするパターンなのですが、❺と違って図像などの具体物（この場合は絵画）があるケースです。

この場合、生成されるC'は、Fと違い、Cのビジュアル情報の強い影響下にあります。

CとC'は、一見ほとんど差違がないように思えます。

と――いうよりも同じなのです。C'は明らかにCを踏襲したもの――Cの複製なのです。

但し、CはC'にとってはオリジナル図像となりますが、決してAの代替物ではありません。

Cは、やはり周辺情報のひとつに過ぎないのです。Cは空欄Aを埋めるものではなく、空欄の周りにあるビジュアル情報でしかないのです。まず、Cの図像自体が複製であるケースも多いということを忘れてはなりません。そもそも中心となるオリジナルAを欠いた「妖怪情報」は、常に先行情報を複製することで継承され、精製されてきたものなのです。そういう意味ではC'も同様で、それら複製のひとつに過ぎません。

それでも、CとC'は完全に同一ではありません。

C'は単なる図像の引き写し＝コピーではないのです。

C'は漫画の登場人物として（あるいはそれに類するものとして）作られたものです。当然ながらビジュアル情報以外の属性が付与されていますし、生成の際にはビジュアル情報以外の周辺情報も取り込まれています（Cと合致していることが条件なのですから）。

C'は、Fと同じように、欠落した中心そのもの——オリジナルAの代替物として成立している〝キャラ〟なのです。

江戸期に描かれた図像のうち「妖怪情報」となり得るものを挙げるとするなら、まず文章情報に付随した挿画（物語の場面を描いたと思しき絵巻なども含む）、舞台絵（役者絵）の一部、博物学的図像（妖怪図巻など）、それから風刺画・戯画（石燕の『画図百鬼夜行』シリーズなどはこちらに含まれます）などに分類されるでしょう。これらは押し並《な》べてある対象を説明する情報に過ぎません。

図像それ自体が〝キャラ〟として成立している漫画の登場人物（など）とは、やはり区別されるべきものです。

唯一、黄表紙などを活躍の場とし、玩具《がんぐ》・見世物などにも展開した〝化け物〟〝お化け〟と呼ばれる一群のみが、現代の〝妖怪〟同様の〝キャラ〟として描かれていますが、それはむしろ（今となっては）特殊な例といえるでしょう。

C'はCを補完し、キャラ化したもの、と考えられます。

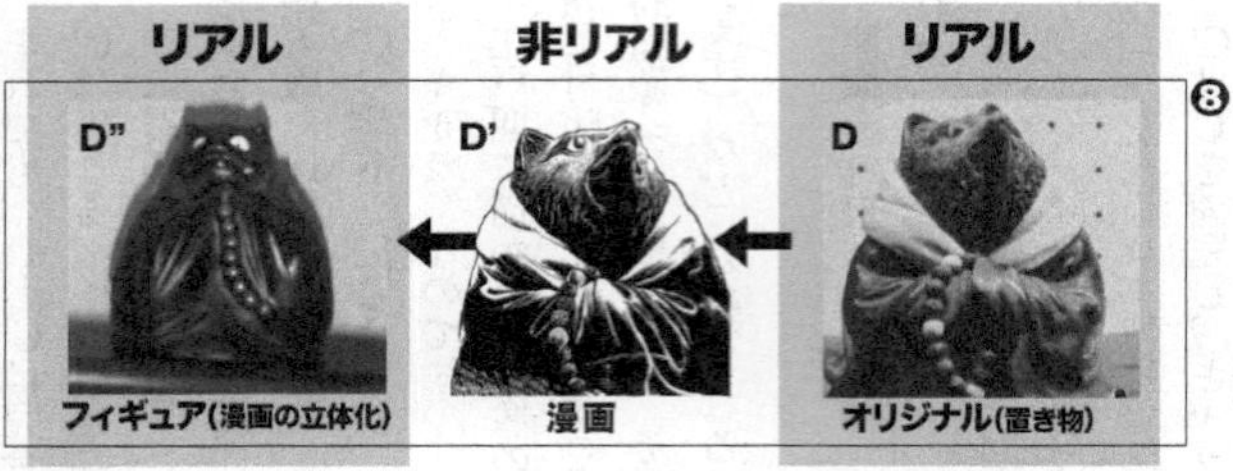

●図VI　D"= サンガッツ本舗「水木しげる奇怪漫画ソフビ列伝」

そこで、次に図VIをご覧ください。

❽は、前節でも紹介した「刑部狸」の成立と変遷を表した図です。これは多少、特異な例となります。

前節で指摘した通り、漫画のキャラであるD'にはDというオリジナルが存在します。オリジナルとなった置き物は、図IIの❸におけるDと同じスタイルで成立したものと思われます。

しかし、この像は、同じ四国の狸の像ではありますが、八豊雲陀申女という宇和島の狸の像なのであって、松山に祀《まつ》られている刑部狸の像ではありません。

従ってDは、刑部狸なる〝妖怪〟の周辺情報ではないということになります。

これは、どう理解するべきなのでしょう。

本来、D'がオリジナルとすべきは❺❼同様にC、つまり刑部狸の周辺情報であるべきです。

刑部狸は伊予国八百八狸の頭目で、創作も含め数多くの物語が残されています。明治期には講談本のような絵入りのペーパーバックもたくさん発売されているので、挿し絵などの図像も皆無というわけではありません。

原理原則に従うなら、D'もまた❼と同じように、それらの図像を引き写す形で作られるべきものでしょう。

しかし、水木しげるはそれをしませんでした。敢えて図像ではなく立体物――リアルフィールドにあるモノを引き写しています。しかも、刑部狸ではないモノを――です。なぜそうしたのかを考えることは少し後に譲ることにして、まず、この❽が「Cと平仄《ひょうそく》を合わせる」という〝妖怪〟キャラ生成の必須条件を満たしているのかいないのか、という点に就いて考えてみなければなりません。

結論からいえば、Cは満たされている――と考えられます。

ここでオリジナルとされている立体物Dは、❸で示したとおり、A（動物の狸）をオリジナルとし、C（狸の周辺情報）を加味することで成立しています。D成立の際に材料とされた情報Cと、D'が本来オリジナルとすべき情報Cは、かなりの部分で共通したものであると考えられます。

それでは、Dの八豊雲陀中女の像とは、どのようなものなのでしょう。

八豊雲陀中女というのは、実は〝妖怪〟や神霊の名前ではありません。松山市の名士である故・富田狸通《とみたりつう》（寿久《としひさ》）氏が飼育していた、ハチという狸の「戒名」なのです。

富田氏は狸通の外にも金鼓《きんこ》堂《どう》、順雅《じゅんが》園《えん》主、常春庵《じょうしゅんあん》主、狸窟洞山人《りくつどうさんじん》などと号した俳人であり、「松山坊ちゃん会」の第三代会長や、道後《どうご》町議も務められ、NHK松山放送局の邦楽担当を嘱託《しょくたく》されるなど、地域振興・文化興隆のために活躍された人物です。

趣味人であった富田氏は、俳句に留《とど》まらず焼物や伝統芸能などなど、芸術関係に大変造詣《ぞうけい》の深かった方のようで、中でも「狸好き」としては有名でした。

捕獲した狸の飼育をする外、道後温泉前に趣味の店「狸のれん」を開店、「他抜き茶会」「狸まつり」などの催事を開いたり、『たぬきざんまい』(一九六四/狸のれん) などの書籍を出版するなど、晩年は狸の研究家として知られていました。

ハチは、富田氏が捕獲し、愛玩《あいがん》・飼育していた雌の狸です。

富田氏は可愛がっていたハチの死を悼《いた》み、人間並みの法要を開いて、戒名まで与えた——というわけです。

八豊雲陀中女とは、「ハチと呼ばれた女の狸」という意味なのだそうです。

そのハチの霊が籠《こも》った像が、Dなのです。

但し——Dはそのハチを模って作られた像ではありません。

Dは、富田氏が蒐集した二千以上にものぼる狸の像——「狸コレクション」の一つ、「和尚狸像」です。

富田氏はこの像がお気に入りだったのか、氏が催す「狸まつり」の本尊と定め、催しのたびに会場に連れて行った(写真が掲載されていた『伝説と奇談』のキャプションはこうした状況の説明であると思われます)のだそうです。

この「和尚狸像」は、写真に写そうとするとアクシデントが起きるため、「写真に写りたがらない」像として知られていたようです。

資料からは詳細が知れませんが、この「和尚狸像」はハチの死後、その霊が籠っているとして八豊雲陀申女と呼称されることとなり、祀られる小祠《しょうし》も八豊明神と呼ぶようになったものと考えられます。

ハチが雌だったこともあり、ハチの死後この像には「女性」というキャラクター属性が付与されるわけですが、それまでこの像は単なる「僧形の狸像」であったと思われます（実物を検分したわけではありませんし、もしかしたら別の謂われがあるのかもしれませんが、写真からは窺い知ることができません）。

つまり、❽におけるDは、要するに「狸キャラ」のヴァリエーションとして作られたもののようなのです。❸におけるDとの差違は、周辺情報の取捨選択の基準が多少違うこと――「僧形」という特殊な属性が拾われていること――だけ、ということになるでしょう。

一方で「刑部狸」の方はどうでしょうか。

刑部狸は、正式には隠神刑部《いぬがみぎょうぶ》狸《たぬき》といい、現在は眷族《けんぞく》ともども山口霊神《やまぐちれいしん》として松山に祀られています。先に述べたとおり逸話・物語も豊富で、絵姿もないわけではありません。

しかし――。

刑部狸は、取り分け「特殊な容姿」をしているわけではありません。角があるだとか色が違うだとか、個体識別が容易な外見的特徴は定まっていません。周辺情報から立ち上がる刑部狸のビジュアルは、大きい、猛々《たけだけ》しい、といった威厳を誇示する要素を除けば、他の狸と大きく異なるものではないのです。

❽のDは、たしかに刑部狸とはかけ離れた周辺情報を有しています。八豊雲陀申女――ハチというキャラクターは、刑部狸とはまったく関わりのないものです。

しかし、Dの外見＝ビジュアル／フォルムは、ハチのキャラクターと無関係に「松山辺りの特殊な狸キャラ」として成立しているものなのです。ハチという個性は、謂わば後付けに過ぎません。

そのキャラを生成する材料となった周辺情報Cは、刑部狸の外見を規定するために採用される周辺情報Cの一部と、ほとんど変わらないものだということができるでしょう。

と、いうよりも、「僧形」という特殊性は、刑部狸を他の狸と差別化する上で大変有効な属性となり得るものでもあったのです。

実際、物語の中の隠神刑部狸は「薄絹の法衣のようなものを纏って」と描写される場合も少なからずあるようです。残念ながら隠神刑部狸のデフォルト属性とまではいえないようですが、もしその属性が徹底されていたならば、「松山の僧形の狸の像」は（ハチという「個性」を後付けで与えられていようがいまいが）、まさに隠神刑部狸に相応しいものであった――ということになります。

また、❸におけるDは、Cの一部として捉えることも可能であるということは先に述べました。❽におけるDにも同様のことがいえるでしょう。Dの像は、一旦刑部狸の周辺情報Cにビジュアル情報として取り込まれ、後にオリジナルの図像として採用された――と、考えることもできるのです。

富田氏所蔵の「和尚狸像」そのものは、ハチという「個性／内面性＝キャラクター」を獲得し、八豊雲陀中女となったわけですが、「外見的特性／キャラ」としての「和尚狸像」は隠神刑部狸の周辺情報と習合することで「刑部狸」という〝妖怪〟キャラを生成することとなったのです。

従って、D'から派生したD"は、Dと形状はほとんど変わりませんが、八豊雲陀中女ではありません。D"はあくまで刑部狸のフィギュアなのです。

水木しげるという天才が、キャラクター／キャラを始めから区別して理解し、利用していたことは明白です。

こうした手法は、単に「グラフィックイメージの流用」「コラージュ的テクニック」といってしまって良いものではありません。

繰り返しになりますが、クリエイターとしての水木しげるのコラージュセンス、造型力は目を瞠《みは》るものがあります。こうした作業はもちろんそうした卓越したセンスなくしては為し得なかったことでもあるでしょう。

しかし、この作業は、そうした表現レヴェルに留まるものではないようです。

水木しげるの仕事は、いわば「概念の編集」ということができるでしょう。

さて。

この❽は、次のような形で発展します。

図Ⅶをご覧ください。

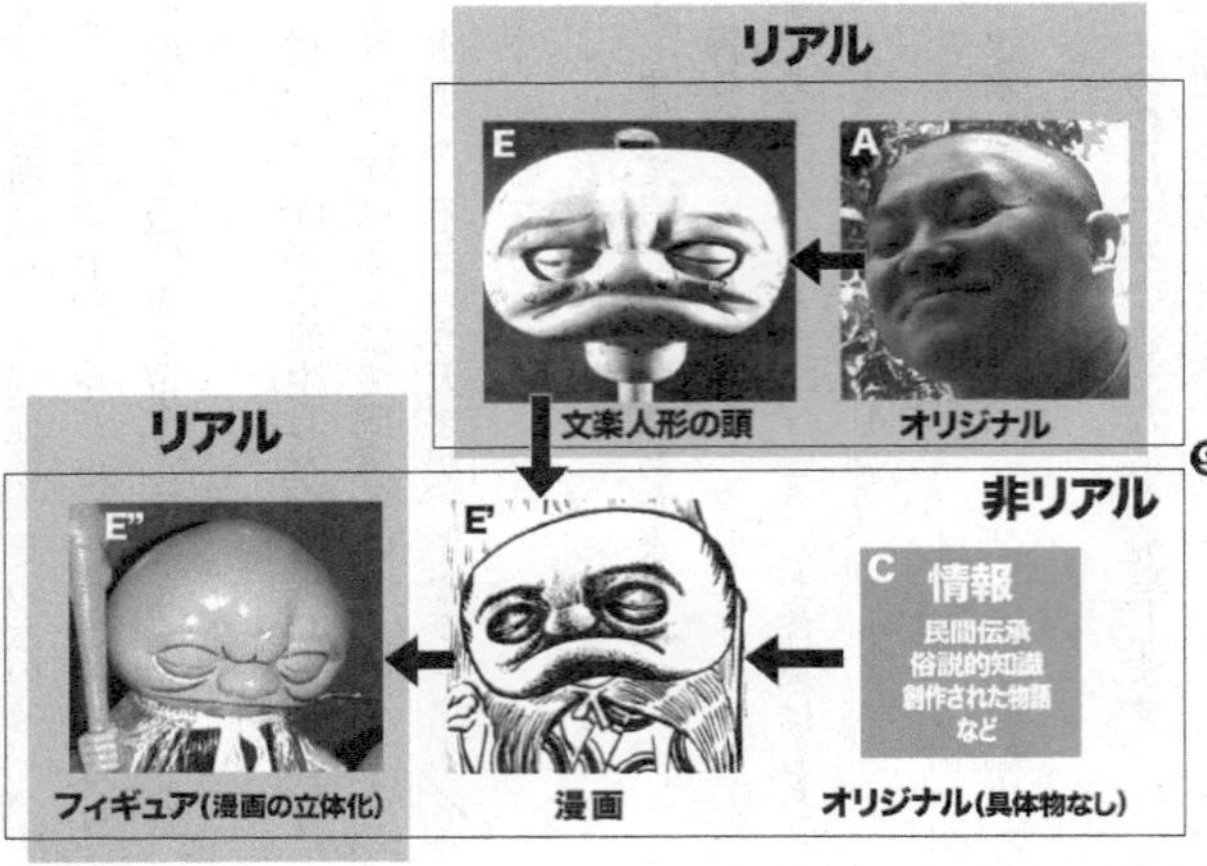

●図Ⅶ　E''= バンダイ「ゲゲゲの鬼太郎の仲間たち」

❾は「油すまし」の生成過程です。

上段にあたるのは、先に紹介した、図Ⅲの❹と同じ図です。

本来、油すまし（油ずまし）の周辺情報Cには、ビジュアル情報が含まれていません。こうした場合、図Ⅳの❺のように周辺情報Cを元にしたオリジナル図像Fが与えられるのが通常の〝妖怪〟図像生成のあり方です。

しかし、油すましの周辺情報が非常に限られたものであるということを思い出してください。柳田國男／浜田隆一の記した記録には「油瓶」以外、特筆すべき情報はありませんでした。

また油すましは、例えば「ぬりかべ」のように特殊な〝コト〟を引き起こすわけでもありませんでした。それは「ただ出て来るだけのもの」なのです。

そこで、水木しげるはまったく無関係のEを、ビジュアルとして採用しました。EにCの属性を付与することでE'を作り出したのです。

Eは、それだけでは何も表していません。文楽の頭なのですから、お芝居に登場し、何かの役を与えられない限り、Eはただの面白い顔に過ぎないのです。

もちろん元になる図像も、周辺情報もありません。Eはオリジナル Aから（たぶん）直接作られた「デフォルメされた人間の顔」に過ぎないのです。Eは、役柄を与えられない限り、個性／キャラクターを持たない「外見だけの素材」＝キャラです。生成過程において周辺情報Cの影響も受けていません。それ以前に、周辺情報がないのです。

❾のスタイルにおいて、水木しげるは必ずそうした〝キャラ〟を採用しているようです。周辺情報が付帯していないもの、または付帯していても容易にはその内容がわからないもの（海外の古面、石像など）です。でも、このスタイルは単に「良さそうなデザインを当て嵌めた」ということではありません。

例えば、これを図Ⅳの❺におけるFの部分に、「よそから持ってきたデザインを当て嵌めてしまっただけ」と捉えるならば、それは一種の剽窃《ひょうせつ》的な行為として受け取ることもできてしまうでしょう。Fは、あくまでクリエイターの創作（オリジナル）なのですから、そこに借り物を当て嵌めてしまうことは得策ではありません。

しかし、❾の場合は違います。

キャラとしてのEは、❽同様、まず周辺情報であるCに移植されるものなのです。

それらを移植することによって、欠けている周辺情報を補完し、しかる後に❼同様の作業がなされているわけです。同じようでいて、これは大きな差です。

〝妖怪〟キャラ生成において、そうしたことは殊《こと》の外《ほか》重要なポイントとなるようです。臓器移植同様、適合しないと拒絶反応が起きてしまうからです。移植先であるCに適合しない情報が付帯しているような場合、それはやはり成功しないようです。

例外として挙げられるのは、初期の「座敷童子」でしょうか。

初期の水木版「座敷童子」は茨《いばら》城県龍《りゅうが》ケ崎《さき》で行われている撞舞《つくまい》という行事の際に用いられる「蛙」を表す扮装《ふんそう》をビジュアル要素として用いています（唐草模様のツナギを着て、赤いべろかけをした姿のデザインです）。この撞舞型座敷童子は、油すましと同じく『ふしぎなふしぎなふしぎな話』で初登場し、そのまま『ゲゲゲの鬼太郎』にゲストキャラとしてシフトしました。

これは、やはり❾のスタイルで生成されたものと思われます。デザインとしては申し分のないものだったでしょう。ただ、撞舞は関東三大奇祭のひとつとして現在も行われている行事ですし、「蛙」には雨乞《あまご》い・豊饒《ほうじょう》祈願という属性が付帯しています。また「蛙」は、祭の中においてもきちんとしたキャラクターを持って演じられます。頻繁に紹介される行事ではないのでご存じない方も多いと思われますが、これは「座敷童子」の属性とはあまり馴染《なじ》まないものです。「蛙」はキャラではなく、キャラクターなのです。

さらに問題なのは、そのデザインが「座敷童子」の周辺情報を消化しきっていなかった、という点です。Cとの齟齬《そご》が発生してしまったわけです。

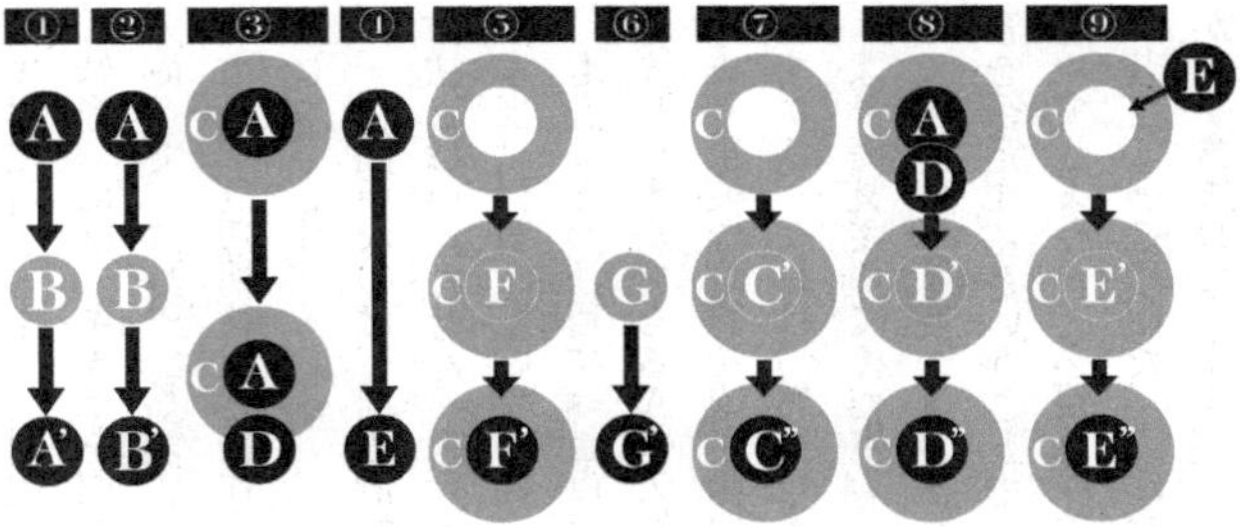

●表1

結果的に、そのデザインは「妖怪キャラ」としては捨てられました。「妖怪図鑑」に載せられる座敷童子は、後に❺のスタイルで作り直されることになります（漫画やアニメでは継承されています）。

さて――かなり煩雑なので、ここで纏めてみることにしましょう。

図Ⅰ～Ⅶで示した❶から❾までのパターンを図式化したものが、表1です。黒丸がリアル＝実体を持つもの、グレーのものが非リアル＝実体を持たない情報です。

上段はオリジナルとなるもの、つまり素材です。

中段はキャラ化した情報、漫画などです。

下段はキャラとして実体化したもの、立体物です。

このうち、「妖怪キャラ」は❺❼❽❾です。

❶❷❸❹❻は、「妖怪キャラ」ではありません。

ちなみに（当然ですが）〝妖怪〟の登場しない漫画やアニメは、すべて❶❷❻で構成されています。怪獣は❻に相当するでしょう。

違いが――おわかりになるでしょうか。

まず注目すべきは、周辺情報Cの有無です。

〝妖怪〟には〝キャラを取り巻く周辺情報があること〟が、必須条件となるのです。

従って、「妖怪」を創作しようとするなら（つまり❻を妖怪化させようとするなら）周辺情報を獲得する＝周辺情報ごと創作する＝周辺情報があるかのように見せかける必要がある、ということになります。

一番簡単なのは、周辺情報を〝捏造《ねつぞう》〟してしまうことですが、これは色々な意味で好ましい方法とはいえません。水木大先生もいくつか創作妖怪を生み出されていますが、「受容する側が本当は付帯していないCを幻視してしまう」という、高等な手法を採用されています。

もうひとつ注目すべき点があります。

オリジナルであるAの欠如です。❺❼❾にはAがありません。❽の場合も、Aの存在自体があまり重要な意味を成さないということは、前述のとおりです。実際には存在しないモノなのですから、これは当然といえば当然のことです。しかし——。

よく考えてみてください。

この世に〝妖怪〟は存在しないという「事実」を受け入れることは、イコール周辺情報の内容を否定するということでもあるのです。〝妖怪〟は空想の産物ですが、架空の存在であると認めてしまうと、必須条件であるCと齟齬を来してしまうことになるのです。

昔どこどこに出た、こんな悪さをする、こんな姿をしている——Cにはそうした情報が少なからず含まれています。

「存在しない」となると、「それはウソ」です、ということになってしまいます。「今はいないが昔はいた」「いないけどいるんだ」「見えないけどいる」――そうした〝妖怪〟を巡るいい訳じみたロジックは、だからこそ必要とされたのです。

通俗的妖怪の生成期に、水木しげるが好んで実在する具体物（DやE）をチョイスして採用したのも、まさにそこに由来するものと思われます。❺のような手法だけではCを保証することができない――Aが欠落していることを見抜かれてしまうという判断があったわけです。

存在しないAを存在するように見せかけるために、DやEは選ばれたのでしょう。

だからこそ、採用されたDやEは、背景と同じようにリアルに描かれなければならなかったのです。それは漫画の中の絵空事ではなく、実在するもの＝リアルであるべきものだったのです。

これが、リアリティの罠《わな》です。

前節で述べたとおり、水木漫画には様々なレヴェルのリアリティが混在しています。その混在した階層を「ずらし」てやることで、大水木しげるは現実の情報や概念をも操作することに成功してしまったわけです。これは、レヴェルの異なるリアリティを共存させることで特異な世界を描くという、水木しげるでなくては成立させ得なかったテクニックです。

再度❽と❾をご覧ください。刑部狸も、油すましも、オリジナルからフィギュアまで、一貫してデザインの変更がありません。D→D'→D"も、E→E'→E"も、ほとんどそのままコピーされています。

これは端的に「昔からこうだった」という主張であり、「いないけどいる」「見えないけどいる」という証明となっているわけです。

また、実体を持たない絵画情報から作られる❼においても、同じ手法が取られていることがわかります。C→C'→C"も、まったく同じデザインが温存されています。

さらに。

もうひとつ、罠があります。

表1の中段にあたる部分――非リアルのエリアをご覧ください。

F、C'、D'、E'、は、それぞれ違ったパターンででき上がったキャラです。しかし、これらは漫画や妖怪図鑑の中では同質となり、横並びに扱われてしまうことになるのです。

大映映画のスタッフが、油すましのデザインを伝統的なものと勘違いしてしまったのも無理はありません。

↑横並びにされる妖怪たち

上段左から「ぬりかべ」タイプ❾(柳田國男)、「かっぱ」タイプ❼(鳥山石燕)、「すなかけばばあ」タイプ❾(柳田國男)、「そで引き小僧」タイプ❺(柳田國男)、「白うねり」タイプ❼(鳥山石燕)、「ほねからかさ」タイプ❼(鳥山石燕)。下段左から「ねこまた」タイプ❼(鳥山石燕)、「油すまし」タイプ❾(柳田國男)、「赤舌」タイプ❼(鳥山石燕)、「あかなめ」タイプ❼(鳥山石燕)、「山びこ」タイプ❾(柳田國男)、「ふき消しばばあ」タイプ❼(鳥山石燕)

墓場の鬼太郎　大妖怪ショッキング画報(1967)

本来無関係であるEが、完全にCの一部——油すましの周辺情報として認識されてしまったということになります（この逸話からも、EがFの代用として採用された〝借り物〟ではなく、Cの一部として採用された補完素材であるということがわかります）。

同時に——。

この横並びのプレゼンテーションは、柳田國男が蒐集した民俗語彙も、石燕が描いた狂歌仕立ての風刺画も、まったく同質のものとして世間に受容させるという効果も発揮しました。

これが水木大先生が発明した〝妖怪〟＝通俗的妖怪生成のシステムなのです。

直接的な先祖である江戸の〝化け物〟との大きな差違は、この「システムの違い」だということができるでしょう。

怪しくて、懐かしいカタチ

江戸の〝化け物〟については、稿を改めて別の機会に考えてみたいと思っていますが、掻《か》い摘《つま》んでいうならば、江戸の〝化け物〟というのは、ある一定の手続きを経た後に「リアリティをもった民俗」から「リアリティを剝奪《はくだつ》する」ことで成立したキャラクターということができるでしょう。

それは、「リアル⇅非リアル」＝「体験⇅情報」＝「都市⇅地方」という往還の中で、不特定多数の手で精製された〝モノ〟です。

例えば——「みるみる大きくなる怪しいモノに出合った」という、個人的な神秘体験＝〝コト〟が起きたとします。体験者にとって、それが理解しがたいコトであった場合、民俗社会はそれになにがしかの「解釈」を加えて、「不可知」を「可知」に変換します。

この段階で、妄想も勘違いも幻覚も〝現象〟＝リアルな体験として認知されることになります。

そうした場合、多くは〝名付け〟がなされます。

それは〝コト〟自体が名付けられる場合も、コトを起こす〝モノ〟のほうに名が与えられる場合もありました。そこで〝モノ〟として捉えられたケースの一部が、やがて〝化け物〟を形成していきました。

ただ、それは一朝一夕にでき上がるものではありませんでした。

先の〝現象〟に「高坊主」という〝モノ〟の〝名称〟が与えられたとします。

別な地域では「のびあがり」という名が与えられたとします。

また別な地域では「見上げ入道」だったかもしれません。

「次第高」だったかもしれません。

そうした一連の〝怪しいモノ〟は、やがて情報として都市部にもたらされ、そこで整理・統合されることになります。いわゆる博物学的検証が加えられるのです。

同じ属性の〝モノ〟は同一視され、やがて「標準的名称」が与えられることになります。

「それは、いわゆる見越し入道である」——と。

そうして、「名付け直された」モノは、やがて情報として地方にもたらされることになります。そこで「なるほどアレは見越し入道だったのか」――と、リアルが再定義されることになります。

反復するうちに、それらは淘汰《とうた》され、やがていくつかのパターンに絞り込まれることになります。要するに〝キャラ立ち〟したものが残るわけです。それが、見越し入道であり、ろくろ首であり、河童――つまり〝化け物〟なのです。そして、彼らは〝キャラ〟として、通俗娯楽のシーンで活躍することになります。その段階で、リアリティは完全に失われています。見越し入道は、「高坊主」から分離して（属性を吸い上げて）〝化け物〟となったのです。

しかし。

通俗的〝妖怪〟はまったく違います。

そうした〝化け物〟の性質をある程度引き継ぎつつも、〝妖怪〟は〝化け物〟を遥かに凌駕《りようが》する進化を成し遂げてしまったのです。

井上圓了、江馬務、藤澤衞彦らの手でその輪郭を広げた〝妖怪〟は、そして民俗学と出合います。通俗的〝妖怪〟は「民俗学的妖怪」と接続し、習合することでその全容を明らかにしたわけです。〝モノ〟だけではなく、〝コト〟までも「モノ化」することで〝妖怪〟のヴァリエーションは飛躍的に増えることになります。

さらに、通俗的〝妖怪〟のシステムは〝化け物〟のそれと違い、民俗社会におけるリアル＝例えば「高坊主」そのものを〝キャラ〟化してしまいます。

たとえ名前が違っていたとしても、それ以外の属性が同一であるならば、本来それは「同じモノ」「同じコト」であるはずです。「うし」と呼ぼうが「べこ」と呼ぼうが「カウ」と呼ぼうが、牛は牛でしかないのです。しかし民俗学の手法——「語彙による分類」を基盤に持つ通俗的〝妖怪〟は、「次第高」も「のびあがり」も「見上げ入道」も、別な〝モノ〟としてカウントしてしまうのです。

しかし、それは本来的に困難なことだったはずです。

それらはすべて、形のないモノ——モノですらないコト——だったのです。

それを「別物」——別の〝キャラ〟として衆人に認知させるには、それぞれに異なった、それでいてそれぞれに見合った「容姿」を与えなくてはなりません。

それは、ほとんど不可能に近いことだったはずです。〝化け物〟の「型《パターン》」が完成するまでにはそれは多くの時間と手間がかかっています。長い歴史と、大勢の「検閲」を受けて、それは徐々に決まっていったものだったはずです。

その数十倍、数百倍の数の「型《パターン》」——〝キャラ〟を短時間に創り出すことは、常識的に考えて無理な相談と思われます。

しかし。

それに相応《ふさわ》しいだけの力量を持ったクリエイターが、存在したのです。

水木しげるです。

その手腕と戦略は今まで述べて来たとおりです。

水木しげるという稀代《きたい》のクリエイターとその周辺に集《つど》った有能な〝共犯者〟たちは、それまでに通俗的な場において時間を掛けて醸成されてきた、〝妖怪〟概念の条件を満たしつつ、大衆それ自体を巻き込むという形で――通俗的な〝妖怪〟を完成させてしまったのです。

通俗的〝妖怪〟は、それらしいモノゴトすべてを呑《の》み込んでしまいます。

何がそれらしいのか、どうしたらそれらしく見えるのか、水木しげるはそのガイドラインを引いてくれた――ということでしょう。

それは、紛う方なき〝娯楽装置〟でした。歴史や文化を糧にして、概念を再編集する形で設計された、通俗娯楽型・郷愁喚起装置こそが〝妖怪〟です。

だから「妖怪」という言葉は、現状何も指し示していません。どんなモノゴトも、ある条件さえ満たせば、それはもう〝妖怪〟だ――ということになってしまうからです。だから、〝妖怪〟ブームは終わらないのです。だから、〝妖怪〟は研究できないのです。それは、ただ愉《たの》しむためにあるモノなのです。

〝怪しくて懐かしい〟カタチ。〝怪しくて懐かしい〟すべてのモノゴト――。

それが、妖怪なのです。

講演録　通俗的妖怪と近代的怪異

ただいまご紹介いただきました、京極夏彦と申します。

私は通俗娯楽小説を書くことを生業《なりわい》としている者でありまして、本来このように一段高いところからお話しさせていただけるような立場の人間ではございません。ものを書くのが商売でございますので、うまく喋《しゃべ》れるかどうかもわかりません。その辺をご勘案の上、お聞きいただきたいと思います。

また「通俗的妖怪と近代的怪異」などという、たいそう小難しい題が書かれておりますが、これは事前に演題を教えろというご指示がありましたもので、仕方なくつけた題でございますので、たいした意味はございません。

小難しくならないように、できるだけわかりやすい言葉でご説明をさせていただきたいと思っております。

はじめに

妖怪ブーム、などといわれて久しいわけですけれども、実感はございません。

私が、水木（しげる）大《おお》先生や荒俣《あらまた》（宏《ひろし》）先生と共に、「世界妖怪協会」なる怪しい団体を旗揚げしましてから、早いものでもう十年という歳月が過ぎ去りました。

その十年の間、ブームだブームだといわれながらも大したブームにもならず、かといって下火になることもなく、ちょろちょろと〝妖怪〟はもてはやされてまいりました。

そんな中、学問の中で〝妖怪〟を真面目に考えてみようという動きも出てまいりました。それ自体は大変喜ばしいことなのではございますが——同時に少々困った現象も起き始めています。

「大学で妖怪を勉強したい」「妖怪で卒業論文を書きたい」とおっしゃる人たちが増えているようなのです。

はっきり申し上げておきます。〝妖怪〟を勉強することはできません。〝妖怪〟を研究するのは不可能です。

今日は、おもにそういったお話をさせていただきたいと思います。

●日本妖怪学大全（写真1）
国際日本文化研究センター共同研究・成果論文集／小松和彦・編
小学館／2003

さて〝妖怪〟を研究するのは不可能ですなどと言っておきながら、まず最初に〝妖怪〟研究会のお話をさせていただきます。

一昨年、『日本妖怪学大全』（写真1）なる分厚い本が出版されました。

これは、京都にあります大学院大学・国際日本文化研究センターにおいて、同センター教授の小松和彦先生を中心にして行われておりました「日本における怪異・怪談文化の成立と変遷に関する学際的研究」という、長い名前の研究会の成果をまとめた本です。学際的研究というのは、色々な専門分野の人たちが集まって、学問の壁をこえて研究をしよう、ということです。

皆さんご存じでしょうが、小松先生は文化人類学・民俗学の立場から、長年にわたり〝妖怪〟をご専門に研究なさっている方です。そういう大先駆者がいながら、そしてこのような成果があがっていながら、〝妖怪〟は研究できないなどと断言するのは不《ふ》遜《そん》ではないか？　と思われる方もおいでかと思います。

しかし、よく考えてみましょう。小松先生が研究されている〝妖怪〟と、私たちが知っている〝妖怪〟は、本当にまったく同じものなのでしょうか。

まず、この会場にいらっしゃるみなさんは〝妖怪〟を知っていらっしゃいますよね？　私は〝妖怪〟なんか知らないという方はいらっしゃいますか？　〝妖怪〟くらい知っているぞ、という方、挙手いただきたいのですが。

（一同挙手）

良かった。それは知っていますよね。

（一同笑）

皆さんがどの程度〝妖怪〟に対しての造詣《ぞうけい》をお持ちなのか、僕にはわかりません。でも、皆さんが知っている〝妖怪〟と、小松先生がおっしゃる〝妖怪〟は、どうやら「まったく同じもの」とはいえないようなのです。そもそもベースとなった研究会の名称に〝妖怪〟の二文字はありません。研究題目は「怪異・怪談文化」なのであって、〝妖怪〟ではなかったんですね。

参加された先生方も〝妖怪〟を研究されている方々ではありませんでした。

民俗学、文化人類学の他にも、歴史学、国文学、美術史研究、また人文系以外にも、建築や情報処理など、実に様々な分野の専門家が参加された研究会だったわけですが、おわかりの通り、どの分野も〝妖怪〟を研究する学問ではありませんね。

それは本来、様々な学問で研究されている多くの成果をすりよせて日本文化の中の「怪しいモノゴト」の移り変わりと成り立ちとを明らかにして行こう——という主旨の研究会だったわけで、〝妖怪〟研究者の集まりではなかったのです。

しかし、「怪異・怪談文化」研究としてスタートした研究会は、終了した段階で名称を「怪異・怪談及び妖怪文化」研究と改められました。さらにその成果をまとめるにあたって、小松先生は「妖怪学」という名づけをされたのです。

それでは、小松「妖怪学」の「妖怪」とは、何を指し示しているのか、少し考えてみましょう。

私がその研究会に参加させていただいて強く感じたことは、学者の方々が取り上げられる〝妖怪〟と、私たちが知っている〝妖怪〟は違うということでした。

それ以前に、「妖怪」という言葉は学問の中では使われていないんです。

唯一、民俗学の中では「妖怪」という言葉が使われますが、それも私たちが知る〝妖怪〟と完全に同じものではありません。民俗学以外の学問の中で、私たちの知る〝妖怪〟は化け物だとか鬼だとか天狗だとか、様々な別の呼ばれ方をします。

しかし決して〝妖怪〟とは呼ばれないようなのです。

それらをひと括《くく》りに〝妖怪〟と呼ぶのは、学問の外、通俗の場においてだけなのです。

そこで私は、混乱を避けるために、研究会の内部では「妖怪」という言葉を使わず、別の呼称を使用するようにしたらどうかと提案しました。

しかし、造語をするにしても言葉を選ぶにしても、いずれ一定の概念規定をしなくてはいけない。その概念規定をするための研究会でもあるのだから、名付けをするのはむしろ研究会終了後だろう、と小松先生はおっしゃった。これは正論で、だからこそ「怪異・怪談文化」などというフレームの緩やかなタイトルがつけられていたわけです。

そこで私は——研究会内部で取り上げられる〝妖怪〟と、通俗の場で一般的にいわれている「妖怪」と区別をするために、私たちが知っている〝妖怪〟の方に、便宜的に「通俗的妖怪」という名称を与えました。この、「通俗的妖怪」とは、皆さんが思い描く、一般的な〝妖怪〟とお考えくださって結構です。

でも、名付けることで区別はしたものの、わかりにくいことに変わりはないわけです。理由は簡単で、私以外の人が使用しないからですね。

（一同笑）

「通俗的妖怪」は世間一般では「ただの妖怪」なわけです。

研究会の外でただ「妖怪」といった場合、それは間違いなく「通俗的妖怪」と言い換えることができるわけですが、予《あらかじ》め説明をしておかないと「特殊な妖怪」なんだと思われてしまう。

一方、研究の過程で研究者が無自覚に「妖怪」という言葉を使用してしまうケースでは、特殊な用法なのか通俗語として使っているのか、聞いている方にはわからない。

自覚的に使われていないのでどちらを指しているのかわからないわけで、「それは通俗的な妖怪という意味で使われているのですか？」と尋ねなくてはならないことになる。

結局わかりにくいんですね。

以降、話の中に「通俗的妖怪」という言葉が出てきましたら、それは皆さんの知っている普通の〝妖怪〟のことだとご理解ください。

それと区別される場合は、例えば「民俗学的妖怪」などと呼ぶようにしたいと思います。

ヌリカベを例にして——民俗学的妖怪

具体的に示してみましょう。

先ほど、唯一、民俗学の中では「妖怪」という言葉が使われるんだ、と申し上げました。そのせいもあってか、一部で民俗学は〝妖怪〟を扱う学問だと思われている節がある。でもそれは勘ちがいです。決してそんなことはありません。

民俗学は、フィールドワークによって文化のより古い層のあり方を探り、私たちの現在のあり方を理解しようとする学問です。

だから、古民具だとかお祭りだとか、風習や信仰、日常生活や文化のすべてが学問の対象になるわけです。

民俗学者はそうした対象をフィールドワークでこつこつ集め、分類しました。

ところが、どうにも分類しにくいモノゴトがある。信仰でもない、迷信ともいえない、民俗学が用意したカテゴリのどこにも属さないモノゴトです。日本民俗学の創始者である柳田國男は、やむをえずそうしたモノゴトを〝妖怪〟としてカテゴライズした——というのが真相ですね。実のところ、〝妖怪〟は、民俗学においても「ハンパ者」だったのであります。

それでは、その民俗学的妖怪とはどのようなモノゴトなのでしょう。たとえば柳田國男の著した「妖怪名彙」などを見ると、私たちが現在〝妖怪〟だと思っているモノの名前がずらずらと並んでいるわけですね。並んでいる項目を見る限り、「通俗的妖怪」と「民俗学的妖怪」の間に違いはないような気がしてきます。同じなんじゃないかという人も、多くいらっしゃることでしょう。ところが。

スライドなど用意できませんのでおもちゃをもって参りました。

（おもちゃを取り出す。一同歓声）

さて、これ（写真2）を見たことがある方いらっしゃいますか？　これはいったい、なんでしょう。

（客「ヌリカベ」）

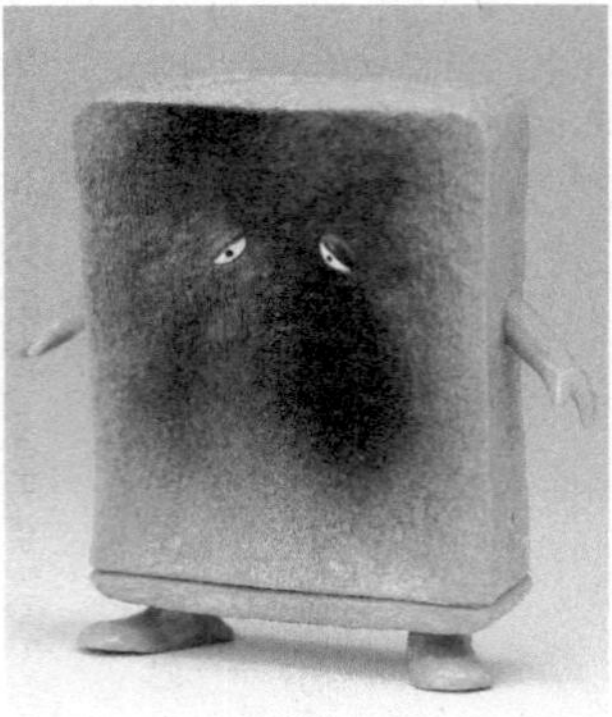
●ヌリカベ（写真2）
© 水木プロ／バンダイ

はい、正解です。これはソフトビニール製の人形、いわゆるソフビのヌリカベさんです。

水木大先生が描くところの『ゲゲゲの鬼太郎』に出て来る鬼太郎のお友達ですね。

鬼太郎は六〇年代、七〇年代、八〇年代、九〇年代と繰り返しアニメ化されましたし、コミックも幾度となく発売されています。ゲームにもパチンコにもなっていますから、この人形を見て、ヌリカベだとすぐおわかりになる方は非常に多いはずです。下は十代から上は八十代まで、多くの方がご存じの、国民的人気キャラクターですね。ちなみにこの人形は©水木プロ。キャラクターの権利は、デザインされた水木先生にあります。

しかし、このヌリカベくんですが、水木大先生が一から創ったキャラ、というわけではありません。

ヌリカベは、先ほどお話ししました柳田國男の「妖怪名彙」にも収録されています。水木さんがキャラクターを世に送り出す以前、ヌリカベについての記述はこの柳田の「妖怪名彙」しかありませんでした。つまり水木先生は間違いなくその記述を読まれて、このヌリカベくんを創られたのですね。

では、その柳田の記述を読んでみましょう。

筑前遠賀郡《おんがぐん》の海岸でいふ。夜路をあるいて居ると急に行く先が壁になり、どこへも行けぬことがある。それを塗り壁といつて怖れられて居る（後略）　柳田國男『妖怪談義』一九五六

そういう〝妖怪〟なんだそうです。

漫画の中でも、ヌリカベは敵の前に立ち塞《ふさ》がって行く手を阻んだりしますし、柳田の記述と水木さんのキャラの間に大きな齟齬《そご》は感じられません。しかし、しかしです。よく読んでみましょう。柳田は「夜路をあるいていると急に行く先が壁になり、どこへも行けぬことがある」と記している。さらに、「それを塗り壁といって怖れられている」と結んでいます。

同じじゃないか、とおっしゃる前に、よく考えてみてください。「眠たそうな目の、コンクリートでできたはんぺんに手足が生えたような四角いヤツが出て来る」とは、どこにも書いていない。それ以前に、柳田は何かが出て来るとすら書いてないんです。

それもそのはずで、筑前遠賀郡の海岸に、こんな「モノ」は出て来ないんですね。

そこで起きているのは、単に「前に進めなくなってしまうというコト」、でしかないわけです。

前を塞ぐ「モノ」が出て来るとは、ただの一行も書いていないんですね。つまり、ヌリカベというのは「突然歩行困難な状況になってしまう」という現象に与えられた名前なんです。

こうした現象自体は各地で起きています。

事実かどうかは別として、民俗事例としては多数、報告されているわけですね。

その現象には、土地土地で異なった〝名付け〟がなされています。「ツイタテダヌキ」だとか「フスマ」だとか、いろいろです。九州の一部ではそうした現象をヌリカベと呼んだわけですね。

まあ——実際に、普通に歩いていて突然前に進めなくなってしまったら、誰だって驚きますね。

なぜそうなるのか解らないことが起きた時、それは特異な〝体験〟として記憶されます。そうした個人的な体験を、理解可能な〝現象〟に転換するため、時代や地域ごとに、色々な〝説明〟が付与されます。

狐や狸が化かしたんだ、いや天狗の仕業《しわざ》だ——といった説明ですね。

九州の遠賀郡では「壁ができるんだ」という説明をし、それを「ヌリカベ」と名付けた。ただし、それは前に壁ができるという〝コト〟に対する命名なのであって、壁を出す〝モノ〟の名前ではないわけです。壁を出現させる〝モノ〟——狐や狸などは出て来ていません。そこに注目しなくてはいけません。ヌリカベは起きる〝コト〟なのであって、現れる〝モノ〟ではなかったのです。

でも、絵にする場合は困りますね。

そこで、水木大先生は現象自体を「モノ」にしてしまったわけです。

このヌリカベくんは、要するに「起きているコト」の漫画的表現なんですね。水木さんは、柳田の記述から壁のような形のキャラクターを創り出されたのです。私たちが知っている〝妖怪〟——私のいう「通俗的妖怪」とは、実にこのキャラクターのことなんですね。

しかし、「民俗学的妖怪」はキャラクターではありません。民俗社会で起きるいろいろな怪しい〝コト〟、その中で特別な〝名付け〟がなされたものを、民俗学では〝妖怪〟として分類しているわけです。もちろん、怪しい〝コト〟を起こす犯人——〝モノ〟が、民俗社会においてすでに想定されているというケースもあります。その場合、犯人とされる〝モノ〟は「通俗的妖怪」に非常に近いキャラクターとして理解されるでしょう。天狗や狸は、そのまま「通俗的妖怪」としてしまっても通用するわけです。

でも、ヌリカベのような場合は違います。

小松「妖怪学」の妖怪と通俗的妖怪

さて。先ほどの小松和彦先生の研究会の成果のひとつに、「怪異・妖怪伝承文献データベース（現・怪異・妖怪伝承データベース）」というデータベースがあります。ホームページ上で公開されており、非常に人気があるようです。

その序文を読んでみましょう。

高度成長期以降、急速に私たちの周囲から消え去っていった河童や天狗、鬼、あるいは不思議な能力をもった狐や狸、蛇、猫といった動物たち――昔の人はこれらを「もののけ」とか「化け物」、「変化《へんげ》・魔性の物」などと呼んで恐れていました。その伝承世界は、日本人の心の「ふるさと」の一翼を担ってきたと言っても過言ではないでしょう。このデータベースは、そうした「もののけ」「化け物」等についてのデータベースです。

こう書かれています。鬼、天狗、河童、狐狸と、いかにもな名前が連なっていますが、「妖怪」とはどこにも書いていませんね。続けて読みます。

このデータベースでは、特に民俗学関係雑誌や江戸時代の随筆類・各県史類に採録されている、この種の存在によって引き起こされたとされる「怪異・妖怪」現象に関する書誌情報を集めています。扱っているデータはすべて文字資料で、絵画資料はまったく扱っていません。

初めて「妖怪」という言葉が出て来ました。しかし単独ではありません。「怪異」という言葉と並べられています。その理由も、序文には記されています。

このデータベースのタイトルを「怪異・妖怪伝承データベース」と名付けることになったのは、次のような理由からです。

ある人がある所で、不思議だ、奇妙だ、と思うような現象に遭遇したとしましょう。その現象は、音だったり、臭いだったり、姿かたちであったり、あるいはその組み合わせであったりです。たとえば、気味の悪い不思議な音がしたとか、生臭い臭いがしてきたとか、グロテスクな姿かたちのものが出現したとき、そうした現象に遭遇した者が、神とか霊といった存在の仕業ではないかと判断したとしましょう。そのとき、私たちはその現象に「怪異・妖怪」現象というラベルを貼ることが可能となります。

そうした現象のなかには、遭遇者あるいは周囲の人びとの知識に照らして、「河童の仕業だ」とか「それは狐火だ」といった判断（より正確に言えば「名づけ」）ができるような現象もある一方で、判断ができないような現象、すなわち「その形はかくかくしかじかの異様なものであった」としか説明できない現象もあります。じつは民間伝承のなかの「怪異・妖怪」現象には、後者のたぐいがけっこう多いのです。そこで、私たちは、こうした現象をも幅広く拾い上げるために、「怪異」という語を採用することにしたわけです。（後略）

小松和彦「怪異・妖怪とは」国際日本文化研究センター・怪異・妖怪伝承データベース　二〇〇二

とてもわかり易い文章です。

ただ、同時に解りにくいところもあります。

判断できない＝名づけられない現象を幅広く拾い上げるために「怪異」を採用した——とはどういうことなのでしょうか。

簡単にいってしまえば、「名づけられていないモノゴトは（通俗的）妖怪ではない」ので、「妖怪と呼んでしまうと混乱する」から、ここでは別の言葉を使いました——ということになるでしょう。

名づけ、とは「ヌリカベ」などの名をつけることです。これが〝コト〟の〝モノ〟化、つまりキャラクター化の第一歩であることは、ヌリカベの例からもおわかりでしょう。

ヌリカベという四文字から水木大先生はこのヌリカベくんを生み出し、世間ではこのヌリカベくんこそを〝妖怪〟と認識しているのです。前に進めなくなるコトを〝妖怪〟だと思っているわけではありません。〝妖怪〟は、〝モノ〟＝キャラクターとして世間的に認知されているのです。

ところが先ほどの例からもわかる通り、「妖怪」という言葉を唯一採用している民俗学においてさえ、「妖怪」は〝モノ〟だけを指し示す言葉として使われているわけではなかったのでした。

小松先生はそうした現状を十分に理解されていらっしゃるわけです。

ただの「妖怪データベース」にしてしまったのでは、それは「水木しげるキャラクター図鑑」と同義になってしまう虞《おそ》れがある。だから「妖怪」という言葉は使うけれども、「それだけではないよ」ということを知らしめなくてはいけない。

そこで、〝妖怪〟の上位概念として「怪異」という言葉を用意され、そのふたつを繋《つな》げることで「通俗的妖怪」だけを扱っているわけではありませんよ、ということを示されたのでしょう。

つまり、平たく言ってしまえば、ここで〝怪異〟と呼ばれているのは、キャラクターではなく、現象、〝モノ〟ではなくて〝コト〟なのですね。「怪異・妖怪」と並記することで、〝モノ〟〝コト〟の両方を拾い上げているんだよ、「通俗的妖怪」のデータベースじゃないよ、ということを宣言されているわけです。

思い起こせば、研究会の名称自体が「怪異・怪談文化」だったわけで、〝妖怪〟はその中で扱われる要素のひとつに過ぎなかったんですね。

まあ、研究会の名称に「妖怪」なんぞという不埒《ふらち》な通俗語をいれてしまうと予算がおりなかったのだろうという推測は成り立つわけですが。

（一同笑）

しかし、研究会終了後、小松先生は研究自体に、そして研究成果を纏《まと》めた本に「妖怪」というラベルを「貼り直された」ことになります。「妖怪」の上位概念として、あえて「怪異」を提示されていらしたにもかかわらず、その上から「妖怪学」というラベルを改めてお貼りになった。

やはり小松先生の提唱する「妖怪学」の〝妖怪〟は、私たちが知る〝妖怪〟＝「通俗的妖怪」とは、区別して使われているんだ、と受け取るべきでしょう。

小松先生の「妖怪学」は、「民俗学の過去の積み上げ」に、「他分野の成果」を学際的に取り入れ、検討したうえで、それらを包括する形で成り立っています。

当然ながら私たちが知っている〝妖怪〟そのものの研究ではありません。

その成果である『日本妖怪学大全』をお読みいただければ、おわかりいただけることでしょう。『日本妖怪学大全』には、貴重な資料や新しい概念提起、練った論考も興味深いフィールドワークも載っています。そういう意味ではまさに「大全」ではありますが、この本にはヌリカベもイッタンモメンも、一切登場しません。

小松先生の「妖怪学」は新しい学問ではありますが、「通俗的妖怪」学ではないのです。より広い地平が視野に入っている。小松先生がその新しい学問に「妖怪学」というラベルを貼られたのは、それが「民俗学の一分野」ではない、というメッセージでもあろうかと思います。

さらにいうなら、それが現在「妖怪」と呼ばれているモノのできるまで、〝妖怪〟の創られ方を研究する学問となり得るもの、だからでもあるでしょう。

色々な学問を学ぶことは〝妖怪〟を理解したり楽しんだりすることに大いに役立ちます。一方で〝妖怪〟そのものを研究することは、やはりできないんです。

モノとコト――妖怪と怪異

先ほどから私は、〝モノ〟と〝コト〟という言いかたをしています。

これ（ヌリカベ人形）は〝モノ〟ですね。

ところが、先んじて著された柳田の記述には前に進めなくなる〝コト〟のみが記されていました。

例えば〝コト〟だけがある場合、名づけ＝モノ化がされない限りそれは「（通俗的）妖怪」と見做《みな》されにくいようです。

それゆえに小松先生は「怪異」という言葉を採用されたわけですね。

いま、「怪異」とは、キャラクターではなく、現象、〝モノ〟ではなくて〝コト〟なんだと申し上げました。

どうも小松「妖怪学」を巡って、モノ＝妖怪／コト＝怪異という対応が、暗黙のうちにできあがっていることは確かでしょう。また私は、「怪異」は「妖怪」の上位概念として採用されたのではないか、とも申し上げました。

つまり「怪異／コト」という大きな括りの下に、「妖怪／モノ」が配置される、ということですね。

ならば、現象が先にあり、現象を引き起こすモノ／モノ化した現象そのものが、〝妖怪〟になっていったのではないか――という推測が成り立ちます。

たしかに、道を歩いていて急に歩けなくなったような場合、多くの人は「何かに躓《つまず》いた」など、現実的な理由をまず考えるはずです。歩けなくなってすぐに「わ、妖怪が出た」と思う人は今も昔も多分いません。

しかし、そうでなくても、すぐに「怪現象だ」「怪異だ」と判断するでしょうか。

とりあえずは考えるはずです。

考えても解らなかった場合は、誰かの意見を聞いたり、調べたりするでしょう。それで解ってしまった場合も、怪しいとは思いません。

どうしても解らなかった場合も、「不思議なことがあるものだ」で終わらせてしまったのでは、いつまでたってもこのような「ヌリカベさん」は出てこない。

そういう意味で、〝怪異〟は〝妖怪〟に先んじてあるもの、ということはできます。

でも、その肝心の〝怪異〟現象ですが――それは本当に〝現象〟なのでしょうか。

誰かがどこかで「怪しい」と判断しない限り、どんな体験も、「怪異」現象にはなり得ません。

例えば、体験者がそれを知覚した段階で、すぐに〝怪異〟と「判断」するか、その体験を情報として得た者がその段階で〝怪異〟と「解釈」するか、あるいは、後からそれは〝怪異〟だと「説明」するか――。

民俗学などで扱う〝怪異〟の場合は、そのほとんどが、「個人的体験」の共同体による「解釈」です。

何か見た、とか、何か聞いたとか、夜道で頬をなでられたとか、気づいたら反対方向に歩いていたとか、それ自体はたいてい酔っ払いの体験談のようなものなのですが、それが河童や天狗の仕業として解釈される。

単なる個人的な幻覚や錯覚が、共同体の文化というフィルターを通すことによって、実際に起きた現象——つまり〝怪異〟となってしまうだけなんです。

その場で起きているコトは、たいしたコトではないんですね。

加えて、共同体による解釈がない場合——個人的な体験で終わっている場合、〝怪異〟と認識されるモノゴトのほとんどが別の説明体系で説明できてしまうという事実も、忘れてはいけません。この世に不思議なことなんか、まずない。

（一同笑）

しかし、こういうことを申しますと——実際に体験された方などが「いや、ほんとに見たんだ、錯覚なんかじゃない」とおっしゃるわけです。

たしかにそれは錯覚ではないのでしょう。でも、幻覚ではあるかもしれない。

錯覚と幻覚というのは違うものなんです。

錯覚というのは、見間違い、聞き間違いで、勘ちがい、ですね。それに対して、幻覚というのは、実在しない対象に対する確信的知覚と定義されます。

つまり、そこに何もないのに見たり、聞こえたりする、そうしたことに対して体験した本人が「事実」と確信した時点で、それは幻覚となるわけです。

つまり本人には区別がつかない。区別がついちゃったら幻覚じゃない。

幻覚は、どなたの身にも起きることです。理性的であるか否か、冷静であるか否かにかかわりません。しかも幻覚を見てしまう病もある。昨今は、医学も発達しましたから、病理学的にある程度の説明がつけられる幻覚もあるようです。

例えば、パーキンソン症候群における幻覚の症状は、旧来は認知症として捉《とら》えられていたわけです。つまり「ぼけ」ているんだと思われていた。

しかし、側頭葉に僅《わず》かな損傷がある場合、実際には存在しないものを明確に見てしまうケースがある、ということがわかってきました。この場合、それ以外の認知症的症状はないわけですね。しかも治療の方法がまるで違ってしまうわけですから、慎重な対処が必要になるわけです。

さらに眼病疾患の一種でもそうしたものが見えたりする場合もあります。

こうした場合、見聞きしている本人の意識はいたって正常なわけですね。まさにいかんともしがたいリアルなわけで、錯覚ではない。ただ、本人以外には体験できるものではない。ですから、一概に「勘違いだよ」では済まされないわけですが——しかし、それが「個人的体験」である以上は、錯覚だろうが幻覚だろうが妄想だろうが第三者には区別がない。そして、それは〝怪異〟にはなり得ないのです。

体験者以外の第三者が、「錯覚でも幻覚でも妄想でもない」と、判断しない限り、それは〝怪異〟現象とはならないんですね。それ以前に、現象にすらならない。

つまり〝怪異〟は現場で起きた現象ではないのかもしれない。会議室で創られている可能性もある。そうすると、それを〝怪異〟と誰が決めたのか、またどの時点で決めたのか、そこのところをもっときちんと考えなければならなくなります。

そのあたりのことについて私たちは無頓着《むとんちゃく》過ぎるのではないかと感じています。もちろん私自身も、それから研究者の方々も含めて、という意味であります。

そして、たとえ第三者が〝怪異〟であると判断したのだとしても、その「怪しいコト」のすべてが「怪しいモノ」、〝妖怪〟になるわけではありません。

コナキジジを例にして――通俗的妖怪

そこで、また、人形を出しましょう（次頁写真3）。

（おもちゃを出す。一同歓声）

これも、みなさんよく知った顔のはずです。

でも、決してどこかの政治家ではありません。よく似た人もごろごろおりますが。

（一同笑）

名前までは知らないという方もいらっしゃるかもしれません。でも、そうした方でもこれをパッとご覧になってですね、「あ、妖怪だ」と思われたのではないでしょうか。これを見て宇宙人だとかサッカー選手だと思われた方はいらっしゃいますか？　いらっしゃいませんね。

はい、これは〝妖怪〟ですね。

これも『ゲゲゲの鬼太郎』の友達、コナキジジさんです。こいつも柳田國男の「妖怪名彙」に載っています。

●コナキジジ（写真3）
© 水木プロ／バンダイ

阿波の山分の村々で、山奥に居るといふ怪。形は爺《じじ》だといふが赤児《あかご》の啼声《なきごえ》をする。或は赤児の形に化けて山中で啼いてゐるともいふのはこしらへ話らしい。人が哀れに思つて抱上げると俄《にわ》かに重く放そうとしてもしがみ付いて離れず、しまひにはその人の命を取るなどゝ、ウブメやウバリオンと近い話になつて居る。木屋平の村でゴギヤ啼キが來るといつて子供を嚇《おど》すのも、この児啼爺のことをいふらしい。（後略）

柳田國男『妖怪談義』一九五六

この記事に関して、徳島県の郷土研究家である多喜田昌裕《たきたまさひろ》さんが、詳細な現地調査をされています。多喜田さんは「ほんとうにこんな妖怪が徳島県に伝わっているんだろうか」と、疑問を持たれたんですね。

そこで、この柳田の書いた記事の元となった文献、いわゆるネタ元をたぐり、朝から晩までご飯も食べずに、それはもう、大変な努力をされて調査をなさったんですね。そうしたら、いたんです、コナキジジ。

（一同笑）

調査の結果、コナキジジは非常に狭い地域、というより一軒の家に伝わっている、ということが判りました。その家では悪いことをすると山からこれ（コナキジジ）がやって来るよ、といって、子供を嚇かしていたんだそうです。

で、さらに詳しく調べたところ、これが実在の人物だったらしい、ということまで判明したんですね。

その当時、赤ん坊の物真似が得意なお爺さんが、実際に山の中をうろうろしていたんだという。その老人を、そこの家では子嚇しのネタに使っていたんですね。

たしかに、山の中をお爺さんが赤ん坊の物真似しながら歩き回っているというのは怖いことですが――それは決して〝怪異〟じゃない。

お爺さんも〝妖怪〟じゃない。まあ、せいぜい「何だろうあの人、ちょっとお近づきになりたくないわね」、というか、「保護してほしいわね」という感じですよね。

（一同大笑）

でも、怖いことは怖いですから、子供のしつけには有効なわけです。

そこで教育的指導の道具として使われていたんですね、そのお爺さんは。その子嚇しを、徳島県の郷土史家が採集し、柳田に報告したということになるわけですが、その段階で多くの情報が錯綜《さくそう》し、かつ脱落してしまった。実在の人物であるという情報も脱落してしまった。コナキジジはいたんです。いたんですけど、コナキジジという〝妖怪〟はいなかったんですね。

少なくとも民間伝承はなかった。ただ近隣に、「赤ん坊の声をさせる怪」の民間伝承はあったようです。柳田はコナキジジの別名としてゴギャ啼きという名称を挙げていますが、多喜田さんの調査では、その辺りではオンギャナキと呼ぶのだそうで、要するに山の中で赤ん坊の泣き声が聞こえるだけの怪であるようです。野山で赤ん坊の声がする怪、というのは他の地方にも伝わっていますから、〝怪異〟としては珍しいものではありません。

コナキジジが他の地方のそれらと差別化されるのは、「老人の顔をしている」からなわけですね。

また、「抱くと重くなる」というのは、柳田も指摘している通りウブメやウバリヨン（おんぶお化け）の属性でもあります。柳田はこれを「こしらえ話」、つまり嘘だろう、と述べていますが、嘘というよりも、「いくつかの伝承が混じってしまっただけ」と考えるのが正しいように思われます。

私たちが「妖怪図鑑」で見るコナキジジからオンギャナキやウバリヨンといった〝妖怪〟の属性を引っこ抜いてしまえば、「山奥にいる、赤ん坊の声を出す老人で、子供を嚇すのに使われる」ということになります。

これは、まさに本来の姿ですね。「抱き上げると石のように重たくなる爺の顔をした赤ん坊の怪」、なんて特殊なモノはやはり伝えられていなかったんです。コナキジジは〝怪異〟でも何でもない、実在の徘徊《はいかい》おじさんでした。

（一同大笑）

しかし、現在コナキジジは立派な〝妖怪〟として認識されています。妖怪図鑑にも載っています。先ほどもみなさんに確認しましたけれども、この人形は誰が見たって〝妖怪〟です。このコナキ人形を見て〝妖怪〟と思わない人は、ほとんどいないといってもいいでしょう。「妖怪図鑑」に載っているコナキジジは、みんなこういう姿をしています。ゲゲゲの鬼太郎に出てくるコナキジジも、この顔でおぎゃーおぎゃーと泣くし、危なくなると石になります。

この顔、この姿、この属性――すでに万人が認める〝妖怪〟キャラクターですね。

そうなんです、コナキジジは立派な「通俗的妖怪」なんですね。これは、動かしようのない事実なんです。

でも、コナキジジは「通俗的妖怪」ではありますが、この場合〝怪異〟現象の解釈、あるいは説明としての〝妖怪〟という定義は成り立ちません。民俗学的には徘徊老人をネタにした子嚇しでしかない。つまり「民俗学的妖怪」としてはクエスチョン、ということになります。

この場合〝怪異〟は、錯綜した情報を得た柳田國男の頭の中で、あるいは柳田の記した文を読んだ読者の中で起きていたんです。いうまでもなく、コナキジジを巡る摩訶《まか》不思議な現象など、実際にはまったく起きていないのですから。

それでも、私たちはこいつら（妖怪人形）こそが〝妖怪〟だと思い込んでいるわけです。

それでは、私たちはどうしてこいつらを〝妖怪〟だと思ってしまうのでしょう。

キャラとしての通俗的妖怪

コナキジジは、裸足《はだし》です。杖《つえ》をついています。蓑《みの》を着ています。金太郎の腹掛けをしています。

こんな爺さんが山の中に立っていたら、ほとんどの人が「妖怪っぽい」と思うはずです。スニーカーをはいてスタジャンを着ていたなら、そうは思いませんね。

（一同笑）

つまり――この外見こそが、私たちに子啼爺を「妖怪」と思わしめている大きなファクターなのではないのでしょうか。

さて、ここで少し脱線しますが、先ほどから私はキャラクターだのキャラだのという言葉をさして定義もせずに使っているわけです。しかし、どうも「キャラ」と省略した場合、キャラクターとはまた違った意味が付与されてしまうようなんですね。キャラクターという言葉は、個性とか特性と訳されるのでしょうが、「キャラ萌《も》え」と言ったときのキャラは、いわゆる英語のキャラクターとは少し違うわけですね。

例えば、キティちゃんというサンリオのキャラクターがいます。全国どこに行ってもご当地キティちゃんがいらっしゃいますし、皆さん当然ご存じでしょう。

あのキティちゃんは、たぶん元は猫なんでしょうね。猫の形態をデフォルメーションして、多くを省略、簡略化したものが、たぶんキティちゃんなのでしょう。

あれは、まあ本来は平面で描かれたものなんでしょうが、キャラクターグッズは立体表現されますね。場合によっては巨大なヌイグルミにもなっている。いずれもデフォルメされたものそれ自体が、立体化されていますね。それが、リアルな空間の中で踊りを踊ったりする。

まあ、ヌイグルミの場合は頭がでかいので、後ろから見たらほとんどお化けみたいに見えるわけですが。

（一同笑）

本来、猫を簡略化したものなんですから、それをリアルな場に還元した場合、猫に戻るはずですね？　ところが猫を簡略化したキティちゃんをリアルにすると、お化けになっちゃうわけです。

猫というなら、ドラえもんも元は猫ですね。未来の世界の猫型ロボットなんですから、猫の形のはずです。まあ耳が取れていますけど、設定では猫をかたどったロボットなんです。するとリアルドラえもんというのは、現実の猫に似たモノになるはずですね。ところがそうはなりません。ドラえもんを実写化した場合に、耳の取れた猫の、しかも手がただ丸いだけのモノを出しちゃったりしたらですね、私たちは実に気持ちの悪い画像を見なければならなくなります。

（一同笑）

そんなことはしないわけですね。

作中の人間は本物の人間が演じることになったとしても、ドラえもんは、やはりあのままの形で立体化されることになるはずです。「キャラ」の〝秘密〟、キャラクターと「キャラ」の差違というのは、どうもそのへんにある。

外見は、キャラクターの一属性に過ぎません。本来的には個性や特性というものがまずあって、その個性や特性に合わせて属性は決定されるものです。しかし、「キャラ」の場合は属性こそが個性を規定します。

メイドだとか、妹だとか――それらしいコスチュームをまとって、それっぽい言葉遣いをして、それらしく振る舞えば、それは「メイドキャラ」「妹キャラ」ということになってしまうわけですね。個性や特性が、視覚的特徴や言葉遣いなどの類型的でわかりやすい属性に収斂《しゅうれん》されることで理解されるモノ、とでもいうのでしょうか。

「通俗的妖怪」も、そういう意味では「キャラ」だ、ということができます。

コナキジジは、この恰好《かっこう》でこの顔だから〝妖怪〟になった、ということもできるんですね。

それは間違いのないことでしょう。

たとえば、楳図かずおさんの描く『猫目小僧』という妖怪漫画があります。

永井豪さんにも『ドロロンえん魔くん』という妖怪漫画がある。双方ともテレビ化されていますから、ご存じの方も多いでしょう。猫目くんもえん魔くんも、共に作中では〝妖怪〟キャラクターとして描かれています。しかし、キャラクターを作品の外に出してしまった場合、いずれもあまり〝妖怪〟っぽくない捉えられ方をしてしまうはずです。

でもこのコナキジジなんかは、いま、ここにたった一人で立っていても、〝妖怪〟に見えてしまう。漫画やアニメから離れても、これは〝妖怪〟ですね。

もちろん猫目くんは楳図キャラであり、えん魔くんは永井キャラではあるのですが、共に「妖怪」キャラではないんですね。逆をいえば〝妖怪〟キャラはほとんど水木キャラだ、ということなんですが。

（一同笑）

これは、完成度や上手《うま》い下手《へた》の問題ではないのですね。

猫目小僧は、スウェットスーツのようなものを着ていて、運動靴を履いてます。えん魔くんは西欧風のマントに魔女のような帽子——あれは帽子の形の妖怪なんですが——を被って、黄金バットのような杖を持っている。こんな、棍棒《こんぼう》みたいな木の杖は持ってません。蓑も着ていません。腹掛けもしていません。何より、こんな、こんなに貧乏臭くない。

砂かけばばあがハイレグで出てきても誰も砂かけばばあだとは思ってくれません。ぶさいくなレースクイーンだとしか思わないわけです。いくら「妖怪だよ」と主張しても、どうしたってそうは見えない。

「通俗的妖怪」は、私たちが持っている「ある種の郷愁」を喚起させる「日本的な」ビジュアルイメージを絶対的に必要としているんです。

我々は、そのグラフィックイメージによって、〝妖怪〟を〝妖怪〟として規定しているのです。

実は、〝妖怪〟は見た目なんです。

まったく〝妖怪〟と関係ない場所でも、壊れた神棚だとか、朽《く》ち果てたお堂だとか、卒塔婆《そとば》が突っ立っている墓場だとか、草鞋《わらじ》の束だとか、そうした日本的なモノや風景を目にした時に私たちが「何か妖怪っぽい」と思ってしまうのは、そのせいなんですね。

「通俗的妖怪」は、そうした雰囲気やイメージによって規定されてしまうモノなんです。学問のレヴェルで、これはあり得ないことです。民俗学者が〝妖怪〟を規定するときに、例えば、蓑を着ているかとか草鞋を履いているかとか、そんなことは関係ないわけで。

そうしてみると、「通俗的妖怪」の成立に関する水木大先生の功績は非常に大きいものといえるでしょう。

「通俗的妖怪」が見た目で規定されるのであれば、その見た目のほとんどを創られたのは水木大先生なんです。水木大先生がいなければ、〝妖怪〟に象徴される文化は生き残らなかったものと思われます。

水木大先生は私たちの娯楽のために粉骨砕身し、「通俗的妖怪」という素晴らしい文化的装置を「完成」させた人といえるでしょう。

私たちは水木大先生がプレゼンテーションした枠組みを受け入れることで、様々な局面で〝妖怪〟を見ることができるようになったのです。

これは、大変な「発明」です。

〝妖怪〟を英語に訳すのは、非常に難しい。

いや、不可能です。もちろん、海外にも〝妖怪〟に近いモノはたくさんありますが、それら全部をひっくるめて「妖怪」と呼ぶような習慣はありません。

〝妖怪〟に対応する概念が海外にはないんです。

ところが日本では、前に進めなくなるような怪異現象も、変わり者のお爺さんも、科学的にはもう仕組みが解明されている不知火《しらぬい》や雷といった自然現象も、さらには見越し入道やろくろ首、豆腐小僧といった創作されたキャラクターまで、全部纏めて〝妖怪〟というカテゴリに入れられてしまう。

水木大先生が完成させた「通俗的妖怪」概念は、日本人が発明した、日本文化に根差した、日本固有の概念なんです。

ただし、それは通俗的な言説であり、つい最近できあがった概念でもあるということも忘れてはいけません。

民俗学的妖怪と小松「妖怪学」の妖怪

さて、その昔、民俗学に「妖怪」という言葉を持ち込んだ柳田國男が〝妖怪〟と〝幽霊〟の違いについて述べています。簡単に述べれば次のようになるでしょう。

「妖怪は同じ場所に出る。幽霊は人に憑《つ》いて出る」

「妖怪はたそがれ時に出る、幽霊は丑三《うしみつ》つ時に出る」

「妖怪は神の零落したものだが、幽霊は人が死後化けるもの」

さすがは日本民俗学の創始者だけのことはあります。この分類法は、民俗学の内部にとどまらず、一般にも広く流布してしまった。

ちょっと物知りげな人たちは、口をそろえてそういう分け方をされます。

ところが、これは間違いなんです。いや、間違いとはいいませんが、イレギュラーな例の方が多いので、必ずしもこの通りには分けられない。

そもそも〝幽霊〟は、江戸時代には「通俗的妖怪」の原型となった〝化け物〟の一種でしかなかったのですね。柳田は「民俗学的妖怪」を規定するために、〝化け物〟から〝幽霊〟を追い出してしまった。

しかし、時代が下って、柳田の定義はさらに通用しなくなってきたわけです。

たとえば、最近の幽霊界のスター『リング』（一九九八／東宝）の貞子《さだこ》は、人に憑かずにビデオに憑いてますね。真っ昼間でもテレビから生えてきたりします。『呪怨《じゆおん》』（一九九九／東映）の伽椰子《かやこ》は、家に憑いていて、陽のあるうちから階段を降りてきますし、増殖して学校のグラウンド中に立っていたりもします。

ホラー映画に頼らなくとも、そもそも「近代的幽霊」のもっともポピュラーなものが「地縛霊」ですから、これは始末に悪いわけです。

地縛霊とは、読んで字の如く場所に縛られている幽霊という意味です。そういう言説がまことしやかに囁《ささや》かれているから、心霊スポットなんて迷惑なものが生まれるわけですね。

一方で、「通俗的妖怪」の方も昼間っから散歩していますね。夜更かしもする。だいたい昨今夕方はそんなに暗くないし、夜だって顔が見えないほど真っ暗にはならない。

現代には黄昏時《たそがれどき》というのがないのです。

それに〝妖怪〟が場所に縛られているなら、そもそも「百鬼夜行」するのは何者なんだ、ということにもなる。まあ、「百鬼夜行」に関して言うならば、あれはもともと目に見えない亡霊の行進なのであって、〝妖怪〟とも〝付喪神《つくもがみ》〟とも関係のないものだったわけですが――。江戸期に〝化け物〟が亡者のポジションを奪い取り、現代に至って「通俗的妖怪」のパレードこそをそう呼ぶようになってしまったわけですね。

ですから、平安時代に器物の妖怪が隊列を組んで練り歩いていたなんてことを真顔でいう人がいたらば、それこそ大嘘、大間違いなわけです。

それはともかく、〝幽霊〟も〝妖怪〟も二十四時間営業で、〝妖怪〟は大行進するし、場所にこだわっている〝幽霊〟もいる。

いろいろいるのが現実なわけです。

つまり柳田國男の分類方法は、当時としても少々無理があるものだったわけですが、現時点では完全に失効していると考えるよりないんですね。特に通俗を視野に入れた場合は、まったく通用しなくなってしまう。

そういっても、柳田民俗学が民俗学に「妖怪」というカテゴリを設けていなければ「通俗的妖怪」が誕生し得なかったことも事実です。

柳田の意思とは無関係に、「通俗的妖怪」を構成する要素の大部分は江戸の化け物と「民俗学的妖怪」で占められているのですから。

「通俗的妖怪」が「民俗学的妖怪」を〝材料〟にして作られたということは、通俗の場において、現状「民俗学的妖怪」は「通俗的妖怪」にすっかり呑《の》み込まれてしまった、と言い換えることもできるでしょう。

小松先生はもちろんそうした現状を十二分に承知していらっしゃった。と、いうより、だからこそ「妖怪学」を立ち上げられたのでしょう。

小松先生は民俗学者として、まず「民俗学的妖怪」を新しく規定しようと試みられ、その結果民俗学のタームだけではカバーしきれない領域を抱え込んで、結果「妖怪学」という新しい学問を旗揚げされたのだと、私は理解しています。

こうした状況下において、「通俗的妖怪」を無視した形での〝妖怪〟研究は、やはり成り立たないでしょう。学問の場を離れた時、〝妖怪〟の二文字が指し示すのは間違いなく「通俗的妖怪」だからです。

でも、繰り返しますが「通俗的妖怪」はそれだけを切り出して研究対象にすることが不可能なモノなのですね。だからこそ、小松先生の「妖怪学」はレンジを縦横無尽に広く取ろうとしている。

小松「妖怪学」は「民俗学的妖怪」を呑み込んだ「通俗的妖怪」を呑み返してやろう、という試みなのだろうと思うわけです。

妖怪学から怪異学へ

そのような流れの中で、「妖怪」という言葉を使うことに抵抗を示される学者の方もいらっしゃいます。

民俗学はもともと「妖怪」という言葉を使い始めた学問でもありますから、そのあたりの抵抗はまだ少ないものと思われますが、民俗学以外の学問、たとえば国文学――こちらでいえば日本語日本文学科になりますでしょうか――それから歴史学、文化人類学といったジャンルでは「妖怪」という言葉を本来的に使っていないのですね。

と、いうよりも「妖怪」という言葉は忌み嫌われているといってもいいくらいです。民俗学以外のジャンルにおいて「妖怪」は通俗語以外の何ものでもありませんし、通俗において「妖怪」という言葉は「通俗的妖怪」を指し示すだけの言葉なのですから、これはしようがありません。

最初にも述べました通り、小松先生の研究会においても、様々な局面で壁になったのは「妖怪」という言葉でした。そこで上位概念として〝妖怪〟の代わりに選択されたのが、〝怪異〟だと、先ほど私は述べました。

研究会も、最初はこの「怪異」という言葉を前面に出す恰好で進められていました。研究会の開催中に刊行された民俗学論文集のシリーズタイトルは、『怪異の民俗学』（二〇〇〇—二〇〇一／河出書房新社・全八巻）だったりします。

しかし、最終的に冠として選ばれたのは「妖怪」だったわけですが。その選択に対して、アレルギーを持たれた方もいらっしゃったようです。

それは、ある意味で正しい姿勢だとも思います。別な意味を付帯させたにしろ、通俗語として一般的に流通している言葉を使うことは誤解を招きかねません。「妖怪」という言葉を捨てた場合、選ばれる頻度が高い言葉はやはり「怪異」になるようです。

そうした状況の中、小松研究会の終了後に、中世史をご専門にされている関西学院大学の西山克先生が「東アジア恠異《かいい》学会」という有志の研究団体を立ち上げられました。怪異を研究する団体、と申し上げますと、もう「オカルト研究会」のようなものを想像される方も多いことでしょうが、それはもう、まるで違います。

今までの話に照らして、〝妖怪〟じゃなくて〝怪異〟なんだから、たとえば、このヌリカベちゃんからヌリカベというキャラを外した〝モノ〟ならぬ〝コト〟、つまり前に進めなくなるという現象＝民俗社会においてヌリカベと名付けられた現象を研究する会なのかというと、それも違います。それはやはり超常現象研究会のお仕事になるわけであります。

（一同笑）

と、いった具合に、私たちは「怪異」という言葉を使う時、その背後に「恐ろしさ」や「不思議さ」を、なかば無意識的に見出《みいだ》しているようです。それは時に超常現象的な、オカルト的な印象を伴うこともあるでしょう。でもそうした印象は、現代人であるわれわれのものでしかないのではないか。「怪異」もまた、「妖怪」と同じように通俗語として流通してしまっているわけです。しかし歴史的に「怪異」という言葉のありかたを考えたとき、「本当に昔からそうだったのか」という疑問は、当然のように出て来るわけですね。「怖い」「不思議だ」という印象を伴う「怪異」は、いわば「近代的怪異」ではないのか。

たしかに言葉としては「妖怪」より「怪異」の方がポピュラーなのでしょう。古記録や文献にも多く出てきます。公式な文書にも「宮中に怪異あり」などという形で、たくさん使われています。

歴史や国文学においても違和感なく使用できる言葉であることは間違いありません。

でも、それらは私たちが今使っている「怪異」、「近代的怪異」と果たして同じ意味で使われているものなのでしょうか。

現代人の「近代的怪異」観をもって読み解いてしまって良いのでしょうか。「怪異」という言葉を使うことで、読み違えてしまうようなことはないのでしょうか。

定義も何もせずに、「怪異」という言葉を使ってしまっていいものなのでしょうか。

●怪異学の技法（写真4）
東アジア恠異学会編
臨川書店／2003

東アジア恠異学会は、そうした点についてもある程度自覚的な団体であるということは可能です。

ちなみに名称中の「怪異」表記は「怪」の異体字である「恠」が採用されています。字義的に差異はありませんが、「近代的怪異」と一線を画すための意思表示という受け取りかたもできます。

さて、東アジア恠異学会の研究過程を纏めた『怪異学の技法』（写真4）という本の中に、東アジア恠異学会の綱領が載っています。同学会のホームページにもアップされているものです。ちょっと読んでみましょう。

東アジア恠異学会綱領

（1）東アジア文化圏における「怪異」のあり方の把握
（2）「怪異」という言葉の持つ歴史的有用性の発見と解読
（3）「怪異」現象として表れる表象文化の解読
（4）前近代王権論を読み解く方法論的ツールとしての「怪異」の位置づけ

西山克「学会案内」東アジア恠異学会ホームページ　二〇〇一

お分かりになりますでしょうか？

一読しただけではとても分かりにくいかとも思いますが。

東アジア佐異学会というのは、これまで単に「怪しいこと」として捨て置かれてきた記録／事象に目を向け、それを読み解き、活用することで歴史学のパラダイムに新しい地平を切り拓《ひら》くことができないだろうか——という、いわば高い志を持った方々の集まりなんですね。私も途中から参加させていただいています。

佐異学会は、いまのところ歴史学における〝怪異〟を定義をするなり位置づけするなりという段階には到ってはいません。しかし、手掛かりはいくつも示されています。

例えば同学会の会員である久禮《くれ》旦雄《あきお》さんの定例研究会における研究発表などは、〝怪異〟を考えるうえで大変重要な示唆を持っているものと思われます。久禮さんの専門は日本文化史です。

久禮さんの発表に依《よ》れば、古代において、〝怪異〟（「怪異」という言葉）は権力者によって「認定」されるものだったのだそうです。

例えば、真っ赤な鶴が飛んできたとしましょう。

それを見た人がいくらびっくりしようと、〝怪異〟と判断することは禁じられていた。事実をその通り報告するのは良いのですが、「〝怪異〟が起きました」、などと言うと罰せられてしまった。

「判断」するのは常に中央だったわけです。

「これは古文献などに照らせば善き兆しと思われます」「それはあってはいかんことだから怪異です」というように認定をする。どんなことが起きても体験者のレヴェルで判断してはいけなかった、というのです。

古代において〝怪異〟はまさに現場ではなく会議室で起きていたんですね。

何かを見たり、体験したりした時、もちろん古代の人もそれぞれに様々な感想を持ったのでしょうが、少なくとも〝怪異〟だと発言したり記録したりしてはいけなかったわけです。

その後、時代が下ると〝怪異〟の認定者は中央から徐々に拡散していきます。トップが決めていたのが、係長クラスのハンコだけでもいいか？　という具合です。

やがて時代は下って〝怪異〟認定は民営化しちゃったんですね。「怪異なんてものは、民間でいいんじゃないかね」という会議があったかどうかは知りませんけれども。

（一同笑）

現代においては、判断は個人個人の裁量にゆだねられているわけです。個人が「怪異」認定をするにあたっては、建築基準法のような厳しい基準はないわけですね。したがって耐震性のあまりよくない怪異もごろごろ認められるようになっているようです。これ、一時だったら首が飛んでたわけです。

私たちは、現在、自分でそれが怪しいと思えば怪しいと記述しますね。

そして他人に伝えます。

空に風船が浮いていたとします。でも自分はUFOが浮いていると思ったので、UFOを見たと記し、伝える。

誰に罰せられることもありません。でも、昔はそうではなかったんです。

空に何かが浮いていますという事実だけを報告することはいい。

しかしそれが何であるか、何を意味するのかを決めるのは、個人じゃない。偉い人だったわけです。

そうしてみると、現代と過去とで「怪異」という言葉が同じ意味合いで使われているわけがない、ということが判るでしょう。

現代人の私たちから見て「こりゃ不思議だ」と思えるでき事が、ごく普通の記録として残っていたり、どう考えてもあたりまえのことが〝怪異〟として記されていたりするのは、そのせいなのです。

佐異学会では、文献から怪異記事を抽出しデータベース化するという作業も行っています。すると、「これは怪異ですかね？」という記事にあたる。学会としては慎重になっているようですが、答えは明白です。

「怪異」と記されているものだけが〝怪異〟です。

読み手それぞれが〝怪異〟判定をし始めたのでは、研究対象そのものを定めることができなくなります。

何が〝怪異〟か、ではなく、なぜ「怪異」と記されなければならなかったのか、その理由を探ることが肝要になるのでしょう。記録された時代の時代性、記録した者の立場、記録されなければならなかった事情、過去の文献を読む際にはそうしたことに十分配慮しなくてはなりません。近代的な感覚をもって過去の記述を読み解くと、多くは誤読することになってしまいます。

通俗的妖怪と近代的怪異

また――そうした文献を読んだ時、私たちは往々にして「昔の人は愚かだったんだな」と思ってしまう。しかしそれも間違いですね。

たしかに時代によって〝怪異〟の認定基準は変わって来たわけですが、この世界で起きる〝コト〟や、人間自体はたぶんまったく変わっていません。たしかに江戸時代と現代とではテクノロジーも、与えられる情報の量も、質も違います。でも江戸時代の人間も私たちも頭のつくりは同じです。基準が違うだけです。

それなのに、私たちは往々にして「昔の人は迷信深かった」だとか「お化けを信じていたんだよな」などと思いがちですね。残念ながら、〝幽霊〟や〝妖怪〟がぴょこぴょこ歩いていると思っている人たちがごろごろ居た時代というのはありません。昔の人だってバカだったわけじゃないんです。

江戸時代の文芸には「近代的妖怪」の原型ともいうべき〝化け物〟がたくさん登場します。でも当時の人たちが〝化け物〟の存在を信じていたわけでは決してないのです。いや、現代人よりもずっと懐疑的だったかもしれません。心霊オカルトに関していうなら、むしろ現代人がいちばん妄信しているといえるでしょう。何しろ個人で認定できるうえ、規制はまったくないのですから。

だいたい〝化け物〟の代表といえば見越し入道、ろくろ首、化け猫遊女などで。

〝化け物〟といえばそういったものです。

江戸の人々がいくら無知蒙昧《むちもうまい》でも、首がするする伸びるおじさんやらお姉さんの存在を信じていたとは到底思えないですね。

江戸の〝化け物〟は現代の「通俗的妖怪」同様にキャラクター、しかもお子様向けのキャラクターとして機能していたわけです。現代では差別的な表現になってしまいますが、「おんなこども」向けのものだった。だから〝お化け〟と可愛らしく呼ばれたんです。〝お化け〟は女言葉であり幼児語でもあったわけです。識字率の低かった時代、〝お化け〟の図像は、それだけで通俗娯楽たり得たわけで、子供を喜ばせ、女性の眉《まゆ》をひそめさせ、男どもは〝お化け〟をダシにして世相を笑い飛ばしました。

「いや、昔の人は信心深かったんだから、そんなことはないだろう」とおっしゃる方もいらっしゃるかもしれない。たしかに、江戸時代の人々は現代人よりは敬虔《けいけん》な信仰心を持っていたのかもしれません。でも、化け物を怖がることと信心深いことはまったく関係ない。

それは、敬虔なクリスチャンの方はデーモン小暮《こぐれ》を本物の悪魔だと思っているに違いないという理屈と変わりないわけですね。

（一同笑）

小ばかにされるために、彼ら〝化け物〟は生み出されたようなものなのです。

だから、江戸時代の〝化け物〟というのは、一つも怖くないんですね。どれも滑稽《こっけい》で、ときに可愛らしく、哀れでもある。江戸時代の〝化け物〟を怖いと思っているのは、むしろ現代人なのです。

いやそれは違う、江戸時代の本にもちゃんと怖いと書いてある、と、そう単純に思ってしまうのもやはり少々浅はかな判断といわざるを得ません。

キャラとして成立する前の〝化け物〟は、怖かったのでしょう。しかし、「怖い」ものがバカなことをするから滑稽なんですね。「恐ろしい」ものが簡単に負けてしまうから愉快なんです。そのために〝化け物〟はキャラにされちゃったんです。

だから「怖い」とは書くんですね。

たぶん、「怖い怖い」と馬鹿にしているんです。〝化け物〟は、化かすつもりが、馬鹿にされてる。

そうした江戸の〝化け物〟キャラは、そのまま「通俗的妖怪」にシフトしました。

繰り返しますが、〝化け物〟キャラと「民俗学的妖怪」が習合することで「通俗的妖怪」はでき上がったわけですね。江戸の〝化け物〟キャラの属性は、そのまま〝妖怪〟へと受け継がれたものと思われます。

心霊現象は怖いけど、〝妖怪〟はなんか可愛い、などという言葉は、今もよく耳にするわけで。

いずれにしても時代を遡《さかのぼ》れば人は無知になる、というような考え方はいかがなものかと思うわけです。まあ私たちは少なからず進歩史観のようなものを受容していますから、それが暗黙のうちにそう思わせるのでしょうが、じゃあ室町の人はもっと迷信深かったのか、平安時代はもっとアホだったのか、ということになってしまう。そんなことは絶対にないでしょう。

いや、「平安時代ってのは、怨霊《おんりよう》とかが出て、雷とか雨とか降らせていた時代なんじゃないの」だとか、そうなるともう、馬鹿なのはあんただ、ということになるわけで。

（一同笑）

そんなことはないですね。

たしかに平安時代は怨霊の時代だったかもしれない。でも、平安時代は誰しもが怨霊を信じていた無知な時代でもなければ、本当に怨霊が天変地異を起こしていたファンタジックな魔空間でもないわけです。

天変地異などの人知の及ばぬ災害が起きたような場合、それを為政者が人為的に操作できるものであると後付けで規定するために怨霊というロジックが有効だった時代、というだけのことです。

たしかに、菅原道真《すがわらのみちざね》は怨霊となり雷を落っことしたと、歴史の資料になるような文献にも記されてはおります。でも、それは「そう記さなければならなかった理由」があって記されたというだけのことです。

しかし時代とともに基準は変わって行きます。その記述を過去の人間が誤読し、あるいは解釈し損ねるということはあり得ることです。言語化された情報は行間に幻想を孕《はら》んでいるものだからです。

特に〝怪異〟を研究題目に据えようとした場合は注意が必要です。

先に申しました通り〝怪異〟も〝妖怪〟同様、通俗語として定着している言葉なのです。現代人である私たちは、〝怪異〟という言葉に「怪しい、怖い、不思議だ」といったイメージをあらかじめ持っているのです。しかし、過去の文献に記された〝怪異〟は、必ずしもそうしたイメージに則《のっと》ったものではありません。「不吉」ではあるかもしれないけれど、「怖い」ものではないかもしれない。現象としては怪しくもないし不思議でもない、そうした〝怪異〟は数多いのです。

いま、私たちが「怪異」という言葉から抱いているイメージは、〝怪異〟の民営化以降に培われたものであるように思います。

現代人である私たちが、この「近代的怪異」の感覚をもって、過去の記録文献を読み解くことは、とても危険なことであるわけです。

テクストクリティークに徹するということは、書いてあることを鵜呑《うの》みにするということではなく、偏《かたよ》った解釈を捨てる、ということなんですね。

同じ意味で、通俗的妖怪概念成立以前のモノゴトを〝妖怪〟と呼んでしまうことも間違いだといわざるを得ません。江戸時代の〝化け物〟は〝化け物〟と呼ぶべきです。

室町時代の妖怪という場合は「通俗的妖怪概念」は捨てるべきです。その場合は、本義である「怪しい」以外の意味を持たせることはできなくなります。平安時代にも「妖怪」はいません。現代の私たちの基準で計れば〝妖怪〟に見えるものもあるのでしょうが、それは〝妖怪〟ではありません。

それらは、水木しげるのような優れたクリエイターの手を通じて現代人である私たちの前にキャラクターとして現出した時に、はじめて「妖怪」となるのです。

学問で「怪異」「妖怪」という言葉を使おうとするならば、細心の注意を払わなくてはならないんですね。

妖怪は研究できるのか

そこで最初の話題に戻ります。

今までお話しさせていただいた内容を踏まえて、本当にこいつら（妖怪人形）が研究できるものなのか、どうか。

例えば、国文学の立場からも歴史学の立場からも、もちろん民俗学の立場からも、現在〝妖怪〟として認識されているモノを論じることは可能です。しかしそれは学問としては国文学であり、歴史学であり、民俗学なのであって、〝妖怪〟学とはなり得ません。

国文学を研究した結果〝妖怪〟の一部分を知ることはできたとしても、知ることができるのはやはり〝妖怪〟の一部分でしかありません。

民俗学でも歴史学でも、「妖怪の素《もと》」や「妖怪生成の過程」となったモノゴトは研究できるでしょう。

しかし〝妖怪〟がキャラクターである以上、〝妖怪〟そのものを論じることはできないのです。

例えば、河童とそっくりな生き物が捕まったとしましょう。頭に皿があって、手に水かきがあって、甲羅もあって、二足歩行をする両生類ですね。これはまず、「河童捕獲！」とスポーツ新聞あたりで報道されることでしょう。

でも、それは河童じゃない。河童によく似た生き物に過ぎません。

生物学的には大発見なのでしょうが、それは〝妖怪〟ではありませんね。

なぜならその新生物は、たぶん相撲を取りません、腕も抜けません、たとえ肛門《こうもん》が三つあったとしても、ご婦人に悪戯《いたずら》をして詫《わ》び証文を書くことは金輪際《こんりんざい》ありません。

その辺のことに目を瞑《つむ》ったとしても、全国の河川に、しかもおびただしい個体数の生息が確認でもされない限り、新生物＝河童という図式は成り立ちません。それほどたくさんいたのなら、なぜ今まで捕まらなかったんだということになってしまうわけですが。

だいたい、河童と呼ばれる〝妖怪〟は実に多種多様で、どれもが同じ属性を持っているわけではないんですね。

そうした各地に伝わった様々な要素はそれぞれ矛盾してもいます。その矛盾までをもそのまま まひっくるめてまるごと引き受けたうえで、なおかつ万人が納得する「名前」と「形」が与えられない限り、〝妖怪〟キャラクターは成立しません。そうでなくては「通俗的妖怪」として認知されないんです。ですから、たとえ何が捕まったところで、それは「通俗的妖怪」を形成する一要素にしかならないのです。

同じように、フィールドワークをして何か〝妖怪〟めいたモノを探り当てた——としましょう。それは「通俗的妖怪」として広く知られている何かにとてもよく似た形や属性を持っていて、しかしずっと古いモノだった、としましょう。そこで、「妖怪○○のルーツを発見しました」「妖怪○○は、この伝承が元になっているんです」と、こういうもの言いをしてしまうのは、やはり軽率というものです。

似ているから一緒、というのは強引ですし、それは「通俗的妖怪」＝〝妖怪〟を説明するものではまったくない。「もしかしたらイメージの形成に一役かっていたかもしれませんね」程度のことしかいえないわけです。

証明できないんですから。断定は絶対にできない。

どれだけもっともらしくても、それは「参考」にしかなりません。

民俗学では、例えばアズキアライという〝妖怪〟を説明する際に、小豆《あずき》の神性と結び付けて語ったりするようなことを頻繁にやってきました。たしかに、同じ小豆ですから無関係ではないのでしょうが、同じ〝怪異〟がコメトギババアと名付けられている場合、それは意味を成さない説明になってしまいますね。無関係ではないかもしれないけれども、そうだとはいい切れない。

そうした、もっともらしいんだけれども言い尽くされてはいない解説は「民俗学的妖怪」に関しては山のようにあるわけです。

実にそれらしく、小難しく書かれていたりもするのですが、よくよく考えてみると「そうか？」というものも多い。下手をすると、牽強《けんきょう》付会《ふかい》な、いわゆるトンデモな説になりかねません。ボーダーレスな〝妖怪〟に引きずられて、研究者が他分野に足を踏み出してしまった結果、とも考えられるのですが。

〝妖怪〟は、学問の一分野に閉じ込めておけるようなモノではないんですね。

だからこそ、〝妖怪〟や〝怪異〟を扱おうとする場合に、学際という発想が多く出てくるのでしょう。そうした多分野の成果をまとめ、小松先生の「妖怪学」のように新しいフレームを作ってしまうことは有効です。しかしその場合の研究対象は「通俗的妖怪」＝〝妖怪〟ではない。

それは、私たちの知っている、このヌリカべくんのことを研究するものにはならないんですね。それは最初に述べたとおりです。

加えて、現代以降の通俗娯楽作品に精通していなくては「妖怪」という言葉は使いこなせない、という障害もあります。

これは、実はなかなか厄介なことです。

水木大先生登場以降、多くの人たちが〝妖怪〟を創造しています。それらの多くは受容されませんでしたが、中には受容され、定着したものもあります。

そういったモノも〝妖怪〟なのですから、研究するというならそのあたりの事情も熟知していなくてはなりません。

例えば論文で「私が妖怪だと思ったから妖怪です」と書いても通りませんね。しかし娯楽作品、通俗作品においては、それで通ってしまうんです。

〝妖怪〟はすべて創作なのですから、その作品の中で作者が〝妖怪〟だと言うならば、それ自体は否定できないわけです。

ただし。

作者が何といおうと、それを〝妖怪〟と判定するのは作者個人ではありません。

〝妖怪〟は創造の産物ですが、個人が創れるものではないんです。認定するのは誰でもない私たちです。〝妖怪〟は通俗文化の成果として、私たち自身が生み出しているものなのです。〝妖怪〟は娯楽なんです。楽しむものなんです。

ですから、通俗を舐《な》めてかかって、付け焼き刃で〝妖怪〟に手を出したような論文や研究報告は、残念ながら的外れなものがほとんどです。拙《つたな》くとも、在野の愛好家の方がよほど本質を理解していたりします。

もし不用意、無自覚に「妖怪」や「怪異」という言葉が使われている論文や学術的な資料を目にされた時は、皆さんどうぞ眉に唾《つば》をつけてお読みください。

長々とお話しさせていただきましたが、やはり〝妖怪〟＝「通俗的妖怪」とする限り、〝妖怪〟を研究することはできないのだと考えたほうがよいようです。

ヌリカベくんは、怪異現象でも民間伝承でもない、すでにキャラなんです。これを、人間にたとえるとよくわかるかもしれません。私は人間・ヌリカベを研究したい。といっても、人間を丸ごと研究することは不可能です。彼の人生を研究したい、彼の人格を見極めたい、容姿について褒め称《たた》えたい、いろんなアプローチがあります。それぞれの立場から様々な考察を加えることはできます。

しかし、それはどれも、彼のほんの一部分しか言い表していません。

ですから、〝妖怪〟に興味がある、〝妖怪〟と仲良くしたい、という研究者の方々や学生さんは、どうぞそれぞれの立場で、ご自分の分野での地道な研究をされることをお勧めします。

その上で、その成果を妖怪さんに還元してやってください。

そうすることで、初めて妖怪さんは、生き生きと通俗の場で活躍することができるのですから。

さて、ヌリカベくん、コナキジジさんに助けられまして、くだらない〝妖怪〟のことを延々と語らせていただいたわけですが、冒頭で申し上げました通り、私は通俗娯楽小説を書くことを生業としているものであります。決して研究家ではございません。

ですから、私の発言はすべてフィクションでございます。実在する人物・団体とは一切関係ございませんので、そこのところは宜《よろ》しくお願い致します。

（一同笑）

と、いうことで丁度時間になりましたので、この辺で終わらせていただきます。どうもありがとうございました。

平成十七年（二〇〇五）十一月二十九日／於：大谷女子大学（現・大阪大谷大学）

妖怪のことを考えているうちに

妖怪が、好きです。

子供の頃からそうでした。

この、『妖怪の理 妖怪の檻』は、文中でも何度かとりあげさせていただいた国際日本文化研究センター・小松和彦教授主宰の研究会、「日本における怪異・怪談文化の成立と変遷に関する学際的研究」の第十九回研究会における個人発表「通俗的『妖怪』概念の展開」をベースにして、平成十三年（二〇〇一）より書き始めたものです。

その研究発表は忘れもしない、平成十二年（二〇〇〇）十二月十五日に行われました。

研究会のメンバーは「研究発表」をしなければいけない決まりなのですが、学者でない私はそもそも何も研究をしておらず、後に後にと引き延ばしていたのでした。

全二十回の予定（実際は二十一回）の十九回目ですから、そうとう粘ったことになります。

あれこれ考えたものの、結局ふだん考えていたことを纏《まと》めるくらいのことしかできませんでした。ところが、それだけで三十頁綴《つづ》りの資料集と、十頁のレジュメが——できてしまいました。

研究会に相応《ふさわ》しい内容であったのかどうかはわかりません。

ただ、予定の時間をかなりオーバーしてしまったことだけは確かです。

それでも、発表時に省略したり割愛したりした部分はかなりありましたし、その後気づいたことなども少なからずありましたので、世界妖怪協会機関誌である『怪』リニュウアルの際に、そうしたものをできるだけ盛り込んだ連載をしようということになって——以降（だらだらと）書き連ねていたものが、本書です。

連載開始とほぼ同時に、同研究会の成果論文集『日本妖怪学大全』の出版が決まり、研究発表の前半部分を「通俗的『妖怪』概念の成立に関する一考察」という文に纏めて収録していただくことになりました（発行は二〇〇三年）。

また、後半の一部は「モノ化するコト〜怪異と妖怪を巡る妄想」というタイトルの一文にして、東アジア恠異学会編『怪異学の技法』（二〇〇三）に寄稿させていただきました。

そうした理由から、その二つの文と本書の内容は多く重複しています。

ただ、収録していただいた媒体はどちらも論文集であり、その性格上（当然ですが）あまりくだけた書き方はできませんでした。

また、それぞれ独立した論（めいたもの）に仕上げなければいけなかったこともあって、論旨も絞ってあります。

拙文はともかく、いずれも読みごたえのある異色、かつ貴重な論文ばかりが載った論文集ですので、本書をお読みいただいて、もし興味が涌《わ》かれた方は、是非ご一読ください。

巻末に付した大谷女子大学（現・大阪大谷大学）での講演録は、やはり『怪』誌上に『妖怪の理 妖怪の檻』番外編として抄録した後、『大阪大谷国文』第三十七号（二〇〇七／大阪大谷大学日本語日本文学会）に全文が掲載されたものです。こちらも、内容的には本文と重複した部分が多々あるのですが、「纏め」的な意味合いも込めて、あえて手を入れずそのまま収録させていただきました。

反面、本文はかなり手を入れています。連載期間が徒《いたずら》に長かったため、一冊に纏めてみると冗長なうえに重複・反復も多く、それでいて言葉足らずのところも多くあったからです。本来であれば構成からやり直すべきものとも思いましたが、それだと書き下ろしになってしまう虞《おそ》れがあったので——基本的には連載時の順番に沿った形で、若干の移動をするだけに留《とど》めました。それでも最終的にかなりの量の加筆をしてしまっていました。それでもまだ、足りない気がしています。

それも当然で、これはいくら書いても〝無駄な〟文章なのです。

なぜなら——。

妖怪は、娯《たの》しむものだからです。

頭を抱えて考え込むようなものではありません。

つくづく、そう思います。

思い起こすに、国際日本文化研究センターでの研究発表に向けた準備の際に、いちばん楽しかったのは「資料」作成でした。

妖怪を眺め、並べ、いじくり回す楽しさ。妖怪に浸る愉《たの》しさ。

でも、つい考えてしまう、調べてしまう——それもまた妖怪の悦《たの》しさではあるのですが。

そう、つい考えてしまうのです。

本書はそんな時のヒントになれば——という思いから書き始められたものでした。でも、ヒントなどまったく必要ありませんでした。

実は誰もが知っていること——だったからです。

妖怪が好きな人は、みんな最初から知っているのです。妖怪が「何か」ということを。

ただその「何か」は、言葉にしにくいものだ——というだけのことです。

だから妖怪好きは、その「何か」を求めて書物の中、絵画の中に迷い込んでしまうのです。

いや、時には実際に旅に出てしまったりもするようです。その「何か」とは、どうやらあり得ない記憶——バーチャルな郷愁とでもいうのでしょうか——と、深く結び付いているように思えてなりません。

だから考えるまでもなく、きっと妖怪はどこにでもいます。

感じる力——娯しむ力さえあれば、目の前にいるはずです。

ただ。

実は、先の研究発表には、まだ先があったのです。

モノ化してしまったコトどもが、再びコトを起こしつつある——そんな予測を以《もっ》て、六年前の私の研究発表は終わっています。

やがて、通俗的妖怪の様相が一変してしまうような日が来るのかもしれません。通俗は休むことなく変化し続けているのです。

今後、愛すべき妖怪どもがどのような変貌《へんぼう》を遂げるのか、恐ろしくもあり、楽しみでもあります。

そして――。

実は、この本にも続きがあるのです。

何と、『怪』での連載は終わっていないのでした。妖怪のことを考える――いや、妖怪を愉しむための無駄な旅は、まだまだ続けなくてはならないようです。

とはいえ、一度中〆《なかじめ》をさせていただかなくてはなりません。

ちなみに、本書で取り上げた妖怪関連書籍のうち、入手困難だったものの一部が、この六年間のうちに続々と復刻されるという、喜ばしい事態も発生しております。

鳥山石燕の『画図百鬼夜行』も文庫になりました（『鳥山石燕 画図百鬼夜行全画集』二〇〇五／角川文庫）。文中でも度々触れた「異」の世界シリーズ（中公文庫ＢＩＢＬＩＯ）は、いずれも丁寧な校訂作業を加えた決定版となっております。

妖怪を楽しみたい――考えてみたいという方は、是非お手にとってみてください。

また、『ゲゲゲの鬼太郎』の五度目の大ヒットに乗じて、水木しげる作品も続々と復刊されています。水木パワーは二十一世紀を迎えてもまったく衰えることを知らないようです。まことに喜ばしい限りです。

加えて、妖怪とは表裏一体の関係にある怪談文芸も、ここに来て活況を呈し始めています。怪しげな通俗娯楽のシーンからは、当分目が離せないようです。

最後に、本文中に名前を挙げさせていただいた偉大なる先達の方々、小松先生を始めとする研究者の方々、とりわけ水木しげる大先生と、わが盟友たる妖怪馬鹿の人々に、心よりの敬意を表しまして——一旦《いったん》の終わりにさせていただきたいと思います。

世界妖怪協会・全日本妖怪推進委員会肝煎　京極夏彦

文庫版をお読みいただいた方へ

一旦の終わりと記してから、四年の月日が経過しました。

世界妖怪協会機関誌『怪』に連載を開始し、冒頭の「妖怪ブームなのだそうです」という一文を記してから、既に十年もの歳月が過ぎていることになります。

まさに光陰矢の如しです。

この四年の間にも、テレビアニメ『ゲゲゲの鬼太郎』第五期が人気を博したまま終了し、貸本漫画のアニメーション化という、考えてみれば画期的ともいえるアニメ『墓場鬼太郎』も大好評を以て受け入れられ、さらに続けてＮＨＫの連続テレビ小説『ゲゲゲの女房』が茶の間を席巻し、「ゲゲゲの」が流行語大賞になり、「漫画、妖怪文化への貢献」を理由に水木しげる大先生が文化功労者として顕彰される——などなど、〝妖怪〟周りのトピックは、大盤振る舞いに近いものがあります（拙著『豆腐小僧双六道中』も3Dアニメーションの材料になりました）。

深夜アニメでガマ令嬢や吸血鬼ジョニーが笑い、朝の食卓に流れるテレビ画面にボヤ鬼や悪魔メフィストが歩き回り、紅白歌合戦で鬼太郎ファミリーが踊るような事態を、いったい誰が想像できたでしょう。

鳥取県境港市の「水木しげるロード」は前年比を遥かに上回る観光客に沸き、岩手県遠野市では『遠野物語』百年を記念しての大きなイヴェントが開催されました。

アカデミズムの動きも活発でした。小松和彦さんの百鬼夜行絵巻に関する研究報告には胸が躍りましたし、妖怪関係の研究会の成果である『妖怪文化叢書』（せりか書房）の発刊も、心強いものです。『怪異学の可能性』（角川書店）を上梓した東アジア恠異学会も十周年を迎え、西山克さんの後を承けた代表・大江篤さん（園田学園女子大学教授）の下、新しいステージに邁進しています。香川雅信さんを始めとする新しい世代からも目が離せません。

類縁関係にある「怪談」分野も、怪談専門誌『幽』（メディアファクトリー）や、その編集長である東雅夫さんの旗振りの下、益々の隆盛を見せています。水木しげる・荒俣宏を戴く世界妖怪協会も、「お化け大学校」として活発に活動しています（https://obakedai.jp/）。

そして、『怪』もサードシーズンに突入し、順調に巻を重ねています。本書の続編である「妖怪の宴　妖怪の匣《はこ》」もいまだに連載中です。四年前「当分目が離せない」と記しましたが、ほんとうに目が離せない――状況だからです。そしてそれは――。

どうやら今後も続くものと思われます。

すべての妖怪好きに、幸あれ。

京極夏彦

書誌一覧

【あ】

蘆谷重常　『童話及傳説に現れたる空想の研究』（以文館／一九一四年）
阿部主計　『妖怪学入門』（雄山閣出版／一九六八年、一九七一年増補改訂）
井上圓了　『妖怪玄談』（哲学書院／一八八七年）
『妖怪學講義』（哲学館／一八九三年、一八九六年増補改訂）
『通俗繪入妖怪百談』（四聖堂／一八九八年）
『通俗繪入續妖怪百談』（哲学書院／一九〇〇年）
『通俗繪入妖怪談』（瀬山順成堂／一九〇六年）
『おばけの正體』（丙午出版社／一九一四年）
『迷信と宗教』（至誠堂書店／一九一六年）
『眞怪』（丙午出版社／一九一九年）
『妖怪学』（山洞書院／一九三一年）
『井上円了・妖怪学全集』全六巻（柏書房／一九九九年～二〇〇一年）
上田都史　『妖怪の話』（潮文社／一九七〇年）
『現代妖怪学入門』（大陸書房／一九七四年）

楳図かずお　『猫目小僧』全三巻（少年画報社／一九六九年）

江戸川乱歩　『世界大ロマン全集24・怪奇小説傑作集Ⅰ』編（東京創元社／一九五七年）

『世界大ロマン全集38・怪奇小説傑作集Ⅱ』編（東京創元社／一九五八年）

江馬　務　『日本妖怪變化史』（中外出版／一九二三年）

『おばけの歴史』（學風書院／一九五一年）

『日本妖怪変化史』（中央公論社／一九七六年）

『日本妖怪変化史』改版（中央公論新社／二〇〇四年）

太田全斎　『俚言集覧』（一七九七年。一八九九年、井上頼圀・近藤瓶城による改編・増補版『増補俚言集覧』三冊刊行）

大伴昌司　『ものすごい怪物妖怪が全部でてる　妖怪大図鑑』（朝日ソノラマ／一九六六年）

岡田建文　『動物界靈異誌』（郷土研究社／一九二七年）

【か】

香川雅信　『江戸の妖怪革命』（河出書房新社／二〇〇五年）

粕　三平　『お化け図絵』（芳賀書店／一九七三年）

『浮世絵の幽霊』（芳賀書店／一九七三年）

カバット、アダム　『江戸化物草紙』校注・編（小学館／一九九九年）

紀田順一郎　『幻想と怪奇の時代』（松籟社／二〇〇七年）

京極夏彦　『妖怪馬鹿』多田克己・村上健司共著（新潮社／二〇〇一年）
草川　隆　『とてもこわい幽霊妖怪図鑑』（朝日ソノラマ／一九七四年）
駒田信二　『四次元の幻境にキミを誘う　妖怪魔神精霊の世界』山田野利夫・山室静共著
（自由国民社／一九七四年）
小松和彦　『怪異の民俗学』責任編集　全八巻（河出書房新社／二〇〇〇年～二〇〇一年）
『日本妖怪学大全』編（小学館／二〇〇三年）
『百鬼夜行絵巻の謎』（集英社／二〇〇八年）
『妖怪文化の伝統と創造　妖怪文化叢書』（せりか書房／二〇一〇年）
コラン・ド・プランシー
『地獄の辞典』（講談社／一九九〇年、原書は一八一八年）

【さ】

斎藤清二郎　『日本の〈首〉かしら』（岩崎美術社／一九六四年）
佐藤有文　『いちばんくわしい日本妖怪図鑑』（立風書房／一九七二年）
『いちばんくわしい世界妖怪図鑑』（立風書房／一九七三年）
『世界怪奇シリーズ　妖怪大図鑑』（黒崎出版／一九七三年）
『吸血鬼百科』（講談社／一九七四年）
『悪魔全書』（講談社／一九七四年）

『ワニの豆本 お化けの図鑑 妖怪がとび出す』（ＫＫベストセラーズ／一九七八年）
佐藤清明『現行全國妖怪辭典』（中國民俗学會／一九三五年）
佐藤友之『妖怪学入門　オバケロジーに関する12章』（ホーチキ出版／一九七三年）
澤田順次郎『性に關する傳説』（天下堂書房／一九二一年）
白井光太郎『植物妖異考』（甲寅叢書刊行所／一九一四年）
水雲堂狐松子『京羽二重』撰　六巻（一六八五年）
『京羽二重織留』撰　六巻（一六八九年）
ストーカー、ブラム
『吸血鬼ドラキュラ』（Ａ・コンスタブル／一八九七年）

【た】

竹中　清『日本の妖怪大百科』構成（勁文社／一九七五年）
竹原春泉『繪本百物語』（一八四一年開版）
田中貴子『百鬼夜行の見える都市』（新曜社／一九九四年）
田中初夫『画図百鬼夜行』編（渡辺書店／一九六七年）
手塚治虫『どろろ』全四巻（秋田書店／一九七一年）
富岡直方『日本怪奇物語』（二松堂書店／一九三五年、のち『日本怪奇集成』に改題）

富田狸通　『日本怪奇集成』編著　山田野理夫編（宝文館出版／一九七五年）
『たぬきざんまい』（狸のれん／一九六四年）
鳥山石燕　『画図百鬼夜行』シリーズ（一七七六年〜一七八四年）『画図百鬼夜行』『今昔畫圖續百鬼』『今昔百鬼拾遺』『百器徒然袋』の四種十二冊

【な】

中岡俊哉　『世界怪奇スリラー全集』全六巻（秋田書店／一九六八年）うち、一『世界の魔術・妖術』、三『世界のウルトラ怪事件』、五『世界の怪奇スリラー』
長田偶得　『明治六十大臣逸事奇談』（大學館／一九〇一年）
『妖怪奇談』（大學館／一九〇二年）
南條　武　『完全図解シリーズ　妖怪ミステリー』（有紀書房／一九七四年）
『完全図解シリーズ　世界の妖怪図鑑』（有紀書房／一九七四年）
根岸鎮衛　『耳嚢』全十巻（一八一四年）

【は】

浜田隆一　『天草島民俗誌』（諸国叢書　第一編）（郷土研究社／一九三二年）
早川孝太郎　『おとら狐の話』柳田國男共著　炉辺叢書二（玄文社／一九二〇年）

早川純夫　『日本の妖怪』（大陸書房／一九七三年）
東アジア恠異学会 編
　『怪異学の技法』（臨川書店／二〇〇三年）
　『怪異学の可能性』（角川書店／二〇〇九年）
日野　巌　『趣味研究動物妖怪譚』（養賢堂／一九二六年）
　『植物怪異伝説新考』（有明書房／一九七八年）
　『動物妖怪譚』（有明書房／一九七九年）
平田篤胤　『古今妖魅考』（一八三一年）
藤澤衛彦　『日本傳說叢書』編（日本傳說叢書刊行會／一九一七年〜一九二〇年）
　『變態傳說史』（文藝資料研究會／一九二六年）
　『變態見世物史』（『變態十二史』第三巻）（文藝資料研究會／一九二七年）
　『獵奇畫報』検修　日本風俗研究会編（一九二九年創刊）
　『妖怪畫談全集・日本篇　上下』編（中央美術社／一九二九年〜一九三〇年）
　『日本伝承民俗童話全集』全六巻（河出書房／一九五三年）
　『日本民族伝承全集』全十巻（河出書房／一九五五年〜一九五六年）
　『図説日本民俗学全集』全八巻（あかね書房／一九五九年〜一九六一年）
　『變態婚姻史』

【ま】

槙島昭武　『和漢音釋書言字考節用集』十巻（一七一七年）

真樹日佐夫　『世界怪奇スリラー全集』全六巻（秋田書店／一九六八年）うち、四『世界の謎と恐怖』

水木しげる　紙芝居「猫娘」（一九五三年頃）
紙芝居「ガマ令嬢」（一九五三年頃）
紙芝居「巨人ゴジラ」（一九五三年頃）
紙芝居「蛇人」（一九五四年）
紙芝居「空手鬼太郎」（一九五四年）
紙芝居「ガロア」（一九五四年）
紙芝居「幽霊の手」（一九五五年）
紙芝居「河童の三平」（一九五五年）
紙芝居「一つ目小僧」（一九五五年）
紙芝居「妖怪大名」
紙芝居「ハカバキタロー」（一九六〇年代？）
紙芝居「コケカキイキイ」（一九六〇年代？）
紙芝居「墓場鬼太郎」（一九六〇年代）
貸本『赤電話』（兎月書房／一九五七年）

貸本『ロケットマン』（兎月書房／一九五八年）
貸本『プラスチックマン』（綱島出版社／一九五八年）
貸本『恐怖の遊星魔人』（暁星／一九五八年）
貸本『怪獣ラバン』（暁星／一九五八年）
貸本『妖奇伝』一（兎月書房／一九六〇年「幽霊一家」収録）
貸本『妖奇伝』二（兎月書房／一九六〇年「幽霊一家　墓場の鬼太郎」収録）
貸本『墓場鬼太郎』一（兎月書房／一九六〇年「地獄の片道切符」収録）
貸本『墓場鬼太郎』二（兎月書房／一九六〇年「下宿屋」収録）
貸本『墓場鬼太郎』三（兎月書房／一九六〇年「あう時はいつも死人」収録）
貸本『鬼太郎夜話』一「吸血鬼と猫娘」（三洋社／一九六〇年）
貸本『鬼太郎夜話』二「地獄の散歩道」（三洋社／一九六一年）
貸本『鬼太郎夜話』三「水神様が町へやってきた」（三洋社／一九六一年）
貸本『鬼太郎夜話』四「顔の中の敵」（三洋社／一九六一年）
貸本『河童の三平』全八巻（兎月書房／一九六一年～一九六二年）
貸本『悪魔くん』全三巻（東考社／一九六三年～一九六四年）
『水木しげる妖怪画集』（朝日ソノラマ／一九七〇年、改訂版／一九八五年）
『小学館入門百科シリーズ　妖怪なんでも入門』（小学館／一九七四年）
『妖怪長屋〈水木しげる不思議な世界2〉』講談社ＫＣスペシャル（講談社／一九八七年）

『日本妖怪大全』（講談社／一九九一年）
『図説 日本妖怪大全』（講談社＋α文庫／一九九四年 右記の文庫版）
『続・日本妖怪大全』（講談社／一九九四年）
『図説 日本妖怪大鑑』（講談社＋α文庫／二〇〇七年 右記の文庫版）
『妖鬼化』（ソフトガレージ／一九九八年～一九九九年 全八巻、二〇〇四年新装版、二〇〇八年～二〇一〇年 完全版 全十二巻）
『水木しげるプライベートBOX 妖怪世界遺産』（講談社／二〇〇二年）

南山 宏
『世界怪奇スリラー全集』全六巻（秋田書店／一九六八年）うち、六『世界の円盤ミステリー』

宮 次男
『日本の地獄絵』（芳賀書店／一九七三年）

【や】

柳田國男
『後狩詞記』（自費出版／一九〇九年）
『遠野物語』（聚精堂／一九一〇年）
『赤子塚の話』 炉辺叢書一（玄文社／一九二〇年）
『神を助けた話』 炉辺叢書四（玄文社／一九二〇年）
『海南小記』（大岡山書店／一九二五年、創元社／一九四〇年）
『山の人生』（郷土研究社／一九二六年）

山内重昭
『一目小僧その他』（小山書店／一九三四年）
『民俗學辭典』監修　民俗学研究所編（東京堂出版／一九五一年）
『妖怪談義』現代選書（修道社／一九五六年）
『世界怪奇スリラー全集』全六巻（秋田書店／一九六八年）うち、二『世界のモンスター』
山田野理夫
『日本妖怪集』（潮文社／一九六九年）
『東北怪談の旅』（自由国民社／一九七四年）
『遠野のザシキワラシとオシラサマ』編著（宝文館出版／一九七四年）
『母と子の図書室・お化け文庫』作　全十二巻（太平出版社／一九七六年）
山口敏太郎
『妖怪ガロ』編（青林堂／二〇〇五年）

【古文献・全集・雑誌 他】

『古事記』稗田阿礼誦習の『帝紀』や『先代旧辞』を、太安万侶が記録、七一二年献上。歴史書。
『日本書紀』舎人親王らの撰。七二〇年成立。最初の勅撰正史。
『續日本記』（七九七年）
『今昔物語集』一一二〇年以降の成立。説話集。

『宇治拾遺物語』　十三世紀初頭頃成立。説話集。
『読売新聞』（読売新聞社／一八七四年創刊）
「偽怪百談」　井上圓了　一八九七年連載開始
『哲學館講義録』（哲学館／一八八八年創刊）
『少国民』（北隆館／一八八九年創刊）
「小説妖怪好」　春風子　一八九七年連載開始
『日本評論』（日本評論社／一八九〇年創刊）
「妖怪談義」　柳田國男　一九三六年
『文藝倶樂部』（博文館／一八九五年創刊）
「日本妖怪實譚」　岡本綺堂他　一九〇二年
「世界妖怪實譚」　岡本綺堂他　一九〇二年
『新公論』（新公論社／一九〇四年創刊）
「妖怪の種類」　石橋臥波　第二十六年第四号　一九一一年
「妖怪論」　平井金三　第二十六年第四号　一九一一年
『奥南新報』（奥南新報社／一九〇八年創刊）
「盆過ぎメドチ談」　柳田國男　一九三二年
『珍世界』（一九〇九年創刊）
「天狗の話」　柳田國男　第一巻第三号　一九〇九年

『郷土研究』（郷土研究社／一九一三年創刊、一九一七年、四巻十二号で休刊。一九三一年に復刊し一九三四年まで続く）
「琉球妖怪變化種目・附民間説話及俗信」第一回　金城朝永　一九三一年
「傳説集書目補遺」後藤捷一　一九三一年
「お化け考」能田太郎　一九三四年
『風俗研究』（風俗研究會／一九一六年創刊）
「妖怪の史的研究」江馬務　一九一七年
『文藝春秋』（文藝春秋社／一九二三年創刊）
柳田・芥川・尾佐竹対談　一九二七年
『民族』（民族發行所／一九二五年創刊）
『妖怪画談全集』全四編（中央美術社／一九二九年〜一九三〇年）第一編 日本篇上　藤澤衛彦編、第二編 ロシア・ドイツ篇　ワノフスキー編 中央美術社訳、第三編 支那篇　過耀艮編、第四編 日本篇下　藤澤衛彦編
『国語研究』（国語学研究会／一九三三年創刊）
「妖怪古意―言語と民俗との関係」柳田國男　一九三四年
『民間傳承』（民間傳承の會／一九三五年創刊）
「妖怪名彙」柳田國男　第三巻第十号　一九三八年
『昔話研究』（民間傳承の會／一九三五年創刊）
『たのしい幼稚園』（講談社／一九四五年創刊）

『少年』（光文社／一九四六年創刊）
「鉄腕アトム」　手塚治虫　一九五二年連載開始
『夕刊フクニチ』（一九四六年創刊）
「サザエさん」　長谷川町子　一九四六年四月連載開始
『少年画報』（少年画報社／一九五〇年創刊）
「怪物くん」藤子不二雄　一九六五年連載開始
「猫目小僧」楳図かずお　一九六七年〜一九六八年
「水木しげる先生の日本の妖怪カラー大画報」　水木しげる　一九六八年連載開始
『まんが王』（秋田書店／一九五二年創刊の雑誌『漫画王』が一九六〇年に誌名変更）
「カラー版妖怪図鑑」　一九六八年七月号付録
「ビッグマガジンＮｏ．７　妖怪」阿奈一夫構成　一九七〇年七月号
『月刊ぼくら』（講談社／一九五五年創刊）
「カッパの三平」　水木しげる　一九六六年連載開始
「妖怪事典」大伴昌司構成　一九六八年七月号付録
「世界モンスター大百科」　大伴昌司構成　一九六八年九月号付録
『綜合日本民俗語彙』　民俗学研究所編（平凡社／一九五五年〜一九五六年）
『よいこ』（小学館／一九五六年創刊）
「ドラえもん」　藤子不二雄　一九六九年連載開始（『幼稚園』『小学一年生』『小学二年生』
『小学三年生』『小学四年生』同時連載）

『中学一年コース』（学研／一九五七年創刊）
「なまけの与太郎」　水木しげる　一九六六年
『講座日本風俗史』本編十二巻・別巻七巻　雄山閣出版株式会社講座日本風俗史編集部編（雄山閣出版／一九五八年〜一九六〇年）
『週刊少年マガジン』（講談社／一九五九年創刊）
「墓場の鬼太郎」　水木しげる　一九六五年以後断続的に掲載
「悪魔くん」　水木しげる　一九六六年連載開始
「妖怪大戦争」　水木しげる　一九六六年
「決定版ウルトラQのすべて」　大伴昌司　一九六六年
「墓場の鬼太郎 大妖怪ショッキング画報」　水木しげる　一九六七年
「ゲゲゲの鬼太郎」　水木しげる　一九六七年より墓場からゲゲゲに変更して掲載
「墓場の鬼太郎／妖怪獣」　水木しげる　一九六七年
『悪魔くん』画報「悪魔と妖怪のひみつ50」　大伴昌司構成・水木しげる絵　一九六七年
「トップ画報人気五大怪獣ウルトラ図解」　大伴昌司構成・遠藤昭吾絵　一九六七年
「水木しげる　日本妖怪大全」　水木しげる他『週刊少年マガジン』増刊　一九六八年
「決定版日本妖怪大画集」　水木しげる　一九六八年
「新編ゲゲゲの鬼太郎」　水木しげる　一九八六年
『朝日ジャーナル』（朝日新聞社／一九五九年創刊）
『週刊少年サンデー』（小学館／一九五九年創刊）

「ふしぎなふしぎなふしぎな話」水木しげる　一九六六年連載開始
「どろろ」　手塚治虫　一九六七年～一九六八年
「河童の三平」　水木しげる　一九六八年連載開始
「ゲゲゲの鬼太郎」　水木しげる　一九七一年連載開始
「ドロロンえん魔くん」　永井豪　一九七三年九月連載開始
『画報・伝説と奇談』第十九号・旅と伝説（日本文化出版社／一九六〇年）
『週刊少年キング』（少年画報社／一九六三年創刊）
「妖怪百物語」　水木しげる　一九六八年連載開始
『月刊ガロ』（青林堂／一九六四年創刊）
「鬼太郎夜話」　水木しげる　一九六七年連載開始
『平凡パンチ』（平凡出版／一九六四年創刊）
『別冊少年マガジン』（講談社／一九六五年創刊）
「テレビくん」　水木しげる　一九六五年
「妖怪あしまがり」（後に改題「ゲゲゲの鬼太郎／妖怪花」）水木しげる　一九六九年
『別冊少年キング』（少年画報社／一九六五年一月創刊）
『月刊宝石』（光文社／一九六五年一〇月創刊）
「社会派ドキュメント劇画・鬼太郎のベトナム戦記」　水木しげる　一九六八年連載開始
『週刊漫画アクション』（双葉社／一九六七年創刊）
「シリーズ日本の民話」　水木しげる　一九六七年連載開始

『ビッグコミック』（小学館／一九六八年四月創刊）
「ゴルゴ13」　さいとう・たかを　一九六八年連載開始
「世界怪奇シリーズ」　水木しげる　一九六八年連載開始
「サラリーマン死神」　水木しげる　一九六八年連載開始
『週刊少年ジャンプ』（集英社／一九六八年創刊）
「悪魔くん千年王国」　水木しげる　一九七〇年連載開始
『週刊ぼくらマガジン』（講談社／一九六九年創刊）
「世界の超悪魔１００」　佐藤有文　一九七三年
『ビッグゴールド』（小学館／一九七八年創刊）
「鬼太郎霊団」　水木しげる　一九九六年
『別冊新評　水木しげるの世界』　水木しげる・呉智英・赤瀬川原平・加太こうじ他（新評社／一九八〇年）
『怪』水木しげる・荒俣宏・京極夏彦（角川書店／一九九七年十月創刊）
「妖怪の分類・試論」　化野燐　vol.0012～0021　二〇〇一年～二〇〇七年
「現代妖怪図像学」　今井秀和　vol.0018　二〇〇五年

妖怪年表

西暦	和暦	出来事	その他
七九七	延暦一六年	『續日本紀』	
	平安後期	『今昔物語集』	
一六八五	貞享二年	水雲堂狐松子撰『京羽二重』	
一六八九	元禄二年	水雲堂狐松子撰『京羽二重織留』	
一七一七	享保二年	槙島昭武『和漢音釋書言字考節用集』	
	安永〜天明	鳥山石燕『画図百鬼夜行』シリーズ刊行　同時期黄表紙ブーム到来（一七七五〜一八〇六）	「化物」「妖怪／ばけもの」といった言葉が使用される
一七七六	安永五年	鳥山石燕『画図百鬼夜行』刊行→二〇〇五年『画図百鬼夜行全画集』角川ソフィア文庫	
一七七九	安永八年	鳥山石燕『今昔畫圖續百鬼』刊行→二〇〇五年『画図百鬼夜行全画集』角川ソフィア文庫	
一七八一	安永十年	鳥山石燕『今昔百鬼拾遺』刊行→二〇〇五年『画図百鬼夜行全画集』角川ソフィア文庫	
一七八二	天明二年	根岸鎮衛『耳嚢』全十巻執筆開始（一七八二〜一八一四）	
一七八四	天明四年	鳥山石燕『画図百鬼夜行』シリーズ最終巻『百器徒然袋』刊行→二〇〇五年『画図百鬼夜行全画集』角川ソフィア文庫	
一七八八	天明八年	鳥山石燕没	
一七九七	寛政九年	太田全斎『俚言集覧』	
一八一四	文化一一年	根岸鎮衛『耳嚢』全十巻完成	
一八一五	文化一二年	根岸鎮衛没	

一八三一	天保二年	平田篤胤『古今妖魅考』	
一八三三	天保四年	この時期（一八三三～一八三七）、天候不順、冷害、洪水、凶作などにより餓死者が続出する。天保の大飢饉	
一八三五	天保六年	江戸・陸奥大地震、仙石騒動	
一八四一	天保一二年	○桃花園三千麿作、竹原春泉画『繪本百物語―桃山人夜話』→二〇〇六年『桃山人夜話―絵本百物語』角川ソフィア文庫	
		○老中水野忠邦による天保の改革。一八四三年まで	
一八四二	天保一三年	一枚摺錦絵の売買禁止、色刷り版画の彩色数を制限、絵草紙などの出版統制	
一八五八	安政五年	井上圓了生れる	
一八六八	明治元年	明治維新	神仏分離令出される
一八七一	明治四年		廃藩置県行われる
一八七三	明治六年		この頃まじないや祈禱の禁止令が出る
一八七五	明治八年	柳田國男生れる	
一八八四	明治一七年	坪井正五郎ら、じんるいがくのともを発起設立	
一八八六	明治一九年	井上圓了、不思議研究会を組織	井上圓了により「妖怪」という言葉が広く知られる。圓了の「妖怪」＝「オカルト全般」「否定すべき前近代」
一八八七	明治二〇年	井上圓了『妖怪玄談』	

西暦	和暦	出来事	その他
一八八九	明治二二年	雑誌『少国民』創刊	
一八九一	明治二四年	井上圓了『哲學館講義録』に「妖怪學」の連載開始→『妖怪學講義』に纏められる	井上圓了により「妖怪」という言葉は学術用語として使用される
一八九三	明治二六年	井上圓了『妖怪學講義』→一八九六年増補改訂版	
一八九六	明治二九年	井上圓了『妖怪學講義』増補改訂版	
一八九七	明治三〇年	○ブラム・ストーカー『吸血鬼ドラキュラ』 ○春風子「小説妖怪好」、『少国民』に連載開始 ○井上圓了「偽怪百談」、『読売新聞』に連載開始→一八九八年『通俗繪入妖怪百談』	明治三〇年代以降、井上圓了の著作以外で「妖怪」という言葉が使用されるようになる
一八九八	明治三一年	井上圓了『通俗繪入妖怪百談』	
一九〇〇	明治三三年	井上圓了『通俗繪入續妖怪百談』哲学書院→一九〇六年『通俗繪入妖怪談』として改題再版	
一九〇一	明治三四年	長田偶得『明治六十大臣逸事奇談』大學館	
一九〇二	明治三五年	○『文藝倶樂部』（博文館）に「日本妖怪實譚」「世界妖怪實譚」連載 ○長田偶得『妖怪奇談』大學館	ここでも「妖怪」＝「オカルト全般」という意味合いでの使用
一九〇四	明治三七年	○井上圓了、大学の役職から退く ○井上圓了『心理療法』	この頃、催眠術ブームが起こる
一九〇六	明治三九年	○井上圓了『通俗繪入妖怪談』瀬山順成堂 ○福来友吉『催眠心理学』	

一九〇七	明治四〇年	この前後の時期から「怪談」が再興する	
一九〇九	明治四二年	柳田國男「天狗の話」執筆→一九五六年刊『妖怪談義』に収録	「妖怪」の文字は見られず
一九一〇	明治四三年	超常能力の有無をめぐって「千里眼事件」が世間を賑わす。一九一〇〜一九一一	この頃、霊術ブームが起こる
一九一一	明治四四年	『新公論・妖怪號』新公論社発行、平井金三「妖怪論」、石橋臥波「妖怪の種類」ほか収録	
一九一二	大正元年	石橋臥波、坪井正五郎「日本民俗学会」を発足	
一九一三	大正二年	柳田國男、高木敏夫と『郷土研究』発刊	
一九一四	大正三年	○井上圓了『おばけの正體』 ○藤澤衛彦、日本伝説学会創立 ○蘆谷重常『童話及傳説に現れたる空想の研究』以文館 ○白井光太郎『植物妖異考』甲寅叢書刊行所	柳田國男が民俗学において「妖怪」という言葉を使用
一九一六	大正五年	○風俗研究會機関誌『風俗研究』創刊 ○井上圓了『迷信と宗教』	
一九一七	大正六年	○雑誌『郷土研究』休刊 ○江馬務「妖怪の史的研究」を『風俗研究』に発表 ○藤澤衛彦『日本傳説叢書』刊行→一九七八年復刊『日本傳説叢書』すばる書房	○柳田國男は「妖怪」という言葉を封印 ○風俗史研究において「妖怪」という言葉を使用。「妖怪」＝「前時代」の意
一九一九	大正八年	井上圓了『眞怪』、圓了没する	

西暦	和暦	出来事	その他
一九二〇	大正九年	柳田國男『赤子塚の話』、『おとら狐の話』（共著）、『神を助けた話』	この頃柳田は九州・沖縄などをフィールドワーク。「南東談話会」開催
一九二二	大正一一年	○水木しげる生れる ○F・W・ムルナウ『吸血鬼ノスフェラトゥ』（ドイツ映画）制作される	
一九二三	大正一二年	○江馬務『日本妖怪變化史』→『おばけの歴史』として一九五一年再版 ○浅野和三郎、「心霊科学研究会」設立 ○柳田國男、第一回「民俗学談話会」開催	
一九二五	大正一四年	○柳田國男、雑誌『民族』創刊 ○柳田國男『海南小記』	
一九二六	大正一五年	○柳田國男『山の人生』 ○日野巌『趣味研究動物妖怪譚』出版→一九七九年に増補改訂版出版 ○藤澤衛彦『變態傳説史』	○この頃柳田は「妖怪」という言葉をほとんど使用していない ○日野の著作では「妖怪」＝単に「怪しい」「既存とは違う」という意味合い
一九二七	昭和二年	○岡田建文『動物界靈異誌』 ○『文藝春秋』誌上で、柳田國男、芥川龍之介、尾佐竹猛「怪談・お化け」をテーマに座談 ○藤澤衛彦『變態見世物史』	○岡田の著作では「妖怪」＝「オカルト全般」的な意味合いで使用 ○この誌上でも柳田は「妖怪」という言葉を使わず

一九二九	昭和四年	○藤澤衛彦『妖怪畫談全集・日本篇』発行、同書内の挿絵として鳥山石燕など江戸期の化物の絵が収録される ○藤澤衛彦、雑誌『獵奇畫報』発刊	○「江戸の化物」と「口碑伝承の怪異」が結びつけられ、後の子供向け「妖怪」図鑑の直接的なルーツとなる ○通俗的「妖怪」概念形成に影響大
一九三一	昭和六年	○雑誌『鄕土研究』復刊 ○井上圓了『妖怪學』発刊 ○金城朝永「琉球妖怪變化種目・附民間説話及俗信」第一回が『鄕土研究』第五巻第二号に掲載	岡村千秋が復刊した『鄕土研究』目次に「妖怪變化」の文字が登場
一九三二	昭和七年	○柳田國男「盆過ぎメドチ談」を『奥南新報』紙上に掲載 ○浜田隆一『天草島民俗誌』鄕土研究社	柳田が「妖怪学」という言葉を初めて使用
一九三三	昭和八年	映画『キング・コング』公開	
一九三四	昭和九年	○柳田國男『一目小僧その他』刊行 ○『鄕土研究』終刊号、能田太郎「お化け考」収録 ○柳田國男「妖怪古意」を『国語研究』に発表	この著作においても柳田は「妖怪」という言葉を使わず
一九三五	昭和一〇年	○民間傳承の會結成、「分類語彙」編纂スタート、雑誌『昔話研究』『民間傳承』発刊 ○富岡直方『日本怪奇物語』同書内に「猟奇年表」あり→一九七五年山田野理夫により『日本怪奇集成』（表は「日本怪奇年表」と改題）として出版	
		○佐藤清明『現行全國妖怪辭典』中國民俗学會	
一九三六	昭和一一年	柳田國男『日本評論』に「妖怪談義」発表	

西暦	和暦	出来事	その他
一九三八	昭和一三年	『民間傳承』に柳田國男「妖恠名彙」掲載	○この後柳田以外の民俗学者が「妖怪」という言葉を頻繁に使用 ○民俗学と「妖怪」という言葉の再会
一九四七	昭和二二年	江戸川乱歩が「日本探偵作家クラブ」創設	
一九四九	昭和二四年	日本民俗学会設立	
一九五一	昭和二六年	○水木しげる紙芝居を描き始める ○江馬務『おばけの歴史』→一九七六中公文庫『日本妖怪変化史』 ○柳田國男監修『民俗學辭典』発行	
一九五三	昭和二八年	○映画『原子怪獣現わる』公開 ○藤澤衛彦『日本伝承民俗童話全集』全六巻	
一九五四	昭和二九年	○映画『ゴジラ』(東宝)公開 ○映画『大アマゾンの半魚人』(ユニバーサル映画)公開	
一九五五	昭和三〇年	○藤澤衛彦『日本民族伝承全集』全十巻 ○柳田國男監修・民俗学研究所編『綜合日本民俗語彙』平凡社 ○映画『ゴジラの逆襲』(東宝)公開	
一九五六	昭和三一年	柳田國男『妖怪談義』上梓	
一九五七	昭和三二年	○水木しげる『赤電話』で貸本漫画界にデビュー ○江戸川乱歩編・平井呈一他訳『世界大ロマン全集24・怪奇小説傑作集I』	

一九五八	昭和三三年	○江戸川乱歩編・平井呈一他訳『世界大ロマン全集38・怪奇小説傑作集Ⅱ』 ○水木しげる『ロケットマン』を上梓、『プラスチックマン』『恐怖の遊星魔人』『怪獣ラバン』ほか発表 ○『講座日本風俗史』刊行、別巻に『妖異風俗』	いまだ「妖怪漫画」は登場せず
一九五九	昭和三四年	藤澤衛彦『図説日本民俗学全集』	
一九六〇	昭和三五年	○水木しげる『妖奇伝』に「幽霊一家」執筆、貸本漫画に鬼太郎初登場。他、貸本漫画『墓場鬼太郎』『鬼太郎夜話』など ○『画報・伝説と奇談』第一九号・旅と伝説	
一九六一	昭和三六年	○『鬼太郎夜話』二「地獄の散歩道」にて「妖怪」登場 ○映画『モスラ』（東宝）公開 ○水木しげる貸本漫画『河童の三平』兎月書房	水木しげる、柳田國男「妖恠名彙」に登場する妖怪を漫画のキャラクターとして絵画化
一九六三	昭和三八年	水木しげる貸本漫画『悪魔くん』東考社	
一九六四	昭和三九年	○映画『モスラ対ゴジラ』公開 ○斎藤清二郎『日本の〈首〉かしら』 ○月刊『ガロ』創刊 ○富田狸通『たぬきざんまい』狸のれん	
一九六五	昭和四〇年	○水木しげる『テレビくん』で講談社児童漫画賞を受賞 ○『少年マガジン』誌に『墓場の鬼太郎』不定期掲載開始 ○映画『フランケンシュタイン対地底怪獣』（東宝）公開	雑誌版「鬼太郎」は怪奇長編漫画のスタイル

西暦	和暦	出来事	その他
一九六六	昭和四一年	○一月、特撮テレビ『ウルトラQ』スタート、『悪魔くん』短期連載開始 ○水木しげる『悪魔くん』テレビ放映（一〇月）開始、週刊連載開始『少年サンデー』誌に『ふしぎなふしぎなふしぎな話』連載開始 ○大伴昌司「決定版ウルトラQのすべて」『マガジン』掲載 ○大伴昌司『ものすごい怪物妖怪が全部でてる　妖怪大図鑑』 ○七月、特撮テレビ『マグマ大使』『ウルトラマン』スタート	○これより怪獣・特撮ブーム始まる ○この頃、水木しげる、藤澤衛彦の『妖怪畫談全集』を通じて鳥山石燕と出会う
一九六七	昭和四二年	○大伴昌司構成・水木しげる絵『悪魔くん』画報「悪魔と妖怪のひみつ50」（少年マガジン） ○大伴昌司構成・遠藤昭吾絵「トップ画報人気五大怪獣ウルトラ図解」 ○鳥山石燕『画図百鬼夜行』シリーズが渡辺書店から影印復刻 ○水木しげる「墓場の鬼太郎 大妖怪ショッキング画報」（少年マガジン） ○四月『キャプテンウルトラ』、一〇月『ウルトラセブン』『怪獣王子』『ジャイアント・ロボ』スタート ○水木しげる「墓場の鬼太郎／妖怪獣」（週刊少年マガジン）	
一九六八	昭和四三年	○『ゲゲゲの鬼太郎』テレビ放映開始 ○『怪物くん』テレビ放映開始 ○水木先生大忙し。『妖怪百物語』（少年キング）、『河童の三平』（少年サンデー）、『世界怪奇シリーズ』『サラリーマン死神』（ビッグコミック）、『社会派ドキュメント劇画・鬼太郎のベトナム戦記』（月刊宝石）、『水木しげる先生の日本の妖怪カラー大画報』（少年画報）等の連載。『河童の三平　妖怪大作戦』放映開始 ○山内重昭・斎藤守弘『世界怪奇スリラー全集2　世界のモンスター』 ○大伴昌司構成『妖怪事典』（ぼくら七月号付録） ○『カラー版妖怪図鑑』（まんが王七月号付録）	鬼太郎TVアニメ化第一期 六〇年代

一九六八	昭和四三年	○『世界モンスター大百科』（ぼくら九月号付録） ○水木しげる他『水木しげる日本妖怪大全』（週刊少年マガジン増刊）↓二年後『水木しげる妖怪画集』朝日ソノラマ、その十五年後増補改訂、新装版 ○阿部主計『妖怪学入門』↓一九七一年増補改訂 ○『妖怪人間べム』放映開始 ○映画『妖怪百物語』（大映）公開　妖怪三部作の第一弾 ○映画『妖怪大戦争』（大映）公開　妖怪三部作の第二弾 ○映画『猿の惑星』公開	
一九六九	昭和四四年	○テレビアニメ『ゲゲゲの鬼太郎』、実写版『河童の三平　妖怪大作戦』終了 ○映画『東海道お化け道中』（大映）公開　妖怪三部作の第三弾 ○山田野理夫『日本妖怪集』 ○水木しげる「妖怪あしまがり」（月刊別冊少年マガジン）↓『ゲゲゲの鬼太郎／妖怪花』改題	昭和四〇年代中盤以降、通俗的「妖怪」の担い手が続々と登場
一九七〇	昭和四五年	○水木しげる『悪魔くん千年王国』（週刊少年ジャンプ）連載スタート ○水木しげる『水木しげる妖怪画集』朝日ソノラマ ○阿奈一夫構成『ビッグマガジンNo.7　妖怪』（まんが王七月号付録） ○上田都史『妖怪の話』	通俗的「妖怪」が大衆に根付く

西暦	和暦	出来事	その他
一九七一	昭和四六年	○『帰ってきたウルトラマン』放映開始 ○『仮面ライダー』放映開始 ○カラー版テレビアニメ『ゲゲゲの鬼太郎』第二部スタート、漫画版『ゲゲゲの鬼太郎』も新装再開 ○阿部主計『妖怪学入門』増補改訂版	○第二次特撮・怪獣ブーム ○変身ブーム ○鬼太郎TVアニメ化第二期 七〇年代
一九七二	昭和四七年	佐藤有文『いちばんくわしい日本妖怪図鑑』	
一九七三	昭和四八年	○『ロボット刑事』放映開始 ○永井豪『ドロロンえん魔くん』連載開始、同年テレビ放映開始 ○佐藤有文『世界怪奇シリーズ　妖怪大図鑑』 ○佐藤友之『妖怪学入門　オバケロジーに関する12章』 ○早川純夫『日本の妖怪』 ○粕三平『お化け図絵』『浮世絵の幽霊』 ○宮次男『日本の地獄絵』 ○大伴昌司死去	
一九七四	昭和四九年	○山田野理夫『東北怪談の旅』 ○『ゲッターロボ』放映開始 ○草川隆『とてもこわい幽霊妖怪図鑑』 ○南條武『妖怪ミステリー』（完全図解シリーズ） ○水木しげる『妖怪なんでも入門』（小学館入門百科シリーズ） ○上田都史『現代妖怪学入門』 ○山室静、山田野理夫、駒田信二『四次元の幻境にキミを誘う　妖怪魔神精霊の世界』 ○佐藤有文『吸血鬼百科』（ドラゴンブックス） ○佐藤有文『悪魔全書』（ドラゴンブックス）	上記の書で「妖怪」とは何かを子供向けに説明している

一九七四	昭和四九年	○山田野理夫編『遠野のザシキワラシとオシラサマ』宝文館出版	
一九七五	昭和五〇年	○日野巌・日野綏彦「妖怪変化語彙」防長民俗学会→一九七九『動物妖怪譚』収録 ○竹中清構成・あひるや絵『日本の妖怪大百科』勁文社 ○山田野理夫編『日本怪奇集成』	
一九七六	昭和五一年	○楳図かずお『妖怪伝・猫目小僧』テレビ化 ○山田野理夫『母と子の図書室・お化け文庫』 ○江馬務『日本妖怪変化史』中公文庫→二〇〇四年改版発行	
一九七八	昭和五三年	○藤澤衛彦『日本伝説叢書』すばる書房 ○日野巌『植物怪異伝説新考』有明書房 ○佐藤有文『ワニの豆本お化けの図鑑』ＫＫベストセラーズ	
一九七九	昭和五四年	日野巌『動物妖怪譚』増補改定版出版。巻末付録は「妖怪変化語彙」	付録では民俗語彙の「妖怪」と江戸の創作「化け物」の名が並列
一九八〇	昭和五五年	水木しげる・呉智英・赤瀬川原平・加太こうじ他『水木しげるの世界』	
一九八五	昭和六〇年	○テレビアニメ『ゲゲゲの鬼太郎』第三部スタート ○水木しげる『新装版　水木しげる妖怪画集』改訂版	鬼太郎ＴＶアニメ化第三期 八〇年代
一九八六	昭和六一年	水木しげる「新編ゲゲゲの鬼太郎」『週刊少年マガジン』で連載スタート	
一九八九	平成元年	水木しげる、第13回講談社漫画賞受賞	
一九九一	平成三年	○水木しげる、紫綬褒章受章 ○水木しげる『日本妖怪大全』講談社	
一九九三	平成五年	アニメ映画『カッパの三平』（にっかつ）	

西暦	和暦	出来事	その他
一九九四	平成六年	○水木しげる『図説 日本妖怪大全』（講談社＋α文庫） ○田中貴子『百鬼夜行の見える都市』新曜社	
一九九六	平成八年	○「第一回世界妖怪会議」開催 於・境港 ○テレビアニメ『ゲゲゲの鬼太郎』第四部スタート ○水木しげる「鬼太郎霊団」（ビッグゴールド）	○巷では「妖怪ブーム」といわれる ○鬼太郎TVアニメ化第四期 九〇年代
一九九七	平成九年	○水木しげる・荒俣宏・京極夏彦他 季刊『怪』角川書店 創刊 ○映画『もののけ姫』公開 ○小松和彦により「日本における怪異・怪談文化の成立と変遷に関する学際的研究」が組織される。→成果は『日本妖怪学大全』小学館二〇〇三年刊	
一九九八	平成一〇年	○映画『GODZILLA』（トライスター／東宝） ○映画『リング』（東宝）	
一九九九	平成一一年	○多喜田昌裕「こなき爺」伝説を追求し、伝承者と出会う ○佐藤有文死去 ○アダム・カバット校注・編『江戸化物草紙』小学館 ○井上圓了『井上円了・妖怪学全集』全六巻刊行開始～二〇〇一年まで ○水木しげる『妖鬼化』ソフトガレージ ○映画『呪怨』（東映）	
二〇〇〇	平成一二年	○小松和彦責任編集『怪異の民俗学』シリーズ刊行開始 河出書房新社 ○映画『さくや妖怪伝』（中洲プロ・トワーニ）公開	

二〇〇一	平成一三年	○「児啼爺」像除幕式が行われる　徳島県 ○西山克代表「東アジア恠異学会」発足 ○京極夏彦・多田克己・村上健司『妖怪馬鹿』 ○『怪』リニュウアル ○化野燐「妖怪の分類・試論」、『怪』にて連載開始	
二〇〇二	平成一四年	○「怪異・妖怪伝承データベース」公開開始 ○水木しげる『水木しげるプライベートBOX 妖怪世界遺産』	
二〇〇三	平成一五年	○「水木しげる記念館」境港にオープン ○水木しげる、旭日小綬章受章 ○小松和彦編『日本妖怪学大全』小学館	
		○東アジア恠異学会編『怪異学の技法』臨川書店	
二〇〇四	平成一六年	○映画『ゴジラ・ファイナルウォーズ』（東宝）公開 ○天草で「油すましの墓」町の文化財に指定される　西日本新聞 ○江馬務『日本妖怪変化史』中公文庫、〈異〉の世界シリーズ刊行開始	
二〇〇五	平成一七年	○鳥山石燕『画図百鬼夜行全画集』角川ソフィア文庫 ○映画『妖怪大戦争』（角川映画）公開	
二〇〇六	平成一八年	竹原春泉画『桃山人夜話―絵本百物語』角川ソフィア文庫	

西暦	和暦	出来事	その他
二〇〇七	平成一九年	○テレビアニメ『ゲゲゲの鬼太郎』第五部スタート ○映画『ゲゲゲの鬼太郎』（松竹）公開 ○紀田順一郎『幻想と怪奇の時代』松籟社 ○水木しげる、『のんのんばあとオレ』でフランス・アングレーム国際漫画フェスティバルで日本人初の最優秀コミック賞を受賞 ○『コミック怪』創刊	鬼太郎TVアニメ化第五期 二〇〇〇年代
二〇〇八	平成二〇年	テレビアニメ『墓場鬼太郎』スタート	
二〇〇九	平成二一年	○水木しげる、朝日賞受賞 ○「お化け大学校」開校 ○水木しげる、画業60周年	
二〇一〇	平成二二年	○水木しげる、米寿（八十八歳）を迎える ○テレビドラマ『ゲゲゲの女房』スタート ○『遠野物語』一〇〇周年 ○水木しげる、文化功労者に ○映画『ゲゲゲの女房』（ファントム・フィルム）公開	
二〇一一	平成二三年	○小松和彦『妖怪学の基礎知識』角川学芸出版 ○映画『豆富小僧』（ワーナー）	

本書は平成十九年九月、小社より刊行された
単行本に加筆修正し、文庫化したものです。

文庫版《ぶんこばん》

妖怪《ようかい》の理《ことわり》 妖怪《ようかい》の檻《おり》

京極夏彦《きょうごくなつひこ》

平成23年 7月25日　初版発行
令和7年 4月15日　7版発行

発行者●山下直久

発行●株式会社KADOKAWA
〒102-8177　東京都千代田区富士見2-13-3
電話　0570-002-301（ナビダイヤル）

角川文庫 16926

印刷所●株式会社KADOKAWA
製本所●株式会社KADOKAWA

表紙画●和田三造

ISBN978-4-04-362010-4　C0195

角川文庫発刊に際して

角川源義

第二次世界大戦の敗北は、軍事力の敗北であった以上に、私たちの若い文化力の敗退であった。私たちの文化が戦争に対して如何に無力であり、単なるあだ花に過ぎなかったかを、私たちは身を以て体験し痛感した。西洋近代文化の摂取にとって、明治以後八十年の歳月は決して短かすぎたとは言えない。にもかかわらず、近代文化の伝統を確立し、自由な批判と柔軟な良識に富む文化層として自らを形成することに私たちは失敗して来た。そしてこれは、各層への文化の普及滲透を任務とする出版人の責任でもあった。

一九四五年以来、私たちは再び振出しに戻り、第一歩から踏み出すことを余儀なくされた。これは大きな不幸ではあるが、反面、これまでの混沌・未熟・歪曲の中にあった我が国の文化に秩序と確たる基礎を齎らすためには絶好の機会でもある。角川書店は、このような祖国の文化的危機にあたり、微力をも顧みず再建の礎石たるべき抱負と決意とをもって出発したが、ここに創立以来の念願を果すべく角川文庫を発刊する。これまで刊行されたあらゆる全集叢書文庫類の長所と短所とを検討し、古今東西の不朽の典籍を、良心的編集のもとに、廉価に、そして書架にふさわしい美本として、多くのひとびとに提供しようとする。しかし私たちは徒らに百科全書的な知識のジレッタントを作ることを目的とせず、あくまで祖国の文化に秩序と再建への道を示し、この文庫を角川書店の栄ある事業として、今後永久に継続発展せしめ、学芸と教養との殿堂として大成せんことを期したい。多くの読書子の愛情ある忠言と支持とによって、この希望と抱負とを完遂せしめられんことを願う。

一九四九年五月三日

京極夏彦の本

豆腐小僧双六道中おやすみ
本朝妖怪盛衰録

■単行本

江戸末期。甲州街道の裏街道を行く小悪党と鈍感男を追いかける、あやしい概念《おばけ》がおりました。大頭に襤褸笠、洒落た単衣の出で立ちのこの小僧、豆腐を載せた円いお盆を頑なに持ち、なんとも間抜けな面構え。人呼んで、豆腐小僧と申します。

立派なお化けになるために武者修行に旅立ちますが、次々起こる大騒動にいつのまにやら巻き込まれ――。果たして小僧の運命や如何に。

豆富小僧

研究所で働く母と夏休みを過ごしに、山中のある村にやって来た妖怪好きの少年、淳史。村はずれの廃屋で「妖怪がいるといいなあ」と思った瞬間、ぽん、と豆富小僧は涌いたのだった！　外に出た小僧がいろいろな妖怪たちと出会う中、淳史は謎の組織ＦＦ団に誘拐されてしまう。どうする豆富小僧⁉

角川つばさ文庫

豆腐小僧その他

ジュブナイル版として角川つばさ文庫より刊行された小説「豆富小僧」を再録のほか、オリジナル狂言「豆腐小僧」「新・死に神」などを収録した。『文庫版　豆腐小僧双六道中ふりだし』とはまたひと味違った貴重な作品集！

角川文庫